深圳大学传播学院

媒介环境学译丛 | 第二辑

麦克卢汉精粹

第二版

[加拿大] 埃里克·麦克卢汉 编
Eric McLuhan

[加拿大] 弗兰克·秦格龙 编
Frank Zingrone

何道宽 译

中国大百科全书出版社

图字：01-2021-4955

图书在版编目（CIP）数据

麦克卢汉精粹：第二版 /（加）埃里克·麦克卢汉，（加）弗兰克·秦格龙编；何道宽译 . -- 北京：中国大百科全书出版社，2021.9

（媒介环境学译丛）

书名原文：ESSENTIAL MCLUHAN

ISBN 978-7-5202-1040-9

I. ①麦… II. ①埃… ②弗… ③何… Ⅲ. ①传播媒介—研究 Ⅳ. ①G206.2

中国版本图书馆 CIP 数据核字（2021）第 185208 号

出 版 人 刘国辉
策 划 人 曾 辉
项目统筹 王 廓
责任编辑 王 廓 曾 辉
责任印制 魏 婷
封面设计 乔智炜
出版发行 中国大百科全书出版社
地　　址 北京市阜成门北大街 17 号 **邮政编码** 100037
电　　话 010-88390969
网　　址 http: //www.ecph.com.cn
印　　刷 北京君升印刷有限公司
开　　本 710 毫米 ×1000 毫米 1/16
印　　张 36.5
字　　数 486 千字
印　　次 2021 年 9 月第 1 版 2021 年 9 月第 1 次印刷
书　　号 ISBN 978-7-5202-1040-9
定　　价 108.00 元

本书如有印装质量问题，可与出版社联系调换

深圳大学传播学院
媒介环境学译丛编委会

总　序

20 世纪 50 年代初，哈罗德·伊尼斯的《帝国与传播》《传播的偏向》和《变化中的时间观念》问世。1951 年，马歇尔·麦克卢汉的《机器新娘》出版。20 世纪 60 年代，麦克卢汉又推出《谷登堡星汉》和《理解媒介》，传播学多伦多学派形成。

20 世纪 80 至 90 年代，尼尔·波斯曼的传播批判三部曲《童年的消逝》《娱乐至死》《技术垄断》陆续问世，传播学媒介环境学派形成。

1998 年，媒介环境学会成立，以麦克卢汉为代表的传播学第三学派开始问鼎北美传播学的主流圈子。

2007 年，以何道宽和吴予敏为主编、何道宽主译的媒介环境学译丛由北京大学出版社推出，印行四种，为中国的媒介环境学研究奠基。

2011 年，以麦克卢汉百年诞辰为契机，世界范围的麦克卢汉学和媒介环境学进一步发展，进入人文社科的辉煌殿堂。中国学者不遑多让，崭露头角。

2018 年，深圳大学传播学院与中国大百科全书出版社达成战略合作协议，推出媒介环境学译丛，计划在三年内印行十余种传播学经典名著，旨在为传播学修建一座崔巍的大厦。

我们重视并推崇媒介环境学派。它主张泛技术论、泛媒介论、泛环境论、泛文化论。换言之，凡是人类创造的一切、凡是人类加工的一切、凡是经过人为干扰的一切都是技术、环境、媒介和文化。质言之，技术、环境、媒介、文化是近义词，甚至是等值词。这是媒介环境学派有别于其他传播学派的最重要的理念。

它的显著特点是：（1）深厚的历史视野，关注技术、环境、媒介、知识、传播、文明的演进，跨度大；（2）主张泛技术论、泛媒介论、泛环境论，关注重点是媒介而不是狭隘的媒体；（3）重视媒介长效而深层的社会、文化和心理影响；（4）深切的人文关怀和现实关怀，带有强烈的批判色彩。

从哲学高度俯瞰传播学的三大学派，其基本轮廓是：经验学派埋头实用问题和短期效应，重器而不重道；批判学派固守意识形态批判，重道而不重器；媒介环境学着重媒介的长效影响，偏重宏观的分析、描绘和批评，缺少微观的务实和个案研究。

21 世纪，新媒体浩浩荡荡，人人卷入，世界一体，万物皆媒介。这一切雄辩地证明：媒介环境学的泛媒介论思想是多么超前。媒介环境学和新媒体的研究融为一体了。

在互联网时代和后互联网时代，媒介环境学的预测力和洞察力日益彰显，它自身的研究和学界对它的研究都在加快步伐。吾人当竭尽绵力。

译丛编委会
2019 年 9 月

目录

第二版译者序

一、深深震撼

1980 年 8 月底至 1981 年 6 月，我在留美期间拼命读书，受人喜爱，美国老师和同学称我 bookaholic（读书狂）。1980 年 12 月，一位喜欢读书的美国学生送给我一本书，谓：何先生，您看看这本书，也许会喜欢。这本书就是麦克卢汉的《理解媒介》（*Understanding Media*）。接下来的一个星期，抱着这本名噪一时的大作硬啃，却啃不动，不知所云，深为震撼。这是 20 世纪 60 年代震动西方世界的奇书，美国学界许多大人物都读不懂。责任编辑初读这本书时看不懂，差点将其“枪毙”，禁不住喟然长叹：一本新书最多只能容许百分之一二十的新知识，而他这本书却有百分之七八十的新知识。

二、浑然不知

1980 年最后一天，麦克卢汉在睡梦中溘然长逝，未惊动报界，我周围的美国朋友都浑然不知。四十年前在北美如日中天、无人不知的他，竟然像陨石一样熄灭，寂寂无名了。

尽管如此，我还是认定，越不懂的书越要读，这本书一定要读懂，一定要引进中国。我坚信，麦克卢汉会重放光芒，他的思想和许多新学科一道，总会有助于中国的学术繁荣。

三、初露曙光

20世纪80年代初，《多种声音，一个世界》（1981）、《传播学（简介）》（1981）问世，1985年施拉姆的《传播学概论》印行，我深受触动，暗自庆幸：翻译谁也读不懂的麦克卢汉 *Understanding Media*，时机快要成熟了。

整个80年代，中国知识界狂热读书，狂热引进新学科、新知识：信息论、控制论、系统论、全息论、耗散理论、混沌理论、生态学、未来学、传播学、人才学……学问和思想的风暴席卷全国。我狼吞虎咽新学科，恶补国学经典，读书破千卷，为文化研究厚积薄发，为学传中国文化、学术翻译准备粮草。

四、文化研究，势头喜人

1983年，母校四川外语学院院长群懿高瞻远瞩，创立八个研究室，比较文化研究室是其中之一，由我牵头。每个研究室获得“巨资”两千元人民币启动费。是年，我引进跨文化传播（交际）之父爱德华·霍尔（Edward T. Hall）的思想，发表两篇文章：（1）《介绍一门新兴学科：跨文化的交际》（《四川外语学院学报》1983年第2期），据信，这是引进跨文化传播（交际）学的第一篇论文；（2）《比较文化我见》（《读书》1983年第8期），呼应北京大学老前辈金克木创建“比较文化”的呐喊。

1985年，我的文化研究初见成效，参与组建重庆文化研究会，担任副会长。

1986年，刚组建的中国文化书院在北京举办三届研究班：“中外文化比较研究班”（1 月）、“文化与技术研究班”和“文化与未来研究班”（10 月）。我得到母校的支持，以文化学者的身份参加了第一届的学习，又以学员兼口译志愿者的双重身份参加第三届的服务。第一届研究班有十多位导师，北京大学的乐黛云教授是其中之一，她讲比较文学和麦克卢汉的媒介理论，引起我的强烈共鸣。讲演结束后，我上台与她交谈，表示想要翻译《理解媒介》，得到她的鼓励。

第三届“文化与未来研究班”的导师是世界级的六位未来学家，我毛遂自荐，担任其中五人的现场口译。其中一人是加拿大未来研究会的秘书长弗兰克·费瑟（Frank Feather），他还是媒介理论家和中国国务院顾问。他的讲题是 *Electronic Hi-culture*，却专讲麦克卢汉的媒介理论。原来他们的学会认定，麦克卢汉是未来学家！我的翻译酣畅淋漓，整个北大讲演厅都振奋起来。费瑟先生也鼓励我尽快把麦克卢汉的《理解媒介》引进中国。

1990 年，四川外语学院院长蓝仁哲[①]教授合并加拿大研究中心和比较文化研究室，组建北美研究所，任命我负责美国研究室。他留学多伦多大学两年（1978—1980），对该校贡献的两位世界级大家弗莱和麦克卢汉情有独钟，希望我和他携手研究这两位巨匠。弗莱和麦克卢汉乃“并蒂莲”，同根而花异。麦克卢汉由英美文学转传播学，创建“媒介即讯息”的泛媒介论；弗莱[②]坚守文学批评，创建文学的“神话–原型”批评。

1992 年三四月间，我获美国新闻总署邀请，以“国际访问学者”的身份赴美学习交流，专攻“美国研究”，草成《论美国文化的显著特征》（1994 年正式发表，后屡获殊荣）。

20 世纪 80 年代，我出版学术译著四种：《思维的训练》（北京三联）、

① 蓝仁哲（1921—2012）：外国文学专家、翻译家、四川外语学院院长、中国加拿大研究会会长，代表作有《西方文艺批评的五种模式》，译作有诺奖作品《八月之光》《野棕榈》《雨王亨德森》等。

② 诺斯罗普·弗莱（Northrop Frye，1912—1991）：加拿大文学批评家，研究神话、象征和原型，首创文学的神话－原型批评。详细介绍请参见正文里的弗莱脚注。

《裸猿》(天津百花)、《文化树》(重庆出版社)和《超越文化》(重庆出版社),《思维的训练》获重庆市首届社科优秀奖,《超越文化》获重庆市翻译学会唯一一等奖。我的学术翻译和文学翻译初有成效,文化研究顺利开展,教学科研比翼齐飞,势头迅猛。

五、大胆一搏,几乎流产

1987 年春,四川人民出版社接受我翻译麦克卢汉《理解媒介》的选题,多年的梦想就要实现了,全情投入,终于在 1988 年 2 月杀青交稿。

然好事多磨、几乎流产。为什么?谁也看不懂译稿啊,译文室主任看不懂,责任编辑看不懂,川大新闻系外审的人也看不懂。

其实,麦克卢汉这部书稿 1963 年几乎被“枪毙”。编辑对他说,一本书的新知识不能超过两成,而他的《理解媒介》却有百分之七十的新东西。不过,软心肠的出版社最后还是将其付梓印行,究其原因,既可能是出于同情,也可能是因为他的名气,还可能是看好这本奇书的前景。彼时,他的《机器新娘》(1951)和《谷登堡星汉》(1962)已经打响。

四川人民出版社接受我的书稿,真是拿到了一个烫手山芋。出还是不出?难办!高深的学术译作超前、没有市场啊。他们也无可奈何,一搁就是四年。所幸的是,译文室主任朱蓉珍和责任编辑颜永先都是川外校友。他们最终决定:硬着头皮鼎力支持,印一千册,亏本也出书!1992年1月,这本译作终于问世了。

尴尬的是,如果 *Understanding Media* 直译,那不适合汉语书名的习惯,而且“理解媒介”的字面意义又太生涩、难解,所以书名不得不变通为《人的延伸:媒介通论》。在学术译著发行低潮的时期,这本书发行量太小,影响不大,是为必然。

六、喜出望外，暴得大名

2000年，商务印书馆慧眼识珠，印行我的修订本，《理解媒介：论人的延伸》得以正名。自此，《理解媒介》不断重印，暴得大名。令人惊喜的是，2009年，它有幸入选书目——“改革开放30年最具影响力的300本书”。

有人检索，《理解媒介》在中国新闻传播学学术著作里的引用率长期高居榜首，进入历届考研的必读书目。迄今为止，该书中译本已出四版（四川人民出版社，1992；商务印书馆，2000；译林出版社，2011，2019）。

七、竭尽所能，“一网打尽”

2000年，商务印书馆印行我的《理解媒介》，南京大学出版社印行我的《麦克卢汉精粹》。自此，我加快翻译和研究麦克卢汉的步伐，步入坦途。截至2021年，我翻译出版麦克卢汉的著作和有关他的著作近二十种（含再版），唯有一点遗憾：《谷登堡星汉》的版权始终谈不妥，中国人民大学出版社和北京大学出版社都竭尽全力洽购版权，皆因对方要价太高，只好放弃。

八、三次高潮和三次飞跃

20世纪60年代，麦克卢汉横空出世，名震全球。第一波麦克卢汉热旋即兴起，巅峰是1964年的代表作《理解媒介》和1969年3月号《花花公子》上破例超长的《麦克卢汉访谈录》。

第二波麦克卢汉热兴起于20世纪90年代，因互联网而起，互联网一代的“圣经”《连线》创刊号封他为“先师圣贤”，1995 年《麦克卢汉精粹》的问世也推波助澜。

第三波麦克卢汉热兴起于 21 世纪的第一个十年，与互联网的第二代媒介即“新媒介”同步推进，又借他百年诞辰的东风而势头更猛。

麦克卢汉研究迅速完成三次飞跃，三次飞跃的代表有四本书。

保罗·莱文森的《数字麦克卢汉》完成了第一次飞跃，英文版问世不到两年就登陆中国。而且，我的中译本出了两个版本（社科文献出版社，2001；北师大出版社，2014），第二版还进入了北师大出版社的“西学经典书系”。

特伦斯·戈登编辑的《理解媒介》增订评注本（译林，2011，2019）乘麦克卢汉百年诞辰的东风完成了第二次飞跃。戈登是麦克卢汉的传记作者和媒介批评家。

罗伯特·洛根的《理解新媒介：延伸麦克卢汉》（复旦大学出版社，2012）和《被误读麦克卢汉：如何矫正》（复旦大学出版社，2018）完成了第三次飞跃。洛根是麦克卢汉的同事及其思想圈子的核心成员。这位多伦多大学的物理学教授，是大跨度、多学科、大文科、新文科的典范，至今学术长青。

我和国内外的学界同仁都参与并推动了这三次飞跃。

九、说不尽的麦克卢汉

三十余年来，我撰写四十余篇文章研究麦克卢汉，计四十余万字，最长的文章三万余字，题《麦克卢汉画像：媒介理论的播种者和解放者》。①这篇超长的文章是简明的麦克卢汉评传，批评这位立体型的大文科巨匠，

① 见《影响传播学发展的西方学人》（1），中国大百科全书出版社 2012 年版。

非常详尽。

我研究麦克卢汉的第一篇文章是为其经典《理解媒介》中译本所作的第一版序（1978年），当时无题，现可以补足为：麦克卢汉，大文科的巨人。

二十年前，南京大学出版社推出我翻译的《麦克卢汉精粹》。二十年后的今天，我向中国大百科全书出版社提交中译本第二版《麦克卢汉精粹》，感慨良多，概括为一句话：说不尽的麦克卢汉。

麦克卢汉求学期间和任教以后，始终渴求新知，其思想瑰丽生辉、不拘陈规，完成多次转向。在曼尼托巴大学求学期间，他走过了工程、文学和哲学的求索历程，获优秀硕士学位。转入英国剑桥大学以后，为了追随文学界的超一流明星理查兹、利维斯和燕卜荪等，为了学习文学界的“新批评”，他不惜重新起步，十来年间拿到了剑桥大学的文学学士、硕士和博士三个学位。

40年代回到北美以后，他在美国的威斯康辛大学、圣路易大学执教，开始从文学批评转向通俗文化批评和广告批评，然后回到加拿大的阿桑普星大学和多伦多大学执教以后，起先完成通俗文化转向，继后从事跨学科和多学科研究，旋即又完成媒介理论和大文科的学术转向。他携手伊尼斯、创建传播学加拿大学派。他推重伊尼斯从经济学到传播学的转向，宣传和发扬伊尼斯的媒介理论，居功至伟。

50年代，他参与创建跨学科研究小组、跨学科清谈俱乐部，创办《探索》丛刊的跨学科研究平台，麦克卢汉思想圈子形成。

60年代，他创建多伦多大学文化与技术研究所，又创办“预警线通讯”和“周一晚研讨会”这两个平台。“预警线通讯”赠送学界和业界有影响的人物，宣传跨学科思想。“周一晚研讨会”团结和培养了麦克卢汉思想圈子，与几位驻校的访问学者合作写书。

麦克卢汉是两面神，既回眸过去，又展望未来。他开拓跨学科研究，从文学研究转向大众文化研究，首创泛媒介论，预言地球村、互联网和重新部落化的社会。他憧憬人类社会的太和之境，描绘人类心灵和意识的虚拟延伸。他的诸多预言业已实现，他是未来世界的朋友。只要媒介演化还在继续，人们就会怀念他、研究他、学习他。

十、如何读《麦克卢汉精粹》

本书的编辑埃里克·麦克卢汉和弗兰克·秦格龙非常尽心，提供了非常宝贵的“绪论”和“各章注要”，细心梳理麦克卢汉的思想发展、学术成果和本书精要。

我根据“绪论”和“各章注要”，简明扼要地梳理各章要义。

《麦克卢汉精粹》分四部、十九章。

第一章《美国广告》发表于 1947 年，是麦克卢汉研究广告的开山之作，在其学术生涯中具有枢纽地位。

第二章《机器新娘》是同名著作的节选，《机器新娘》据信是世界上研究广告的第一部专著，又是美国通俗文化的批判杰作。这本书内容不合编辑的胃口，形式上又一反常规、图文对照，遭受四年难产，1951 才印行。

第三章《文化是我们的产业》是 1970 年发表的文章，无特殊亮点。

第四章《乔伊斯、马拉美和报纸》是麦克卢汉文学批评的杰作。

第五章《致伊尼斯的信》（1951 年 3 月 14 日）是稀罕的存世文献，反映了两人共同的学术转向：从不同的背景走向传播学。

第六章《昔日管理者的姿态与伪装》选自他与巴林顿·内维特合著的《把握今天：退出游戏的行政主管》，这段文字呼吁从注意“工作”到注意“角色”的转变。

第七章《媒介与文化变迁》是麦克卢汉为伊尼斯《传播的偏向》所作

的序文（1964），他谦称乐意把自己的《谷登堡星汉》作为伊尼斯的注脚。

第八章是《谷登堡星汉》（1962）的节选，该书是麦克卢汉三大经典之一，研究印刷技术和文化对西方文明的影响。

第九章节选自《理解媒介》（1964）。这是一部影响多学科和大文科发展的经典，历久弥新。

第十章《一种媒介擅用另一种媒介是自然的吗？》选自文集《麦克卢汉：冷与热》（1967），这篇文章是麦克卢汉的答辩书和批判书。

第十一章节选自《探索》丛刊，精彩纷呈。

第十二章《1965 年视野论坛上的讲稿》，是麦克卢汉较早论述"电子革命"的文字。

第十三章《1969 年〈花花公子〉访谈录：马歇尔·麦克卢汉——流行崇拜中的高级祭司和媒介形而上学家——袒露心扉》，四万余字，是麦克卢汉思想的小百科全书。由于老辣的记者按照自己精心准备的思路"迫使"他回答问题，将其锁定，麦克卢汉不能天马行空、散漫恣肆。结果，麦克卢汉的超级口才被调动起来。这是研究麦克卢汉的入门捷径。

第十四章是著名学者威廉·昆斯整理的麦克卢汉语录汇编，只言片语都充满智慧的闪光。

第十五章收录三篇文章，前两篇选自《探索》丛刊，后一篇《西塞罗和文艺复兴对王公和诗人的训练》摘自他剑桥大学的博士论文《纳什在他那个时代学问中的地位》。

第十六章摘自《从陈词到原型》，研究陈词和原型相互逆转的规律。

第十七章《皇帝的新衣》，摘自《通过消失点：诗画中的空间》（与哈利·帕克合著），检视了艺术在文化中的作用，透视艺术家超前的直觉。

第十八章《〈探索〉前言》，摘自《把握今天：退出游戏的行政主管》（与巴林顿·内维特合著）论及专门化工作被软件和编程取代的现象。

第十九章《媒介定律》，选自他和儿子埃里克·麦克卢汉合作的专著。

麦克卢汉试图高度提炼和浓缩媒介规则，提出媒介演化的四大定律，意在比肩培根的《新科学》和维科《新科学》。该书借用的“大脑两半球”学说如今仍存争议。

何道宽
于深圳大学文化产业研究院
深圳大学传媒与文化发展研究中心
2021 年 3 月 1 日

第一版译者序

一、麦氏研究，方兴未艾

麦克卢汉进入中国快要20年了，但是我们对他的研究才刚刚开始。

1964年，一本奇书横空出世，在西方世界引起一场大地震。书名叫《理解媒介》，它的作者只不过是小有名气的英美文学教书匠。可是，就是这样一位“小人物”，突然成了新思想新学科的巨人和跨学科的奇才。

20年后，国内学者开始接触他的思想。可是他的著作迟迟未与读者见面，因为他太难了。他之所以难，难在两个方面。一是他的思想大约有70%是全新的东西。他是先知，要等待一代新人去理解。他不本分，不甘心仅守自己的文学地盘，公然声称自己是杂家，侵入他人领地。因此“专家们”非但不理解他，反而嫉恨他，也不愿意去理解他。等到网络世界、数字地球问世时，世人才能够真正了解他。二是他的风格晦涩。试问，用文学语言去“论述”科学题材，怎能不晦涩？他的思想浩荡不羁，文字汪洋恣肆，用典艰深，征引庞杂，怎不令人叫苦不迭？他似乎全然不顾一般读者的语文水平。

他的许多奇特警语，我们已经耳熟能详：“媒介是人的延伸”，“媒介即是讯息”，“电子媒介是中枢神经系统的延伸”，“媒介使人自恋和麻木”，“我们正在回到重新部落化的世界”，“西方文明的整个观念是从拼音文字派生出来的”……

但是我们又觉得，这些观点似是而非，似非而是。既使人似懂非懂，半信半疑，又令人如痴如醉，心驰神往。既使人震惊迷惑，又令人耳目一新。

麦克卢汉既难懂又不难懂。他本人的研究方法，可以帮助我们解开谜团、打开宝藏：“我没有固定不变的观点，不死守任何一种理论——既不死守我自己的，也不死守别人的……我的工作比较好的一个方面，有点像保险柜工匠的工作。我探索、谛听、试验、接受、抛弃。我尝试不同的序列，直到制动栓下落，保险柜的门弹开为止。”

麦克卢汉是信息社会、电子世界的先知，20 世纪的思想巨人。网络时代的今天，他的预言已然成为现实，他的洞见更加富有启迪意义，更加能够立竿见影。全新的一代人正在转向他的著作，以便了解这个地球村。

可是，世人对他的研究才刚刚开始。

令人欣慰的是，中国人研究他的条件，终于瓜熟蒂落。这里需要两个条件：一是要进入信息时代、网络空间；二是要有他的书读。中国的亿万“网民”几乎挤爆了“赛博空间”，如饥似渴地等待读懂他。我们翘首企盼的书终于要出了。我们终于可以读到原汁原味的麦克卢汉，而不是别人一知半解的转述甚至歪曲。有两个中译本即将与读者见面：除了本书之外，还有他的成名作《理解媒介》，将由商务印书馆出版。

二、石破天惊，一举成名

H. M. 麦克卢汉（Herbert Marshall McLuhan，1911—1980）1911 年 7 月 21 日生于加拿大艾伯塔省埃德蒙顿市。早年求学于曼尼托巴大学，1943 年负笈英伦，获剑桥大学英语文学博士学位。执教于威斯康星大学、圣路易斯大学、阿桑普星大学、圣米歇尔学院、多伦多大学，后期任多伦多大学文化与技术研究所所长。该所研究的是技术媒介对社会和心理的影响。这也是本书的主题。

在剑桥大学，麦克卢汉师从的老师群星璀璨，令人叹为观止：利维斯、奎勒–库奇等学界名流。他从这些巨人身上学到了思想上的自信。几年之间，他与阵容强大得令人惊叹的学界名流建立了联系，与其中许多人心有灵犀。他们是文化人类学家卡彭特、霍尔，知名的逻辑学家沃尔特·翁，艺术批评家刘易斯，未来学家托夫勒，还有管理学家德鲁克，建筑学家富勒，后来任加拿大总理的特鲁多，卓越的钢琴家哥尔德，杰出的哲学家古尔松等等。

他与许多世界知名的人物保持通讯联系，比如：诗人庞德，幽默演员伍迪·艾伦，音乐家凯奇、艾林顿，剧作家卢斯，新闻记者汤姆·沃尔夫，哲学家马里丹，艺术家 W. 刘易斯，专栏作家安·蓝德斯，电视节目主持人杰克·帕尔，人类学家蒙塔古等等。

麦克卢汉的学术生涯始于 20 世纪 40 年代中叶，初露锋芒的成果发表在标准的学术刊物上。他的第一部专著是 1951 年出版的《机器新娘》。这本书分析的是报纸、广播、电影和广告产生的社会冲击和心理影响。50 年代，他用福特基金会的赞助费创办《探索》丛刊。1959 年，他成为全美教育台和教育署“媒介工程”项目的主持人。这个项目的成果就是《理解媒介》的初稿。1962 年，他研究印刷文化的巨著《谷登堡星汉》问世。1963 年起，麦克卢汉执掌多伦多大学文化与技术研究所，使之成为一个颇具规模的传播学文化产业的基地。

1964 年《理解媒介》的出版，使麦克卢汉成为名噪一时的风云人物。30 余年的历史证明，麦克卢汉不愧是西方传播学巨匠，电子时代的“圣人”“先驱”和“先知”。他的遗产渗入了人类生活和学术的一切领域。他的预言一个个变成现实并不奇怪，奇怪的是，他的“梦话”变成现实竟然会这么快。30 年前，谁敢梦想数字化生存、信息高速公路、网络世界、虚拟世界、电脑空间？只有他！20 年前，谁会大声疾呼“地球村”“重新部落化”？只有他！他预告电子时代的来临，他对了！

麦克卢汉的声誉沉浮颇具戏剧性。他在世时，毁誉之声，别若天壤。90 年代，他的声誉重新崛起。今天，他的思想不仅顽强地保存下来，而且仍然雄踞传播理论的首要地位。对于“地球村”“电子世界”“网络世界”的论述，他的同时代人均不能望其项背。他思想的活力和隽永，至今罕有人能出其右。

世纪之交，人类正在飞快进入数字化时代、网络时代、光子时代、生命科学时代。按照麦克卢汉的媒介理论，任何一种电子技术都是人的中枢神经系统的延伸，任何一种非电子技术都是人的肢体的延伸。任何一种发明都将反过来影响人的生活、思维和历史进程。麦克卢汉的媒介理论仍然使人振聋发聩。他对几十种媒介的论述使专门家认识到自己的残缺不全，使千千万万人超越自身背景的局限从全新的角度去研究媒介对人类命运和进程的影响。

三、风雨沧桑，岿然屹立

1964 年，《理解媒介》甫一问世，出版界、学术界、评论界即好评如潮。《旧金山记事报》称麦克卢汉为“最炙手可热的学术财富”。自此，他赢得了世界范围的追捧。《纽约先驱论坛报》宣告麦克卢汉是“继牛顿、达尔文、弗洛伊德、爱因斯坦和巴甫洛夫之后的最重要的思想家……”说他是“电子时代的代言人，革命思想的先知”。接下来的四五年中，麦克卢汉在各个电视台接受专题采访，在各大公司做巡回演讲，他的人格魅力给听众一次又一次的震撼，使他享有“罗马祭师”和“北方圣人”的崇高地位。他的名字进入法语，构成了一个词“麦克卢汉式”（mcluhanisme），这个词成为流行文化世界的同义词。

麦克卢汉至今仍然是一本“天书”。但是，历史给予他突出的地位，使他至今处于学术前沿。他是条理清晰地阐述电子世界、电子技术的第一人。他的许多预言都一个又一个地实现了。

奇人怪杰，为人嫉恨、为人不解，古今中外皆然。麦克卢汉思想超前，难免几分神秘色彩；因侵犯他人领地，难免使人不快；思想汪洋恣肆，难免受到批评指责；语言晦涩难懂，难免使人丧气、困惑不安。他宣告眼光狭隘的专门家已是明日黄花，这使地位显赫的学者感到迷惑不解、气愤难平。所以他必然要引起许多人的对抗。

对许多人来说，麦克卢汉似乎是一个矛盾的人。他成了文化食人癖的受害者，他的思想被人断章取义，他的隐喻被人分割肢解。经院学者和老牌卫道士愤怒抗议，横加指责。有人宣告他的思想疯狂，有人斥之为危险害人。

许多批评家瞠目结舌，手足无措，似醒非醒，痴人说梦。自视清醒的白痴，争先恐后地轮番攻击他，说他是在攻击文明。其暴怒程度无以复加。每一位对手都怒气冲冲地搜寻麦克卢汉的“硬伤”，以发泄一肚子的火气。

保守派总是要千方百计否定新的思想。他们猛烈攻击，步步为营，且战且退，屡战屡败，却又不甘失败。

批评家给他取了许多诨名：“波普文化的斯波克大夫”“电视机上的教师爷”“攻击理性的暴君”“被疯狂的空间知觉搞得走火入魔的形而上巫师”“波普思想的高级祭司，在历史决定论的祭坛前为半拉子艺术家做黑弥撒的教士”。说他“出尽风头，自我陶醉，赶时髦，追风潮，迎合时尚。可是他错了”。说他的行文“刻意反逻辑、巡回论证、同义反复、绝对、滥用格言、荒谬绝伦”。说他的风格是“凝滞的迷雾，朦朦胧胧的暗喻在大雾中跌跌撞撞”。

超前的人物受到攻击甚至迫害，超前的思想受到压制，科学史和学术史上，不乏其例。洪堡把保守派对新思想的压制归纳为一个“公式”：首先是攻击新思想“一派胡言”，接着又变换花样加以全盘否定，说新思想“有许多闪光的洞见，但是当然全都错了”，最后竟然要赖说“我们早就知道的”。

用洪堡这个尺度来衡量，麦克卢汉竟然躲过了名重遭损的持久的屈辱，值得庆幸。因为批判他的“高论”，在扑面而来的信息时代中，很快就不攻自破了。

麦克卢汉受到攻击和曲解，是难以避免的。他的思想难以理解，首先是因为他的学说超前，把许多精英抛在后面。其次是他不甘死守英美文学这个小圈子，侵犯了传播学的领地。再次是他的思想汪洋恣肆，背离了传统的线性逻辑。此外，他的书风格费解，既精警深邃又玄妙如谜，隐喻警句枝蔓丛生，文学典故令人却步，历史典故难溯其源。他的语言偏离学术语言常规。他的格言警句色彩富丽、难以破解。比如：“电光是单纯的信息”，“媒介即是讯息”，“我们是电视屏幕……我们身披全人类，人类就是我们的肌肤”，“人们实际上不是阅读报纸——他们就像爬进浴缸泡热水一样地进入报纸”，“我们正在退出视觉的时代，进入听觉和触觉的时代”……至于自己的著作，他说：“我不假装懂。毕竟我那些东西难懂。”

他的名声虽然没有大起大落，但是围绕他的争论却始终不断。

不过，所谓争论，仅仅是围绕他一两个次要观点的争论。他的主要论断，经过时间的检验，谁也不敢再提出挑战了。

一个争论，是他冷热媒介的二分观念。诘难他的，也不是全盘否定这个分类思想，而是说他的有些例子未必妥当。他给冷热媒介所下的定义能够为人普遍接受，但是他关于冷热媒介特性的描写，又使人云里雾里，不得要领——冷媒介清晰度低，需要人深度卷入、积极参与、填补信息，这好理解；可是，因此而说冷媒介是触觉的而不是视觉的，又颇费思量。说电影清晰度高，不需要深度卷入，是“热的”，视觉的；电视清晰度低，需要深度卷入，是“冷的”，触觉的，就不太好理解。同样，把电话说成“冷的”，广播说成“热的”，也不太好理解。也许，高清晰度的电视问世之后，我们有必要对他的界定做一些修订：老一代的电视是“冷的”，新一代高清晰度的电视是“热的”。

即使在电视和广播的冷热划分上，麦氏也不无精彩绝伦之笔。以 1960 年尼克松对肯尼迪竞选总统的辩论为例，听收音机的听众以为尼克松赢定了，然而看电视的观众却认为他输定了。谜底何在？麦氏的解释非常精彩：电视是冷媒介，适合低清晰度的形象，肯尼迪是新人，清晰度低，因而适合电视；收音机是热媒介，适合高清晰度的形象，尼克松是旧人，清晰度高，因而适合广播。

麦克卢汉的大多数思想，早已深入人心、家喻户晓、不可动摇。30 年来电子技术和信息产业的飞跃发展，使他的思想不证自明。谁能够动摇他的以下思想？

1. 地球村。这个词语已成为几十亿人的口碑——虽然绝大多数人对其深刻内涵不甚了了。电子信息瞬息万里，使全球生活同步化；全球经济趋同、整合、游戏规则走向同一；网络生活同一，世界结为一体；时空差别不复存在，昔日遥不可及的海角天涯刹那可达。谁不说这就是弹丸之地？

2. 媒介。根据他隐而不显的媒介观念，我们可以推导出一个最为宽泛、无所不包的定义：媒介是人的一切外化、延伸、产出，一句话，媒介是人的一切文化。由于他研究的媒介涉及人类生活的一切领域和一切层面——衣食住行、机械电力、语言文字、娱乐游戏、科学技术、艺术世界，所以，本书对人文科学和社会科学各个领域各个层面的读者都不乏教益和启示价值。

3. 媒介即是讯息。90 年代之前，人们对此也许半信半疑。一般人认为媒介仅仅是形式，仅仅是信息、知识、内容的载体，它是空洞的、消极的、静态的。可是他认为媒介对信息、知识、内容有强烈的反作用，它是积极的、能动的、对讯息有重大的影响，它决定着信息的清晰度和结构方式。有人不以为然，认为媒介仅仅是承载内容的形式和外壳。习惯的思维定势堵塞了洞悉的目光、创新的思路，人们对媒介形式的革命力量视而不见、听而不闻。其实，四大发明作为媒介——所谓媒介的形式本身——就曾经改变了世界，改写了人类历史。这难道不是几百年的铁证吗？麦克卢汉之后兴起的新兴媒介 VCD、DVD、Internet 不是已经并正在继续改变世界，改变人的思维方式、生活习惯吗？新兴高科技不是正在以加速度改变世界和人类自身吗？

4. 电子媒介是中枢神经系统的延伸。麦克卢汉奇异的思想之一，是从一个奇特的角度将人的延伸（即媒介）一分为二：电子媒介是中枢神经系统的延伸，其余一切媒介（尤其是机械媒介）是人体个别器官的延伸，比如印刷媒介就是视觉的延伸。中枢神经系统把人整合成一个统一的有机体，电子媒介亦然。其他的媒介则延伸人的一部分感官，使人的感官失去平衡，使人支离破碎、单向发展。电子时代的人再也不是分割肢解、残缺不全的人。人类大家庭再也不是分割肢解、残缺不全的大家庭。电子时代的人类再不能过小国寡民的生活，而必须密切交往。与此相反，机械媒介（尤其是线性结构的印刷品）使人专精一门、偏重视觉，使人用分析切割的方法去认识世界，所以在过去的机械时代里，人是被分割肢解、残缺不全的畸形人。

在我看来，麦克卢汉的“中枢神经系统”类似荣格的“集体无意识”，类似列维-斯特劳斯的“结构”。不过，荣格的“集体无意识”偏重进化和生物遗传，列维-斯特劳斯的“结构”强调神话的结构，而麦克卢汉的“中枢神经系统”却是人类中枢神经系统外化的电子媒介。

5. “冷媒介和热媒介”。低清晰度的媒介（如手稿、电话、电视、口语）叫“冷”媒介。因为它们的清晰度低，所以它们要求人深刻参与、深度卷入。因为它们的清晰度低，所以它们为受众填补其中缺失的、模糊的信息提供了机会，留下了广阔的用武之地，调动了人们再创造的能动性。反之，高清晰度的媒介叫“热”媒介，拼音文字、印刷品、广播、电影等等就是这样的热媒介。由于它们给受众提供了充分而清晰的信息，所以受众被剥夺了深刻参与的机会，被剥夺了再创造的用武之地。要言之，冷媒介邀请人深度参与，因此它“兼收并蓄”；热媒介剥夺人深度参与的机会，因此它“排斥异己”。

6. 西方文化的局限性。“理性的”西方文化是机械的、分割肢解的、线性的、分析的、偏重文字的、视觉的、左脑的、抽象的文化。他欢呼电子文化的来临，因为它是人的中枢神经系统的延伸，它使西方人能够从传统的西方文化中解放出来，重新整合成为完全的“部落人”。他认为，只偏重视觉的、机械的、专门化的谷登堡时代一去不复返，只注重逻辑思维、线性思维的人再也行不通，电子时代的人应该是感知整合的人、整体思维的人、整体把握世界的人。要言之，电子时代的人是“信息采集人”。

7. 部落化——非部落化——重新部落化。这是一个著名的公式，他从媒介演化历史的角度去概括人类的历史，为解读历史提供了一个崭新的视角。他认为，人类历史上一共有三种基本的技术革新。其一是拼音文字的发明，他打破了部落人眼耳口鼻舌身的平衡，突出了眼睛的视觉。其二是16 世纪机械印刷的推广，这就进一步加快了感官失衡的进程。其三是 1844 年发明的电报，他预告了电子革命的来临。电子革命将要恢复人的感官平衡态，使人重新部落化。电子媒介使人整合，回归整体思维的前印刷时代。这就叫做重新部落化的过程。这是一个更高层次的全面发展的人。窃以为，这个公式可以写做以下几种变体：整合化——分割化——重新整合化；有机化——机械化——重新有机化；前印刷文化——印刷文化——无印刷文化；前现代化——现代化——后现代化。

四、细嚼慢咽，美味佳肴

本书分为四部。第一部《作为产业的文化》，说的是文化与商业的融合，把广告和娱乐当作是极为重要的文化现象来认真研究。媒介实业向文化生产和文化营销的方向迁移，麦克卢汉是系统研究这种迁移的第一人。第二部《印刷术与电力革命》论述谷登堡技术带来的文字革命。《谷登堡星汉》是麦克卢汉媒介思想的重要里程碑，也是他思想的核心。第三部《口传的麦克卢汉》最接近麦克卢汉思想的精髓。他的许多发现常常是在谈兴最浓的时候作出的。他总是在“充电最足”的聊天时取得“突破”。他知识渊博、感知敏锐。他那轻松自如、行云流水般的口才给人留下了深刻的印象。“《花花公子》访谈录”尤其捕捉到了他对付深度采访时机敏流畅的思想脉搏。第四部《文化与艺术：外观与背景》充分表现了麦克卢汉博学多才、风流倜傥的风格。这是满纸隐喻、晦涩难懂的硬骨头。他借用荣格打比方，给原型观念注入新的思想。他把通俗文化研究引入艺术领地。这是他的独创之一。阅读这一部分时，读者要乐意放弃一些熟悉的观念：清楚的逻辑、叙述的序列。读者还要抱着开放的态度，乐意与作者一道探索。

但是，读者大可不必按照顺序阅读。本书既有生动活泼的访谈录，又有三言两语的语录体；既有意义隽永的格言警句，又有晦涩难懂的暗喻堆砌。

没有时间和耐心的读者可以信手翻一翻第三部第十四章的《麦克卢汉资料汇编：语录》，你一定能够做到开“句”有益。

有一个小时的读者不妨浏览第三部第十三章的“《花花公子》访谈录”，你一定会爱不释手。这篇三万字的对谈浓缩了麦克卢汉的一切思想精粹，是开启麦克卢汉殿堂的金钥匙。对谈的形式锁定范围，使他紧扣主题，抗衡他那放荡不羁的思维习惯，用多变和刺激的问题“蒸馏”出他的真知灼见，使他的连珠妙语、金玉良言、洞见之才发挥到极限，酣畅淋漓，无与伦比。他的思想火花灿烂夺目，他的智慧魔力使人心动神摇。

最难啃的硬骨头是第四部。他在这里旁征博引、密集用典，借他山之玉，反弹琵琶、推陈出新，提出了著名的媒介四定律。他散漫、晦涩的风格，常常使人云里雾里。他的用典癖好，常常使人不得要领。

然而，读者诸君请勿丧气。他先知的睿智、思想的魅力值得我们去啃一啃这一只螃蟹。敲开螃蟹的硬甲，鲜美的膏肉自在口中矣。

绪论

我不是“文化批评家”，因为我根本没有兴趣给文化形态分类。我讲究形而上，对形态的生命和令人吃惊的形态程式感兴趣。

——《麦克卢汉书信集》

I

赫伯特·马歇尔·麦克卢汉 1911 年 7 月 21 日生于艾伯塔省埃德蒙顿市。20 世纪 60 年代和 70 年代，他因为研究大众传媒对思想和社会行为的影响而国际知名。他曾经爱上工程，考虑是否以此谋生。后来，他的文化研究才能展露出来，这使他离开曼尼托巴大学去海外求学（1943 年到英国剑桥大学去攻读博士）。在这里，他为后来博学而富有预见的博士论文打下基础。这篇论文的题目是《纳什[①] 在他那个时代学问中的地位》。论文检查了逻辑和科学中的现代偏向；这种偏向的结局，是牛顿式世界观及其钟表式精确性在 19 世纪欧洲的胜利。他从文学研究起步，以特有的机警意识到当代文化变迁的革命阈限。

他回到北美，重执教鞭，任职于威斯康星大学和圣路易斯大学，完成剑桥大学的博士学位。1944 年曾在阿桑普星学院（现为温莎大学）短期执教。1946 年，多伦多大学的圣迈克尔学院热情地延聘他到校工作。他遂终身在此教书（1967 年至 1968 年在纽约的福德汉姆大学任施韦策讲座教授这段时间除外）。

在剑桥大学，麦克卢汉师从的老师群星璀璨，令人叹为观止：利维

① 纳什（Thomas Nashe，1567—1601）：英国小说家、诗人、剧作家。创作了第一部英国流浪汉小说《倒霉的旅行家》（又名《杰克·威尔顿传》）。曾经与哈维兄弟论战。

斯[①]、奎勒-库奇[②]，尤其是新批评的奠基人理查兹[③]、蒂尔亚德（E. M. W. Tillyard）、切特尔（H. J. Chaytor）等学界名流。他从这些人身上学到了思想上的自信。几年之间，他与阵容强大得令人惊叹的名流建立了联系，但是他与传播界的先驱伊尼斯（Harold Innis）却没有什么联系（伊尼斯注意到麦克卢汉的《机器新娘》，把它用于课堂教学）。然而他与其他许多名流却是心有灵犀。这些名流是文化人类学家卡彭特[④]和霍尔[⑤]、知名的逻辑学家沃尔特·翁（Walter Ong）、艺术批评家刘易斯[⑥]、未来学家托夫勒（Alvin Toffler），还有德鲁克[⑦]、米勒（Jonathan Miller）、哈弗洛克（Eric Havelock）、肯纳（Hugh Kenner）、富勒[⑧]、特鲁多[⑨]、加拿大卓越的钢琴家古尔德[⑩]、杰出的哲学家吉尔松[⑪]。

---

① 利维斯（F. R. Leavis，1895—1978）：英国文学家和社会评论家，以创办和主编《调研》闻名。

② 奎勒-库奇（Sir Arthur Quiller-Couch，1863—1964）：英国诗人、小说家、文选家，以编辑《牛津英国诗选》《牛津歌谣集》闻名。评论集有《论写作艺术》《莎士比亚的技巧》等。

③ 理查兹（I. A. Richards，1893—1979I）：英国文学评论家和诗人，新批评代表人物，代表作有《意义的意义》《实用批评》《内心的对话》《科学与诗》等。

④ 卡彭特（Edmund “Ted” Carpenter，1922—2011）：加拿大人类学家、传播学媒介环境学派第一代代表人物。

⑤ 霍尔（Edward T. Hall，1914—2000）：美国人类学家、文化学家，跨文化交际学之父，代表作为《无声的语言》《超越文化》，均有中译本。

⑥ 刘易斯（Wyndham Lewis，1882—1957）：英国画家、作家、艺术批评家，漩涡画派创始人。

⑦ 德鲁克（Peter Drucker，1909—2005）：管理学家，一部分作品已经有中译本。

⑧ 富勒（Buckminster Fuller，1895—1983）：美国建筑师、发明家、哲学家兼诗人，被认为是 20 世纪下半叶最有创见的思想家，设计了一批著名建筑。

⑨ 特鲁多（Pierre Trudeau，1919）：加拿大自由党人，1968—1974 年任总理，任内与中国建立外交关系，曾创办《自由城》评论月刊。

⑩ 格伦·古尔德（Glenn Gould，1932—1982）：加拿大著名钢琴家，技巧完美，但演奏时常偏离传统。

⑪ 吉尔松（Etienne Gilson，1884—1978）：法国天主教哲学家、中世纪哲学史家，1929 年创建加拿大多伦多大学中世纪研究所。代表作有《中世纪哲学的精神》《哲学经验的统一性》《中世纪基督教哲学》等。

他与许多世界上最有趣的人有通讯联系，比如：诗人庞德[①]、伍迪・艾伦[②]、凯奇[③]、乔治・斯泰纳（George Steiner）、卢斯[④]、艾林顿[⑤]、汤姆・沃尔夫[⑥]、巴巴拉・沃德（Barbara Ward）、马里丹[⑦]、W. 刘易斯、罗洛・梅（Rollo May）、卡什[⑧]、安・蓝德斯[⑨]、杰克・帕尔[⑩]、蒙塔古[⑪]、荷兰的伯纳德亲王（Prince Bernard）、瑞典国王卡尔・古斯塔夫（King Karl Gustav）等等。

人们还没有察觉到信息革命的电力形式，麦克卢汉就已经在发表这方面的东西了。他精彩地说明大众传媒的使用者所经历的感知变化。对一些人而言，他似乎是物理学家；对另一些人来说，他却是印刷文化和书面文化的敌人。实际上，他是博大精深，具有惊人预见能力的文人。汤姆・沃尔夫大声宣告，就文化意义而言，麦克卢汉的研究工作和达尔文、弗洛伊德一样重要。接下来的反应兼有赞同和讥笑，但是汤姆・沃尔夫的神算似乎日益得到证实。然而，从一开始，麦克卢汉就受到误解，甚至是故意的

---

① 庞德（Ezra Pound，1885—1972）：美国诗人、评论家，现代派开创者和代表人物之一，作品受汉诗影响。

② 伍迪・艾伦（Woody Allen，1939—2008）：美国电影导演、演员、作家、音乐家与剧作家。

③ 凯奇（John Cage，1912—1992）：美国作曲家，代表作有《4 分 36 秒》《幻景第四》，著作有《无声》等。

④ 卢斯（Clare Boothe Luce，1903—1987）：美国女剧作家，政府官员。曾任《时尚》杂志副主编，《名利场》副主编、主编。主要剧本有《女人》《与男孩们的吻别》《错误边缘》，均改编为电影。

⑤ 艾林顿公爵（Duke Ellington，1899—1974）：美国作曲家、乐队领队和钢琴家，爵士乐历史上最重要的人物之一。

⑥ 汤姆・沃尔夫（Tom Wolfe，1931—2018）：美国记者，提倡新型新闻，即把小说手法用于新闻报道。

⑦ 马里丹（Jacques Maritain，1882—1973）：法国天主教哲学家，代表作有《艺术与经院哲学》《知识程度》《艺术与诗歌》等。

⑧ 卡什（Yousuf Karsh，1908—2002）：加拿大人像摄影家，1935 年被任命为加拿大政府官方摄影师。

⑨ 安・蓝德斯（Ann Landers，1918—2002）：女，专栏作家，专门回答读者恋爱、婚姻、家庭问题。

⑩ 杰克・帕尔（Jack Parr）：美国电视节目主持人。

⑪ 蒙塔古（Ashley Montagu，1879—1924）：英裔美国人类学家，代表作有《妇女的天然优势》《人类最危险的神话：种族的谬误》等。

曲解。有些人要唱对台戏，有些人要捍卫自己的地盘。因为正当专业分工被当作救世良方兜售时，他却警告世人说，在电力条件下，专业分工即将过时。况且，他那复杂的思想和格言警句式的散文风格使他的著作难以使人亲近，有的篇章甚至是面向精英的。

许多人误解了他的作品，试图用不着边际的批评把他一笔勾销。这是有许多原因的。有些人抱怨他的思想不够逻辑；有些人觉得，贬低讯息的内容而强调媒介“环境”的意义，这是对文明的威胁。也许，面对他那紧密、内爆、格言式的风格，大多数批评者觉得受到了冷落。在这种风格的面前，论辩需要的叙述偏偏败下阵来。麦克卢汉不喜欢辩论，不喜欢保护思想地盘。相反，他认为自己是探索者。他要“探索”受到新型电力条件强有力改变的“心理情结”。电能（electricity）持续不断地改变一切，尤其是改变人的思维方式。它确认着追求绝对知识过程中的不确定性的力量。这是革命性的观点。

电力过程具有非集中化、整合和加速的性质。因此，传播的重心从专门化的“一时一事”（one thing at a time）方式，或线性、逻辑的序列转向“一切同时”（all-at-once）的同步关系。电子信息的传递接近光速时就产生这样的关系。作为环境的媒介使心理经验和社会经验发生转化，使简单明快的意义荡然无存。麦克卢汉说，信息细节超载的环境可以用意义明确的方式有序地组织起来，但是这要靠提高模式识别技能才能做到。这样的技能就是对付开放系统的能力，而开放系统又是以电速不断变化的。物质的联系让位于电力信息的共鸣关系和巨型、开放系统的模式。

如今，人们对现实的感知要依赖信息的结构。每一种媒介的形式都与感官的安排或比率相联系，这就要产生新型的知觉形态。这样的感知变化，即每一种媒介产生的新型经验方式，总是要发生的，无论媒介编程的内容是什么。

麦克卢汉有名的“冷”“热”媒介之分，指的是与媒介的清晰度高低相关的不同的感知效果。“热”媒介（广播电台、照片、电影）的信息比较丰富，允许使用者比较低的参与程度；“冷”媒介（电话、卡通、电视）的信息比较少，允许使用者比较高的感官参与度。

II

麦克卢汉1980年去世以后，声誉有所中断，他要等待电子实践慢慢跟上来。这样的情况正在发生。人们对他的兴趣重新高涨，这就突出说明，他的研究工作是有用的。他的思想不仅保存下来，而且仍然雄踞传播理论的首要地位。直到今天，还是没有人比他更加了解电力过程是如何改变现实的。因为我们也能够看见他感觉到的许多东西，所以我们现在可以和一位年轻人讨论“无形的存在”。他早上上网去“地球村”寻找看不见的朋友。也许他几乎本能地意识到一切媒介是如何改变现实的。可以饶有兴趣地指出，麦克卢汉强调“媒介”的重要性超过“讯息”的重要性之后没过几年，电视上最受欢迎的节目就成了介绍节目的节目，因为在这些节目中，一种媒介隐藏很深的基础成了一个没有明显故事情节的节目的图像内容。

弗莱（Northrop Frye）回顾洪堡[①]的抱怨时，着重指出洪堡提到的一连串压制思想的东西，它们干扰了我们的视线，使我们不容易认识到伟大的思想家。在过去的40年中，弗莱代表的是令世界注目的多伦多思想场的另一极。

> 读一本比较新的书时，你首先得到的反应是“一派胡言”，接着的

① 洪堡（Wilhelm von Humboldt，1767—1832）：德国语言学家、哲学家、外交家、教育家，对20世纪语言学的发展有深刻的影响，曾预示人类文化语言学。有七卷宏文存世，含语言学著作、诗歌和美学论文。

反应是“有许多闪光的洞见，但是当然全都错了”，最后的反应是“我们早就知道的”。

——多伦多《环球邮报》1983 年 2 月 26 日第 18 版

用这个尺度来衡量，麦克卢汉躲过了因为名声太响可能带来的持久的屈辱。令人奇怪的是，虽然我们尚未完全弄懂他启动的业已改变了的范式的价值，但是他的洞见仍然是强有力的宝贝。这种经久不消的有效性证明，要了解电力媒介的影响，他的思想的中枢性是无法回避的。

具有讽刺意味的是，批评他的人几乎都没有读过他的多少东西。比如，几乎从来就没有人提过他早期的奠基之作，包括学术文章和通俗文章。他的许多思想首先是在这些文章中形成的。甚至连他早期的书也几乎没有人提及。作为 20 世纪一位重要的思想家，对他比较全面的研究才刚刚开始。这一卷书包括麦克卢汉经典的主要成分，意在补救对他的成就长期重视不够的倾向。

III

麦克卢汉发现，电力过程的主要影响是使心理意识和社会意识的结构重新部落化。千百万人坐在电视机前，围着显像管，以 CNN 那样的方式，从一个权威的源头吸收萨满教口头传说的现代对应版本，人和电视机的关系很像是旧部落里那种专横教导和控制的关系。

团体消费者价值的地球村，刺激各地区的人们去检索信息，看看自己过去是谁，以保护自己日益褪色的身份，因为除了身份之外，电力过程使我们大家都成为无足轻重的小不点。他警醒世人说，对身份的寻求总是要产生暴力。旧的敏感、旧的价值、旧的积怨压倒了更大规模的民主意识和责任意识。电影、电视和其他大众媒介给感觉器官带来的深刻变化，使我们回到酷似老部落暴力那样的情况，以至于重温部落人对暴力的那种欢快而神秘的体验。电力使我们回归，它把世界转化为新部落共鸣的电路。我们在重新播放人类深刻经验的原型、人类心理和社会现实的典型模式。

对主要媒介转换效果最早的正确描绘，出现在《谷登堡星汉》之中。语言、言语、语法、印刷术、书籍——一句话，文明社会传播的一切遗产都受到形态更加原始的电力媒介的压力。这些电力媒介在重组人的感知系统中是原始的，它们对人的感情而不是感知产生吸引力。有的读者以为，麦克卢汉赞成摧毁书面文化的价值。但是，他实际上仅仅是为它们的萎缩敲响警钟而已。他当然喜欢维持修辞和语法意识的议程，使之保持活力。他之所以用复杂、双关的风格写作，其中的一个原因就在这里。

要而言之，麦克卢汉非凡的散文风格，是把许多风趣的警语似的“探索”进行非连续的并置——这就是他深度研究中使用的语言。这种旨在发现意义的批判性方法，其本身就是一种艺术形式。我们很容易看清，麦克卢汉本人就是别具一格的艺术家。他与帕克（Harley Parker）的合作说明，他也自认为是艺术家。

> 在艺术中，同样的原理可以用暗示的价值来说明。留一点东西隐而不说，就可以给观赏者留下一个机会去补充思想……直到他似乎真正成为艺术品的一部分。
>
> ——《透过消失点》第 266 页

关于警语的艺术优点，麦克卢汉似乎从培根《学问的进步》（*The Advancement of Learning*）得到了启示，以便弄清楚那里面的似非而实是的精神：“知识，以警语和观察（感性认识？）形态出现的知识……是成长。”这里有一层没有点破的意思：知识被定义为观念时，它的完全性就随之减少。正是这个感知的完全性，可以用来说明为什么一切观念永远要受到修正和批判。感性的知识使我们能够预见这样的变化。

麦克卢汉不去搞脱离思想环境的、以概念为基础的争辩，而是集中研究概念的环境基础。他迫使我们去研究我们的感性生活是如何变化的，以便自己能够对使用的媒介作出回应。我们变化了的感知可以导致有力的发现。事实上，麦克卢汉探索感性价值（perceptual values）的范式迁移的研究方法，在其他地方是找不到的。

警语式技法使我们能够同时表现知觉的几个层次。向诗歌形式的回归对电力过程的“一切同时性”（all-at-onceness）是极为得体的。从西塞罗①到昆体良②到培根到纳什，麦克卢汉更新了这些语法学家和修辞学家的理论，使之成为传播理论的深厚资源。

报纸和电视广告扎根在古老的雄辩术传统中，正如乔伊斯在《尤利西斯》的“报纸”（AEolus）那一章描写的一样。这一章的特点是用了大量新潮的修辞格。任何媒介的一切传播都完成一个修辞的日程。麦克卢汉的伟大才能就在于揭示电力环境的这些延伸的根基。

叶芝总是谢绝解释自己的诗作。理由是：一旦解说，诗歌的内涵和隽永就受到局限。他要求读者卷入诗歌。与此相似，在一切电力媒介中，“使用者”必须学会进入传播过程，成为共同的生产者。在电力条件下，每一件物体都不仅是物体本身，它还表现为一个多样的过程，我们不能给这个过程下一个简单、逻辑的定义，正如任何一位毕加索、克利③或蒙德里安④的崇拜者所知道的那样。

---

① 西塞罗（Marcus Tullius Cicero，前 106—前 43）：罗马政治家、律师、古典作家、演说家。有大量哲学、政治学、演说辞存世。

② 昆体良（Quintillian，约公元 35—96）：古罗马修辞学家和教师，有巨著《雄辩家的培训》传世。

③ 克利（Paul Klee，1879—1940）：瑞士画家，作品用形、色彩、空间等直接表现个人情感，认为“艺术是创作的象征”。

④ 蒙德里安（Piet Mondrian，1872—1944）：荷兰画家，抽象艺术“风格派”主要成员。

艺术家可以是任何领域——包括科学或人文的领域——里的人。他能够把握自己行动的含义，能够把握当代新知识的含义。艺术家是整体意识的人。

——《理解媒介》第 65 页

在某些方面，麦克卢汉的感知比别人更接近以上的艺术家。他是一位康定斯基[①]似的人物。他说："环境是组合体"，"物体要根据整体的眼光来考察"。他把中世纪和文艺复兴早期的形式联系起来的本领，尤其表现在《谷登堡星汉》中的本领，似乎使他比专业分割的学问愚盲前进了一大步，这是蔚为壮观的进步。在反对麦克卢汉和反对他走红的愤怒声中，我们常常能够听到愚昧和恐惧的嚎叫，这样的嚎叫既来自学界内也来自学界外。受上一个世纪的公共意识控制的奴仆被激怒以后，就表现出这样的愚昧和恐惧。

大学这样的环境总是想要事实、证据和争论的。甚至人文主义者对不确定性、或然率、补足和不足等理论的含义也不知其然，而且这样的无知实在是太久了。从粒子物理学承袭下来的普遍无知，使悖论的实用性得到恢复。阐释性媒介使相互矛盾的事实乱作一团，悖论能够帮助我们理清这团乱麻。

在金色的树丛里，刺耳的辩论中出现了勒德派（Luddites）[②]砸机器那样的疯人，有的人眼睛都斗红了。20 世纪 60 年代晚期盛传一个谣言，说美国一家大型的杂志重金延聘一位枪手，要写文章把麦克卢汉给"废"了。就我们所知，休·肯纳（Hugh Kenner）不领这个情。

---

① 康定斯基（Wassily Kandinsky，1866—1944）：俄国画家和美学家，先后加入德国籍和法国籍，曾经供职于著名的包豪斯学院，对 20 世纪的艺术有深远的影响。

② 勒德派（Luddites）：19 世纪英国手工业者为破坏机器而组成的集团。大机器生产使他们失业，工人迁怒于机器。

嫉妒僵化为误读，就像是成了滑稽的肉冻。许多批评他的人瞠目结舌、手足无措、似醒非醒，或惊慌不安，或是想教训人。麦克卢汉渴望人们能够感性地认识他，他那些讥讽家的特点，人们是有滋有味地意识到了。一帮《群愚史诗》[①]似的人物争先恐后地排队轮番攻击他，说他是在攻击文明。这就是洪堡所谓的“一派胡言”的那种反应，其暴怒程度无以复加。每一位对手都怒气冲冲地搜寻麦克卢汉的“硬伤”，以发泄一肚子的火气。

麦克卢汉的同情寄托在过去，寄托在文明的文字生活之中。他比大多数人都明白，未来永远是用新的方式去再现的信息（The future is always a new way of retrieving the past）。对他唯一理性的指控似乎可以是这样的：他太倚重过去，他的著作有的地方真是太艰深玄妙了。

麦克卢汉是条理清晰地阐述电力世界的第一人，这是需要对一切问题进行反思才能做到的。所以必然有人要对抗。你不能指望恐龙喜之不禁地去拥抱自己的末日。他似乎把文化运转的传统观点当成破烂，难怪他没有立即被揽进文化的怀抱。把自己的一切都投入孤立的数字和实验室标本，同时又忽视环境根基的专门家，一听说自己是明日黄花时，肯定会感到迷惑不解、气愤难平。[他所谓的明日黄花是，隐蔽的原型背景（archetypal ground）正在变得清晰可见，正在慢慢地变为陈词并失去它对我们心灵的影响力] 正当人们组建思想库，以便解决从富有转化力的电力技术中冒出来的复杂问题时，教育家们却在推荐专门化的办学路子。麦克卢汉强调的东西有：环境、事物的相互联系和思想的生态，还有电力过程那无孔不入、无法避免的改变社会–政治的威力。剥去他调侃的夸张，他的远见业已为事实所证明。

---

① 《群愚史诗》（*The Dunciad*）：18 世纪英国诗人蒲柏模拟史诗体的嘲弄诗，分四卷，嘲弄当代知识界愚不可及的自大狂。

Ⅳ

文人应该看到麦克卢汉的来临，因为他曾经规规矩矩地置身于文学创作的传统之中。他的笔下流淌着来自乔伊斯①、艾略特②、庞德、刘易斯③等人的语录。他早就做好了准备，去迎接围绕电力思想倾向而展开的论战。他迈出的第一步是研究以哈维④和纳什的论战为中心的古今之争。这场古今之争为工业革命奠定了基础，工业革命的基础是新教伦理经济和实证科学。

他告诉人们，书籍正在被电力媒介挤压到靠边的位置。很少有人注意，此时的他深深浸泡在墨水之中，实际上岿然站到了古人一边。他只不过是在文化变迁中被重力推拉到了最令人烦恼的位置罢了。斗红了眼的读者把他当作文化事业的叛徒；还有些人指控他搞技术决定论——好像他们不知道，偶然性在他（或伊尼斯）关于传播演进的思想中没有地位似的。

对许多人来说，麦克卢汉似乎是一个矛盾的人。大众媒介带来的各种阐释含有这样一层意思：事情是既是既非、亦是亦非的。印刷世界和电视世界是各奔东西的两种现实。他经常提及的文化变迁里充满悖论。为了有利于日益增长的所谓清晰的幻觉，这些悖论常常被人为降格贬低。经验主义的理性偏颇要求事事清晰明白。麦克卢汉说明电力过程如何重新给悖论撑腰打气，他同意柯里（Rosalie Colie）的观察：

---

① 乔伊斯（James Joyce，1882—1941）：爱尔兰小说家。

② 艾略特（T. S. Eliot，1888—1965）：20 世纪伟大的文学家。生于美国，卒于英国。

③ 刘易斯（Sinclair Lewis，1885—1951）：第一位获得诺贝尔文学奖的美国作家，代表作有《大街》《巴比特》等。

④ 哈维（Gabriel Harvey，1578—1657）：英国作家、大学教师，酷爱学问，与培根一样渴求百科知识。1592 年发表《四封信和几首十四行诗》而与 T. 纳什进行论战，直到 1599 年坎特伯雷大主教命令双方焚毁文稿才告结束。

> 将悖论降格是一场思想革命的结果。这场革命看重清晰和精确，将其置于难以把握的二重性之上，二重性又存在于悖论引出的理解之中。伽利略[①]《关于两种世界体系的对话》的“基本原理”指出，认为“词语”重于“事物”，并且把语词作为真理的指南，那是危险的：你一旦否认科学的原理，怀疑最明显的事物时，人人都知道，你就可以随意证明你想证明的任何东西，而且可以维持任何一种悖论了。
>
> ——柯里《流行的悖论》，1966 年版，第 508—520 页

我们的世界充满科学产生的悖论：过去几个世纪的确定性被挤压并超过它所能承受的极限，于是确定性逆转为它的反面。不确定性与或然率以及或然率赖以研究事实的统计方法，遭遇了复杂理论和混沌理论。从社会学和政治学的观点来看问题，我们发现难以弄清悖论的意义：比如，法治之下的一切东西怎么可能同时亦是亦非呢？法律实践日益受到环境的影响，而且与媒介感知的相关性也在日益增加。

在电力文化的条件下，我们生活在这个基本的悖论之中：“武断的、偶然的、古怪的观念，或对或错，无法用经验来验证”（柯里）。麦克卢汉证明，悖论就像暗喻一样确立事实的比率，因为在电力条件下，事实不可能只是一件事，现实也不可能是一件事。

在信息时代，我们应该记住柯日布斯基（Korzybsky）“语词的世界和非语词的世界”的观点。如果要让这两个世界的相互作用维持人道的平衡，悖论和暧昧是必须存在的。这幅世界地图不是领地；它是故事，不是事件；是形象，不是实物。表达的形式也许就是一切。

---

① 伽利略（Galileo，1564—1642）：意大利数学家、天文学家、物理学家，现代科学思想的奠基人之一。1632 年发表的《关于两种世界体系的对话》大力宣传哥白尼的地动说，次年被罗马教廷宗教裁判所审判并软禁 8 年。1983 年，罗马教廷正式宣布 300 年前的审判是错误的。

V

开设了那么多课程的学校总是忽视上述事实。未来城市里的年轻后代在逃出了那么多教育理论的束缚之后，他们不愿意再容忍日益增加的暧昧阈限，这难道会使我们感到吃惊吗？悖论应该用作整合的、维持生态的必要条件，而不应该是让那些喜欢清晰不喜欢惊诧的人感到烦恼的东西。

考虑到新媒介带来的急剧变化，麦克卢汉着手去发现媒介对使用者的思想景观所起的作用："媒介即是讯息"。换言之，媒介对我们的身体产生影响。在电视机这个高速电子发生器前面坐几个小时，必然要产生一种独特的心态。这种心态实际上使进化的机警性倒退。迄今为止，我们之所以没有灭绝，依靠的就是这种机警。至于说讯息的内容，你说"我爱你"的时候，可以用当着面说、电话上说、用告示牌说等不同的方式。你得到的回应主要是由你所用的媒介决定的。他给我们提供了一种方法，使我们能够闯进生活中真实工作坊里的控制室里面去。

麦克卢汉的洞见，就像是瑜伽术进入自我意识的步骤一样，使我们得到解脱，不至于一门心思痴迷于用鸡毛蒜皮的方式去操纵内容。使人类重新成为一个整体，这似乎是我们一切全球愿望的目的。但是，它的后坐力却是实实在在的、喧嚣嘈杂的。各个民族正在争先恐后地锻造他们的身份，以对抗全球的集体一致性。与此同时，一种有害的部落主义正在全球蔓延。麦克卢汉安排出来的方法是把相互作用的各部分组织成宽泛的模式。因此，他要求我们具有比较大型的思维模式——几乎是散文和诗歌这样差别比较大的大型模式。我们在力求拓宽感性意识时，遇到了理性思维的不足。如果要超越简单的事实，我们就需要深度卷入传播过程。内容问题会自然而然解决的。

麦克卢汉是罕见的文化食人癖（cultural cannibalism）的受害者，他被人肢解后一块一块地吞下——许多人不能整体地了解他。人们的著作中到处都闪耀着他的洞见，常常不注明是他的思想。波尔格斯（Borges）的《变形研究法——移动镜子的游戏》中有个人物，他追踪一个灵魂在别人身上留下的印记。这是一场认真的游戏，支离破碎地反映揭示出重要的真实情况。肉眼看东西的过程暗中比喻人的洞察力。我们能够看见东西，那是因为物体反射光线，但是我们真正想看见的其实是光线。

麦克卢汉骨子里是语法学家，绝对需要与同事不断进行对话，这是他工作的基础。早在他们的课题组［有汤姆·伊斯特布鲁克（Tom Easterbrook）、泰德·卡彭特等人］做“探索”课题、编《探索》丛刊时，麦克卢汉的风格就是进行旨在发现的讨论。他搞调研是第一流的高手，常常能够在别人的研究中发现他们自己没有感觉到的有意义的模式。最为重要的是，他周围一些出类拔萃的人能够在游戏中达到他那个水平，他能够在同仁输入的信息基础上获得丰硕的成果。编者诚邀读者学习探索信息的底层结构，以求在此过程中得到启示。阅读，批评，记住：麦克卢汉很乐意修正经过不断探索后被证明是站不住脚的言论。请你步入本书可能引向的新天地。

Ⅵ

《麦克卢汉精粹》分为四个部分。每一部分里入选的材料按照时间顺序排列。第一部《作为产业的文化》研究的是文化与商业的融合。说的是把广告和娱乐当作极为重要的文化现象来加以认真研究。经过媒介延伸的产业向文化生产和文化营销的方向迁移，麦克卢汉是系统研究这种迁移的第一人。他与人类学家泰德·卡彭特、爱德华·霍尔合作，用现代人类学的手段去发现处于“意识之外”的文化现象，也就是所谓的“隐蔽的背景”（hidden grounds），这是麦克卢汉给这个信息深层结构领域取的名字。

第二部《印刷术与电力革命》摘录他论述谷登堡技术带来的文字革命

的奠基之作。与此对照的是有关电力革命的初期之作，它们描写的是电力革命，以及渗透力强、使世界一体的电力技术所引起的动荡转移。电力过程使一切传播系统发生转换，这就是麦克卢汉思想的核心，也是我们想在这些选文中表现的主题。精心的选材，能够集中表现印刷术和与之互补的大众电力媒介的根本区别。

《口传的麦克卢汉》占去了第三部很大的篇幅。这一部分最接近麦克卢汉思想的精髓。他在与朋友和同事“对话”的时候发挥得最好。他的发现常常是在谈兴最浓时作出的。谁要是说“我谈话时一无所获”，谁就绝对不是麦克卢汉。他总是在“马力最足”的聊天（high-powered chats）中取得“突破”。我们中的一些人就有幸与他共享聊天的乐趣。就像柯尔律治①一样，麦克卢汉给每个人的印象都是知识渊博、感知敏锐。他那轻松自如、行云流水般的口才给人留下了深刻的印象。“《花花公子》访谈录”尤其捕捉到他对付深度采访时机敏流畅的思想脉搏。

第四部《文化与艺术：外观与背景》的选文表现出麦克卢汉的博学倜傥风格。他借用荣格打比方，给原型观念注入新的思想。（谁能够想到荣格独霸原型概念这么久之后，竟然还有人对原型进行变通呢？）艺术是非常庄重、强势的游戏。通俗文化入侵艺术领地始终是西方文化最重要的新型面相之一。

阅读这一部分材料对读者有一个要求。他们要乐意放弃一些支配感知生活的观念——比如：清楚的逻辑和叙述的序列总是实在意义的指针，真理的对立面一定是谬误（这个对立面可能是另一个伟大的真理）等等。不同的媒介，正如不同的绘画和文学风格一样，是审视和诱发不同心态的独

① 柯尔律治（Samuel Taylor Coleridge，1772—1834）：19世纪初英国最伟大的诗人和思想家之一，留下了英国诗歌当中最伟大的两首：《忽必烈汗》和《古舟子咏》。他富有穷究疑难的研究精神，总是引导人们去问：这个意见的意义何在？

特方式。而且，读者还要对这样一个命题抱开放的态度：许多最重要的东西，给我们的生活带来最重大变化的许多东西，都处在我们的总体意识之外，都隐蔽在环境之中。麦克卢汉的研究工作之所以有用，且令人激动，那是因为在这个世界里，大多数的时候，相互矛盾的信息多得令人难以招架，因此他的成果仍然是发现这个世界底层结构和意义的最好办法。

第一部

作为产业的文化

1. 美国广告

几个月之前，一位美国军官从意大利给《油墨》（*Printer's Ink*）来稿。他不安地说，意大利人可以告诉你政府内阁成员的名字，却说不出意大利名流用的是什么商品。而且他们城市墙壁上覆盖的是政治口号，而不是商业广告。最后他预测，意大利人首先要操心给政治唱对台戏的麦片和香烟，而不是公共人物的才干，然后才能得到国内的繁荣和平静。但是这样的希望是不大的。实际上他甚至说，民主自由在很大程度上就是要忽视政治，要操心如何不让腋下发臭，如何战胜以下的困难：头皮屑、腿上的汗毛、气色不好、头发难打理、轻度贫血、脚气、排便不顺，更不用说还要操心缺铁、星期一的低落情绪、乳房下垂、齿龈萎缩、裤子磨损、头发变白、身体过重。在美国，我们面对的问题也许是没有入场券的中间状态人，而不是不追求时尚的人，因为美国的广告已经成为弱肉强食的丛林，充满了各种民间传说的故事。相形之下，施瓦茨[①]式的阳春白雪也成了米尔恩[②]式的玩具熊威尼。

因此，在美国形态多得发狂的广告里，很可能存在一种政治现实甚至医疗卫生的核心。广告人的修辞使公众进入醉眼朦胧、痴迷快乐的境地。所以，美国人生活中许多重大的打击都受到缓冲，讲究实际的欧洲人比美国人感受的打击却要强烈得多。如果把这种态度当作是在非理性世界里维

---

① 施瓦茨（Schwartzward，1913—1966）：美国诗人、短篇小说家、文学评论家。曾任《党派评论》和《新共和》杂志编辑。

② 米尔恩（A. A. Milne）：美国儿童文学作家，创作了脍炙人口的玩具熊威尼（Winnie-the-Poo）的形象。

持希望、容忍和幽默的权宜之计，这种非理性的狂欢并非没有宣泄的功能。无论如何，广告人投入的数以亿万元计的、全国范围的培训计划（使正规学校教育经费的投入相形见绌），虽然未必就是消解美国基本政治问题的决定性溶剂，然而它肯定构成美国人的共同经验和共同语言。在这样一个国家里，门类差别和技术专门化是很容易发展成无政府主义的。话筒前的笑星也好，教室里的教授也好，总是能够将广告改头换面，信手拈来一些讥笑或例证的材料。社区也好，传播也好，就它们在大众文化这个层次上所受的管理而言，都欠了广告一笔相同的债务。况且，凭借各种手段，好莱坞已经通过画面的魔力融入广告之中。结果，好莱坞和广告不可分割，两者构成了一个世界。

考虑到广告中难以评估的东西，不妨在这里只先瞥一眼美国广告，因为这种评估看起来容易，实际上很难。同样，对施虐狂的社会影响的判断，比如对惊险读物和侦探文学影响的判断，也可以往后推一推。在一个致命和混乱的世界里，纸上谈兵式的施虐狂究竟在多么大程度上是一种很幽默的预防针，实在是说不清楚。但是人人都可以验证，嗜好高压政治手腕的人都不喜欢这种形式的幻想生活。当然，惊险小说和探案小说迷，从爱伦·坡[①]到艾勒里·奎因[②]，确实是心理戏法心甘情愿的受害者。读者把自己的心理活动与侦探的心理活动联系起来，从而获得一种自大狂的兴奋状态。同时，他们又在共享社会科技的幻觉中感到欢乐。要知道，人们几乎得不到其他相宜的方式去适应社会，去直接参与到社会之中。斯威夫特[③]说："幸福就是痴迷于长期受蒙蔽的状态。"从纯政治的角度来说，我们在

① 爱伦·坡（Edgar Allen Poe，1809—1849）：美国小说家、诗人和记者。

② 艾勒里·奎因（Ellery Queen）：两个表兄弟［Manford B. Lee（1905—1971），Frederic Dannay（1905—1982）］合作写侦探小说所用的笔名，书中主人公亦同名。

③ 斯威夫特（Jonathen Swift，1667—1745）：英国著名政沦家、讽刺小说家。其小说《格列佛游记》几乎无人不知、无人不读，至今仍然流行。

寻求生存的办法时，再也不能失去任何一点幸福的源头了，只要这个源头能够给我们争取一点时间。

知识分子声称，他们能够感觉并享受人世间和生活中的秩序和平衡，而其他人则是与此无缘的。凭借精明的认识和分析，他们把自己武装起来去抗衡商业化的刻板形态，同时又进行持久的游击战。他们是在一大群愚氓中自由活动的高尚野蛮人。与这种生存方式相伴的危险也是显而易见的。倘若发现自己精力耗尽，耐心受挫，他们就可能禁不住诱惑，要去采用一些致命的神话机制。任何时候他们都觉得难以记住共同的人性。迄今为止，这个人性还是扎根不变的，虽然各种形式的思想歇斯底里从马基雅维利[①]和加尔文[②]直至今天都很盛行。邦达[③]是对的。当知识分子叛卖，投向任何牌号的社会或政治神经症时，恐惧和孤独就把他们召唤进某些团体之中。到了这一步，他们就不只是百无一用了。腐败与悲观相宜。

美国的“市场研究”在过去的20年中突飞猛进。它有一种强烈的极权主义——社会工程师——的倾向。最近的两条消息可兹说明。1946年7月22日《时代》描写了这个新玩意：

> 拍完但尚未剪辑的电影用一种电器设备来加工，这个玩意叫做“霍普金斯电影选票系统”。经过挑选、有样本作用的观众坐在预审样片的电影院里，每个人都是经过“听众研究公司”精心挑选的。每个人的眼睛都看着银幕，手握一个像手电筒的玩意，这个圆面上的指示

① 马基雅维利（Niccolo Machiavelli，1469—1527）：意大利政治思想家和历史学家。其《君主论》（亦译作《霸术》）被认为是人类历史上少数最重要著作之一。

② 加尔文（John Calvin，1509—1564）：法国神学家，16世纪宗教改革最重要的人物之一，参加把日内瓦变为“新教的罗马”的行动。表现出宗教上的不宽容倾向。

③ 邦达（Julien Benda，1867—1956）：法国小说家、哲学家，所著《学者的背叛》指控一些知识分子是道德上的叛徒。

> 器很容易用手指头拨动。向右转动表示“喜欢”，再向右转一点表示“很喜欢”。向左转动表示“没味”，再向左转一点表示“很没味”。观众的反应通过电路输入一台中心设备后转化为一条曲线。这个图谱表现出观众喜悦的高峰和冷漠的低谷。他告诉制片人在哪里剪掉枯燥无味的东西。这就是所谓的预审素描线。
>
> 过去，制片人耗巨资拍出的电影失败之后，总是花大价钱打广告，而让广告费打水漂。这家公司的咨询反其道而行之。如果预审的结果不好，广告费不妨砍掉一些。如果预审的情况比预料的好，那就要特别对待，并大大宣传一番。

撇开艺术标准不谈，这样直接谋求社会控制的行动是政治。其目的不仅是加强越来越多的轰动，而且是要利用一切情感定向和喜爱，强化集中控制而使情感升温，目的就是超级利润。显而易见，这样谋求社会控制的操纵者是不负责任的。只要听任商品和利润流动泛滥，他们就会一直这样干。

与此同时，这些私人权力胃口正在发明谋求未来政治权力的手段。甚至连这些私人活动也明显带有政治的色彩，间接达到这样的目的。然而，这个观察的有效性很简单：胃口的基本属性是难以满足的。只要胃口以行动和享乐的标准来运行（16 世纪以来西方处处就是这样），它就会万无一失地发现相宜的表达媒介（机械的和政治的）。为了遏制“听众研究公司”这种心态而采取的一切政治措施，几乎都必然要使这种私人无政府状态转变为公共的暴政，这种“心态”不是例外的，而是普遍的。实际上，这一类活动给这个世界提供了我们内在驱力的外在范式。因此，今天的创造性政治活动就在于对这些范式进行反思。如果对这些无节制的胃口的轻松幻想进行研究，并且把这样的研究指向自我认识和自我批评的教育计划，它就可以向道德和思想振兴迈出一步。反思我们胃口的错误，而不是诅咒利用它们的精明人——这肯定是不必等待建立什么委员会或社会机构才能搞的项目。这是唯一可以称得上切实可行的成人教育形式，而且是立竿见影的。精英们对大众商业文化的研究满足于嗤之以鼻，这足以说明，他们在构想政治的性质时是多么的肤浅。

在这个方面，美国人比英国人更幸福。英国人的广告在外化自己的希望、惧怕和胃口时，总是那么半心半意，总是想要为自己辩护似的。美国人的广告是笛卡尔[①]式的，英国人的广告是培根式的。美国人对表达技巧、版面设计和陈述都清晰作出反应。从广告上来判断（我在三年内收集了几十张），英国人羞羞答答地爱好美好的外形，因而堕入了自卫式双关、追求一流和势利魅力的陷阱之中。美国广告搞出的画面绝对是优秀的，给广告分析员提供的生动游戏不知道要比英国人多出多少个品种。但是在画面设计上确立在全国的超卓地位，并非就能够声称在各个方面都是被看好的。

说明美国市场研究极权主义技巧的另一条消息，出现在亚瑟·尼尔森的文章《广播研究的新情况》中。作者是“世界最大的市场分析组织”A. C. 尼尔森公司的总裁。文章在 1946 年问世，开头一段是这样的：

> 1923 年创办的尼尔森公司提供了一个杰出成就的例证，公司长期坚持不懈，明智地献身于一个艰难而有价值的任务，终于获得成功。它早期的领导人富有工程与科学的素养，又习惯于对付具体的事情。他们坚信，可以找到办法用事实来取代指导公司营销中盛行的猜测。
>
> 在前十年的运转过程中，他们开发的一切办法在商务上都失败了。尽管如此，尽管令人战战兢兢的亏损使他们两次沦落到破产的边缘，这一群拓荒者还是坚持下来了——因为目标的伟大意义非常清楚，因

① 笛卡尔（Rene Descartes，1586—1650）：法国数学家和哲学家，将哲学从经院哲学中解放出来的第一人，黑格尔称他为近代哲学之父。代表作为《方法谈》（1637）和《哲学原理》（1644）。

为其中一些试验似乎展示了光明的前景。

无论如何，引文中献身高尚任务的严谨的科学精神并不是虚伪的。“为公众服务”的语言扎根于亚当·斯密[①]令人尊敬的“神经质”公式之中。这个公式名为“通过个人贪婪而求得的公共利益”——这种保全面子的办法在19世纪演变为复杂的面子。换言之，那种“为公众服务”的自欺欺人的语言不再是私人的语言。无论从纵向还是从横向来看都是如此，至少从英语世界来说是这样的。卢梭[②]凭借清算“文明”来求得美好社会的公式，或者是马克思凭借清算“中产阶级”来求得无阶级社会的公式，从心理上来看都是相似的——逃避和不负责任的大规模机制。

尼尔森公司提出把对受众性质的了解从猜测提高到准确测定的水平。不管打什么广告，商家都要准确地知道：

（1）平均收听时间，即节目的“吸引力维持的时间”。

（2）播出时间内每分钟听众人数的变化，以便探查引起听众人数增减的节目成分，以便于把广告放在节目中收听人数多的时候，等等。

（3）节目是进入了已经使用产品的家庭，还是提供了机会使新的使用者归宗。

---

① 亚当·斯密（Adam Smith，1723—1790）：代表作《国富论》是一部完整的政治经济学著作。他写道：“追求自我利益的人常常被‘一只看不见的手’牵着走……最终促进了全社会的利益。”主张自由的社会经济体制，反对政府干预。

② 卢梭（Jean-Jacques Rousseau，1712—1778）：欧洲启蒙时代最伟大的思想家之一，激励了美国革命和法国大革命，对浪漫主义运动也产生了影响。他的“社会契约论”超过了英国的经济自由主义和孟德斯鸠的实证论。提出“世俗的宗教”和“自然教育”等伟大思想。所著《爱弥儿》《社会契约论》等对后世产生了重大的影响。

尼尔森听众测试系统就是为这个目的设计的。“记录仪装进经过科学挑选出来的使用者的收音机中。它记录每一次调节旋钮的情况，无论昼夜每分钟都记下来，因此而获得其他任何手段无法得到的宝贵资料。”测试仪的数据又由“尼尔森解码器”来制成图表。解码器“仅仅是生产‘尼尔森收听指数’的许多机械化操作之一，这个材料对客户的价值是很高的”。

挑选在什么家庭安装仪器的过程是“极其细心的，目的是保证准确的比例。比例是根据一长串营销特征来决定的，包括：（1）城市规模；（2）家庭规模；（3）房间数量；（4）教育程度；（5）职业；（6）收入；（7）住宅类型；（8）收音机数量。安装了测试仪家庭的特征每个月要重新审查一次。选择替换家庭时也仔细认真，以确保样本在一切时间都准确”。

对这一类研究的方向和胃口（盖洛普民意测验[①]也是同样的东西，且更加明显，但给人的印象不那么深刻），最近出版的《进入少年市场》作了介绍。像许多别的美国广告书一样，这本书是专业心理学家——一位儿童心理学家写的。书中指出，美国人收入的很大一部分是由儿童花掉的，或者是为儿童花去的。它突出分析各种让儿童给家长施加压力的办法，以增加和控制家长的消费。儿童比成人更加势利，更加关心与周围儿童的爱好一致，表现在使用名牌商品等等上面。在各种产品的销售中，学校起到微妙的辅助作用。《孤独的编外护林人》（*Special Lone Ranger*）和《超人》（*Superman*）等广播剧可以帮上大忙。但是人们对儿童市场潜力的认识才刚刚开始。

广告读物另一种更加常见类型的代表作，是坡芬伯格（A. T. Poffenberger）博士的《广告心理学》（*Psychology in Advertising*）。他在哥伦比亚大学任心理学教授。这种书使撰写广告词的人能够用上心理学的成果：“心理

① 盖洛普民意测验（Gallup Polls）：组织者为乔治·盖洛普（George Horace Gallup，1901—1984），该测试几乎成为民意测验活动的代名词。

分析家普及了这样一个观念：有一种行为是欲望产生的行为和思想产生的行为这两种东西的妥协。”（第 15 页）如何在一切时候都利用非理性的东西，如何避免理性行为的陷阱——理性行为是由笨拙广告引起的，这是广告动态学的第一原理。44 种“吸引注意的力量”的分级资料，是根据一个普通社区验证过的有效数据而得出的结果（第 90 页）。这个资料清单上顶级的力量有：胃口饥饿9.2分，对子女的爱9.1分，健康9.0分，性吸引力8.9分；在末尾的力量有：娱乐 5.8 分，腼腆 4.2 分，逗乐 2.6 分。在一则广告里，有一男一女在俯身抬盆景。广告词是这样写的：“我们宣告牵牛花的诞生。要用激情才能搬动商品。《家庭与庭园》（*Better Homes and Gardens*）杂志是永恒的激情。”

最近，由于公众对收音机上广告的喧闹、持久和频率感到很气愤，有人就做了仔细的测试，以判断广告在市场上的影响。结果发现，气愤具有很大的“吸引注意的力量”。在这方面，气愤的听众正是忠实的听众。因此，厌恶成了广告动态学的一条新的原理，正如它成了美学的新原理一样。但是，这个新原理不太可能取代更加广为人知的技巧，它仅仅是加强广告技巧而已。坡芬伯格教授多次指出其中最重要的技巧：“通过视觉表现一种动作的诉求，几乎必然要打通那个动作的神经通路”，因此它必然要吸引读者的注意，必然要引发他的某一种行为。（第 297 页）正是因为想象丰富地把握了这一条戏剧性原理，美国广告人才天下无双。

“您有胆量来一点浪漫：想来一点梦游吗？……您行，太容易啦！只要改一下粉底的色调就行了！……看上去就像‘在这儿亲一下’那样的快乐，多年轻，多性感——真是太吸引人啦！”（披婚纱的新娘在欢快地给一位若有所思的女郎说悄悄话）

一位嘴叼香烟、率直坚定的男人光彩四溢地看着读者，这是服装店的一整页广告。广告词是这样的：“我坚韧。背带裤使我激动。每天穿 10 个小时。还是小鬼头的时候就穿。店里的伙计们叫我‘头儿’。现在商店是我的了。当然赚了钱。不是百万富翁——够买牛排什么的……当然还要买好衣服。自从不再穿短裤，就在这家邦德店买穿的……不用空头的许诺。不用看吊在花哨标签上的价格。这是货真价实的东西。”

显而易见，浪漫广告和电影偶像一样，是塑造生活方式的东西。一个走投无路的少年或心理畸形的家伙的俚语，也有可能被送上全国的广告促销战的第一线，给数以百万计的少男少女提供释放情绪的短暂谋略：一位渴望爱而没有收获的绅士，身旁坐的是一位自视清高的女郎，他们坐在鸳鸯椅上：“彼德说‘我爱你！’安妮说‘我也爱你！’彼德说‘再给我说点什么。’安妮说‘你太帅了，尤其是脖子真漂亮。’彼德说‘啊，那是我的箭牌衣领（Arrow Collar）’……还有，真挺刮（Tough），彼德。但是你要记住——只要有了箭（Arrow），女孩子还会远吗？”这样的广告使人“陶醉”，老少咸宜。

一种极其受欢迎的手法是一场四五个镜头的浪漫组合：汤咪放学回家，眼睛给揍得青了一块。年轻可爱的妈妈问他怎么了，他好不容易才说，小伙伴逗弄他，说他爸爸约女人出去玩，所以他只好捍卫妈妈的性吸引力。妈妈感觉受了羞辱，于是匆匆忙忙去买那该买的牙膏。第二天早上，妈妈穿着连袜裤，戴着胸罩，青春四溢，在洗手间刷牙，对汤咪说“真灵”。稍后，汤咪和他的小伙伴在起居室的角落里偷看，爸爸搂着妈妈踏着音乐跳华尔兹。一位小朋友说：“哎呀，看来他要停下来亲她了。”汤咪说：“对，你再也不敢说我爸爸与别的女人鬼混了。”这种广告在“星期日卡通”栏目中播出。目标是少年市场。

举一个“身居高位的成功人士”的例子。一位春风得意的生意人高高坐在巨型蒲公英的花瓣上：“坐得舒服吧？敢情……这位先生知道怎么取胜，怎么影响客户！他追踪客户的重要商务活动，每一次有活动时他都用电报订花，把美不胜收的鲜花送给客户，以示庆贺。”这一则广告的风趣还在于它暗指童话故事《杰克的豆杆》（Jack's Bean-stalk）。

一位几乎全裸的妙龄女郎热情洋溢、大大方方地在身上抹香水，她面对读者灿烂夺目："我用的是'俯首牌'（Unconditional Surrender），因为他用的是 6NX 魅力牌！""你怎么获得 6NX 的魅力？……只能靠 6NX 科学、秘密的加工工艺创造出来的刀片……'单身贵族'也能上天摘星星！"这是典型的婉转指向男人市场的策略。心理测试证明，美国男人腼腆，羞于提起给自己增加魅力的兴趣。作为社会催化剂的广告，也能够帮助克服男女接触中的羞怯。这位女郎发现了 6NX 刀片等受到赞许的、享有全国信誉的名牌。男的就喜欢闻她这种"俯首牌"香水。你知道不一会儿他们就会聊起来的。很快，大学里的"魅力"课和"献殷勤"的课程就不用再开了。

二八娇女坐在电话机旁等电话。妈妈不安地在门口徘徊："轻度贫血使女孩子失去光彩……她们要约会呀！医学上说：成千上万的女孩子气色不好——精力处于低潮——可能就是贫血引起的。许多女孩子觉得"太累"，跟不上周围的人——眼睁睁看着浪漫机会溜走了，因为她们没有精力使自己吸引人！"

这些广告描绘最美丽女郎遭受的孤独和冷遇，安慰和鼓励这些可怜的美人儿。它们分析人的各种失意，指出经过科学证明的公式，保证"立马见效，否则退款"。如果我们不如别人，问题不是出在命里，而是出在化妆品盒子里。他们表现普通人生活在奢侈品和昔日世界的魅力之中，言下之意是"每买一包就免费得到一位王子和一座城堡"。最糟糕的食品、陶器或家具都搁在最吊人胃口的环境里。这个"联想律"使大型垄断企业赞助"艺术"。它们总是借用昔日绘画、文学和音乐大师的氛围来宣传自己的产品。但是，这种耗资亿万的、系统性的、诡辩和幻觉的宣传，究竟在多大程度上使世风人心恶化，倒是难以说清楚的。因为这些华丽的广告里，实在是没有什么人们长期向往的东西。它们不是马基雅维利似的暴政现象，而是对穷人的恭维——对于穷人被剥夺了的美丽，这既是补偿，也是许诺。而且，既然人的激情过度旺盛而引起的混乱，在我们日常的反思中具有强烈的冲击力和旋转力，理性审美距离的可能性正在与日俱增。独立宣言和美国宪法的起草人并不执着追求难以遏制的心理谋略，以便掩盖自己卢梭或尼采[①]式的非理性愿望和意图。所以，美国国父们的智慧决不会消亡的。因此，激活广告人的精力，激活他们赖以生存的豆杆（他们是长在豆杆上面的激情之花）的活力，如果被迁移到政治想象和创造的世界里去，美国还是可以兑现它许多未能实现的乌托邦承诺的，因为它的杰斐逊[②]式的传统仍然安然无恙。同样，它的心理活力还是朝气蓬勃的。但是，这两样东西流淌在不同的渠道里，以广告人提供的课程为基础的教育计划，正可能是乌托邦承诺得以兑现的东西。

① 尼采（Friedrich Nietzsche，1844—1900）：德国哲学家、诗人，唯意志论的主要代表，创立“权力意志说”和“超人哲学”。代表作有《悲剧的诞生》《查拉图什特拉如是说》等。

② 杰斐逊（Thomas Jefferson，1743—1826）：美国建国之父，任第三任总统（1801—1809）。

2. 机器新娘

2.1. 前言

有史以来第一次，在我们这个时代里，成千上万训练有素的人耗尽自己的全部时间，以便打入集体的公共头脑。打进去的目的是为了操纵、利用和控制。旨在煽起狂热而不是给人启示，这就是他们的意图。在脑子里留下持久的烙印，使大家处于无助的状态，这就是许多广告造成的后果，也是许多娱乐造成的后果。

许多脑子从事的，就是造成公众孤立无助的状态；这些商业教育节目耗费惊人、影响深重；与其相比大中小学那一点经费就微不足道了。既然如此，寻找一种逆转这个走势的方法，似乎就恰逢其时了。为什么不利用这种新型的商业教育，来给它心目中的猎物开窍呢？为什么不帮助公众以清醒的头脑去看这出戏呢？须知，这出戏本来是要对他们的潜意识起作用的啊。

在追随这个方法的过程中，埃德加·爱伦·坡的《大漩涡》（*A Descent Into The Maelstrom*）不断浮现在我的脑际。坡笔下的水手逃生的办法，是研究漩涡的作用并顺势而行。同样，本书不准备去攻击气势汹汹的潮流和压力；今天，报纸、广播、电影和广告等机器的替身正在我们周围制造这样的潮流和压力。然而，它准备让读者置身这个漩涡的中心，让他钻进去观察事态的作用，去观察演变之中、人人卷入的情景。我们希望，在分析这个戏剧性情景的过程中，许多具体的谋略能够自然而然地浮现出来。

然而，本书很少考虑这样的谋略。

爱伦·坡的水手被锁进漩涡，与那些被卷入的东西一块儿在里面转动的时候，他却是这样说的：

> 我一定是精神错乱了，看见这些漂浮物时，我竟然推测它们各自不同的下沉速度，并从中寻找乐趣。

水手以旁观者的态度观察自己的处境，这样的理性距离使他从中得到了乐趣，乐趣又给他线索，使他能够逃离这个迷宫一样的大漩涡。本书以同样的精神，给读者提供消遣。许多习惯于道德义愤的人，可能会把寻求消遣的态度当作道德上的麻木不仁。但是，气愤和抗议应该出现在一个新过程刚刚开始的阶段。我们目前已经进入了一个非常高级的阶段。况且，这个阶段不仅充满破坏力，而且充满了希望，充满了新的发展势头。对了解新的发展势头来说，道德义愤是非常蹩脚的向导。

之所以选录本书的大多数“展品”，那是因为它们典型且广为人知的性质。它们代表着各种各样的社会神话或形态，它们说的话我们似懂非懂。人类学家 C. B. 刘易斯（C. B. Lewis）研究儿歌之后问：“美丽的小姑娘，你去哪儿？”他又指出，民众在创造民俗中既不担任角色，又不承担命运。工业时代的人创造的民俗，也是这样的。这个时代的许多民俗多半来自于实验室、演播室和广告公司。不过，在各种各样的发明中，在生产和销售的抽象技法中，我们可以看到很大程度的亲和性和统一性。这个一致性的原由和效应并非我们有意为之，它似乎是从一种集体梦幻中升起的。由于这个原因，再加上这些事物与过程的流行，本书将其统称为“工业人的民俗”。它们被当作单一的风景，我们用展品和评论渐次展开这幅画卷。一种漩涡式的幻觉效应，只有捕捉在手并加以思考，其意义才能把握。这捕捉的一瞬，又是在通常的参与中释放出来的。

上述一致性并不是强加的，因为任何其他选目也会揭示出同样的动态模式。入选例子不是用来证明先入之见，而是用来揭示一个复杂的情况。既然如此，在说明情况的时候，本书竭力参照其他没有入选的材料。本书用评述的方法，揭示这些展品可以理解的意义，而不是努力去穷尽这些展品的意义。

我们在评注中介绍思想和观念，意在提供考察这些展品的立足点。它们不是结论，我们不希望任何人止步于此，而是应该只将其作为出发点而已。此刻，这种方法难以说清，因为大多数书籍只提供一个观点，将其作为手段，去把许多观察的结果结为一体。观念是临时的手段，用来理解现实，其价值只存在于它们把握现实的方式之中。因此，本书既展示现实代表性的某些代表性，同时又介绍范围宽广的观点，用以把握现实。思想仅仅是攀登悬崖的辅助装备。一些读者只想诘问观点，他们偏离思想的用途，是无的放失，因为思想仅仅是用来解读材料的。

一位电影专家论及电影的价值，说电影是把北美的东西卖给南美的手段。他说：

> 这种视听同步印象的宣传价值很高，因为它给观者提供现成的视觉形象，观者还来不及对这一形象做出自己的解释，就已经被标准化了。

本书则反其道而行之。它给我们提供环境中典型的视觉形象，使之脱离原来的位置而获得可以理解的意义。过去人们使用视觉符号的目的，是要让头脑僵化。在我们这里，视觉符号成为给头脑充电的手段。可以看到这样一条规律：维持原状所需要的幻觉和谬误越多，维持幻觉和谬误所需要的暴政也越多。如今，暴君搞统治不是靠棍棒或拳头，而是把自己伪装成市场调研人。他像牧羊人一样用实用和舒适的方式，把羔羊赶上崎岖的小道。

由于本书的观点不断巡回往复，读者不必遵循任何特殊的顺序。任何一部分提供的都是同一社会风景的一种或多种景色。布克哈尔特（Buckhardt）看到，马基雅维利所用的写作方法的意义，是通过对权力的理性操纵，来把国家改变为一件艺术品。自此以后，用艺术分析的方法去进行社会批判，显然是可行的方法。本书就要做这样的尝试。自16世纪以来，西方世界致力于加强和巩固国家的权力。它已经实现了艺术效果的统一，因此对这种艺术效果的艺术批评就完全可行了。艺术批评可以自由地指向追求艺术效果的艺术手段，也可以断定艺术效果值不值得去追求。同样，在集体意识的朦胧的梦境中，现代国家也可以成为无所不包意识的大本营。

感谢大卫·理斯曼教授，他让我先睹为快，参考他论述消费者心态的未刊稿，使我获益匪浅。感谢W. T. 伊斯特布鲁克教授，我与他交谈官僚主义和企业时，受益良多。感谢菲力克斯·乔瓦内里（Felix Giovanelli）教授，他在切磋中给我启发，在本书出版遭遇的许多困难中，他长期给予我宝贵的支持。

2.2. 机器新娘

凡是研究大众报刊图片报道的人，都很容易看到性+技术的主导模式。在这两者上方徘徊的，通常是疯狂的速度、伤害、暴力和暴毙。《展望》[①]和《生活》[②]只不过是研究这一串兴趣的最显而易见的地方而已。在看似孤立、随意拼凑的事件之中，有一个一以贯之的模式突现出来。我不假装明白这里的一切，但是它就摆在那儿让大家去研究。它肯定与“爱情女神装配线”

① 《展望》（*Look*）：美国公共事业刊物，多刊登政治、经济文章，一向是《生活》的激烈竞争对手。

② 《生活》（*Life*）：美国周刊，刊载名家作品，精美绝伦，关注时事。

说的有联系。许多时候，和《生活》长长的专栏并列的展台上站着的，就是这一展品的大腿。这就是杂志的诀窍所在，它使庞大的编辑班子得以运转。这就是华丽、有形的符号，象征着《时代》和《生活》大楼里志得意满的精英们的活力。但是这些象征不仅仅是在这里才有。我们需要把它们和汽车发动机的橱窗联系起来看。它们搁在转动的展示台上，活塞轻快地来回运动，喇叭把斯特劳斯的华尔兹送到行人的耳朵里去。

注意到最新的配件了吗？	Noticed any very spare parts lately?
有没有能够助你一臂之力去赴约会的东西？要卖你的老型号吗？我们能够让你卖出最好的价钱。	Have you got what it takes to hook a date? See us for the highest bid on your old model.
瞧这“步态”“大腿”“身子”“臀部”“外观”“嘴唇”。它是从墙上走下来的画中人吧？叫国王的马车和仆人来接我们的灰姑娘哦。	“The walk,” “the legs,” “the body,” “the hips,” “the look,” “the lips.” Did she fall off a wall? Call all the king’s horses and men.

在现代姑娘的脑子里，大腿和胸部一样，是魅力所在。她所受的教育是要对大腿进行裁剪，这不过是成功的锦囊妙计之一，而不是色情或性感的诀窍。她从髋部扭动大腿，以男性的冲劲和自信高视阔步。她知道，“长腿姑娘能够走遍天下”。如此，腿与她的情趣或个性并没有密切的联系，腿仅仅是她的展示品，就像汽车散热器的工艺一样重要。双腿是吸引男士约会的诱饵，是驾驭异性观赏者的有力杠杆。

因此，哥特姆针织品公司把袜子套在模特的腿上去展示，就是一个例子。这是我们文化动态学中“可替换零件”的一个侧面。在一个专门化的世界里，我们挑选人体的某一部分来引人注目，这很自然。阿尔·卡普[①]连环漫画的主人公李尔·阿布纳爱上了一块残缺的女性膝盖骨，爱得死去活来，这表现了画家的讽刺。1950 年 1 月 1 日的说明文字是这样的：“为什么不行？有些男孩子爱上了女孩子面孔的表情。啊，阿布纳是一个爱膝盖的人！”四个月之后，经过了许多要命而浪漫的冒险，阿布纳向这块残缺的膝盖骨发起了总攻。

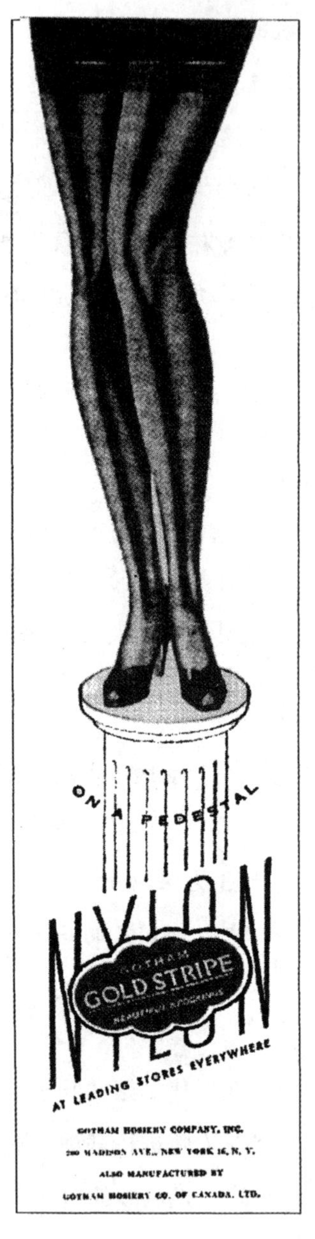

再一个例子是“魔幻的尼龙丝袜棱线”这一则广告。它在浪漫的背景上表现了又一套零件。有些人听说过“具有腿的观念”（ideas with legs），不过今天人人都是看着这样的广告画长大的。这些画似乎更像是“具有观念的腿”（legs with ideas）。今天，腿的形象中灌输了人的思想。今天的腿有了自我意识。它们会说话。它们享有许多的观众。它们被介绍去参加约会。在不同的程度上，广告公司把这种专门分割的处理从腿部延伸到女性身体的各个部分。一辆车 + 一双圆润的袜子，这被认为是幸

① 阿尔·卡普（Al Capp，1909—1979）：美国连环漫画家，以创作《李尔·阿布纳》（*Li'l Abner*）连环画著名。

福和成功的公式，对男性女性都是一样的。广告不仅表现了性与人的分离，表现了性与人体这个统一体的分离——而且广告还鼓励这样的趋势。这种视觉的但是并非特别色情的性质是广告赋予的。这就是一种自恋麻木性。服装店模特脆弱、腼腆的亮相暗示的，是激烈竞争的展示活动，而不是自如的性感表演。外表了不起的女郎走路和行为的样子，好像是说，她把自己看成是精致的物体，而不是觉得自己像一个人。一则光彩夺目的广告问了这样一个问题："看见过梦游吗？"投在广岛的原子弹起名为"吉尔达"，这是性感女星海华兹[①]的名字。

对中产阶级的子女早熟的约会习惯所进行的社会学研究，揭示出这样一种情况：其原因既不是性，也不是对对方的兴趣，而是急于"拼命地参加"（in there pitching）。这个研究结果也许会使父母感到放心。但是，对年轻人后来的生活，它可能会造成一些难以解决的问题。等到性成为个人生活中实在的东西时，性作为女子权力工具的模式业已建立起来。在产业竞争和消费竞争中，这个模式成了有风险的责任。从竞争性展示向个人的感情转变，对女子是不容易的。她那模特儿式的过去在那里挡道。再说男性。人们期待他用汽车和约会对女性的性展示作出反应。性展示产生各种各样的结果。当前女性的性权力对许多男性来说，似乎是要求男性表现出难以企及的阳刚性。

秀发引诱男人高贵一族，
美色牵动只需青丝一根。[②]

---

① 海华兹（Rita Hayworth，1918—1987）：美国性感女星。在《吉尔达》中的表演略色情。其他主演的片子有《封面女郎》《碧血黄沙》《上海小姐》等。

② 原文无出处，疑为人类学家里奇语。

男人很容易就成了温柔和诡计的俘虏。但是，处在展示台大腿的包围之中，他们并不是觉得被打败了，而是觉得被打痛了。对当前夸张的约会诱饵，有人是这样回答的：充满魅力的广告业和娱乐界一样，里面充满着许多性分化方面暧昧的人，仇恨女人的和仇恨男人的都有。然而，无论这个回答有多少真实性，有一点倒是更加真实的：性的确是被夸大了，人们把它与市场机制联系起来，使它与工业生产的非人格技术挂起钩来。

早在 1872 年，塞缪尔·巴特勒[①]的《艾瑞洪》(*Erewhon*) 就探索机器酷似有机体的特征，机器获得这样的特征真是有一点莫名其妙。奇怪的是，它们不仅消化燃料而获得动力，而且它们凭借开机器的人能够不断地衍生出新的型号。他发现，机器的有机性与操作者的速度匹配，而且操作者也获得了机器那种僵化和没有思想的行为主义。在前工业世界，本领高强、技艺精湛的耍刀人、马术人和育种人应该获得他们所从事的某种职业特征。开机器的人获得了与他们类似的特征。成群的人把醒着时的精力都用在了机器的使用和改进上。但是，机器的力量不知道要比他们强大多少倍。

因此，如果把当前喧闹的广告战和男女关系疯狂劲头相应的激烈程度画上等号，那就错了。至少在很大程度上，性疲惫和性迟钝既是广告战的原因，又日益成为广告战的产物。没有什么反应的敏锐性能够长期抗得住排炮的猛轰。有幸存活下来的，仅仅是把人体当作性爱机器的观点，这样的机器只能感觉到具体的激动和颤栗。关于性爱的这种极端的行为主义观，把性体验简化为力学和卫生的问题。我们周围暗示和表达出来的，正是这样一个问题。这样做的结果必然是肉体欢乐与生殖的分离，以及同性恋。实际上，到了思维机的时代，如果不考虑生产性爱机，那才会使人奇怪呢。

---

① 塞缪尔·巴特勒（Samuel Butler，1835—1902）：英国小说家、小品文作家和评家。《艾瑞洪》（*Erewhon*）是英文“乌托邦”（Nowhere）的倒拼，该书使他获得盛誉，是继《格列佛游记》之后又一部优秀幻想游记小说。维多利亚时代确信无疑的事情在他无情的笔下遇到了挑战。

爱德蒙·威尔逊[①]的《海克提县实录》(*Memoirs of Hecate County*)中，女性似乎成了不对胃口然而又具有挑逗性的性爱机。书中主人公是一位性爱专家，性爱机的修理工。他技艺精湛，善于维修由装配线大批量生产的冷冰冰的复杂的产品。英国是第一个开发工艺知识和工业技术的国家，又首先推出性冷淡女人的理想。这两者之间也许会有一点关系吧。

在舒尔伯格[②]的《什么使萨米活蹦乱跳》(*What Makes Sammy Run?*)中，女主人公吉蒂迷上了相貌奇特的机器人萨米。她讨厌萨米，但是又想知道把这个活蹦乱跳的机器人装在身上，体会一下它轰隆隆的响声使她产生什么感觉。有了这样的情景之后，我们就进入了与性爱和技术相关的领地，但是这样的领地又是与毁灭和死亡紧密相关的。有迹象表明，性疲惫也许是暴力崇拜的一个因素，虽然心理学家威廉·赖希（Wilhelm Reich）说，暴力崇拜作为性的替代物，仅仅在那些获得了机械环境冷漠性的人身上才能够看到。莱格曼（G. Legmam）就这一点作了很好的阐述。他的《性爱与死亡》(*Love and Death*)研究卡通和文学中的暴力。他的书与我们这本书没有一点矛盾。还有一种观点可以大大评说一番：施虐狂的暴力——真实的也好，虚构的也好——在有些情况下，不仅是性事上的逃避者，而且是精神上的逃避者。这是翻越性边界的努力，目的是要求得到比性更加强烈的激动。与萨德侯爵[③]的快乐理想掺和一起的，确实是有大量的毁灭。

1950年3月2日的一条消息，报道了一架“吸血鬼”喷气式飞机跨越大陆飞行。飞行员爬出机舱时，只说了一句话：“相当枯燥。”对于志得意

---

① 爱德蒙·威尔逊（Edmund Beecher Wilson，1856—1939）：美国生物学家，主攻胚胎学和细胞学，深刻影响了生物学的发展。预料到染色体重要的遗传功能。

② 巴德·舒尔伯格（Budd Schulberg，1914— 2009）：美国小说家、电影剧本作家和新闻记者。1941年以《什么使萨迷活蹦乱跳》而一举成名。

③ 萨德侯爵（Marquis de Sade，1740—1814）：法国作家。英语的“施虐狂”（sadism）一词即源于他的名字。

满的人来说，性事和速度是相当枯燥无味的，直到危险的甚至是死亡的成分引进来。轰动和施虐狂几乎是孪生子。对有些人而言，性行为似乎成了机械的动作，仅仅是人体器官的结合与操纵。对他们来说，常常存在着一种可谓之形而上饥渴的东西。但是人们并不承认这种饥渴。这种饥渴在肉体的危险中寻求满足，有时在折磨、自杀或谋杀中寻求满足。许多弗兰肯斯坦[①]式的魔幻故事必须要有一种合成的机器人，要依靠它给人带来的恐怖。它们乱砍乱杀，寻求报复，因为人们没有赋予它们“灵魂”。难道这仅仅是事实的象征吗？许多人已经高度机械化了，他们心中燃烧着一股无名火，因为他们被剥夺了完全的人性。

这就是赖克所谓纯行为主义事实的另一种表达方式。非常简单，赖克认为我们的机器风景线是一种环境，人们无法在这里面得到性器的满足。因此他说，人们一发脾气，就表现出法西斯式的暴力。他建议，从人的摇篮时代一直到步入坟墓，完全和经常的性器满足是避免悠久的家长威权和机械服从这两者之间的恶性循环的唯一办法。劳伦斯[②]在《美国文学经典研究》（*Studies in Classic American Literature*）里思考《白鲸》（*Moby Dick*）时，他的意见更加深刻：

> 因此，“佩柯特”号的沉没毕竟只是一种形而上的悲剧而已。灵魂之舟是沉没了，但是操纵机器的人体照旧工作：消化食物、嚼口香糖、欣赏波提切利的作品，还要因为色欲而痛苦。

① 弗兰肯斯坦（Frankenstein）：雪莱夫人（Mary Wollstonecraft Shelley）写的一部同名恐怖小说中的人物。弗兰肯斯坦医生用尸体制造了一个怪物，反被其害。

② 劳伦斯（D. H. Lawrence，1885—1930）：20 世纪英国最富争议的作家之一，受弗洛伊德心理学影响。作品主题多半关于性及两性关系。其《美国经典文学研究》（1923）揭示了新美国意识和美国人的世界观。著有 10 部长篇小说，要者有《虹》《恋爱中的女人》《查太莱夫人的情人》等。兼有自然主义、现实主义和神秘主义特色。

劳伦斯在这样的悲剧情景中没有看出喜剧的成分，这难道不是错误的吗？人在思考、工作、魔幻中发生了变化，转变成机器的角色，成了世界提供的滑稽物体。实际上，只有在狂笑的疏离力量中，人才能从这个陷阱中解脱出来。著名的油画《裸女下楼》(*Nude Descending a Staircase*)，就像是一座宝塔在跳脱衣舞，使人在莞尔中受到净化，旨在使机器一样的人从他梦幻的枷锁中解放出来。其他一些作品也有这样的作用：温德汉姆·刘易斯的《上帝之猿》(*The Apes of God*)，毕加索[①]的《玩偶女人》(*Doll Women*)，乔伊斯的《芬尼根守灵夜》(*Finnegans Wake*)。《守灵夜》尤其是心智上的巨大努力，目的是用笑声来清理语言和社会的奥吉亚斯王牛棚[②]。乔伊斯这部小说和詹姆斯·瑟伯[③]或奥格登·纳什[④]的文章岂能是在同一层次上。后面这一类作品仅仅是一种麻醉剂，只能加重受害者的处境，使他们没有精力或胃口去改变现状。

雷布尔（Fritz Leiber）写了一个故事，题名“一双饥渴眼睛的女孩”。这本来是一幅广告摄影作品，表现一位前途平平的模特。然而，不久她就“贴在了全国的墙上”，因为她那饥渴的眼睛盖世无双。“没有庸俗，但就是用饥渴的目光看着你，那是性的渴求，而且是比性还性的渴求。”同样，可以说模特架上的腿表现的也是类似的东西。这些眼睛和腿从赋予它们一般意义的人体上抽象出来，成为“比性还要性的东西”，成了一种形而上的诱惑，一种大脑皮层的渴望，一种抽象的折磨。雷布尔的这个女孩以她饥渴

---

① 毕加索（Pablo Picasso，1881—1973）：20世纪最富有创造性、影响最深远的艺术家。作品数量惊人，风格技巧变化多样。立体派创始人。

② 奥吉亚斯王的牛棚（Augean's stables）：（希腊神话）相传养牛3000头，30年未清扫，比喻极其肮脏的地方。

③ 詹姆斯·瑟伯（James Thurber，1894—1961）：美国作家、漫画家，作品描绘城市中浑浑噩噩的芸芸众生。

④ 奥格登·纳什（Frederic Ogden Nash，1902—1971）：美国幽默诗人，其作品大胆豪放，引人竞相模仿。

的眼睛使全国进入催眠状态，她征服了雷布尔，使得他大献殷勤。他勉勉强强才逃了一条命。这个吸血鬼不是吸他的血，而是要吸干他的精神。在这个吸血鬼的身上，他发现“明丽广告牌背后的恐怖……她那双眼睛牵着你走啊走，然后就让你目睹死亡。”她对他说：“我想要你。我要你出的风头。我想要使你高兴的一切，我想要使你最痛苦的一切。我想要你的第一个女朋友……我想你舔……我想要贝蒂那双腿……我想要你妈死……我想要你要我。我想要你的命。喂我，宝贝，喂我。”

还有一个例子，说明在最不可能出现的环境里，性、技术和死亡的奇怪组合是如何坚持不懈的。读者也许对《展望》的十周年展览会（1946 年 10 月 29 日）有兴趣。展览的核心是一张照片，表现一个回家的伤兵，文字说明是“又是一天去直面它，沿着这条死亡横扫的路”。他的身旁是一个躺着的美女，文字说明是“50 万士兵写信给《展望》，投了她的票”。他的下面，以完全相同的体态躺着的是一具赤裸的女尸，脖子上套着一条绳子。文字说明是“暴跳如雷的纳粹绞死了这个俄国女游击队员”。倘若要追求“高涨的阅读快感”，读者不妨研究一下这些编辑的食尸鬼技巧——自觉也好，不自觉也好，研究他们对相互联系和相互矛盾的诗意联想。

也许，公众索要刚出炉的邪恶与纯真的内幕时，他们想要的就是这样的联想。吸引人们去看高速公路上车祸的死亡场面的，也可能是这个东西。塞满报纸杂志的特写照片，用来表现处决和自杀的场面，表现面目全非的尸体，也可能是这个原因吧。这是一种形而上的饥渴，从性的角度去体验，去挖掘出神秘的核心，以求一种超级的颤栗。

《生活》1948 年 1 月 5 日刊出一张巨幅照片，文字说明是“死亡之前的 10 秒钟”。一位芝加哥妇女给报社打电话说，她要自杀。一位摄影记者赶到她家，抓拍了一张照片。“记者刚刚拍好这一张照片，她就把他推开，纵身从三楼窗口跳下摔死了。”

这只是所谓残忍的一个极端的例子。食尸鬼撕咬尸体，狼吞虎咽人肉，却不知道要寻找什么。它的饥饿不是世人的饥饿。当代许多“人的兴趣”和“真实故事”的活动都戴着食尸鬼和吸血鬼的面具。也许“肮脏内幕”“真实内幕”等常用语的意思，就是这样的。和耸人听闻的“正在写就的历史”等用语比较，这类报道几乎都不强调意思，仅仅是追求那种感觉。把话筒贴近第一次看帝国大厦的学童的胸膛，对他进行采访。“秀兰·邓波[1]第一次在银屏上被亲吻，你忘不了这个镜头。”就是诸如此类的东西。

在所有这样的情景中，都可以看到现代技术提供的日益惊险的震撼。雷布尔先生写了一篇风趣而富有意义的深刻寓言。故事直觉地把握了性事、技术和死亡的神秘联系。许多人对卓别林[2]《凡尔杜先生》(*Monsieur Verdoux*)类似的寓意感到惊奇，这个形象令人讨厌。那向往生活、顾影自怜、行侠仗义的小人物不见了，取而代之的是一个彻头彻尾的勾引女子的人。正如帕克·泰勒（Parker Tyler）在《卓别林：最后一位小丑》(*Chaplin: Last of the Clowns*)中指出的，早期的卓别林是一位顽童，在艰难的世界里寻求母腹的安全。在《凡尔杜先生》中，他在一定程度上把母腹换成了坟墓。为了确保物质享受和安稳，他准备开杀戒。但是，母腹、坟墓和舒适在这个世界上一直是可以互换的符号。他在第一部片子中大开杀戒，在最后一部片子中大肆勾引女人。同样的多情善感的机制是这两部片子共同的主调。换言之，他的艺术是大众梦幻艺术，在背景中恍惚起作用的艺术。这个背景从来是无法把握的，也是看不见的。这种恍恍惚惚的作用，使泛滥的性事、技术和死亡组合似乎成为终古不变的东西。这就是机器新娘的神秘面纱。

---

① 秀兰·邓波尔（Shirley Temple，1928—2014）：美国女星，三岁上银幕。1969 年起担任外交官，曾任驻外大使。

② 卓别林（Charlie Chaplin，1889—1977）：英国出生的美国影星和导演，塑造了一个哀婉动人、幽默风趣的流浪汉，一个令人难忘的小人物。“凡尔杜先生”激怒了美国退伍军人协会。1953 年被迫离开美国。

2.3. 从达・芬奇到福尔摩斯

乔伊斯有一句话广为人知："虽然福尔摩斯可以再谦虚一点，但是这警察那警察，谁也不如他。"这句话的洞见是说不完道不尽的。它包容了现代世界，同时又对它进行了解释。

乔伊斯探索大众话语的精确性，本书是不能望其项背的。上面这句话"这警察那警察，谁也不如他"（no police like Holmes），实际上指的是"金窝银窝不如自己的狗窝"（no place like home）。在感情世界的混乱中，出现家庭生活的崩溃和警察国家的兴起。他对此做出诊断。感情的混乱兼有美好和致命的特色。福尔摩斯讨厌家庭、讨厌女人，他是"恋家"的、阴盛阳衰的中产阶级英雄。倨傲自负、"性"趣不高的福尔摩斯，和多子多福的维多利亚晚期的家庭，在乔伊斯笔下融合为一个形象。这就紧紧地抓住了人们的思想，使人良久思索、寻求洞见。与福尔摩斯的激情和追捕人的文学（这种侦探文学使现代世界与宁录[①]和通天塔[②]产生对应）携手并进的，是商业激情。这种商业激情利用的是童年、女性和家庭生活的价值。在白纸黑字的文学中，从来还没有这样狂热的家庭崇拜。在娱乐活动中，从来还没有这样的侦探崇拜。

要想用三五句话就给惊险小说里唱主角的侦探说一说家谱，那是不能令人信服的。最快的捷径，来一番走马观花，还是要借重福尔摩斯、吉卜

---

① 宁录（Nimrod）：（《圣经》）英雄的猎人，诺亚的曾孙。

② 通天塔（the tower of Babel）：（《圣经》）亚当及其子孙最初只说一种语言。诺亚的后裔决心修一座通天塔，因语言统一，交际顺当，故起初进展顺利。上帝的万能权威受到挑战，怕世人说一种语言而无法控制，遂让他们说各种不同的语言。因语言不同而无法协调工作，通天塔以失败告终。

林[①]和达尔文[②]。但是，如果我们把吉卜林的毛格里和埃德加·昆尼（Edgar Queeny）的话并列起来看，就会打开熟悉景观的相互联系。

为什么在流行的想象中，科学家和艺术家都是疯子和贱民?

Why are both scientist and artist crackpots and pariahs in the popular imagination？

福尔摩斯，文艺复兴的巨人还是最后一个莫希干人[③]？

Holmes，Renaissance titan or last of the Mohicans？

华生[④]，他是犯罪鉴赏家之妻焉？母焉?

Watson，wife or mother of the virtuoso of crime？

侦探崇拜是否为公众国家的到来打下了伏笔?

The sleuth cult foreshadows the arrival of the public state？

在柯南道尔（Arthur Conan Doyle）的笔下，《波希米亚丑闻》（*A Scandal in Bohemia*）开篇是这样描写福尔摩斯的：

> 我看，他是世界上生产出来的最善于推理和观察的机器。但是如果作为情人，他就会把自己置入错误的境地。他从来不谈柔情，除非是带着嘲笑和讥讽……由于这样的性格，精密仪器中的一粒沙子，高倍显微镜中的一丝缝隙，对他的打扰都和强烈的感情骚扰一样。

---

① 吉卜林（Rudyard Kipling，1865—1936）：英国小说家、诗人。写了不少好的小说和儿童文学，但是为帝国主义和殖民主义张目，因而声誉不好。

② 达尔文（Charles Darwin，1809—1882）：英国博物学家，进化论的奠基人。并未写过侦探小说，麦克卢汉也许是把侦探的追捕活动与物种的无情竞争联系起来思考问题。

③ 莫希干人（Mohican）：美国的一支印第安人，几乎灭绝。

④ 华生（Watson）：福尔摩斯的助手、朋友，医生。

这里描写的是一个分裂的人，脑袋与心脏、思想与感情分裂的人。这样的人是在 17 世纪初期出现的。但是，到了达尔文，脑袋（科学）才变成明确而有意识地反社会的东西。从 19 世纪后期达尔文这种头与心、思与情的分裂中，昆尼先生演绎出他自己的分裂公式："弱肉强食的丛林法则"对"圣战的理想主义者"。

柯南道尔（所有的罪案小说作者都是如此）用柔情和激情浓墨重彩地塑造他笔下的福尔摩斯。还有什么能超过他呢？透过热爱他但是脑子不太灵光的华生，通过一汪秋水、渴求和崇拜他的女秘书，读者看见并感觉到他们心目中的超人。这一位尼采似的人物把自己戏剧化的过程，不是直接完成的，不是像 16 世纪伊莉莎向女王时代舞台上牢骚满腹的自恋者那样完成的，而是在大众梦幻的内心舞台上完成的。可以看出，这个侦探是塞内加[①]笔下英雄的后裔。塞内加的英雄死了，但是现代的侦探活下来了，他是无法摧毁的，他要活下来给不满足的读者报告案情。就像过去舞台上牢骚满腹的人物一样，现代侦探体现的是一种态度，面对模糊不清、令人困惑的情况时的态度，一种个人的策略。两种人物都拒绝顺从和适应明显的社会压力，都尽量生动地确认自己的个性。我们在哪儿遇见过像柯南道尔这样的描写呢？ 1868 年，托马斯·赫胥黎[②]写道：

> 我想，那人受了文理教育。他年轻时代训练有素，这使他的身子心甘情愿做他的意志的仆人。他做一切事情都轻松愉快。他的身子像一台机械设备，能够胜任任何工作。他的才智是一台清晰、冷静和逻

---

① 塞内加（Seneca，约公元前 4 年—公元 65 年）：罗马雄辩家、悲剧作家、哲学家、政治家。创作悲剧十来种。在政治斗争中被勒令自尽。

② 托马斯·赫胥黎（Thomas Henry Huxley，1825—1895）：英国科学家，育有子女 8 人，均有成就。以他为首的三代人出了许多杰出人物，世所罕见。1859 年达尔文《物种起源》甫一问世，他就给予坚决支持。代表作有《人类在自然界中的地位》(即《天演论》)、《进化论与伦理学》等。

辑的引擎，所有的零件都力量均衡，运转状态极好：像一台蒸汽机，随时可以开动去做任何工作……

对 1868 年的许多人来说，这个多情善感的机器人作为“人”的理想，似乎并不特别滑稽可笑。也许，甚至今天也并非人人都准备承认它是一个致命的公式。“丛林法则”“创业精神”和内燃机展销“前排座位”之间的关系就是例证。教育和社会中的“麻雀对鹞鹰”的精神，福尔摩斯-赫胥黎-吉卜林一以贯之的路子——这两者的关系出现在柯南道尔笔下的教育观点，反映在福尔摩斯才智工具的清单之中：

（1）文学知识——零

（2）哲学知识——零

（3）天文学知识——零

（4）政治知识——弱

（5）植物学知识——多种多样，颠茄的知识很丰富，鸦片和毒物的知识一般

（6）地质学知识——实用，有局限

（7）化学知识——深厚

（8）解剖学知识——精确

（9）耸人听闻的文学知识——好极了。他似乎知道本世纪一切恐怖的一切细节

此外，福尔摩斯会拉小提琴，是一位全能运动员，又是律师。柯南道尔认为，追捕人的侦探应该有这一套理想的精神装备。请注意柯南道尔说到福尔摩斯对犯罪和谋杀的渊博知识时所强调的“好极了”。他似乎是垂涎欲滴，要把这个字的味道嚼出来。人们培养脑子，把它当成冷静而逻辑的

引擎，我们的世界似乎要为此付出代价。欲知其详的读者可以请教温德汉姆·刘易斯的《被宰制的艺术》(*Art of Being Ruled*)。这本书说的是，现代科学家执着于毁灭性浪漫，说的是这样的追求的本质。

我们来培养一下习惯，仔细观察超然的科学头脑，看看这种大吹大擂的超然所值几何。它有意识地把运作过程中各个部分的意义分割开来。除此之外，他还有多大的价值呢？一句话，它的“超然”仅仅是不负责任吗？福尔摩斯的超然，和布克·罗杰斯[①]及研制第一颗原子弹的人一样，相差无几。研制原子弹的人后来又把它戏剧化，拍成纪录片《时代在前进》[②]，在这场伟大的毁灭剧中为自己大吹大擂。

柯南道尔与他的时代和我们的时代都是一致的。他被自己人格分裂的心灵臭味迷住了心窍。这股臭味并非他理解或研究的东西，而是像克尔凯郭尔[③]或波德莱尔[④]研究的东西。然而他却非常志得意满地生活并沉迷于其中，就像那位写《爱丽丝漫游奇境记》的卡罗尔非常喜欢抚弄小女孩一样。要寻找比侦探更加典型的例证，那会有困难，因为用一切标准来衡量，他都是我们梦中的超人。

甚至海明威[⑤]、斯坦贝克[⑥]似的人对现实都有比较坚强的把握；在比较琐细的人事中，他们的感情卷入都比柯南道尔或科学家要少一些。海明威笔下的英雄和侦探有明显的反差，这一点值得注意。侦探干事情，海明威

---

① 布克·罗杰斯（Buck Rogers）：1928年《惊险故事》创刊号上科幻小说的主人公。空军上尉罗杰斯一觉500年，睡醒后用各种武器在海陆空与敌人格斗。

②《时代在前进》(*The March of Time*)：20世纪三四十年代美国的新闻纪录片。

③ 克尔凯郭尔（Kirkegaard，1813—1855）：19世纪著名宗教哲学家，生于丹麦，存在主义创始人。二战以后，名声日隆，且仍有影响。

④ 波德莱尔（Charles Baudelaire，1821—1867）：法国现代派诗人。

⑤ 海明威（Ernest Hemingway，1899—1961）：美国小说家，诺贝尔文学奖得主，“迷惘的一代”代表人物。其人为硬汉，也塑造了大量硬汉人物。

⑥ 斯坦贝克（John Ernest Steinbeck，1902—1968）：美国小说家，诺贝尔文学奖得主。

的英雄则受难。侦探奉献出个人所能，海明威的英雄承受加之于己的遭遇。人道主义型的受难者似乎是从堂·吉诃德[①]那个时期开始的。他那徒劳的仁义善举成了菲尔丁[②]《汤姆·琼斯》(*Tom Jones*)的典型模式，也是司各特[③]、萨克雷[④]和狄更斯[⑤]等作家的浪漫主义英雄。古今浪漫主义小说中广为人知的人物和咄咄逼人、机智超群的侦探，真是南辕北辙、别若天壤。浪漫主义人物承受暴力，现代侦探召唤暴力。有人说，侦探小说是科学，此说颇为有理。因为一般人认为，科学家是充满魔幻暴力和恶意的世界的中心。这和侦探小说中描写的暴力世界不谋而合，和小说中的科学眼光和思索也不谋而合。

惊险小说中的超人，代表着这样的态度：我们对社会中的一切阶级和情况，都抱着公开或秘密的敬佩之情。因此，我们要对超人的血缘做一番考察。所有的侦探都有以下一些共同的特点：第一，个人主义与孤傲态度；第二，入世的态度；第三，多才多艺，但知识是专门化的、分割的；第四，行动与兴奋的激情。这四种特征也是文艺复兴时期鉴赏家的特征。自那时起，这四个特征就成了“贵族型”的标志，尤其是英国“公立”学校学生的标志。纸短话长，这里不可能追溯文艺复兴时期学者-朝臣-武士(主要以哈姆雷特的名义为人所知)相结合的强烈的个人主义发展的各个阶段。到了18世纪，对中产阶级而言，塞缪尔·理查逊[⑥]《克拉丽莎》(*Clarissa*)中的登徒子成了封建和魔鬼的代表。但是，对商务或贸易头脑而言，傲慢

---

① 堂·吉诃德(Don Quixote)：西班牙作家塞万提斯(Miguel de Cervantes，1547—1616)同名小说及其主人公，充满幻想的理想主义者。

② 菲尔丁(Henry Fielding，1707—1754)：英国小说家。

③ 司各特(Sir Walter Scott，1771—1832)：英国小说家、诗人。

④ 萨克雷(William Makepeace Thackeray，1811—1863)：英国小说家。

⑤ 狄更斯(Charles Dickens，1812—1870)：英国小说家。

⑥ 塞缪尔·理查逊(Samuel Richardson，1689—1761)：英国小说家，代表作《帕米拉》《克拉丽莎》均为书信体。

的贵族和魔鬼的联系是彰明较著的。对萨德侯爵、拜伦勋爵[①]、爱伦·坡和波德莱尔的时代来讲，就是这样的。对华生式的店主及其家庭来说，拜伦的魅力怎么夸张也是不过分的。拜伦成为中产阶级以苦为乐的梦想的象征。他激起的情绪，惧怕、敬畏、倾慕和反感兼而有之。从此，一切反抗叫卖和商务精神的东西，在很大程度上都采取了拜伦的形式。比如，目空一切的鉴赏家的形象就是这样建立起来的。店主的儿子很容易让自己进入这个模型，因为它不但体现了对商务的讨厌，而且体现了对美的忠诚。

所以，第一位侦探杜宾（Dupin）既是鉴赏家也是花花公子。这是爱伦·坡塑造的新星，作者本人就是鉴赏家和花花公子。福尔摩斯几十年后也登场了。拜伦在福尔摩斯的身上打上了强烈的烙印。他的身上还有其他的审美烙印：对音乐的反复无常的兴趣，对“作为艺术的谋杀”的兴趣，对家庭生活的蔑视。对犯罪现象的痴迷同样反映在爱伦·坡和德·昆西[②]的身上，这是对肮脏、贪婪世界的反叛，对警察保护“不义之财”的反叛。这并不需要什么调查研究就一望而知。孤独的鉴赏家、侦探既反叛中产阶级赤裸裸的单一模式，又表现出极端富有首创精神的风格。他的个人主义能够说明，他为什么对中产阶级的吸引力是暧昧不清的。他既有冷漠的贵族优越感，又不能创造出新的价值观。很容易看到，同样的暧昧不清支配着商业广告：同时表现出优质和低廉，精巧和普及。

但是，现代侦探的一个主要特点在爱伦·坡笔下的杜宾身上引人注目地不见踪影：捕快的品质。超人的特点从达·芬奇到拜伦到西斯克里夫（Heathcliff）都保持不变。但是捕快的癖好：一路穷追，闻踪探路，直到谋杀案最细腻的惊险场面——这些特点在杜宾身上并不明显，直到福尔摩斯

---

① 拜伦勋爵（Lord Byron，名 George Noel Gordon，1788—1824）：英国浪漫主义诗人，出身破落贵族家庭，放浪形骸。代表作为《唐璜》《恰尔德·哈罗德游记》等。

② 德·昆西（Thomas De Quincey，1785—1859）：英国散文家、批评家。

才为之一变。拜伦和爱伦·坡满足于乱伦的氛围，把它作为反社会的惊险故事的标记和姿态。他们也满足于情感贪婪的氛围。波德莱尔、兰波[①]、王尔德[②]探索反社会的其他的性花样。但是，谋杀案，大脑皮层穷追埋藏最深的愧疚和秘密的强烈渴望——这才是捕快追求的惊险，也是惊险故事迷要追求的惊险。当然，在浪漫主义时期的各种忏悔文学中，隐隐约约也能够看到这种渴望，但那通常是与其他的兴趣联在一起的。相反，侦破罪案的文学当中，专一浓缩的惊险总是集中在追杀里面。

在爱伦·坡的杜宾和柯南·道尔的福尔摩斯之间的50年中，欧洲人崇拜库珀[③]描写的印第安人。这种崇拜给兼具鉴赏家和捕快特征的侦探的兴起提供了必要的说明。鉴赏家和捕快杂交的形象在今天大众的脑袋里还占有重要的地位。这个高尚的野蛮人，完全超脱社会和生意经，他那超人的精确和精明的能力一点也没有受到糟蹋，他的鼻子能够嗅到危险，他的眼睛能够洞悉线索，他的肠胃能够忍受被剥下的头皮——这就是感情丰富的人长期树立起来的复杂的形象。它滥觞于卢梭，经过达尔文的消化，然后由柯南·道尔表现出来，形成既有侦探本事又有科学头脑的一种人。

---

① 兰波（Arthur Rimbaud，1854—1891）：法国诗人。

② 王尔德（Oscar Wilde，1854—1900）：爱尔兰作家、诗人、戏剧家。19世纪末英国唯美主义代表，提倡“为艺术而艺术”，晚年长诗《里丁监狱之歌》揭露了其中的非人道待遇。

③ 库珀（James Fenimore Cooper，1789—1851）：美国作家，以边疆冒险小说和海上冒险小说的创始者而著名。边疆系列《皮袜子的故事》有《拓荒者》《最后的莫希干人》《大草原》《探路人》《杀鹿者》。海上系列最有名的是《舵手》。

3. 文化是我们的产业[①]

隐 形 的 环 境

鱼到了岸上才知道水的存在

致鱼书简

我给鱼儿一封信，
我给它们说“这就是我想说的话”(《爱丽斯漫游奇境记》)

昨天的成功犹如催眠，它滋养官僚主义的自我。

一张报纸是一首共同的象征派诗歌，作为诗歌，它是环境的、隐形的诗作。

在任何情况中，10% 的事件引起了 90% 的事件，我们忽视了那个 10%，却被那 90% 震惊。如果没有反环境，一切环境都是看不见的。艺术家的角色是创造一种反环境，使之成为感知和适应的手段。哈姆雷特对付

① 《文化是我们的产业》(*Culture Is Our Business*)，哈柯特 (Harcourt) 出版社，1854。

隐形环境的侦探技巧是艺术家的技巧："从此，也许我认为遇到这样的事情，我就装出滑稽的样子"……（《哈姆雷特》第一幕第五场第 171—72 页）

休·特雷夫-罗珀（Hugh Trevor-Roper）对如何使环境无影无形、无坚不摧的过程，作了这样的说明："任何社会，只要它存在，或者只要它感觉到自己还是一个正常运转的社会，都往往要给自己投资：一个军事化社会往往使自己更加军事化，一个官僚主义的社会往往使自己更加官僚主义……占统治地位的军事、官僚、商人阶级不容易改变自己的方向……"（《基督教欧洲的兴起》，伦敦，泰晤士-哈德逊出版社，1966）

"用酒精和镇静剂麻木致死。"在这个犹如脱缰野马的世界上，这是"保持接触"的一般的策略。

洛克希德（公司）正在寻找新的办法去对付商海

既没有中心，也没有边缘

电讯报的马赛克拼图形象既是一个电讯马戏团，也是声学的空间。

造化的触摸使整个世界生辉。

听觉空间和触觉空间一直是相互交替的。如果接触是间歇的空间，间歇就是关闭和节奏的原因，或者是上扬和下挫的原因。

声觉空间完全是非连续的，就像触觉。声觉空间既没有中心也没有边缘，正如多伦多大学的波茨教授 20 年之前已经说明的那样 。

为什么一个视觉取向的、重文字的世界对欧几里得空间之外的一切空间都漠不关心——直到路易斯·卡罗尔和阿尔伯特·爱因斯坦?

听觉–触觉空间是卷入的空间。没有这个空间，我们就“失去接触”。视觉空间是拉开距离的空间，是所谓“科学方法”的公共预设，是学者的、征引的学问。

爵士乐像聊天似的轻松自如。（《纽约时报》1968 年 8 月 18 日）

言语科学家想用人声来保护私密信息。

如今，接线小组的应答更加友好。

给我月亮当毯子

苏联人说月亮的泥土可以给人提供庇护。（《多伦多环球邮报》，*Toronto Globe and Mail*，1968 年 4 月 10 日）

一只臭虫能够侦察到两个街区之外的一个男人，还有一个女人——啊……臭虫对我们的社会再熟悉不过了。（《厄布》，*Erb*，第 51 页）

“幸福是猪的”，这是赫尔曼·坦尼森一篇文章的标题。（《存在主义学刊》，*The Journal of Existentialism*，1966 年冬季号）

安东尼·杰伊引用一句话——“小猫咪，小猫咪，你到哪儿去啦？”用它来洞悉人的一种倾向，即把一切的现实简约到自己的尺寸和兴趣。小猫咪没有看见女王，而是看见了御座下的一只老鼠。[①]这个故事的线索可以帮助我们解读以下的报纸标题：“不要相信纳粹杀人：德国总理听到的全是盟国的宣传”。（吉星格尔，《多伦多环球邮报》1968 年 7 月 5 日）

人类学家里奇注意到，仅仅是由于归类为“不道德”，就使狄更斯和他的读者对伦敦八万个优雅的高级妓女视若无睹，可她们是伦敦旅游一景，在欧洲闻名遐迩……

同样，斯大林和希特勒都被他们数以百万计的同胞当做圣人，甚至就在大屠杀的时候……俄国人民和德国人民干脆就“拒绝了解自己鼻子底下发生的事情”。（《脱缰的世界？》，*Runaway World?*，牛津大学出版社，1968）

自从俄国的人造卫星上天以来，地球已经被一张圆形的毯子或气泡包裹起来。自然界结束了。艺术接过了灵巧的宇宙。我们继续谈论一个机器世界。

---

① 小猫咪和小老鼠这一段故事引自《爱丽丝漫游奇境记》。

它就蹲在那儿，按照指令行事——

It just sits there and does what it's told-

230922 英里之遥。

-230,922 miles away.

探测器，休斯公司设计制造

Surveyor, designed and built by Hughes

HUGHES

一本姗姗来迟的书

克尔凯郭尔的《惧怕的观念》（*The Concept of Dread*）1844 年问世，那是商务电报兴起的第一年（巴尔的摩至华府）。书中提到电报作为惧怕、当下感或存在的理由。

存在主义的一切大吹大擂全都是这样产生的：拔掉事件之间的联系，像电讯报所做的那样；玩弄艺术中的故事情节，像印象派所做的那样。

存在主义的心理创伤有一个物质基础，这个基础就在我们中枢神经系统的第一次的电力延伸之中。

莫尔斯教授的电报不仅开创了一个传输智能的时代，而且它滥觞于一套全新的思想观念，一种新的意识。过去，从来没有人意识到，他能够准确地知道那一时刻在一个远方的城市——40100 英里或 500 英里之外——正在发生的事情。比如，此刻是 11 点整。电讯宣告：11 时——沃尔克参议员此刻正在（now）回答巴特勒先生有关三分之二票表决的问题。颇要费一番思量才能意识到，这是一个此刻存在（now is）的事实，而不是已然存在（has been）的事实。巴尔的摩离华盛顿 40 英里。这是非常美妙的工艺技术成就。（摘自大卫·坦纳《美国的印刷技术》，麦格罗-希尔书局）

《纽约书评》被说成是拉小圈子、清高、自负、势利。只需一年付 7.5 美元，你也就成为这样的人了。

来自报界的自由

你用循环过的水刷牙吗?

真相还没有起床，狡猾的谎言已经传遍大半个世界了。(马克·吐温)

非常感谢你戳到了我的痛楚，你的意思我抓住了！不好说是你那笨重的身躯把我砸痛了，还是我正在看的那一团红色的东西把我给打痛了……向您致敬，但愿您因为我们的展示而受到嘉奖！(《前进》)

英国人类学家 D. G. 麦克雷说，他的同仁没有充分开发广告世界的潜力，原因是“我们不想知识搅乱我们的偏见”。倘若广告消失，我们大多数的信息服务环境——眼睛中的音乐广播网——也将随之消失。

像华盛顿总统一样，杰斐逊总统也遇到糟糕的报界。1807 年他说：“现在报上看见的东西，什么也不敢相信。一旦放进被弄脏的报纸之中，真相本身也会变得可疑。我要补充一句，不看报的人比看报的人还要信息灵通……”

死亡与税金：记得你何时能说得准吗？

“试试我们的香水，否则您就白活了。”[《宝盒与青春》(*Casket and Sunnyside*)中的广告]

Creative advertising, creative journalism and creative readership, combined into one powerful selling force.

创意广告、创意新闻与富有创造性的读者，结合成为一支强大的销售力量。（《华尔街日报》）

媒介的混合

华特·迪士尼[①]把贝多芬的第六交响曲改写为“幻想曲”之后，他说：“哎呀！这会造就贝多芬。”

裹兽皮的帝国

在《皮货贸易史》(*History of the Fur Trade*)中，伊尼斯说明北美殖民地，包括英国的和美国的，在追溯其由来时，都要深深地感谢皮货商。

华盛顿和杰斐逊是土地测量师，他们急于推进皮货商定居的领地。定居的拓荒者摧毁了皮货贸易线，因而与皮货商发生冲突。因纽特人的圆顶雪屋也要用兽皮搭建。皮货商没有接触因纽特人之前，这种兽皮雪屋是不存在的。因纽特人今天仍然住在石头房子里，摄影师认为石头房子不上镜，因而予以忽视。他们是多重感觉的猎人，在纽芬兰的甘德尔镇，他们证明自己是非常了不起的技工，这使美国空军大吃一惊。

正如图腾柱与传教士的《圣经》有血缘关系一样，先有了普利姆斯汽化炉，然后才可能出现因纽特人的兽皮雪屋。

和其他任何前文字时代的民族一样，因纽特人很轻松地从旧石器时代进入电气时代，他们跳过了新石器时代的专业分工。

---

① 华特·迪士尼（Walt Disney，1901—1966）：美国电影制片人，动画大师，创造了唐老鸭和米老鼠的形象。1955 年他设计的第一个迪士尼乐园在洛杉矶投入使用。

什么最容易成为传说?

“我们一定会有破烂收拾啦！”

迪士尼乐园本身是一个奇妙的媒介复合体。卡通把照片赶回神话和梦幻的屏幕上。E. S. 卡彭在《迪士尼的样本》(*The Disney Version*)(理查德·施克尔著，希蒙–舒斯特书局出版)，提请大家注意迪士尼本人生活中另一种媒介的混合：“迪士尼个人生活中唯一色彩明丽的地方，是环绕他那住宅的一辆模型火车……他在社交生活的大部分时间里，都只戴一顶工程帽……他喜欢给破烂的地方搞规划……‘伙计，我们一定会有破烂收拾啦！’”

《纽约时报》1968 年 7 月 16 日在“开足马力”的标题之下，表现“罗德西亚[①]的奥林匹克马拉松热望”，在运动员的身边有一辆全速前进的火车。作为媒介的混合体，这个图文组合具有《长跑者的寂寞》(*The Loneliness of the Long Distance Runner*)中主人公饱尝的一切酸甜苦辣。

当前的广告把十来种媒介混合起来用，但是我们仍然怀疑，乘车上下班的人就砸了飞机驾驶员或售票商的饭碗。

---

① 津巴布韦的旧称。

After TWA Blue Chip Service, you arrive ready to do business in Chicago.

Aren't you a little tired of feeling like a commuter?

OXford 5-6000. Jets every hour on the half hour.

环球航空公司推出蓝色芯片服务之后，你抵达芝加哥准备做生意。你难道不觉得厌倦吗，像个往返奔波的通勤者？

牛津5–6000型。喷气机每小时一班，航程半小时。

兄弟阋墙
电视在扼杀电话

（《前进》，*FW*）

目前广告关心的，是拼杀而不是手足之情。对媒介的无知，以此为盛。

“这是正在发生的事情，你别去硬顶，宝贝！”

电视不仅是一种 x 光的“无助力推进器”或琐罗亚斯德[①]火神，而且他的影响完全是下意识的，正如其他一切新媒介一样。

《读者文摘》（*The Reader's Digest*）描写哈姆雷特在城楼上举起一台电视机，仿佛他是撞见鬼了：要电视还是不要电视，这不是个问题。当然，说它不是问题的理由是，《读者文摘》给广告商提供了一个庞大的市场。

《美狄亚[②]之谜》（*Medea Mystery*）：麦克卢汉接到罗伊·汤普逊（《伦敦时报》老板）的电话，请他私下聊一聊媒介。这一次的闲聊节目（在麦克卢汉一无所知的情况下）就遍地开花，进入了 BBC 的节目，同时又上了全美国的电视台。

---

① 琐罗亚斯德（Zoroaster，约前 628—约前 551）：伊朗宗教改革家、先知，“拜火教”（琐罗亚斯德教）的创始人，既讲一神论，又宣传善恶二元论。

② 美狄亚（Medea）：（希腊）巫术女神，曾经帮助伊阿宋取得金羊毛。

Some emotional arguments you hear about TV vs. magazines.

1. Pictures in TV commercials move. That's true. And there's a lot of excitement and drama in that. On the other hand, magazine pictures *stand still*. In case you have to sneeze. Or leave the room. And by the by, do you know who really invented the video-playback? Magazines did. We call it: Looking-At-The-Ad-A-Second-Time.

2. TV is colorful and has impact for everybody. Right. Magazine impact is limited to the audience you're trying to reach. Like, for example, women who want to read about products and ideas that help make them more efficient homemakers—and more attractive wives. They turn on Good Housekeeping Magazine for the precise purpose of doing just that. As to color: magazine color reaches 100% of the homes that own color-vision eyes.

3. TV packs a lot into a minute. It has to. At rates up to $1,000 per second.

4. TV is the proven medium for new products. What percentage of them, with TV as the dominant or only medium, survive the test market stage? We don't know. But in the past 4 years, 190 products have been introduced in test market editions of Good Housekeeping (all, of course, covered by our Consumers' Guaranty Seal), and of these, 73 have already gone regional or national.

5. TV is easier to look at. Agreed. With a magazine on your lap, you either concentrate or converse. *Not both*. You're involved. Or you aren't. And speaking of involvement, did you ever get involved with a magazine that reprinted last winter's entire issue as a "summer replacement re-run"?

6. With TV they can't turn the page and skip your ad. No. But they can turn the dial. Or turn to human conversation. And besides, no advertising medium can make ineffective advertising effective. But the right environment in magazines can give effective advertising its maximum opportunity to be read, thought about, believed, and acted upon. Most important: when the audience goes out and plunks down 50¢ for that environment they're going to be doing some reading. Even if that magazine stays around the house awhile. And it does. As proven by voluminous research. And a gadget called: the magazine rack.

• • • • •

Now that we've given vent to our emotions, let's agree that of course TV, when it's at its best, is a powerful medium that does stand alone in many areas of entertainment and impact. But in advertising it works best as part of a well-balanced media mix.

That's why so many advertisers depend on magazines *and* TV. Selective magazines such as Good Housekeeping. Each month, nearly 13,000,000 women seek out Good Housekeeping. They seek out the advertising. They believe it. They respond to it.

To advertising men who are also businessmen there is no emotional argument. No argument at all.

If you haven't already taken it, the next step is as clear as these words before your eyes.

Good Housekeeping

关于电视与杂志的一些动情的争论

“如果没有爱迪生，
我们就只有点蜡烛看电视了”

彩电隐形的一面，即它与黑白电视有联系的假设，业已被证明是不符合实际的。吉迪恩（Siegfried Giedion）的话“无名的历史”［评介《时空与建筑》（*Space-Time & Architecture*）时用语］，意在把一种新的设计形式介绍给背负着许多无意识感知习惯的人。颜色与其说是一种视觉的媒介，不如说是一种触觉的媒介［正如帕克和我在《走向消失点——诗画中的空间》（*To the Vanishing Point: Space in Poetry and Painting*）一文里说明的］。

眼睛的锥体在界面上形成颜色的经验：“眼睛的中心或黄体对颜色和质地作出反应。相反，眼睛的周边与黑暗和明亮相关，与运动相关……中心与周边联手合作。但是，周边视觉可以独立存在。色觉包括的范围广，而黑白感觉包括的范围却是一部分。（任何技术的潜力，由于使用它的人卷入这种技术的先行者，总是要受到消耗）彩电的图像冲击力总是要被埋在老图像空间的重重大山之下。”

在《电视导报》（*TV Guide*，1968 年 8 月 8 日）这幅广告的背后，希基（Neil Hickey）报道说：“电视由于未能与黑人交流而受到攻击……”

彩电使黑人轻松地压倒了白人的形象，它比黑白电视对黑人更加有利。希基说这一番话时所表现出的，是人们通常的认识：忽略媒介而观察其内容。

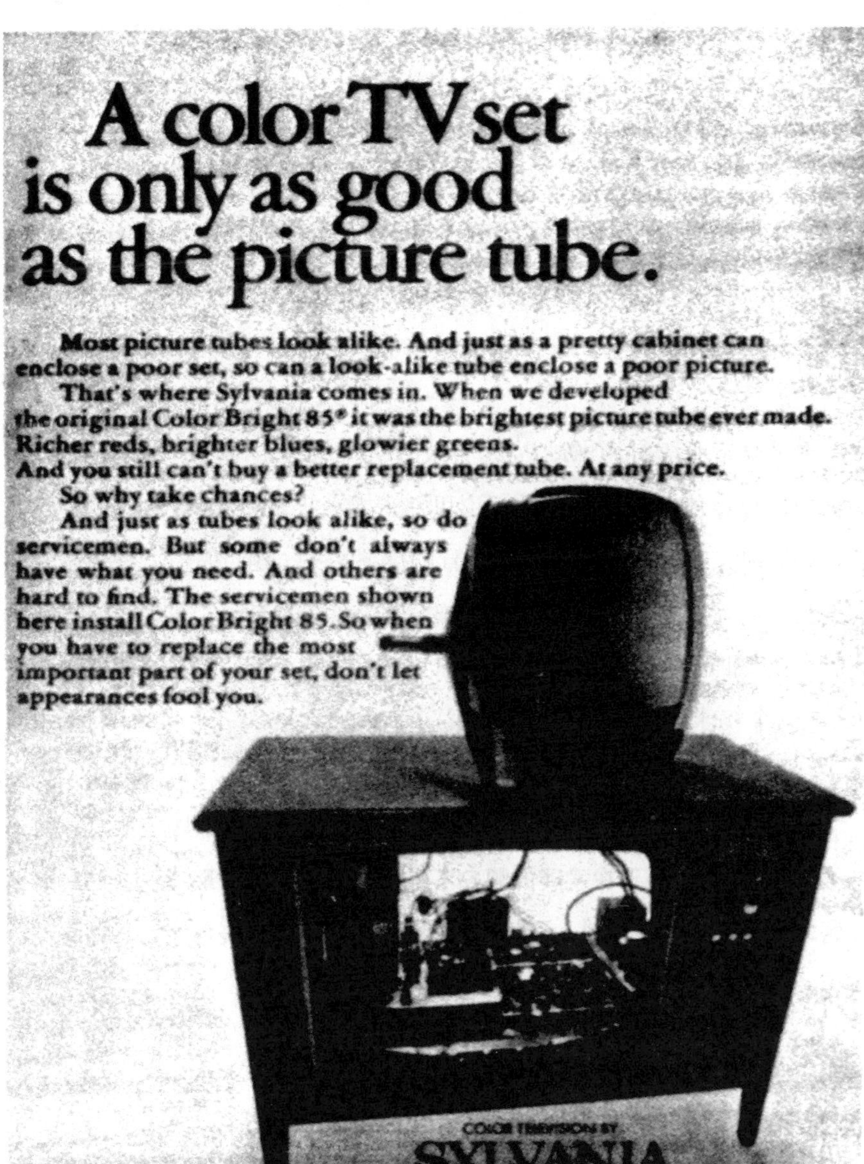

一台彩电只不过等于一只彩色显像管所起的作用。

披着羊皮的狼

一个躺在公园椅子上的流浪汉对哥儿们说：“我是干过媒体的人，我用报纸把自己深深覆盖，用收音机找寻正在发生的事情。”（《广播》，Broadcasting，1958年2月19日）

在《泵站那帮人》（*The Pump House Gang*，法尔拉–施特劳斯–基罗书局）中他那篇使我受宠若惊的评论里，汤姆·沃尔夫给我画了一幅漫画，这幅画同时又暗示与他的另一篇文章的标题相关（题目是“万一他是对的呢？”）。他的意思是：“我宁可是错的。”在文章的末尾，他把我放进一家饭店，让我面对半裸的服务小姐。我自信地说：“半裸小姐是试探气球的尖刀。”（这个气球就是她那隆胸的填料）

人类学家里奇说得对，电视这一代人“正在变得更加顺应服从，而不是相反”。但是这种正在发展的顺应不是视觉的或图像的顺应。人这种裸猿开始非常看重头发。他说：“秀发引诱男人高贵一族，美色牵动只需青丝一根。”又说：“许多人惊呼披着羊皮的狼来了。”

现在的年轻人确实是一代无能之辈的继承人。

现在的年轻人确实是一代无能之辈的继承人。

汤姆·沃尔夫又走上前台，

不是一本书，
对，是两本书！！！

请快呀，时间到啦！

“我肯定，你的学问里面有许多好处！”(《前进》，FW）

《时代》杂志也许是使用电讯报报头的第一家杂志（即把没有联系的马赛克小块放在一起）。仅仅一个刊头的期号。《时代》的马赛克程式替代相互联系的编辑特征之后，深奥和琐细的东西就可以比肩而立了——这就是创造环境的程式，而不只是创造观点的程式。

马赛克形态的透明性和共时性表现在广告身上。这样的马赛克是声学的、部落的形态，是《时代》帽子上的羽毛。

唯有《时代》让广告商挑选它对读者调查的三种职业样本……（注意部落种姓制度如何兴旺）

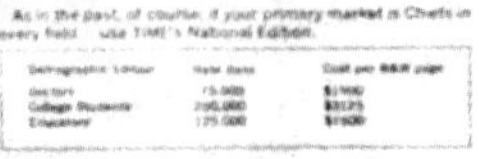

唯有《时代》给广告商挑选营销对象的调查材料：读者人口统计表

4. 乔伊斯、马拉美和报纸

1831 年，马拉美[①]辞谢《欧洲评论》(*Revue Européenne*) 的约稿时，在给编辑的信中说：

> 请不要把我的话当成是对所谓新闻业的极端蔑视。绝非如此。我对自己这个时代非常了解，绝不会重复这种荒唐的谬论，这种反对期刊的愚鲁疯狂。我非常清楚，上帝委托你们去干这样的工作。等不到这个世纪结束，新闻业就将构成全部的出版业——全部的人类思想。自从艺术使言语以非常快的倍数增长——还不知道要翻多少倍，人类将不断写书，天天写，一小时又一小时地写，一页又一页地写。思想将要在全世界传播，像光一样快；迅疾感知，迅疾写出，迅疾理解，到天涯海角——传遍北极和南极。灵魂热情的进发和燃烧使思想喷薄而出。思想将君临灵魂的方方面面。思想没有时间等到水到渠成——等到积累成一本书。书太慢了。从今天起，唯一可能的书就是报纸。

奇怪，作为艺术形式的大众报纸常常吸引艺术家和美学家的热情，同时却激起了学术界忧郁的顾虑。同样的分歧可以追溯到 16 世纪围绕印刷书籍的分歧。两千年之久的手抄书文化在印刷机的冲击下销声匿迹。人们之所以对此不太了解，是因为人们普遍抱着这样的假设——印刷术具有普遍

---

① 马拉美（Stéphane Mallarmé，1842—1898）：法国象征派诗人、理论家，法国文学史上最有影响的人物之一。早期诗作受波德莱尔的影响，作品在内容和形式上均有创新。

的好处。但是，今天的技术使图像传播和广播通讯的地位上升。现在来探查 400 年来书籍文化的特点和局限，就容易多了。书籍文化即将走到尽头。

在她晚近对赫伯特[①]的研究中，图夫（Rosamund Tuve）着重指出，所谓形而上的自负，就是直接把中世纪晚期流行的图画式意象翻译成的言语形式。她已成功地说明。赫伯特等人特有的自负是两种文化相交而兴起的，这两种文化是原有的手抄书（页边上配有图）文化和新兴的印刷书文化。同理，许多人认为，伊丽莎白女王时代[②]和詹姆斯一世时代[③]特点丰富的文化，是口头传统和新型的印刷文化交汇的结果。口头传统退居次要地位，并且从属于静默和独立的读书人之后，纯文学才开始出现。叶芝终身坚持说，口语词被征服的情况在爱尔兰不如在英格兰那样进行得彻底。

玄学派诗人把中世纪的象形符号改变为适合印刷术的文字，他们的成就在很大程度上得益于此。既然如此，我们就可以说，表现精美思想风景线的现代诗歌，在很大程度上要得益于新型的图像式技术。这种技术使爱伦·坡和波德莱尔如痴如狂。兰波和马拉美的美学在很大程度上也是建立在这种技术上的。如果詹姆斯一世时代的文人正在退出图像文化走向印刷文化，难道就不能说，我们在新型图像技术的冲击下正在退出印刷文化，并且在那个交叉点上碰见他们吗？手稿文化培养了群星璀璨的心态和技能，现代世界把这些东西忘得一干二净了。柏拉图在《斐多篇》（*Phaedrus*）里预见到其中的一些：

---

① 赫伯特（George Herbert，1593—1663）：英国宗教诗人，玄学派大师。

② 伊丽莎白女王时代：伊丽莎白一世女王（Elizabeth Ⅰ，1533—1603）是英格兰历代最伟大的君主之一，在位时间 45 年（1558—1603）。其间国家歌舞升平，最后几年尤其繁荣。此间出了莎士比亚和培根等文学和学术巨人。

③ 詹姆斯一世时代：詹姆斯一世（James Ⅰ，1566—1625）在位时间为 1603—1625。伊丽莎白女王逝世后继位。

> 你发现的具体东西将会在你学生的心灵中产生遗忘，因为学生不会使用自己的记忆，他们信赖外在的文字，却不会记住自己。你发现的具体东西不是在辅助记忆，而是在辅助回忆，而且你传给学生的不是真理，只不过是真理的近似物。他们听到很多东西，学到的却是零。他们看上去博学多识，但一般说来是一无所知。他们使周围的人感到讨厌，口慧而实不至。

柏拉图在这里为口头传统辩护，趁它还没有受到书面文化的修正。在他眼里，文字主要是一种破坏性的革命。自此以降，我们经历了许多的革命，深知每一种传播媒介都是一种独特的艺术形式；它突出人的一套潜力，同时又牺牲另一套潜力。每一种表达媒介都深刻地修正人的感知，主要是以一种无意识和难以预料的方式发挥作用。字母传播产生一种不可避免的心理退缩，接踵而至的是一系列个人和社会的难以适应，H. J. 切特尔的《从手稿到印刷》（*From Script to Print*）对这一点作了说明。但是，字母传播确保了一大堆优势。心理退缩自动发生，因为识字的过程是建立内心独白的过程。它把听觉的东西转换为视觉的东西，又把视觉的东西再转换为听觉的东西。这就是写字和阅读的过程。读书写字产生内心独白，从今天对前书面文化的研究中可以看出这一点。内向的结果是削弱感知，造成对别人的说话不太注意，建立起一些干扰言语回忆的机制。准确的言语回忆对于前书面文化来说，几乎就不是一个问题。

在《芬尼根守灵夜》（*Finnegans Wake*）中，乔伊斯突出强调了他所谓“ABC 思维定势”的主要变异。在“城市刚刚兴起的异教徒的铁器时代……朋友就是朋友”。他用“言语-声象-视象”表现“通宵的新闻纪录片”。这是破天荒第一次戏剧化地表现传播媒介本身，把它既作为形式又作为人类文化流动的载体来表现。乔伊斯把媒介当做艺术形式来使用，好比是身在如“充满电影人的梦幻城”。如果这样来看《芬尼根守灵夜》，阅读中的大多数困难就涣然冰释。太阳在他的“狂热的游乐场”升起。同样，太阳在安娜·里韦亚那一节的末尾落山。他准备在这里模仿光明和黑暗之战，模仿女巫在黄道十二宫的舞蹈中表现的魔鬼麦克尔和祭司的争战（蒙太奇）。“傀儡戏的老板都对情节和演员重新安排。”

《守灵夜》自始至终表现内心的“讲坛故事”。它和拼音文字玄妙的意义相关，又和拼音文字的心理影响相关。它在人类社会造成了普遍的“ABC 思维定势”。

然而，书页捕捉住了流动的思维和言语之后，它又使我们能够长时期分析思维过程。这样的长期分析使科学的兴起成为可能。比如，象形的中国文化似乎就处在两极之间，一极是我们抽象的文字传统，另一极是无所不包的口头传统。口头传统突出的是说话像身势语，身势语像“寒暄”（phatic communion）。中国文化处在难以交流的印刷术和图像技术两极之间。也许正是这个位置，使它的会意文字对我们产生吸引力。

手稿文化的一个主要特征是它的相对统一性。手抄书稀缺难买，这就养成万事通（encyclopedic）的习惯。读书人很少，这又多了一层理由，所以每一个读书人都要对所有的学问略知一二。况且，手抄书要慢慢看、慢慢读出声，默读是不可能的；印刷机铺好了机械化的印刷之路，情况才为之一变。手抄书是一条破破烂烂的公路，走不快，行人也少。它把读者限定在紧靠口语的范围。诗歌的发表实际上是在一小群人中阅读，或者是向一小群人朗读。思想的传播靠的是公众的辩论。

印刷术使读书人成倍增加，然而它也使当事人的社会和政治重要性随之降低。书籍本身的重要性也随之降低。出乎意料的是，印刷术培养了民族主义，使国际交流趋于瓦解，因为出版商发现，各国流行的白话比拉丁文的读者多，利润更加丰厚。H. A. 伊尼斯在《传播的偏向》（*The Bias of Communication*）中说明，16 世纪以降，印刷词是国际动乱和国际误解的主要原因之一。相反，图像交流相对而言更加具有国际的性质，人们难以操纵它来搞国家之间的对立。H. A. 伊尼斯是开拓传播媒介的经济和社会影响的先驱。今天，所有的文人都感谢他。他使人看见，由于媒介的变化，我们的时间和空间的态度也发生变化。尤其是他把报纸作为印刷技术的一个主要分支的研究，与现代文学的研究息息相关。起初他研究的是经济史，但是他不得不逐渐做些调整，既考虑世界上的外部贸易路线，同时又考虑脑子里伟大的贸易路线。他意识到，现代世界解决了商品问题之后，已经把技术用于信息和思想的包装。

如果说手抄书的传统是古老的万事通，那么书籍文化倾向就于专门化。书的数量足以使读书成为一辈子的职业，也可以保证读书人过一种离群而隐私的生活。终于有一天，书多得把当事人分裂为数十个老死不相往来的群体。这就意味着，对于我们文化中最明显的进展的意义和漂移，我们在很大程度上是浑然不觉的。这样的读书人甚至对书籍传播形式的技艺也不容易产生兴趣。受大众报纸和后来的进展的影响，书籍的传播形式发生了变化：书籍文化的倡导者表现出各种情绪，却没有表现出什么好奇。对现代传播变迁真正的了解，主要是来自现代诗人和画家机灵的技艺，因此可以说，这并没有什么不协调的。

乔伊斯的《画像》(*Portrait*) 以及《尤利西斯》(*Ulysses*)、《守灵夜》等著作中，有许多新奇的东西表现了一种幻灭情绪。自牛顿以来，人们不注意艺术的手法进展，幻灭情绪就是这样产生的。乔伊斯用一以贯之的手法，表现现代都柏林和古代伊萨卡岛[①]的相似之处。艾略特注意到，这也是《尤利西斯》的主要资源。乔伊斯转向了“双情节”时间维度。乔伊斯之前的 200 多年中，这已是风景如画的艺术使用的主要手法。古尔蒙[②]认

---

① 伊萨卡岛（Ithaca）：希腊西部一海岛，希腊神话中尤利西斯的故乡。

② 古尔蒙（Remy de Gourmont，1858—1915）：法国作家、哲学家，法国象征主义最明智的评论家之一，有 60 卷著作在世，对当代和后世均有影响，对 20 世纪的诗人庞德和艾略特尤其产生影响。

为，福楼拜[①]的成就之一就是把夏多布里昂[②]的全景式艺术从自然和历史转向工业大都会。在风景如画地描写这个风趣的角色转变中，波德莱尔与福楼拜不相伯仲。但是，英格兰在绘画、诗歌和小说中的风景艺术比法国和欧洲要早几十年。这一事实和英国的工业实验和科学思辨是分不开来的。马乔里·尼克尔森（Marjorie Nicolson）在引人入胜的《牛顿需要缪斯》（*Newton Demands the Muse*）中，记录了牛顿光学对诗人主题的影响。但是表现经验的手法也同样受到修正，走向无所不包的社会和意识的方向。空间和光线的新视野作为外部现象，与我们的内部官能正好相关。这就给形象和经验的并置赋予了新的意义和动力。对哥特式艺术[③]非连续断片的口味与一种新的兴趣有关。这种新的兴趣是对（菲尔丁、斯摩莱特[④]、麦肯齐[⑤]）常规小说里各个社会阶级的并置的兴趣，是对不同历史时代并置的兴趣，是对斯科特[⑥]和拜伦并置原始经验和世故经验的兴趣。更加精妙地把同一个人的不同心态并置在一起，反映在斯特恩[⑦]的《项狄传》（*Tristram Shandy*）中，反

---

① 福楼拜（Gustave Flaubert，1821—1880）：法国小说家，19 世纪文学大师。代表作为《情感教育》《圣·安东尼的诱惑》等。《情感教育》用伤感悲观的调子写 1848 年的法国革命。他要求自己的文字具有“诗歌的韵律和科学语言的精确性”。认为同义词是不存在的，作家必须找到“唯一合适的词”。

② 夏多布里昂（François-René de Chateaubriand，1768—1848）：法国外交家和浪漫主义作家，对当时的青年影响很深。

③ 哥特式艺术（Gothic Art）：中世纪在西欧和中欧出现的持续很久（12-16世纪）的运动，内容复杂，形式多样，相关绘画、雕塑、建筑、音乐和文学都有别于罗马时期。

④ 斯摩莱特（Tobias Smollett，1721—1771）：英国小说家，作品“情节”由主角的一系列片断遭遇串联而成，结构松散。他擅长从外貌来描写滑稽人物。

⑤ 麦肯齐（Compton Mackenzie，1888—1972）：英国作家，作品有小说、戏剧、传记等 100 多种。

⑥ 斯科特（Alexander Scott，1525—1585）：苏格兰抒情诗人。

⑦ 斯特恩（Laurence Sterne，1713—1768）：英国幽默小说家，作品几乎没有情节，被认为是心理小说的先驱。代表作是《项狄传》和《感伤旅行》。

映在他对这种心态源头的穷究之中，也反映在后来华兹华斯[①]的诗作之中。

但是，大众报纸中与此平行发展的用空间手法表现心态的艺术，却没有人注意。伊尼斯证明，报纸新型的全球景观不仅是适合工业的，而且它们本身就是为新的道路、铁路、电报和电缆提供资金的手段。地球的自然景观迅速改变了报纸的景观，虽然政治面貌还没有跟上来。报纸、贸易和运输的网络是合而为一的。狄更斯这样的报人没有在既成的文学礼节中去下赌注，他们很快就把印刷术改造为适合艺术和娱乐的东西。狄更斯把18世纪小说的如画之境转向表现新近出现的工业贫民窟。过了很久，法国印象派和象征派才找到表现现代技术的艺术方向。狄更斯证明，大都会底层的精神古怪是表现狂躁人和狂躁心态的丰富源泉，比斯科特的小农和华兹华斯的乡下佬的资源还要丰富。陀思妥耶夫斯基[②]放手挖掘狄更斯这一座金矿，萧伯纳[③]后来也如法炮制。但是，新闻界熟悉的印象派的图像似技巧究竟如何有效，却是出现在爱森斯坦[④]引人注目的论文《电影形态》(*Film Form*)中。他在这篇文章里说明狄更斯对格里菲斯[⑤]的电影艺术产生了什么影响。

到1870年，英格兰艺术家对图像艺术已经有了很深刻的认识。这可以

① 华兹华斯（William Wordsworth，1770—1850）：英国浪漫主义运动最伟大的诗人之一。最主要的主题是人与自然。他崇拜大自然，人称“大自然的祭司”。“湖畔诗人”杰出的代表。与柯尔律治合作的《抒情歌谣集》(1798）被认为是英国诗史的一个转折点。

② 陀思妥耶夫斯基（Fyodor Dostoyevsky，1821—1881）：俄国小说家。代表作有《罪与罚》《白痴》《群魔》《卡拉马佐夫兄弟》。世界文学史上最伟大的小说家之一。

③ 萧伯纳（George Bernard Shaw，1856—1950）：英国最伟大的剧作家。代表作有《恺撒与克娄巴特拉》《人与超人》《巴巴拉少校》《伤心之家》《圣女贞德》《卖花女》等。发起以渐进方式实现社会主义的费边社，一生比较激进。对同代和后世剧作家产生深远影响。

④ 爱森斯坦（Sergei Eisenstein，1898—1948）：苏联电影导演和电影艺术理论家。代表作有《战舰波将金号》《十月》《伊凡雷帝》等。

⑤ 格里菲斯（D. W. Griffith，1875—1948）：美国电影创始人之一，名片有《一个国家的诞生》。

用摄影机的发明来说明。这一年，卢泰尔堡[①]这位舞台布景画家在伦敦发明了一台全景式的机器，他称之为“艾多福式全景机”，以便“生成四维的图像”。广告上称，他“用动画模仿各种自然现象”，并且立即引起轰动。当时有人作了这样的描写：“盖恩斯伯勒[②]镇的人非常高兴。有一段时间，卢泰尔堡别的事不想，别的话不说，每天晚上都在他的展览会上度过时光，一连好久。”他造了一台机器自用。这台机器可以放送日月升空、风暴和海船航行的景象。通过这台机器，全镇的人都体会了立体艺术的新奇，他们置身其中，看到了壮丽的四维图像。

还有一个熟悉的例子，说明新闻是事件的突兀并置，以便产生“图像似的眼光”。这就是《指环与书》（*The Ring and the Book*）。这本书是新闻体的罪案报告，一连串“内幕”，一个套一个，像千层盒似的。但是，提出报纸教益的还是马拉美，他认为报纸是含蓄隐晦诗歌创作的指针。他看到，现代新闻报道和讯息的机械操作，使人不可能创造出个人独特的逻辑。到了现在，艺术家应该以新的方式来干预和操作新型的传播媒介。这个办法就是精确而细腻地调整语词、事物和事件的关系。《一条路子》（*Un Coup de Dés*）写他如何把一切东西当做思想的姿态来探索，使之适应存在的神秘力量。正如真空管可以用来塑造和控制巨量的电能一样，艺术家可以操作低流量的轻松的语词、节奏和共鸣，去召唤存在原初的和谐，去召唤亡灵。不过，他必须付出自我克制的代价。卡莱尔·恰佩克（Karl Čapek）1924年在《报纸礼赞》（*In Praise of Newspapers*）里，对马拉美美学里潜伏的存在主义的形而上学作了这样的阐述：

---

① 卢泰尔堡（Philip James de Loutherbourg，1740—1812）：英国油画家、插图画家、版画家、舞台布景透视画家，善于革新舞台布景。1780年起成为英国皇家艺术科学院成员。

② 盖恩斯伯勒（Gainsborough）：英格兰小镇。

> 报纸的世界像野兽的世界一样存在于现今。报纸的意识（倘若可以说意识的话），用一般的现在时间来界定，从早报到晚报，或者反过来从晚报到早报。如果你读一个星期以前的报纸，你就会觉得，你在翻一本编年史：它不再是一张报纸，而是一本备忘录。报纸的本体是实现了的现实：现在的东西就是存在……文学就是永远用新形式来表现旧事物。相反，报纸就是永远用稳定不变的形式去表现新的现实。

乔伊斯借用新闻报道的技巧并加以拓展，把中国和秘鲁共存的事从全球空间拓展到时间的维度。他完成了绵延不断的现实化的现实主义，过去、今天和将来的事件构成永恒连续的现在。反过来，只需要去掉报头日期，就可以得到一个与此相似的普适模式，哪怕是不太令人满意的模式。史蒂文森[①]说，如果他知道省略什么东西，他可以把一张报纸变成一首史诗。他表达的意思和乔伊斯相同。乔伊斯知道应该把什么东西省掉。

有一个学派认为，外部世界是一块模糊的多棱镜，艺术绝不能被当做知识的源泉，艺术是伦理之学和忍耐之学。艺术家不是拜读龙飞凤舞的签名的人，而是在希望和同情的假支票上签名的人。这个学派所持的观点是，艺术有宣泄的功能。正如列维（G. R. Levy）在《犄角之门》（*The Gate of Horn*）中说明的那样，这个观点为古希腊一些次要的神秘观点做好了准备。然而，如果世界并不模糊，如果头脑不是属于世俗的地球，那么艺术的伦理观点应该让位于认知的观点。无论是怎么回事吧，艺术的宣泄观和伦理观导致了一种教条的敌视态度：它敌视在艺术中使用非连续性［阿诺德 1853 年《诗集》（*Poems*）序的主题］，它导致对一切大众艺术的冷漠。在过去的 100 年中，一切技术手段都在推进传播的非连续性质，这个宣泄-

① 史蒂文森（Robert Louis Stevenson，1850—1894）：英国杰出的冒险故事和散文作家，代表作有《金银岛》《绑架》《化身博士》《儿童诗园》等。

伦理派笼罩了所有的大众文化，使之陷入深奥而无知的雾霭之中。但是，它伪装成深厚的更有希望、更为高尚的道德关怀。乔伊斯描写这种反认知的态度所用的话是“崇拜的黄昏”。

认为大众文化不光彩而产生的道德恐惧和审美恐惧，让位于与之对立的印象派观点。乔伊斯之前，马拉美是这个新路子最优秀的代言人。他在《橱窗》（*Shop-Windows*）里分析书籍陈列的美学，思考诗歌和报纸的关系。

一个放满新书的橱窗触发了他的思绪。一般书籍的功能仅仅是表达一般的无聊和无能，是把人间大量陈腐的东西简约为一种书面的形态。艺术家不像文人那样因此而悲叹，而是应该利用它：“模糊、平庸、脏污和毁损，不要放逐这些东西，而是要占有它们！运用他们，像是用一笔遗产。”

只有征服和占领那些广阔的麻木之地，艺术家才能去完成他英雄的角色，去清理部落的方言，去清理言语、思想和感情。这是像赫拉克里斯[①]清扫奥吉亚斯王牛棚那样艰巨的任务。马拉美直接转向报纸，称之为“交通，是巨大而根本利益的体现……报纸利用印刷术来传播观点，使之可以讲述采珠人的故事。报纸专心致志地宣传，乍一看似乎省掉了艺术”。他对法国报界的戏剧性意义感到高兴。至少，文艺和批评的栏目在头版的底下还是占了一定的篇幅。还有更加令人高兴的事情：

> 地道的小说，或富有幻想的故事，欢快地分布在每天的普通报纸上，占有醒目的版面，甚至排到版面的上部，把财经和写实的东西挤到了次要的位置。这里给我们一种暗示，甚至明显地给我们美的教益：今天不仅取代昨天、预示明天，而且一般地说，今天从时间里汩汩而出，具有一种清香扑鼻的骨气。庸俗的广告牌咆哮……在街头巷尾，

① 赫拉克里斯（Herclues）：（希腊神话）伟大的英雄，完成无数的英雄业绩，一天之内清扫干净奥吉亚斯王很多年没有打扫过的牛棚，就是其中之一。

促使人这样想……在政治问题上。这样的经验使一些人感到心寒，因为他们想象，虽然在人们的享受之中多多少少有一点崇高的东西，但是有一个问题没有变化。那就是，什么是尊贵，什么是崇高，什么是人们熟悉的诗歌，这个问题并没有解决。诗歌（他们认为）总是孤高的东西，洞见高论决不会与报纸为伍，因为报上发表的都是些拙劣的模仿之作。报纸每天临时拼凑大量东西，来到我们手里，像鸟儿的翅膀一样展开，连鸟儿也耿耿于怀、无法开心。

马拉美在此嘲笑那些吹毛求疵、感觉迟钝的人，他们认为报纸对“真正的文化”似乎是威胁。接下去他说：

然而，还是另一种观点占了上风。从非常大量的、实际发表的东西来看，报纸还是在聪明地生产普通人需要的东西。占上风的观点是，某种决定性的东西在尽情发挥：它是新时代的序幕，它力争为大众的现代诗歌奠定基础。至少它是在为无数的“一千零一夜”奠定基础：大多数读者会惊叹这种突然的发明。你们在为盛大的欢庆助一臂之力，你们大家，就在此刻，在无数偶然事件构成的电闪雷鸣般的成就之中助力。

马拉美这位非凡的能工巧匠、现代的代达罗斯[①]阐述的这种极端民主的美学特征所包含的全部艺术命题，在后来的人中，唯有乔伊斯才充分抓住了。但是，乔伊斯在借用马拉美的艺术洞见时，一定也借用了福楼拜的《情感教育》（*Sentimental Education*）和《布法与自居谢》（*Bouvard and*

① 代达罗斯（Daedalus）：（希腊神话）建造克里特迷宫的能工巧匠，建筑家、雕塑家。和儿子一道被囚禁在这个迷宫中，于是用蜡粘羽毛做成翅膀，飞出迷宫。

Pécuchet)。福楼拜的巨著里关于工业人小心翼翼的陈腐性格，我们只需要略为思考就可以受到启示，它可以照亮《尤利西斯》和《守灵夜》中的许多行为和程序。

《可怜虫的危机》(*Crise de Vers*)、《橱窗》、《书是精神的工具》(*Le Livre*，*Instrument Spirituel*)这些马拉美晚年的作品(1892—1896)，代表了灯火阑珊的境界。在这些文章里，他探索工业人大众艺术的审美成果和可能性。《书是精神的工具》再一次仔细审视报纸，开宗明义地提出一个他自认为不言自明的命题：全世界的存在本身就是为了最终成为一本书。一切存在都在呐喊呼号，希望能够提升到科学或诗学的水平，这是一个形而上的问题。在这个意义上，"书"给人和物都赋予另一种存在的形态，并使之完美。显而易见，马拉美把报纸看成是终极的百科全书的最初级形态。报纸几乎具有超人的意识范围，它只需要等待完全模拟意义上的精确安排，去完善并置条目和主题的情况。这里有一个隐含的命题：作者把自己完全抹掉，因为"这样一本书不容许任何人的签名"。艺术家的职责不是自己签名，而是去读事物的印记。他只需要揭示存在，而不是给存在签上自己的大名。只有发现事物固有的与乐队相似的和谐之处，他才能使万物井然有序。其结果是："圣诗、和声和欢乐，像纯清的合唱，在配合默契中以最清晰而生动的细节组合起来。艺术家具有若有神助的视野，他们只用一种表达方式，每一页书都是相似的，都是表达联系、奇想和透明思想的手段。"一切官方文学强加于存在之上的虚假的理性、伪造的联系和骗人的智能，都在抛弃之列。报纸已经迈出了这第一步，表现在它非个性化的篇目并置之中，这样的编排给人传递大量的信息。每天报纸中的这种"大众痴迷"并不缺乏道德教喻，因为从广告和通告中吵吵闹闹的爱好和抗议里，我们都可以看到人"原初的奴役状态"，看到通天塔引起的语言混乱。但是，报纸的形态很像是一对蓄势待飞的翅膀，只需等待"展开的时机或振翅的节律"，就可以使我们摆脱所有鱼目混珠的"文学"。

马拉美认为这种非人为的并置艺术具有革命性和民主性。其革命性和民主性具有另一层意思：它使每一位读者都成为艺术家。“阅读变成脑子让自己享受的孤独、静默的音乐会，脑子从最少的发声里重新捕捉读物的意义。”阅读是给事物以节奏和协调，从中释放出最多的意义，是让耳朵再次习惯周围的调子。他说，我们再也用不着官方文学礼节那一套诗人大合唱，因为他们用自己炮制的东西去抹掉事物本身的印记。事实上，新型的诗人要非常用心地避免不适合事物本身的风格，不要像过去的文人追求达到和强加的那种风格。

把《尤利西斯》的结构当做报纸景观来看待时，不妨回忆一下乔伊斯喜欢的一本书，芬尼亚斯·弗莱彻[①]的《紫色岛》(*The Purple Island*)。作者的名字暗示乔伊斯笔下名叫“芬”的造箭人。弗莱彻在表现人体的解剖和迷宫时，用的是陶醉的斯宾塞体式的风景。许多人指出，酣睡巨人的形状即集体意识，具有重要的意义，说这是《守灵夜》的结构。乔伊斯细心地让读者明白《尤利西斯》的章节与人体器官有联系（1844 年的美国报界欢呼电报是“真正的世界中枢系统的首次明确无误的搏动”）。在《尤利西斯》第七章里我们发现在“冬眠城中心”的报馆。对乔伊斯而言，报纸是人的世界的“微型”表现。报纸的栏目，是全人类悠久激情和兴趣的不变的里程碑。报纸的出版和发行，是整个“政体”的手脚和器官都要参与的戏剧。如果把它当做报纸来分析，由于《尤利西斯》表现的日期是 1904 年 6 月 16 日，它就是用一小段时间来表示整个浓缩的空间。《守灵夜》也是一样，它把时间压缩成一小块空间，即“豪斯城堡和环境”。

《尤利西斯》描写的日期，是“死亡之土”大旱终于熬过的一天。乔伊斯和诺拉·巴纳克尔在这一天邂逅相遇。也就是在这一天，他在流亡生涯

---

① 弗莱彻（Phineas Fletcher，1582—1650）：英国诗人，以写科学和宗教诗《紫色岛》而闻名。该诗用寓言形式描绘人类的生理和灵魂，共 12 章，贯穿着斯宾塞的风格。

中收藏好祖先的骨灰，正如特洛伊英雄埃涅阿斯[①]把祖先的骨灰送回新特洛伊一样。[古朗热（Fustel de Coulanges）的《古城》(*The Ancient City*）比较好地介绍了乔伊斯的孝道] 不过,《守灵夜》的手法显然是“远程动态式”的广播、电话、新闻纪录片和人物说话的结巴：而马拉美却认为，给《尤利西斯》提供大多数印象派风景的是报纸。作为人日常活动和冲动的样品，报纸是一个无所不包的形象，提供了各种协调组合的可能性。“英雄史蒂芬”里有一段暗示，乔伊斯对大众报纸肤浅的样品做了一点修正：

> 现代精神是活体解剖。它本身是人可以想象的最现代的过程……一切现代的政治和宗教批评都略去了预设……活体解剖检视行动中的整个社区，重建赎罪的景观。如果你是美学家，你就会注意到我所有隐晦的东西，因为你看到美感直觉起作用的景观。哲学界应该给我留下一位侦探。（第 186 页）

这里的关键词是活体解剖、行动中的社区、重建和侦探。它们与乔伊斯审美观点的每一个方面都有关系。罗斯金在《现代画家》(*Modern Painters*）中探讨了中世纪艺术和现代艺术中的非连续的图像技法，他用“形状奇异”来概括这些技法。认为这是大众表现和民主表现进入艺术殿堂的途径：

> 所谓美好的奇形怪状是这样的一种表现技法：艺术家在一瞬间信手拈来一连串符号，以狂放不羁的形式把真实的东西联系在一起；如果用言语来表达，那要花许多时间才说得清楚；联系是留给观者去完成的；想象力匆匆掠过而留下或跳过去的空白，形成了怪异的

① 埃涅阿斯（Aeneas）：特洛伊英雄，特洛伊陷落时背着父亲逃出大火，后远征寻找新的土地。

> 性质……因此，对人类而言，完全接受怪异的东西，有百利而无一害……这样做就可以把大量的精神力量利用起来；在我们这个世纪里，电子流的智慧在市井小民的嘲弄中化为泡影……我努力介绍哥特式建筑，正是为了将通向这个伟大智慧领域的门户重新打开……为了复活彩饰的艺术……彩饰与绘画的明显区别是，彩饰不容许阴影，只容许纯颜色的层次变化。

罗斯金在描绘怪异时提出了“活体解剖”或行动中的社区这一个公式，虽然他浑然不知如何让它去适应当时的艺术。因此，乔伊斯把自己的作品叫做哥特式教堂，把他的《守灵夜》叫做《凯尔斯书》（Book of Kells）[①]。在表现“竖琴弹出的历史”时，他用了这样的结语：“于是，多层次的景色渐渐逝去，退出一座山又一座山。它逐渐化去。你那流浪汉形象，我怎么能够不再一次感到高兴。”（《守灵夜》第 486 页）马拉美协调言语和经验的方法，在《守灵夜》里一再重现：

> 告诉那窃窃私笑的出版社和城里的店主们，把那个悲惨的实情告诉他们。太太的小恙成了恶臭的旋律（malady of milady made melody of malodi）。她，孤独的太太。他，太太心爱的流浪汉……一切都在水晶一样透明的范围之内。

最后的“水晶”形象是听觉向视觉的典型转换，音乐向颜色的典型转换，埃俄罗斯[②]的竖琴向门农[③]竖琴的转换，时间向空间的转换。这就是

① 《凯尔斯书》（Book of Kells）：9 世纪在爱尔兰的凯尔斯镇手绘的拉丁文福音书，极其珍贵。

② 埃俄罗斯（Aeolus）：风神，有六儿六女，即十二个风，装在皮口袋里，若一放出，即起风暴。

③ 门农（Memnon）：埃塞俄比亚王，率军援助特洛伊人，被阿喀琉斯刺死。

《守灵夜》之中一以贯之的变形。然而,《尤利西斯》的世界主要是空间的调节，因此它的景观是相对静止的，有点像报纸的风格。和《守灵夜》的炼狱相比，它是地狱。然而，具体控制《尤利西斯》里埃俄罗斯那一节的，是人体器官“肺”和修辞的艺术。在这里，正如书中人物布卢姆所言，“一切东西都会自己说话”。报纸的一张张的纸成了修辞之风中的树木之琴。报馆写字间的“树木之琴”位于英雄的石柱旁边，这确实是恰如其分的：

> 到了纳尔逊石柱，有轨电车闪闪发亮，倒车，改乘电车，到黑石站去。

有轨电车上一排排的铸铁与行型活字机相似，与印刷品的一行行铅字也相似。但是，如果说那棵树和那根石柱提供了英雄崇拜的话，那么树叶中吹动的风却是谁也听不懂的天书。这一章围绕这个困境大做文章，其高潮使戏剧冲突引出一个问题。奥马洛伊背诵泰勒复活盖尔语[①]的辩护词那一段，其主题是摩西[②]拒绝接受埃及人的神和崇拜。由于他拒绝，他才有可能走出西奈，“手捧镌刻着被打为非法的希伯来语”。这似乎是乔伊斯在《尤利西斯》里引用的唯一的段落。它显然说明，乔伊斯本人的艺术与英国文化有一定的关系。

在《树的对话》(*Dialogue de l'Arbre*)中，瓦莱里[③]阐述了风神埃俄罗斯关于树木、树根、树干、数枝和数叶的宇宙观：

---

① 盖尔语(Gaelic)：苏格兰高地爱尔兰的一种古老语言，古克尔特语的遗存，与英语迥异，近现代民族主义高涨时有复活。

② 摩西(Moses)：(《圣经》)率领希伯来人走出埃及的领袖。过红海，上西奈山，上帝授“摩西十诫”。

③ 瓦莱里(Paul Valery，1871—1945)：法国诗人、评论家、思想家，与马拉美过从甚密。代表作有《杂文集》《札记集》《旧诗集存》《幻美集》等。

> 每一部分都说它自己的名字……哦，混乱的语言，骚动不安的语言，我想劈倒你的所有声音。成千上万被摇动的树叶让深思者借助梦幻的力量而喃喃低语。

接着，瓦莱里想象这棵神树是一座迷宫，它与河流、人海合为一体，但是仍然保存自己的巨树之身。同样，报纸像风神树的音乐与摩西那样的雄辩“再一次融合”，正如安娜·利韦亚也像是报纸一样。（风神是火山精，是独眼巨人[①]或山的化身。他是尤利西斯的父亲，因此也是布卢姆的父亲）风神独眼巨人和报纸提供了一个重要的母题，侦破罪案的母题和个性目光的母题。作为“萧恩警官”或独眼巨人的报纸编辑，被描摹成了一个艺术家（“虽然他可以更加谦虚，但是没有一个警官能够像福尔摩斯那样棒”）。编辑（迈尔斯·克罗福特）向史蒂芬招揽生意时，吹嘘他的侦破能力“能够使欧洲（伊格纳提斯·加拉赫）瘫痪”。加拉赫的恐怖新闻的观点是瘫痪，刚好和艺术家的觉醒观点相对立。加拉赫重建了凤凰公园谋杀案的模型，以便使欧洲瘫痪。相反，艺术家重建了犯罪史，将其作为唤醒死者的手段。作为“与牛犊友好的诗人”，史蒂芬是维吉尔（Virgil）描写的迷宫的剧场，是牛的寓言，是具有诗意灵感的蜜蜂的寓言。

然而，乔伊斯对新闻和艺术在追溯功能上的相似性并不抱怀疑的态度。新闻业的情况本身就培养艺术创作的洞见，因为每天或周期性的出版产生许多连续的作品和连载。这就迫使作者写每一段故事时都要回顾一下以前的情况。爱伦·坡也是记者，他的《写作论》（*The Philosophy of Composition*）开篇写道：

> 狄更斯曾经暗示，我研究过巴纳贝·卢基的写作手法。他的短简

---

① 独眼巨人（Cyclops）：可以分为四类：牧羊人、体坦人、铁匠和瓦匠。

就在我面前的书案上。他在末尾说："又及：你是否知道哥德温在写加雷布·威廉姆斯时，用的是逆叙法？"

接着，坡展开论述了大家熟悉的印象派诗歌手法，认为它是一种艺术情景，一个获得特有效果的公式。同样的写作手法一旦倒过来，就使得坡能够写侦探小说。《尤利西斯》风神那一章里，满纸都是逆叙法和重建法的例子，也绝非偶然。这个写作原理用之于《守灵夜》，就重建了嵌入当前语词和手势的各个层次的文化和生存状态。

18 世纪的作家受到吸引，使用追溯和重建的艺术原理，这很自然。沃波尔[①]论及斯特恩的《项狄传》时，说它"大量使用逆叙手法"。稍后，爱丁堡的托马斯-布朗博士[②]认为，诗人的想象力和普通人的想象力不同，它是逆向的联想能力。随着分光镜的发明，一旦图像艺术打破了线性艺术和叙述的连续体，电影的蒙太奇手法立刻就要冒出来了。蒙太奇必须要推前和闪回。一推前，它就产生叙述；一闪回，它就产生重建；一定格，它就产生报纸的静态风景，就产生社区生活各个方面的共存。这就是《尤利西斯》表现的都市形象。

---

① 沃波尔（Horace Walpole，1717—1797）：英国作家、鉴赏家、收藏家。勤于写作，作品多种多样。代表作有《奥特朗托堡》《英格兰的绘画轶事》《回忆录》等，并且留下三千余封私人信札。

② 托马斯·布朗博士（Thomas Brown，1778—1820）：英国玄学家，道德哲学家。

5. 致伊尼斯的信

圣·迈克尔学院

1951 年 3 月 14 日

亲爱的伊尼斯[①]：

谢谢你重印的讲稿。这给我机会说一说对你的传播研究的兴趣。比如，《帝国与传播》（*Empire and Communications*，1950）里有些话似乎暗示说，有可能组织起一个学派。你在举出许多古老语言的理念学派，因为它们今天对政府和社会的影响又重现，而且在人类学和社会心理学的庇护下融合起来。广告公司的“集体意识”工作理念，反过来使这些理念地位显赫，使这些“富有魔力”的语言观收到实效。

然而，在当代意识中重塑语言潜力知觉的，首先是兰波和马拉美以后印象派的所有审美发现（由乔伊斯、艾略特、庞德、刘易斯和叶芝用英语发展的）。在漫长的 1800 年里，西方世界都没有这样的经验。

马拉美把现代报纸看成是技术产生的富有魔力的机制。[②]他认为，世界各地纷至沓来的新闻，使报人必须把彼此无关的条目以非连续的方式放

① 该信的原件发出几周后，伊尼斯于 2 月 26 日回信（对回信晚表示歉意）。他说对麦克卢汉的信“很感兴趣”，想打出来给“一两个共同的朋友”传阅。又说他希望收到信中提到的“油印通讯”。——原注

② 麦克卢汉研究了马拉美的《橱窗》和《书是精神的工具》等著作。麦克卢汉曾撰文说：“今天的任何报纸都是一件集体的艺术品，都是工业人日常的‘书’，都是《一千零一夜》那样的娱乐……从它的恶名来说，它是毕加索的视觉技法，是乔伊斯的文学手法。”参阅本书上一节“乔伊斯、马拉美和报纸”。——原注

在一起。这是一种能量和意义都重大的象征性风景。（他用的“符号”是严格的希腊字根意义，即并置，实体意义和音乐意义上都是并置）。他立即看出，现代报纸并非一种理性的形式，而是一种具有魔力的形式，从传播来讲是如此。它的技术形式本身就必然是有效的，形式本身的效力远远超过它提供信息的功能。政治好像有了音乐性，有了爵士乐的特征，有了魔幻的力量。

同样，象征派的感性认识可以用来分析电影。它证明，蒙太奇基本是用技术向古老的图像语言回归。S. 爱森斯坦的《电影的形态与技术》（*Film Form and Film Technique*）探索现代艺术发展与中国会意文字的关系，凸显现代艺术、科学和技术共同的会意符号特征。

对后人的研究来说，象征派最有意义的发现，是他们的学习观。他们认为，学习过程是感觉和官能的迷宫，追溯这个迷宫是打开一切艺术和科学的钥匙（这是代达罗斯神话的基础，是培根梦想和谋划的基础；维科[①]把它迁移到语文学和文化史领域之后，它也立即成为现代历史编纂学、考古学、心理学和艺术创作程序的基础）。在现代历史学术中，追溯成为重新构拟的技术。这种重建的技巧首先被爱伦·坡用于侦探小说中。在艺术中，这一发现产生了许多令人震惊的成果。这些成果似乎把普通公众和所谓深奥的魔幻东西分离开来。但是，从艺术家的观点来看，艺术的追求不再是传递理性上有条理的思想感情，而是直接参与经验去体会。无论在报界、广告业还是在高雅艺术中，现代传播的整个趋势是走向过程的参与，而不是对观念的领悟。这是一场和技术密切相关的大革命，其后果还没有人研究，虽然已经有人感觉到了。

一个直接的后果似乎是文学的下挫。活字印刷的过分膨胀，既是文化

---

① 维科（Giambattista Vico，1668—1744）：意大利哲学家。其《新科学》是人类历史上的不朽巨著，影响至今不衰。

普及的原因，又是其结果。它使人们对印刷词语或书面词语的关注急剧下降。正如你在《帝国与传播》中所显示的那样，在人类历史上，文学的时代既不多又短暂。当前的文学时代长得出奇——400年。许多迹象表明，它已经走上穷途末路。比如，漫画书就被看做是文学的堕落，而不是一种初生的、图像丰富的、戏剧性的形式。这种新形式的出现，是由于杂志、广播和电视具有着重视听传播的新趋势。年轻的一代跟不上叙述的东西，但是他们对戏剧性的东西很机警。他们无法忍受铺陈的描写，但是他们喜欢风景和动作。

倘若文学要作为少数人的一门学科而保留下来，它就一定要将自己的感知和判断技巧迁移到这些新媒介之中。这些新媒介已经成为教育的重要成分，比课堂要素还要重要。如果教室还要作为一个并非拘留所的地方而存在的话，必须在课堂上研究和讨论这些东西。作为一个教文学的老师，很久以来我都似乎觉得，如果不急剧地改变教学方法，文学的功能在当前的情况下是无法维持的。这方面的失败把拉丁文和希腊文逐入专家的领地；英语文学在大学和中学里成了一个范畴，而不是人的兴趣所在。

机械媒介将艺术的存在普及并强加在人们头上，因此越来越有必要研究传播对社会的功能和影响。当前人们对这种影响的观点，几乎完全是用销售曲线的升降来表达的。这是大肆进行专门化的商业教育的结果。对这种教育的社会文化后果，广告公司和消费者都一无所知。

杜奇那本饶有兴趣的讲传播的小书，和传播的社会功能是完全脱离的。[①]他是研究具体现象的那种学派的典型代表，因而也同样失败了。他是对研究权力感兴趣的技师，但是他没有批判的精神，而且他不关心社会影响。就我所知，他的这种诊断最明显地见之于温德汉姆·刘易斯的《受宰

① 见杜奇论文“自律组织中的传播”，载《科学、哲学、宗教与民主生活的关系》，莱曼·布赖森书局，1953年。——原注

制的艺术》。这本小册子恐怕是马基雅维利《君主论》（*Prince*）以来最激进的政治文件。但是，马基雅维利是把社会作为搞权术的素材，而刘易斯却把这个视角颠倒过来。他试图在浩瀚的技术风景中再一次发现人的形态。不过，这个风景已经沿着马基雅维利的路线组合过了。

多伊奇–维纳[①]方法的谬误之处，是他们不知道传统艺术的技法和功能。这种技法和功能是一切人类传播的基本风格。这种风格是技术产生的辩证法，它自身看不见技术周围和技术之外的东西。中世纪的学院派最终也是搁浅在这个辩证法的暗礁上。

伊斯特布鲁克（Easterbrook）可能已经告诉你，我一直想搞一种传播方面的实验，沿着这封信的路子，提出一些把各专门领域联系起来的建议。这个方法可以叫做多领域共同特征的美学分析法。我的朋友西格弗里德·吉迪恩（Siegfried Giedion）在《空间、时间与建筑》（*Space*，*Time and Architecture*）和《机械化挂帅》（*Mechanization Takes Command*）中使用了这种方法。我想每周或半个月送一张油印稿，给十来位不同领域的朋友。首先是要说明，在表面上看来全然殊异的东西之下，潜藏着形式上的统一。接下来，我希望各位朋友给我反馈与此相关的感觉，这些东西会成为连续不断的信息流。

布鲁尔街[②]正是建立本校文理科研究中心的好地方，我看这似乎是显而易见的。组织这个中心的理念，自然是“传播理论与实践”。这将是一个当前的和历史的传播形式同时并举的中心。我们将注意选材的相关性，各个特定时期主要的艺术形态和科学形态都在选取之列。艺术在这里的用处是提供标准和观察方法，也是当做记录和成就经验的实体。既是出发点，

① 维纳（Norbert Wiener），《人有人的用处：控制论与社会》（1950）。——原注（译者又注：维纳是控制论创始人之一）

② 布鲁尔街，指多伦多布鲁尔西街第273号，原为麦克马斯特大学校产，现为皇家音乐学院。——原注

又是归宿。

比如，今天经济研究的实际方法，对于希望把握当前诗歌和音乐的人，似乎都有实实在在的用处。反之亦然。我们这个时代似乎有一种实实在在的、活生生的统一性，就像在其他任何时代一样。但是，它淹没在表面乱哄哄的感觉之下。用调频的方法，你可以排除干扰，准确地切取一个样本。相反，用调幅的方法，你只能在各种电流上蹦来蹦去。

M. 麦克卢汉

多伦多大学档案馆

6. 昔日管理者的姿态与伪装

管理（意大利语）——对付，尤其是驾驭或训练马

管理（法语）——仔细地使用，节省地使用，爱惜

顽固分子——不能靠以理服之，只能让其笔挺而加以摧垮

自动出局的人——只能靠以理服之，与其接触而求得突破

政治与道德相互脱离。两者都有各自的目的，亦有其手段。两者不可调和。没有妥协的中间立场。

（马基雅维利《君主论》）

我不给进步设置极限。

（通用汽车公司总裁 A. P. 斯隆）

历史是废话。

（福特汽车公司总裁亨利·福特）

历史有许多狡猾的通道、机巧的走廊和问题；它用耳语的野心欺骗我们，用虚荣来引导我们。

（艾略特《基隆提翁》，*Gerontion*）

历史不是事实的编纂，而是对生活动态过程的洞见。

（西格弗里德·吉迪恩《空间、时间与建筑》，*Space，Time and Architecture*）

历史是变迁的观察站

今天，文化史专家可以揭示历史文化中隐蔽的因素，正如创新的规划有办法事前就预见其后果一样。这个办法就是在受控条件下即刻测试的方法。我们把范式往后推，就得到“历史”；把范式往前推，就得到“科学”。历史学家同样有能力去回顾古代的事件。比如埃里克·哈弗洛克在《柏拉图导论》(*Preface to Plato*)里所做的那样。历史给我们提供了实验室中的受控条件，使我们能够观察变化的模式。同样，生活在史前（前文字）状态中的原始社会，能够给后文字时代的人提供方法，使之观察最新技术的动态作用。

如此即刻的信息检索（instant retrieval）使史前（pre–history）和史后（post–history）结合起来，成为一个由一切传统组成的无所不包的现在。

> 诸天的星辰，在运行的时候，谁都恪守着自己的等级和地位，遵循各自的不变的轨道。[①]

美国行政官员和总经理这一类人物，正在经历欧洲人那种“存在的”痛苦，遭遇到任务和角色的冲突。越是认真负责，权力越是缩小——越是身体力行、事必躬亲，越是没有自由。

由于变化的加速，管理带上了全新的功能。虽然在未知领域里领航成为行政人员通常的角色，但是对他们提出的新要求，是既要领航，又要预见因果。我们这个响亮的“共鸣体”瞬息万里，“等着瞧”是致命的错误。依靠经验的“反馈”太慢了。我们必须在行动之前就了解情况。建立在模式识别基础上的知识“前馈”（feedforward），对超越意识形态的再编程

① 莎士比亚《特洛伊罗斯与克瑞西达》(*Troilus and Cressida*)，第一幕第三场。

（reprogram）是非常需要的。过去认为难以避免的东西，因此就可以绕开了。

再也没有必要放马后炮，退回到那种生了霉的未雨绸缪了。

6.1. 角色成为任务

总裁

福特时代的学院派历史学家，试图用匹配结对的方法把历史变成一门科学。福特却把周围的农业世界送进垃圾堆，他转向创造历史。他是新型的社会衣服（social clothing）和服务环境（service environments）的最伟大的创造者之一。他修正了当代世界和历史的一切模式。同时，他坚决把目光从过去和现在移开。他用梦游症式的补偿精神，在工业时代大漩涡的中心修建了格林菲尔德村[①]。

福特是工业管理人员中最老式、最部落化的人之一。他是唯一的"总裁"。他的管理阶层中再没有其他人了。在省略常规组织的塔层结构之后，他自然要借助家族（Mafia）方法来诉诸部落管理形式。他走到时代的前面去了。他可以把历史当垃圾，因为他就是历史。

在汽车工业的另一极端，是通用汽车公司的小 A. P. 斯隆。他采用很常规的金字塔式组织。德鲁克[②]在《公司的概念》（*Concept of the Corporation*）

① 格林菲尔德村（Greenfield Village）：位于福特公司总部附近，占地 80 公顷，有古建筑近 100 幢。

② 德鲁克（Peter Drucker，1909—2005）：美国企业管理顾问，教育家和作家，对管理教育起到主导作用。著作等身，许多已经引进到中国。代表作有《经纪人的目的》《工业的未来》《美国未来 20 年》等。

中对这一种等级结构作了详细的描绘。抱着非集中化的陈旧梦想，斯隆在他的王国里恢复了管理阶层老板的豪华模式和独立的集团模式，这是不由自主的。这一模式很快使他的代理人自认为是“身披耀眼铠甲的骑士”。透过马克·吐温[①]的眼睛，福特认为斯隆的“亚瑟王的圆桌骑士团”[②]纯粹是胡闹。

后视镜

福特与爱迪生联手修建了格林菲尔德村。一个反冲式电压计那样的怀旧村，它使人想起由于他们的发明而变成垃圾的农业世界。布尔斯廷[③]在《美国形象——美国梦怎么啦？》（*The Image: Or, What Happened to the American Dream*）中不必多费笔墨，他只需到格林菲尔德走马观花，就可以重建屠戮、埋葬和竖碑这三个阶段。富庶天堂就是这样变成停车场的。汽车造成都市非集中化的极端形态，并且很快引起管理集中化的极端形态。福特和斯隆在这一点上各奔东西。福特认为管理就是加强集中控制的手段，斯隆根据汽车的流动性选择了非集中化的战略。

我们说了过去的社会和法律程序的口头模式和书面模式之间的反差，现在可以看清，这些传统上对立的组织形式再一次成为当代管理学戏剧舞台的中心。

---

① 马克·吐温（Mark Twain，原名 Samuel Langhorne Clemens，1835—1910）：美国小说家，幽默大师。代表作有《汤姆·索耶历险记》《哈克·费恩历险记》等。小说反映了美国西部开发的一个侧面。两部作品在美国文学史上均占有重要地位。

② 亚瑟王的圆桌骑士团（Court of King Auther）：中世纪不列颠传说故事中的不列颠国王，起源不可考。

③ 布尔斯廷（Daniel Joseph Boorstin，1914—2004）：美国社会历史学家和教育家，以研究美国文明史出名。主要著作有《美国人》，曾任史密森学会博物馆和国会图书馆馆长。

微型家族（Mini-Mafia）

魅力从她的每一个毛孔汩汩流出

她在打蜡的地板上翩翩起舞

（萧伯纳《窈窕淑女》，*My Fair Lady*）

卫星的影响是把这个行星转变成一个环球剧场，它要求的姹紫嫣红的舞台剧目，远远超过好莱坞昔日构想的任何东西。环球剧场要求这个世界的居民不仅当观众，而且参加剧组的创作。

在1969年7月号的《财富》（*Fortune*）杂志上，汤姆·亚历山大论述“阿波罗登月计划出乎意料的报偿”。另一方面，他又描绘了该计划分割肢解、等级森严、专业分工的组织形式。他认为，把这些成分有机地、富有“音乐美”地组合起来，使之成为出乎意料的“美国航空航天局家族”，是紧迫的任务。

马颈圈和马镫是人的延伸

马基雅维利和谷登堡一样过时，他是由谷登堡派生出来的。字母表的运转速度被新兴的报纸加快时，“老尼克”（乔伊斯用语）是首先看到它心理影响和社会影响的人之一。我们不妨问，当马镫和马颈圈还是新事物时，同样敏于观察的人会写一本什么样的小书。在《中世纪的技术与社会变革》（*Medieval Technology and Social Change*）里，林恩·怀特（Lynn White）详细描写了中世纪发明产生的政治革命和都市革命。马镫创造了封建制，使土地所有制和一切社会权力结构都发生变化。骑士成了无坚不摧的坦克。

随着马镫的问世，“马力”、农业革命和工业革命接踵而至。仅仅靠加速和专门化，新城市、新市场、谷登堡和火药就把一切社会权力结构打得粉碎。从最古老的时代以来，如何使自然美尽量完美，始终是当权者思考的最核心的问题。从把自然当做美走向把自然当做力量和财富的源泉，这一场断裂是突然发生的。到了16世纪，由于报纸的出现，这一场断裂的势头加大，占据压倒地位，直到19世纪初叶。

汉普蒂–顿普蒂[①]：撞在墙上的瓷器蛋

……枉则直，洼则盈，敝则新，少则得，多则惑。是以圣人抱一，为天下式。不自见，故明；不自是，故彰；不自伐，故有功；不自矜，故长……[②]

汉普蒂·顿普蒂摔倒如鸡蛋落地的故事，16世纪的所有经典都有记述，从莫尔[③]的《乌托邦》（*Utopia*）到塞万提斯的《堂·吉诃德》（*Don Quixote*）到莎士比亚，都是如此。个人信仰和忠诚的消解，伊阿古、爱德蒙和麦克贝斯[④]等马基雅维利似的人物的兴起，都令人不快，莎士比亚的全部著作，都表现出对此的关注。对他来说，费尽心机的冒险家、篡位者和机会主义者似乎已经取代一个和谐和音乐美的时代：

要是纪律发生动摇，啊！那时候事业的前途也就变得暗淡了。要

① 汉普蒂－顿普蒂（Humpty Dumpty）：英国童话和传说中的一个矮胖人物，又叫矮胖子，原意为鸡蛋落地无法修复，也是《爱丽丝漫游奇境记》中的人物。

② 《老子》第22章。

③ 莫尔（Sir Thomas More，1477—1535）：英国人文主义者、多产作家，1516年出版《乌托邦》，这是西方历史上第一部空想社会主义著作。1535年被处死。

④ 伊阿古、爱德蒙和麦克贝斯（Iago，Edmund，Macbeth）：均为莎剧中人物。

是没有纪律，社会上的秩序怎么才能稳定？学校中的班次怎么得以整齐？城市中的和平怎么得以保持？各地间的贸易怎么得以畅通？法律上所规定的与生俱来的特权，以及尊长、君王、统治者、胜利者所享有的特殊权利，怎么得以确立不坠？只要把纪律的琴弦折去，听吧！刺耳的噪声就会发出来；一切都相互抵触。[①]

前谷登堡时代把共鸣和音乐作为社会秩序的物质基础。转向个体的自身利益和个人的目标，而不是扮演团体的角色，是16世纪的一场戏。这场戏现在正在倒过来放送。科学使我们可以回归前谷登堡时代的共鸣，瞬息电路可以使这一主张得到实施。

作为国王的哈姆雷特王子的不朽魅力，就在于他陷入了两难的境地而举棋不定，一是他的团体王公角色，二是铁腕人物的新型私权政治。莫尔的主张，与批量生产的印刷时代的分而治之策略是一致的。马基雅维利发现，报纸整齐划一的重复产品创造了统一定价的广阔市场。他看到，这一条原则也可以引申到雄心勃勃的从事专门化活动的人身上——专门化就是谷登堡技术产生的。他说："人人都有他的价格。"在那种情况下，这句话并不是玩世不恭。

李尔王的两难困境

李尔王和哈姆雷特一样，试图兼顾两手。这个可怜人，既想跟上〔民主〕潮流，又对新型的权威分派所产生的马基雅维利后果缺乏认识。

---

① 莎士比亚《特洛伊罗斯与克瑞西达》(*Troilus and Cressida*)，第一幕第三场。

“占有的意志”

埃德蒙是《李尔王》中的马基雅维利式恶棍。他满脑子新型的莫尔思想，即权力目标的思想（占有的意志）。这就成了“主权国家”新思想的基础。中世纪的君主将其臣民作为“团体面具”来佩戴；相反，文艺复兴时期的王公却认为，自己的属民圈定在看得见的地理疆域之内。

李尔王是一个外表蜕变的可操作模式，
人们在此过程中从角色世界转入任务世界

《李尔王》是人们从角色世界转入任务世界的一个详尽的个案。这是一个剥去外表的过程。除了在艺术世界里之外，它不会瞬间发生。但是莎士比亚看见，他的时代发生了这样的一个过程。他说的不是未来的事情。但是，旧的角色世界像鬼魂一样踯躅流连，就像电力技术出现 100 年之后，西方仍然感到文字、隐私和分离的原有价值一样。

（麦克卢汉《谷登堡星汉》）

作为艺术品的国家

中世纪有机内敛的世界洞开大门之后，许多像马基雅维利的人觉得，有可能把国家作为一种艺术品来处理。布尔克哈特[①]耗尽一卷书来论述这个主题，可是他没有意识到任何一种老的结构会自动成为艺术品。一句话，马基雅维利这样的人，是在用文艺复兴的眼睛回眸中世纪。一切乌托邦都

① 布尔克哈特（Jacob Burckhardt，1818—1897）：杰出的文化史家，生于瑞士。专攻文化史和艺术史，代表作有《君士坦丁大帝时代》《文艺复兴时期的意大利文化》《意大利文艺复兴史》《世界史观》等。

是把刚刚过去的社会投射到将来而得到的形象。莫尔的《乌托邦》是这样，奥维尔[①]的反乌托邦小说《一九八四》也是这样。巴特勒（Samuel Butler）在他的小说《艾瑞洪》（*Erewhon*）的书名中看到了两难，Erewhon 就是乌托邦（nowhere）的逆序拼写。一切权力都成了作假和虚构的假面戏。失去传统形态的身份和忠诚既使人人得到解脱，又使人人游离于别人的游戏之外。这些新型冒险家获得一个通俗的美名："诚实的人"。莎士比亚用"诚实的伊阿古"刻画了一个典型。这是一个权力和阴谋的"诚实的引擎"，一个"直观证据"的杜撰者。

6.2. 新颜呈旧貌

原子–石器时代的管理人

谷登堡技术使中世纪世界沦为废物，它通过加速使人检索信息的能力得到延伸。中世纪的缮写室没有办法对付整个古代，但是谷登堡印刷机却把所有的古代经典一股脑儿倒在文艺复兴的怀里。这是异教徒的狂欢节，仿古的散文、服饰和艺术盛极一时。

蒲伯[②]在《群愚史诗》（*The Dunciad*）中把谷登堡技术的终极发展描绘成为书籍众多的超级市场，这个市场会淹没人的智慧，使人堕入墨水的云里雾里。17 世纪"硬件"和"软件"的"平衡"很快就让位于 18 世纪"硬件"的胜利。凡是读过哥尔德斯密斯[③]《荒村》（*Deserted Village*）的学童，

---

① 奥维尔（George Orwell，1903—1950）：英国讽刺小说家、记者。代表作有《动物庄园》《一九八四》，均为政治讽刺小说，描写一个社会任意集权和不断改写历史。

② 蒲伯（Alexander Pope，1688—1744）：英国诗人、翻译家、批评家。

③ 哥尔德斯密斯（Oliver Goldsmith，1730—1774）：英国杰出的散文家、诗人和戏剧家。代表作有散文集《世界公民》、诗歌《荒村》、小说《威克菲尔德的牧师》、剧本《委曲求全》等。

无不对之耳熟能详。但是，威廉·布莱克对这一场变化的观点更加严峻，表现在这位性格宜人的爱尔兰人悲叹田园风光的诗歌之中。

美国是古今社会试验的实验室

这是彼德·法布（Peter Farb）一篇文章的主题。他在《人在文明中的崛起——北美印第安人从远古走向工业国家》（*Man's Rise to Civilization as Shown by the Indians of North America from Primeval Times to the Coming of the Industrial State*）中说：

> 观察人类社会、风俗、制度和信仰的演化，北美几乎是最理想的地方。在此，这一切演变以科学实验那样完美的清晰度表现得淋漓尽致。北美印第安人的故事给现代人提供了一个活生生的试管。进入实验的主要成分、中间发生的反应和终极的产品大体上都是清楚的。

电子时代使工业时代的“硬件”及其组织流程表变得过时。但是，它出乎意料地再现了许多时代和许多地方的最原始和最古老的文化。现在，我们淹没在许多前文字形式的新环境里。这使我们在以下的大循环中走了一圈：

关闭—开启—觉醒—再关闭—再开启—再觉醒

人的组织只有两种基本的极端形式。这两种形式有难以计数的变体，许多色彩斑斓的形态。这两极是文明的形态和部落的形态（眼目习染的形态和耳朵习染的形态）：克伦威尔[①]式的专门化和克尔特人[②]的卷入式。只有文明的形态产生行动分割肢解的形态，无论商务、政治或娱乐中都是这样的。因此而产生了当代世界的混乱状态，上述各种形态比肩而立。

社会组织和社会管理的模式依赖人类能够利用的材料和技术，因此社会组织和社会管理的模式剧烈摇摆，从强调企业家和孤独个体的美德摆向强调组织紧密、情感卷入的群体。在多样化的现代企业结构范围里，这两极可以表现在同一组织的不同层次上。部落集团可以在古老的组织的树荫下自然生长。电话可以培育这样的群体，在电话"窃听"大规模存在的时代，尤其是如此。口头的亚结构背景很快就瓦解了组织的"树"。

反者道之动。[③]

《老子》，这本有着4000年悠久历史的论管理的书，在同样的背景下解释说，创新"明道若昧，进道若退"。新环境中显而易见的东西实际上是旧东西的幽灵。出现在电视上的是电影。出现在电传上的是原来就有的书面词语。昧而不彰的变化之力是新的速度，新的速度改变一切力量的形态。新速度创造了隐蔽的新背景，在新背景的衬托下，老背景成为已经退场者的形象。退场者的功能是揭示隐蔽的新环境。典型的自荐型访客或顾问的功能，就是要支撑起行将崩溃的基础。弗洛伊德姗姗来迟，无法挽救原子家族。他被核时代倒进了垃圾堆。

隐蔽的说服者和受挫的激进人

① 奥利弗·克伦威尔（Oliver Cromwell，1599—1658）：英国政治家、军事家、宗教领袖。建立英吉利共和国，出任护国公，成为英国事实上的国家元首。

② 克尔特人（Celts）：古代欧洲西部和中部的一个族群，包括不列颠人和高卢人。

③《老子》第49章。

一切管理学说和政治意识形态都顺应一个不由自主的过程。理想主义者和他们同阅历的、讲实际的人一样，都有用观念代替感觉的缺点。他们都专注于过去经验和未来目标的冲突，这些东西遮蔽了眼前普通但隐蔽的过程。他们都忽视了一个事实：在纯粹反映或重复“对应物”的变化发生之前，作为创新过程的对话业已出现，而且它还要超越这些变化而继续进行下去。

消遣的时代是过去的时代
（Pastimes are Past Times）

新专家与老行政一道，被如潮的滑稽戏席卷而去。信息和进取的新环境揭示了上述几种过时人的轮廓，就像卫星突然在全世界造就了“污染”的意识一样。

消亡的人结为一体；由于范畴的僵化，你失去的东西只有变化

失去的界面

早在 1789 年之前很久，法国革命者就已经下定决心要废除那个年迈的政权，它已经变成了一场浮华纤巧的洛可可式[①]化装戏。体现在服饰和社会角色上的旧的封建等级制度，要不惜一切代价予以废除。生活在瓷器做的牧羊犬堆里的大君主被赶下台，给皇帝让路。皇帝庞大的集权，不是来自于封建农民的便士，而是来自于新兴中产阶级制造商的大炮和“硬件”。虚

① 洛可可式（Rococo）：18 世纪初源于巴黎的一种精致的装饰艺术。在绘画上，最典型的画家是华托、布歇等。

弱和迟钝的波旁王朝被生产的速度和拿破仑军团的机动性取代。拿破仑启用了一种信号电报系统，使他每四个小时就可以和罗马通一次信息。他把军队和国家当做一个集权的公司来管理。他发明了靠右行的规则来实现交通的快速和一致。他启用了分割而一致的“米制”系统和高效的拿破仑法典。在具有古典庄严和元老院威严的不朽灵柩下，旧的习惯法消失了。雅各宾党人[①]的平均主义牺牲在“为了祖国的荣誉”的欢快声中。理想主义者为自由平等奋斗，但是他们得到的却是一个军事国家，这个国家为有才干的人提供了发迹的机会。拿破仑预见到后来用标尺和线条绘制的组织流程图。他宣布每一个士兵都有权看见元帅行囊里的司令杖。

以上是看得见的一些发展，它们使先锋派的梦想发生逆转。但是，在新工业“硬件”的整个加速过程中，还有一种看不见的力量在发挥作用。

6.3.“背景”重塑“外观”

隐蔽的环境重塑其塑造人

工业革命的极端专门化，在艺术、工艺和宗教中都大规模地复兴了中世纪的敏感，欧洲和英格兰的情况都是这样的。就是这个新的隐蔽背景，与明白宣示的主导的新型工业主义的外观交汇，产生了一个并不和谐的界面。19世纪后期这场隐蔽的行动，和如今的电子技术的重新部落化作用相仿佛。一方面，非部落化在落后地区被赋予文明进步的首要位置，无论其地理位置和意识形态怎么样。另一方面，又有一个与之互补和隐蔽的重新部落化进程，这个进程与策划者和规划人无关，与意识形态和地理位置无

① 雅各宾党人（Jacobins）：法国革命中的一个激进派，1793年至1794年领导过革命政府，主张处死国王路易十六。

关。最古老的社会开始利用我们最新的电力技术。它们绕过了占用西方社会几千年之久的文明阶段，而且更深地扎进了自己的部落传统中。异教徒远古传统的复兴，是摧毁封建制度始料未及的结果。异教神和异教人道主义的回归，从来就不是宗教改革家们的目的。路德和加尔文追求的是清洗教会里的政治污秽。他们向着古朴推进时，遇到难以计数的教派分裂和教义分化，这些分化成为他们行动的主要的外观。隐蔽的背景是凭借印刷术而复兴的占主导地位的异教古风。个人“灵光”（inner light）和解放的技术工具本身，使宗教改革家们沉浸在单纯功利的新环境之中。

> 对立物令人厌恶的包围。
>
> （弥尔顿《失乐园》）

在我们这个世纪，令人厌恶的对手的包围和戏剧性的逆转，在东方罗曼诺夫王朝的中世纪舞台上淋漓尽致地表演了一场。俄国人挣脱了罗曼诺夫王朝的霸权，抓住了最新的西方工业生产组织手段。他们的口号是：

赶上去超过他们！

西方投身东方，受到启蒙的人们踏上印度之旅，叶芝之类的文人踏上向拜占廷[①]的崇拜之旅。正在其时，弗雷泽[②]这样的文化人类学家出发去重建“众神之母”和远古意识中的神话人物。但是，这些人类学家没有注意，早在 20 世纪 20 年代爵士乐兴起之前，这些远古的知觉形式就已经渗透到

---

① 拜占廷（Byzantium）：指拜占廷艺术，即以拜占廷帝国（即东罗马帝国）为中心的建筑、绘画及其他艺术。拜占廷帝国（395—1453）盛极一时，创造了灿烂的文化。

② 弗雷泽（Sir James Frazer，1854—1941）：英国人类学家、民俗学家和古典学者。代表作《金枝》影响深远，其基本论点是，人类思想的一般发展过程是由巫术到宗教到科学。

各个领域了。瞬间传递的电报已经为后来的电台广播奠定了社会秩序形态，广播把这种社会秩序形态一直推进到焚尸炉中。

同样残酷的悖论把美国黑人也拖了进去。他们的爵士乐节奏使全世界的文化首次整合起来。现在，由于他们创造了世界普适的部落爵士乐文化，人们期望他们也能够与拼音文字这种亚文化“合为一体”。

乔伊斯用一句话来表现《守灵夜》的女主人公安娜·利维亚·普鲁拉贝尔。她是一切形式的音乐之母，是存在的隐蔽大地：

> 她顺流而下，她的音乐渐入低潮。

人类学研究的隐蔽背景和力量，和消费者–生产者的商务世界一样，都受到瞬时电力传播的控制，电力传播使万物恢复到一个无所不包的现在。新技术使人人相互联系，它是我们神经系统的延伸，它把原始社会的形象转换为一种普适的背景，这种背景把过去的一切外观埋葬起来。在文明社会的文字栅栏之中安稳生活的人类学家，是天真烂漫的。他们的天真，老是和追求具体目标的未来革新者成双结对地被人们放在一起。

> 厄尔·加德纳[①]，世界最畅销的作家，溘然长逝。
>
> （《多伦多星报》，*Toronto Star*，1970 年 3 月 12 日）

塑造佩利·梅森的作者加德纳，常常感觉到他处境的讽刺意味。既然走上了写作之路，同时又想抽时间狩猎和垂钓，于是他就雇用了几位秘书打字，记录他口授的书稿。他隐蔽的困境正是他的狩猎和垂钓。他创作的

---

① 厄尔·加德纳（Erle Stanley Gardner，1889—1970）：美国侦探小说家，作品 80 余部，主人公是一位急功好利的律师，名叫派瑞·梅森（Perry Mason）。

主人公佩利·梅森就是一位专业的侦探，专门追踪和缉捕人犯，查找线索。侦探、便衣是猎手的主要姿态，其背景是电话和电视的新电力媒介。

捕快与侦探：姿态与伪装

在一个故事中，福尔摩斯说他在某地跟踪猎物时，遭到了反驳。他的猎物说："我没有发现有人跟踪我。"福尔摩斯说："那是你受到我跟踪时，你会遇到的情况。"

今天，世界的这一半"监视"另一半。实际上，这是"软件"和信息时代的担忧。在过去的"硬件"时代，世界上的富人"监视"穷人。现在，警察昔日的巡逻任务已经交给了大众娱乐世界。警察国家没有一点艺术品位，它是此起彼伏的警报构成的官僚主义芭蕾。从这个角度来看问题，各种各样的"有信誉"的追捕机构的侦探活动，不仅是已经过时，而且是冗余的、不再实用的。

盖洛普式的侦察把人变得似人非人：
此人从来就不是那个样子

姿态与冒名作为生活方式
如今在全球舞台上融合在一起

第二部

印刷术与电力革命

7. 媒介与文化变迁

凡是熟悉波德莱尔诗歌和塞尚之后的印象派绘画的人，是很容易读懂伊尼斯[①]后半生的世界的。他带着上述诗人、画家对电力时代的意识，去组织历史学家和社会学家的数据。他没有学过现代艺术和诗歌，然而他发现了如何将自己的洞见组成范式。他的模式与当代的艺术形式很相像。他的洞见表现为用表面无关、不成比例的句子和名言组成的马赛克结构。比如《传播的偏向》第 108 页就是这样的，那里的脚注很耐读。凡是查阅过他经常引用的参考文献的人，都会对他的技巧留下深刻的印象，他善于从枯燥的阐释中抽取出令人振奋的事实。似乎可以说，他是在用“盖革计数器”探索源泉材料。反过来，他用富有洞见的模式来表述自己的发现，他不会包装以适合消费口味的。他期待读者能不断发现他未曾发现的东西。他认为大学里分割的专门化知识不光彩。这个看法见第 184 页：“最后，我们要记住大学只扮演有限的角色，要记住这样一句话：‘科学的整个外部历史，就是学院和大学抵抗知识进步的历史。’”

可以用罗素评价爱因斯坦的话来评价伊尼斯。罗素在《相对论 ABC》（1925）中说：“许多新的观点可以用非数学语言来表示，但是它们依然困难。我们需要的是改变对世界图像的想象。”“后期的伊尼斯”在《传播的偏向》中开始滔滔不绝地追踪变迁的原因。“早期的伊尼斯”在《加拿大的皮货贸易》（*The Fur Trade in Canada*）中多半和传统的模式相一致，纯粹

① 伊尼斯（Harold A. Innis）：加拿大经济史家、传播学巨匠、媒介环境学派宗师，以《传播的偏向》《帝国与传播》和《变化中的时间观念》的传播研究三部曲而著称于世。

用报道和叙述变迁的办法。只是在书的末尾，他才把复杂的事实联系起来，以揭示变迁的原因。他提出北美革命的原因，很大程度上是由于拓荒者利益和皮货商利益的冲突而引起的。这样的洞见成为后期伊尼斯典型的特征。他的工作方法改变了，原来是从“观点”出发，后来是靠“界面”的方法，以产生洞见。在艺术和诗歌中，这正是“象征主义”的技法（希腊词的意思是“扔在一块儿”），就是靠形容法将不同的东西并置而不用任何连接成分。这是会话或对话的自然形态，而不是书面话语的形态。书面话语的倾向是分离事物的一个侧面，使注意力集中指向这里。在会话中，事物的许多侧面同样自然地相互作用。各个侧面的互动可以产生洞见和发现。与此相对照，观点仅仅是看待一件事情的办法。然而，洞见却是对一种复杂的相互作用过程的突然顿悟，是与多种形态的生命的接触。学习电脑编程的人不得不用探索结构的路子去看待知识。如果要把任何一种知识转录到磁带上，那就必须懂得那种知识的形态。这使我们发现了分类知识和模式识别的基本差别。读伊尼斯的书时，牢记这一区别是有好处的，因为他首先是一位识别模式的人。塞耶博士（Kenneth Sayre）用以下的方式来予以说明。他在《大脑的模式化》（*The Modelling of Mind*）（圣母大学出版社，1963 年）中说：“分类是一个过程，要占时间。你做事情的时候可能勉强，不乐意，不热心，也可能多多少少有点成绩，或者干得很好，或者干得很差劲。与此形成鲜明对照的是，识别本身是不消耗时间的。观察者可能要花去很多时间，模式识别才会发生。然而，当其一旦发生，它总是“瞬息即至”的。一旦发生时，我们不能说研究者是怎么怎么干的，既不能说是勉强的或热情的，也不能说是顺从的或抗争的。而且，关于模式识别成功与否或差劲与否的观念，是毫无意义的。

在《传播的偏向》里，伊尼斯用大量的篇幅描写了学习过程中的口头法和书面法的对立。在文章《挑剔的批评》（A Critical Review）中，他解释说：“我偏向于口头传统，尤其是希腊文明中反映出来的口头传统。我认为有必要捕捉其精神。”（第 190 页）曾与他共事的哈弗洛克在最近的一本书中，以全部的篇幅讲希腊口头文化和新兴书面文化的冲突。他的《柏拉图导论》会使伊尼斯含笑九泉。伊尼斯的许多话应该成为如此充分研究的题材。

我乐意把自己的《谷登堡星汉》（多伦多大学出版社，1962）看成是伊尼斯观点的注脚，首先是他关于文字的心理和社会影响的观点，然后是他关于印刷术心理和社会影响的观点。他注意到我的一些著作，我为此而受宠若惊，于是就生平第一次找他的书来读。从《传播的偏向》第一篇“米涅瓦的猫头鹰”开始读，那真是我的福分。撞见了这样一位作家，他的话使我陷入长期的沉思和探索，那是多么地激动人心：“亚历山大大帝切断了科学与哲学的联系。帝国图书馆成了帝国抵消埃及祭司影响的工具。”（第 10 页）

伊尼斯的著作本身是不容易读懂的。但是，只要尝试读那么一次，显然就可以知道，他是值得一读的。这样去读他，虽然费时间，但最终还是节省时间。他每一句话都是一篇压缩的专论，他的每一页书上都包含了一个小小的藏书室，常常还有一个参考文献库。如果说，老师的职责是节省学生的时间，那么伊尼斯就是记录在案的最好的老师。上面引用的两句话就暗示并吸引这样的意识：对科学和哲学的具体的结构形态应该了解，对帝国、图书馆和祭司职位的结构性质和功能应该了解。大多数作者都会一心想给读者提供哲学、科学、图书馆、帝国和宗教的内容。伊尼斯却有所不同。他吸引我们去考虑结构成分的相互作用所产生的权力形态和程序。他的研究思路是，每一种权力机构的形态对其他形态起了什么作用。所有成分的存在，都要靠自己和彼此正在经历的过程。至于什么是“科学”和“哲学”，那是要了解，在历史和社会进程中，每一种成分有何作用，它对其他成分又有何影响。它们在历史的动态中说明了自身的效用。伊尼斯计上心来，把历史作为手段，就像物理学家把云室作为手段一样。他让未知的形态去撞击已知的形态，从而发现了新形态或知之甚少的形态是什么性质。

他把历史当做科学实验室，当做研究形态的生命和性质的一整套受控的条件，和汤因比常规的叙述相隔千里。汤因比像体育评论员，对比赛发表大量的评论。他认真关切的语气告诉读者或听众，比赛有何意义。在同样的情况下，伊尼斯却会说，运动的系统是一种有趣的感知模式。他立即就把社会动机和模型的形象传递给我们。这是社会的一种团体延伸形象。接下来他就会说，他这位评论员的角色，和其他的受众一样，是运动的结构成分。他的角色有一些偏向，发挥了使感知和声音放大的扭曲作用。这就给比赛赋予了大量的政治和商业力量。

伊尼斯关注的是，每一种媒介与其他媒介遭遇时，释放出什么力量使其他媒介改变。掌握了这一点，读者就可以立刻像他那样去研究问题了。他可以着手去观察和估计古今各种媒介的作用和反作用。他会发现，伊尼斯绝不会重复自己，绝不会停止检测知识的口头形态在不同的社会环境中发挥的作用，也绝不会停止检测社会组织在不同的社会环境中发挥的作用。伊尼斯检测口头形态在不同的书面文化中的反应。同样，他检测按时间构建的制度与空间取向的社会接触时，会产生什么结果。

如果认为伊尼斯已经从他的历史检测得到了大多数洞见，那是误解。他在测试社会形态的相互作用时，常常是不大精确的，不过这一点不影响他检测社会形态结构属性的方法的有效性。比如他说："希腊人接过拼音字母，用来造字，使之成为适合灵活的口头传统需求的灵活的工具。"字母表是视觉分割和专门化的技术，它引导希腊人去发现可以分类的数据。哈弗洛克的《柏拉图导论》对此作了详细的阐述。只要口头文化还没有被字母表的视觉力量的延伸压垮，口头形态和书面形态的相互作用常常会产生丰富的文化成果。口头文化在我们的电力时代复活了，它和尚存的书面形态和视觉形态建立了一种非常多产的关系。这和字母表出现时的情况是类似的。在 20 世纪，我们正在“将磁带倒过来放送”。希腊人从口头走向书面，我们从书面走向口头；他们的“结局”是分类数据的荒漠，我们的“结局”是新型的听觉咒语的百科全书。

有的时候，伊尼斯把书面形态和口头形态的相互作用搞错了。他把书面形态和口头形态杂交的结果算到了书面形态的头上：“从腓尼基人手里借来的字母表加上了元音，使之适合希腊人说话的需要。于是耳朵替代了眼睛。随着文字的传播，口头传统开发出了新型的抗拒力，表现在 5 世纪和 6 世纪[①]希腊文化的繁荣。”（第 136 页）倘若他更加精细地分析拼音字母表固有的视觉形态，倘若他更加彻底地研究口头形态的活力，他本来可以避免这样的疏漏。不过，他发现的方法保留了下来。他找到了一种手段，就是把历史环境当做一个试验场，去检测技术在塑造文化中的作用。

伊尼斯告诉我们如何把文化和传播的偏向当做研究工具来使用。他把注意力指向文化中的主导形象和技术的偏向和扭曲力，借以显示如何去理解文化。许多学者使我们意识到“估量我们自己文化的品性难，估量别的文化的品性也难”（第 132 页）。把一切学术观点的这种脆弱性当做最好的研究和发现机会，伊尼斯可能是天下第一人。德鲁克的《出效益的管理》（*Managing for Results*，哈珀与罗出版公司，1964）中说明，在任何一种人类组织或情景中，90% 的事情是由于 10% 的事情引起的。人的主要注意力分配给了 90% 的领域，这正是问题多的领域。剩下的 10% 的领域是令人焦躁的领域，但也是求得机会的领域。伊尼斯不让 90% 的问题领域分散自己的注意力，这就是他的天才所在。他直奔 10% 的隐藏着机会的核心，搜求洞悉整个情景底层的原因。比如他说：“也许，我们与追随印刷文明的关系太密切了，以至于不能探察到它的特征。用拉斯基[②]的话来说，教育成了向

① 疑有误，应该是公元前 5 世纪和前 6 世纪。

② 拉斯基（Harold J. Laski，1893—1950）：英国政治家、教育家。

人传授如何被印刷词语欺骗的艺术。”（第 139 页）

一旦确定了文化中占支配地位的技术，伊尼斯就可以断定：这一技术是整个文化结构的动因和塑造力量。他还可以肯定，占支配地位的技术形态及其力量必然要受到掩盖，是该文化中的人看不到的，这个遮蔽的面具就是所谓的“保护性抑制”。伊尼斯一举解决了两个大问题，“人头统计员”（nose-counters）和统计研究员永远解决不了的问题。第一个问题是，一旦认准了一种文化的主要技术成就，他就知道该文化的模式必须是什么，包括物质的和社会的模式。第二，他准确地知道，该文化的成员对自己日常生活中的什么东西不了解。所谓“创造力的报应”（The Nemesis of Creativity）正是对自己最重要的发明视而不见。

有一个例子说明伊尼斯对技术的这种视而不见。他把广播和电力技术误认为是机械技术模式的进一步延伸：“广播的魅力流布到广阔的地区，在逃避识文断字中克服了阶级的差别，它宠爱集中化和官僚主义。”（第 82 页）他又说：“广播这个新媒介是个挑战，它诉诸人的耳朵，而不是人的眼睛，因此它强调的是集中。”（第 188 页）这个例子说明伊尼斯没有忠实于自己的方法。他举了历史上的许多例子，说明眼睛的空间约束力和耳朵的时间约束力。此后，他却畏缩不前，没有能够把广播功能的结构原理贯彻到底。突然之间，他从广播的听觉世界转入视觉世界的轨道，把眼睛和视觉文化的一切集中化力量都套到广播的头上。在此，伊尼斯受到了他那个时代普通共识的误导。正如其他一切电力媒介一样，电光和电能在心理和社会影响上具有深刻的非集中化和分离的作用。在这个问题上，他尊重无孔不入的常规观点，因而陷入了催眠状态。否则，他本来可以轻而易举地找出新型的电力文化模式。

伊尼斯提到刘易斯的观点，这在他的著作里难得一见。他说：“温德汉姆 · 刘易斯争辩说，时髦的脑子是拒绝时间束缚的脑子。”他指的是刘易斯的《时代和西方人》。这本书批判柏格森、亚历山大和怀特海[①]对时间的那种宗教神秘主义般的执着。由于他自己深深地关心传统价值和时间的连续性，所以他大大地误读了刘易斯。早些时候，在同一篇文章《时间的诉求》（A Plea for Time）中，刘易斯提出的一个问题，对他自己的结构分析法的偶尔流产也许有一定的影响。他说印刷术的发展对20世纪文化的极大冲击产生了不幸的后果："视觉本位的印刷术和摄影术产生的垄断，给西方文明构成了毁灭性威胁，先是战争的威胁，后是和平的威胁。"（第80页）伊尼斯不喜欢任何形式的垄断。他认为垄断会产生猛烈的反应："视觉本位传播的垄断，会产生灾难性后果，它对听觉本位传播的发展会构成威胁。听觉本位的传播建立在广播中，建立在声音和影视的结合中。"（第81页）伊尼斯在此失误了，他没有对视觉形态和听觉形态做结构分析。他只是假定，信息的空间延伸具有集中化的力量，无论它放大和延伸的是人的哪一种官能。视觉技术创造一种中心-边缘的组织模式，无论它借助的是什么手段，文字、产业、价格体系的手段都是如此。然而电力技术传递的信息是瞬息完成的、无所不在的，它创造没有边缘的多中心。视觉技术创造的国家是同一、均质、一体的，无论这种视觉技术用的是文字的还是产业的手段。但是，电力技术创造的却不是国家，而是部落——不是平等人肤浅联系的模式，而是全身心介入的亲属群体的、凝聚力强大的深度模式。视觉技术——无论它的基础是纸莎草还是纸，都哺育分割化、专门化、军队和帝国。电力技术宠爱的不是分割而是整合，不是机械的东西而是有机的东西。伊尼斯没有想到，电力技术实际上是中枢神经系统的延伸，好像是覆盖全球的一张膜。他搞经济史，对人体力量的延伸有丰富的经验。他没有看到这个最新、最令人吃惊的人的延伸的性质，这一点不足为怪。

有一个方面伊尼斯从来都不会失误——他那无所不知的味道不会在这

① 柏格森、亚历山大和怀特海：均为西方著名哲学家。

里失去——这就是他的幽默。他把不协调的东西用格言警语联系起来，其实质就是幽默。他把不同形态的东西并列在一起，去求得新的发现。这一技巧处处都适宜，而且导致了一系列戏剧性的、令人吃惊的发现。在第 77 页上，他在思考北美殖民地的反叛和 19 世纪的战争时突然发现了一种相似性。这些战争与赫斯特和普利策两大报系的新闻战，具有一定的相似性。新闻战使漫画诞生。他能够在当代史中发现精当的事件去说明重要的考古发现。这种能力是无与伦比的。他指出人们忽视了马在军事史中的作用。他回忆说："狄龙（E. J. Dillon）说到骑警时，说他常常惊讶地看到马聪明的面部表情。"（第 95 页）伊尼斯在后期著作中运用洞察力的马赛克结构。在这一点上，他和林肯总统的谐谑反讽相去不远。他发现自己的洞察技巧产生惊奇和聪明的喜剧，给人们带来无穷的愉悦。

记录造就伊尼斯成就的思想影响，实在是一项庞大的任务，虽然这是颇有收获的。第一次世界大战后他到芝加哥大学求学时，遇到了一个最好的时期。涂尔干（Emile Durkheim）、韦伯和杜威的思想造就了一批经济学和社会学的新秀。他们是凡勃伦①、米德②和帕克③。在20年代的芝加哥，他们创造了一种吸引和激励能下后生的氛围。和伊尼斯一样，他们大多数人的青年时代都是在小城镇里度过的。这个大都会的快速发展，给这些社会学家提供了取之不尽的研究素材，他们的许多工作都是用于都市分析研究。同时，他们用小城镇作为比照的基础。虽然伊尼斯深深地感谢帕克，但是他追随的却是另一种模式。19 世纪分析社会学的鼻祖涂尔干研究的是整个的人口。芝加哥学派研究的是地方性社区。在挑选大型主题上，伊尼斯属

① 凡勃伦（Thorstein Veblen，1857—1929）：美国经济学家和社会学家，代表作是《有闲阶级论》。

② 米德（George Herbert Mead，1863—1931）：美国哲学家，在社会心理学和实用主义两方面均负盛名，罗素称自己受惠于他。

③ 帕克（Robert Erza Park，1864—1944）：美国社会学家，以研究少数族裔尤其是黑人著称，社会学芝加哥学派的主要人物。

于欧洲学派，而不是美国学派。不过，他从帕克学到了如何确认异质社区中的控制机制，这些机制在安排社区事务时取得了一定程度的同一性。也许，他在做这一挑选时，加拿大稳定的经济对他助了一臂之力。这个半工业化的国家，拥有丰富的小麦、木材、矿产、皮毛、渔业、纸浆等主要资源。和更加多样、发达的国家比较，它过着一种独特的社会经济生活。伊尼斯抓住机会去研究这个独特的大宗产品经济的模式。他没有被牵着鼻子去追随走红的都市研究模式——激动人心而多产的芝加哥学派追求的模式。我要说的是，伊尼斯自然而然地完成了进一步的转变，他从研究大宗产品经济的历史转向研究媒介的历史。正如大宗产品一样，媒介也是主要的资源。事实上，如果没有铁路，小麦和木材这样的大宗产品很难存在。如果没有报纸杂志，纸浆也不可能作为大宗产品而存在。

1940 年，《加拿大经济学及政治学报》(*Canadian Journal of Economics and Political Science*) 发表了帕克的文章《物理学与社会》(1955 年格林柯自由出版社，《社会》重印，第 301—321 页)。甫一落笔，帕克就引用白哲特[①]的话说，社会是由社会过程维持的社会有机体。文章的主题是这样概括的："我比较详细地描述了传播的角色和功能，因为传播显然是社会过程中根本的东西，因为物理学使传播手段的延伸和改进对社会的存在显然发挥着至关重要的作用，尤其是对理性组织起来的社会形态即所谓文明发挥着至关重要的作用。"(《社会》第 314 页)

帕克的思想对伊尼斯的吸引力，似乎超过了他对其他学生的吸引力。人人都能在帕克以下这类言论中听到伊尼斯的调子："技术设备自然要改变人们的习惯，并且必然改变社会的结构和功能。"(第 308 页)"按照这个观点，似乎可以说，每一种技术设备，从手推车到飞机，就其提供一种

① 白哲特(Walter Bagehot，1826—1877)：英国经济学家、政论家、《经济学家》杂志主编，著有《英国宪政》《伦巴德街》等。

更加有效的新的移动装置来说，已经而且也应该标志社会发展的一个新纪元。同理，据说每一种文明自身就携带着自我毁灭的种子。这个种子可能就是那些引进新的社会形态、送走旧的社会形态的技术设备。”（《社会》第309—310页）同一年，正如他在“物理学与社会”中所说的一样，帕克在“作为知识形态的新闻”里说：“我已经说明，就新闻提供的议论形成舆论的基础而言，它在世界政治中扮演了一个角色。在世界经济关系中，新闻扮演着同样重要的角色，因为商品价格，包括货币和证券的价格，都依赖新闻，都是以新闻为基础，世界市场登录的价格和地方市场的价格都是这样的。”（第86页）这些思想并非没有对伊尼斯产生影响。实际上，伊尼斯发挥这些思想时比帕克走得还要远。他应该是以帕克为首的芝加哥学派的最杰出的代表。

8. 谷登堡星汉

8.1. 前言

本书在许多方面都是洛德（Albert B. Lord）教授《故事歌手》（*The Singer of Tales*）的补充。他继承了帕里的工作。帕里（Milman Parry）的研究引导他去考虑，口头诗歌和笔头诗歌如何自然地追随不同的格律和功能。帕里相信荷马史诗是口头的诗歌，因此他“立志用尽量无可辩驳的事实去证明口头诗的特征。为此目的，他转向了斯拉夫史诗的研究”。他说研究这些现代史诗的目的，是要“准确地认定口头故事诗歌的形态……其方法是：观察吟唱人在无文字记录的繁荣的诗歌传统里如何工作，观察其诗歌形态对他们在不识字的情况下学习并掌握诗歌艺术有何倚赖的关系”（见《故事歌手》第 3 页）。

就像帕里的研究一样，洛德教授这本书很自然，也很适合我们的电力时代。我们这本《谷登堡星汉》有助于说明这个问题。今天，我们已经深入电力时代，就像伊丽莎白时代的人深入到印刷时代里一样。他们同时生活在两个反差很大的社会形态之中，感到迷茫和犹豫不决。我们也感到同样的迷茫和犹豫不决。他们身处中世纪的群体经验和现代的个体本位之间。相反，我们把这个格局逆转过来。我们面对的电力技术，似乎正在使个体本位过时，使群体依存带有一定的强制性。

克鲁特威尔（Patrick Cruttwell）的《莎士比亚时刻》（*The Shakespearean Moment*）的全部篇幅，都用来研究伊丽莎白时代的艺术手法。这是一个生活在分裂世界中的时代，这个世界正在溶解和消解之中。同样，我们也生活在两个反差很大的文化相互作用的时刻。《谷登堡星汉》的宗旨，是追溯经验、心态和表情的形态如何改变，先是因拼音字母而改变，后是因印刷术而改变。帕里参加研究口头诗歌和笔头诗歌的反差形态，我们把它加以引申，去研究社会和政治中的思想形态和经验组织形态。对口头社会组织和笔头社会组织不同属性的研究，竟然没有历史学家很早就予以完成，这个问题实在是难以解释。也许，该研究空缺的原因仅仅是这样：只有等到今天，当文字经验和口头经验这两个冲突的形态再一次并存的时候，这个任务才能完成。莱文[1]教授在给《早期帝国的贸易与市场》（*Trade and Market in the Early Empires*）所作的序文中，作了与此相同的说明（第 xiii 页）：

> "文学"这个字眼预设着文字的使用。它假定口头创作的富于幻想的作品是通过写作和阅读来传播的。"口头文学"的说法显然是自我矛盾的。然而，在我们生活的时代里，文学已经冲淡得像白开水，故难以作为一种审美标准来使用。与此同时，借助电气工程，说唱的词语和说唱人的视觉形象一道，又重新站稳了脚跟。建立在印刷书籍之上的文化从文艺复兴一直流行到现在。它给我们留下了势利的习气，同时也留下了大量的财富。我们应该抛弃这些势利的习气。应该用一种崭新的眼光来审视传统。传统不应该被看成是对固化的主题和常规的惯性的接受，而是应该被当做对已经传承的东西进行再创造的有机的习惯。

历史学家的研究中有缺失的一环：拼音文字产生的思想和社会组织的

① 莱文（Harry Levin，1912—1994）：美国文学评论家、编辑、教育家。

形态革命。社会经济史研究中也有类似的空缺。早在 1864 年至 1867 年，卡尔·洛贝尔图斯[①]就详细阐述了他的“经典古代的经济生活”理论。在《早期帝国的贸易与市场》中，哈里·皮尔森描绘了洛贝尔图斯的创见：

> 洛贝尔图斯关于货币功能的非常现代的观点，没有受到应有的重视。他意识到，从“自然经济”向“货币经济”的转变不仅是一个技术问题，不仅是用货币购买来取代易货贸易的问题。相反，他坚持认为，货币化经济涉及与实物经济全然不同的社会结构。他认为，需要强调的正是伴随货币使用的社会结构变革，而不是货币使用这一技术方面的事实。倘若这个观点再推延一步，去包括与古代贸易活动同时发生的各种不同的社会结构，争论也许尚未出现就解决了。

换言之，倘若洛贝尔图斯进一步说明，货币使用和交换的不同形态，以不同的方式来决定社会的结构，一代又一代争论不清的问题本来是可以避免的。这个问题终于由卡尔·布彻解决了。他研究古典世界的方法不是我们常规的历史回顾法，而是从原始的角度来研究。他从无文字的社会开始，向古典世界推进。“他说，如果不是从现代社会的视角而是从原始社会的视角来看问题，就可以更好地了解古代的经济生活。”（《早期帝国的贸易与市场》第 5 页）

洛德《故事歌手》赋予读者的视角，就是西方文字世界的这个逆向的视角。但是，我们同时又生活在电力的、后文字的时代。在这个时代里，爵士乐音乐人用尽了口头诗歌的一切技巧。与所有口头方式产生强烈的认同，在本世纪是不难做到的。

电子时代继承了 500 年的印刷和机械的时代。在这个时代中，我们遭

---

① 卡尔·洛贝尔图斯（Karl Rodbertus，1805—1875）：普鲁士经济学家。

遇到人相互依存和表达的新形态和新结构。这些形态和结构是“口头的”，虽然其环境成分可能是非言语的。《谷登堡星汉》最后一节将进一步展开这个问题。问题本身并不难，但是它确实需要我们重组自己的想象生活。由于旧的感知模式挥之不去，这种意识方式的变革总是姗姗来迟。我们心目中的 19 世纪人似乎是非常之“中世纪”，而他们则自认为很经典，正如我们自认为很现代一样。然而，对子孙后代而言，我们在性质上看起来是地地道道的文艺复兴人。对过去 150 年里启动了的重要的新因素，我们竟然浑然不觉。

然而，本书绝对不抱决定主义的立场，笔者希望阐明社会变革的一个主要因素，它可能会真正地增加人的自主性。在《技术与文化》（*Technology and Culture*，1961 年，第 2 卷第 4 期第 348 页）中，德鲁克说到我们时代的“技术革命”。他说：“关于技术革命，我们只有一个问题没有搞清楚，但是这又是一个基本的问题：什么东西引发了态度、信仰、价值的根本变化？什么东西释放了这一变革？‘科学革命’，这是我曾经试图加以证明的原因。但是它几乎与此毫无关系。100 年前，世界观的变化引发科学革命。但是，世界观的巨变究竟在多大程度上引发了态度、信仰、价值的根本变化呢？”《谷登堡星汉》尝试的，至少是提供“我们不知道的一样东西”。尽管如此，谁知道它会不会证明其他的东西呢！

本书所用的方法与贝尔纳[①]的经典著作《实验医学研究导言》（*The Study of Experimental Medicine*）有亲缘关系。他解释说，观察就是要记录现象而又不扰乱现象。但是他又说：“相反，有些生理学家说，实验包含了研究者把变异和扰动带进自然现象条件中的思想……如果这样做，我们就用切片或切除的办法，压抑了生物体的某一个器官。从整个器官或某种功

① 贝尔纳（Claude Bernard，1813—1878）：法国生理学家，实验医学的奠基人之一，认为医学应以实验生理学为基础。

能的扰动中，我们推导出那个失缺器官的功能。”

帕里和洛德的研究，指向口语条件下诗歌的整个过程，并且把观察结果与书面情况下的诗歌创作过程相比较。人们通常认为后一种情况是“正常”的。换言之，他们两人研究听觉功能受到文字压抑时的诗歌结构。文字使语言的视觉功能得到超常的延伸，赋予它超常的力量。也许，他们也考虑过这对诗歌结构产生的影响。这是实验方法中一个被忽视的因素，因为它操作起来不方便。的确，只要给予它强化和夸大的作用，“整个器官或某种功能的扰动”同样是可以观察得到的。（第 67—68 页）

人这个制造工具的动物，无论是在使用语言、文字还是在电台中说话，都在使这一种或那一种感官得到延伸，以至扰动了他的其他感官和官能。虽然进行了这样的实验，人们却自始至终忽视了做一些后续的观察。J. Z. 杨在《科学中的怀疑与确定》（*Doubt and Certainty in Science*）中说：

> 刺激的结果，无论是外部的还是内部的，都要打破大脑的一部分或全部的行动上的统一。在思考其原因时有这样一种猜测：某种扰动打破了大脑以前建立的实际模式的统一。于是，大脑从输入的信息中挑选那些能够修补模式的特征，使脑细胞回复到有规律的同步跳动。我不敢假装有能力提出大脑活动模式的思想，但是它很可能会说明，我们为何能够使世界适应自己，或使自己适应世界。在某种意义上，大脑启动了成串的活动，使大脑回复到原来的节律，这种回复是圆满的完结或完成。如果第一次的活动达到这个目的，没能阻止原来的扰动，那就会尝试其他的活动序列。大脑一个接一个地搜索它储藏的规则，把输入的信息和各种模式进行匹配，直到完成某一种统一。只有通过费力、多样、持久的搜索，才能达到这种统一。在随机的活动过程中，形成了新的联系和活动模式。它们又反过来决定了将来的序列。

在人的感官和功能的压抑和延伸中，都必然要发生“截止”“完成”或平衡。《谷登堡星汉》是对“扰动之后的新文化成果的一系列历史考察”，先考察文字，然后考察印刷术。所以一位人类学家的论述，能够在此助读者一臂之力：

> 今天，人实际上已经完成了他一切身体功能的延伸。武器的演变开始于牙齿和拳头，以原子弹告终。衣服和房屋是人的生物学温度调控机制。家具使人不再以蹲的姿势席地而坐。电动工具、玻璃杯、电视、电话和书籍是实体延伸的例子。书籍使人的声音跨越时空。货币是延伸和储备劳动的方式。运输系统现在做的是过去用腿脚和腰背完成的事情。实际上，一切人造的东西都可以当做是过去用身体或身体的一部分所行使的功能的延伸。（爱德华·霍尔《无声的语言》第79页）

感知的外化和发声就是语言或言语，它是一种工具，“使人能够用一种形态来积累经验和知识，这就使信息的传输和最大限度的利用成为可能”。[L. A. 怀特[①]《文化科学》(*The Science of Culture*)第240页]

语言不仅储存经验，而且把经验从一种形态转换成另一种形态。在这个意义上，语言是暗喻。货币储存技能和劳动，而且使一种技能转换成另一种技能。在这个意义上，货币也是暗喻。但是，交换和转换的原则，即所谓暗喻，是在我们理性力量的范围之内。理性力量能够使一切的感官相互转换。这是我们一生每时每刻都在做的事情。我们为专门工具付出了代价，无论是轮子、字母表还是广播。这些大规模的感知延伸构成了封闭的系统。我们个人的感知并不是封闭的系统，而是不断在经验中互相转

① 怀特（Leslie A.White，1900—1975）：美国人类学家、文化学家。著有《文化科学》，有中译本。

换，我们把这个经验叫做意识。但是我们经过延伸的感知、工具和技术自古以来都是封闭的系统，都不能相互作用，都不能进入集体的意识。如今在电力时代，我们的技术工具瞬间完成信息共存的性质本身，已经造成了人类历史上全新的危机。我们经过延伸的官能和感知，构成了一个经验的统一场，这个统一场要求我们的官能和感知变成集体有意识（collectively conscious）。就像我们个人的感官一样，我们的技术需要有相互的作用和一定的比率，以便使理性的共存成为可能。只要我们的技术像轮子、字母表或货币一样地慢速运动，它们作为分离的、封闭的系统，在社会上和心理上就是可以忍受的。但是情况不再如此。如今的视像、声像和运动在规模上都是瞬息完成的、全球范围的。在团体的层次上，人的官能延伸中相互作用的比率，对集体成为必须，就像个人的理性历来是必须的一样。个人的理性过去是叫做个人的感知或"智能"（wits）。

迄今为止，文化史家把技术发明孤立起来，就像经典物理学把物理问题孤立起来研究一样。德布罗意[①]在《物理学的革命》（*The Revolution in Physics*）中，充分利用了笛卡尔和牛顿的研究方法的局限，他们的方法与历史学家个人的"观点"很相似：

> 经典物理学忠于笛卡尔的理念，给我们说宇宙很像是一座巨大的机械装置，可以非常精确地加以描绘，其零件分布在宇宙各地，它们在时间的流动中变化……然而这样的概念要依赖几个隐含的假设。我们几乎在不知不觉中承认了这几个假说。其中之一是，我们几乎本能地将自己的感知分布其中的时空框架，是一个完完全全僵化和凝固的框架。原则上，每一个物理事件都可以非常精确地被分派到框架中的

① 德布罗意（Louis de Broglie，1892—1987）：法国理论物理学家，首先提出"物质波"理论，1929年诺贝尔物理学奖得主。

某一个地方，不依赖它周围正在发生的一切动态过程。（第 14 页）

我们将要看清，不仅笛卡尔和欧几里得的感知是拼音字母造成的。德布罗意描绘的革命不是字母表的派生，而是电报和广播的派生。生物学家 J. Z. 杨和德布罗意提出了相同的理论。他说也不是“流动”的物体，而是“物体之间存在某种空间关系时我们观察到的情况。”他接着说：

> 物理学家寻求到计量非常微小距离办法的时候，出现了与此类似的情况。科学家发现，分割物质的老模式再也行不通了。人们过去认为，物质可以分割为一系列的小单位，每一个小单位又有自己体积、重量或位置等特有的属性。如今，物理学家不再说，物质是由原子、中子、电子等等微粒“组成”的。他们在描写观察结果时放弃了形而下的方法，不再用什么东西是什么程序制造出来的字眼，避免制作蛋糕程序一类的字眼。原子或电子不是用做一块东西的名字，而是物理学家用来描绘观察所得的一部分手段。对于懂得揭示它的实验的科学家来说，使用这个术语是有意义的，除此之外，它就毫无意义了。（第 111 页）

他接着说：“人平凡的言行方式的重大变化，与新工具的使用紧密地捆绑在一起，认识这一点至关重要。”

倘若我们很早以前就认真思考过这样一个基本的事实，也许我们早就掌握了一切技术的性质和影响，而不会老是被它们牵着鼻子走。不管怎么说吧，《谷登堡星汉》是对 J. Z. 杨提出的主题进行长期思索的结果。

对于史学著作里封闭系统的无益性，谁也不如厄舍尔（Abbott Payson Usher）那样清楚。他在经典著作《机械发明史》（*A History of Mechanical Inventions*）里，说明这样的封闭系统无法和历史变迁的事实产生联系：

“远古的文化不适合德国历史学派提出的社会经济演变的线性模式……如果抛弃发展的线性观念，老老实实地用多线并进的过程来看文明发展，就可以取得很大的成就。我们就可以更好地了解，两方文化史是一个由许多分离的成分递进整合的过程。”（第30—31页）

一种历史“观点”是与印刷术密切相关的封闭系统。如果文字的无意识影响兴盛，又缺乏与之抗衡的文化力量——凡是出现这种局面的地方，历史“观点”也随之兴盛。托克维尔[①]的笔头文化受到他口头文化的深刻影响。现在对我们而言，他似乎有千里眼的洞察力，能看清当时法国和美国的变革模式。他没有固定的视点和固定的立足点，没有把他对事件的透视硬往里塞。相反，他在资料数据中寻求运作的动态性：

> 但是，如果我再进一步，在（美国人的）特征中去寻求那个主要的特征——这个特征包容了其他一切特征，我就发现，在大多数的心灵活动过程中，每一个美国人都只是诉求于按照个人理解而作出的个人的努力。
>
> 因此，美国是笛卡尔原则学得最少却用得最多的国家之一……每个人都紧紧地把自己封闭起来，执着地从这里来判断世界。
>
> （《美国的民主》第1卷第2篇第1章）

托克维尔能够建立文字感知模式和口头感知模式的相互影响，这使他能够获得穿透心理和政治的“科学”洞察力。依靠这两种感知模式的互动关系，他获得了先知先觉。相反，其他的观察家就只能表达他们个人的观点。他很明白，印刷文化不仅产生了笛卡尔派的观点，而且产生了美国的

① 托克维尔（Alexis de Tocqueville，1805—1859）：法国政治学家、历史学家和政治家，以巨著《美国的民主》而著称于世。

心理和政治特征。依据歧异的感知模式互动法，他能够对世界作出反应，这个世界不是分为条块的世界，而是一个整体，是一个开放的场。根据厄舍尔的论述，这个研究方法是文化史和文化变迁研究中缺失的一环。托克维尔所用的研究方法与 J. Z. 杨描绘的方法相同："对接收场（receiving fields）各部分的刺激所产生的影响是相互作用的，因此它们给人脑提供众多的机会。也许这就是脑力的大部分秘密所在。大脑给我们准备了相互作用和相互融汇的机能，使我们能够以一个整体对世界作出反应。在这一点上，我们比动物强得多。"（第 77 页）然而，对这种相互作用和相互依存的有机功能，我们的技术并非都是整齐划一地有利的。对这个问题的研究，关于拼音字母文化和印刷术文化的研究，正是本书的任务。今天，这是一种渴求，是要根据新技术进行研究的。新技术深深地影响着传统的运作，传统的运作获得了字母表文化和印刷文化的价值。

不久前一本书的出版，似乎把我从一种感觉的重负中解放出来：我原来害怕自己的研究偏狭奇异。这就是波普尔[①]的《开放社会及其敌人》（*The Open Society and Its Enemies*）。它研究的是古代世界的非部落化和现代社会的重新部落化过程。"开放社会"是拼音书面文化的结果，本书很快就要讲到这一点。电力媒介对开放社会是斩草除根一样的威胁，这一点将在本书的末尾介绍。毋庸赘言，本书探讨的是"已然是"的威胁，而不是"应该是"的威胁，它探讨一切发展的趋势。诊断和描绘必须要走在价值判断和治疗的前面。用价值判断来取代诊断是自然而常见的方法，但未必是有效的方法。

波普尔在第一部分用很大的篇幅讲古希腊的非部落化以及对非部落化的反动。但是，无论是说希腊还是说现代世界，他都没有考虑我们在技术上延伸的感官的能动性，在社会的开放或关闭中有何作用。他的描述和分

① 波普尔（Karl Popper，1902—1994）：英国哲学家，赞同反决定论的形而上学。

析追随的，是政治和经济的观点。下面引用的一段话尤其和《谷登堡星汉》相关，因为他开头说的是不同文化通过商业而产生的相互作用，结尾说的是部落邦国的瓦解，就像莎士比亚的《李尔王》中把这一过程戏剧化一样。

波普尔认为，部落社会或封闭社会具有生物学意义的同一性，“我们现代的开放社会的正常运转，主要是凭借抽象的关系，比如合作的交换”。封闭社会的抽象或开放，是拼音文字作用的结果，而不是任何别的文字或技术作用的结果——这就是《谷登堡星汉》的主题之一。

另一方面，封闭社会是语言、部落鼓和听觉技术的产物。在电子时代的发轫期，我们进入全人类大家庭，到了一个全球部落的门口。对开放社会的人，这一次电子革命的困惑只不过比拼音字母革命要小一些。那一次革命使古老的部落社会或封闭社会剥去外衣、结构精简。波普尔没有分析这种变化的原因。但是他确实对这种情况进行了描写。这段话与《谷登堡星汉》有很大的相关性：

> 到了公元前6世纪，这个发展势头导致了古老生活方式的部分消解，甚至导致了一系列的革命和反动。不仅导致用武力维持和锁定部落主义的尝试，斯巴达的情况就是这样的，而且导致了伟大的精神革命，即批判性的讨论。结果又产生了摆脱巫术迷狂的思想。与此同时，我们发现了一种新的躁动不安的征兆。人们开始感到文明的紧张不安。
>
> 这种紧张不安是封闭社会瓦解的结果。我们这个时代仍然能够感觉到这种紧张不安，尤其是在社会变革的时候。开放社会或半抽象社会持续不断地对我们提出要求，要我们努力去维持理性、去放弃至少是一部分感情生活的社会需求，去照顾好自己，去接受责任。紧张不安的情绪就是这样造成的。我相信，我们不得不忍受这种紧张不安，这是必须付出的代价。知识的增加，合作中的理性的增加，互相帮助

的增加，生存机会的增加，人口规模的增大——为了这一切，我们都要付出代价。这是我们人之所以为人所必须付出的代价。

这种感觉多半是和阶级之间的紧张关系密切相关。紧张关系首次露头，是在封闭社会瓦解的时候。封闭社会不存在这种关系。至少，对统治者来说，奴隶制度、种姓制度、阶级统治是“天然”的东西，是不成问题的。但是，封闭社会一旦瓦解，这种确定性随之消失，安全感也随之消失。部落社区（和后来的城市）是部落成员的安乐窝。他的周围是敌人，是危险甚至敌视他的魔力，他在部落社区里的经验就像是儿童在家里的经验。他在家里扮演一个明确的角色，这个角色他既熟悉又演得好。封闭社会的瓦解提出了阶级问题和其他社会地位问题。这对社会成员的影响，一定是像严重的家庭争端和家庭瓦解对儿童的影响一样。当然，特权阶级感觉到了这种紧张关系，他们的感觉比过去受压迫的人更加强烈，因为现在是轮着他们受到威胁了。但是，受压迫的人也感到不安。“天然”世界的瓦解也把他们吓坏了。虽然他们还是继续斗争，但是他们有时不情愿利用自己战胜阶级敌人的胜利，因为被打败的阶级敌人得到传统、现状、较高文化水平和天然权威感觉的支持。（第 172 页）

上述观察分析使我们径直步入《李尔王》，进入 16 世纪谷登堡时代早期那一场严重的家庭纷争。

8.2. 谷登堡星汉

李尔王提出要说明“我的心事”，将自己的王国一分为三。就 17 世纪初期而言，他表达的意向在政治上是大胆而超前的：

除了国王的名义和尊号以外，所有的行政大权、国库的收入和大小事物的处理，完全交在你们手里；为了证实我的心事，两位贤婿，我赐给你们这一顶宝冠，归你们两人共同所有。

（《李尔王》第一幕第一场）

李尔王提出了一个极其现代的观念：从中心向边缘的委配权威。他所谓的“我的心事”，19 世纪的观众立刻就会辨认出是左翼马基雅维利的观点。16 世纪谈论的权力和组织的新模式，到了 17 世纪初，在社会生活和个人生活的各层次上都已经感觉得到。《李尔王》是文化和权力新型谋略的表现，这种新型谋略影响到国家、家庭和个人心理：

把那地图给我，告诉你们吧，我已经把我的国土划成三份……

（《李尔王》第一幕第一场）

地图本身在 16 世纪也是新奇的东西。这是墨卡托[①]投影法的时代。这个投影法是权力和财富的边缘景观出现的关键。哥伦布先是当制图员，然后才去搞航海。航海可以走直线，仿佛空间是统一而连续的，这是文艺复兴时期人们意识的主要变化之一。更为重要的是，地图立刻提出了《李尔王》的一个主题：一种视觉被孤立起来的失明症。

李尔王在第一幕中表达了“我的心事”（darker purpose），他用的是马基雅维利式的时髦话。本幕略早的地方，造化的暧昧不明（darkness）表现在葛罗斯特的吹嘘之中。他说到自己英俊的私生子爱德蒙：“我还有个合法的儿子，年纪比他大一岁，我还是喜欢他。”葛罗斯特以欢快的口吻，吹嘘

---

① 墨卜托（Gerardus Mercator，1512—1594）：16 世纪伟大的地理学家，所发明的地图投影被称为墨卡托投影。

自己如何生下爱德蒙。后来，他的合法儿子爱德伽是这样暗示的：

他在黑暗淫邪的地方生下了你，结果使他丧失了他的眼睛。

（《李尔王》第五幕第三场）

第二场一开场，私生子爱德蒙就说：

大自然，你是我的女神，我愿意在你的法律之前俯首听命。为什么我要受世俗的排挤，让世人的歧视剥夺我应享受的权利，只因为我比一个哥哥迟生了一年或十四个月？

（《李尔王》第一幕第二场）

爱德蒙能够理解数量，这对可以触摸到的计量方法，对经验主义的非人格性，都是很基本的东西。爱德蒙被当做自然力来表现，偏离了单纯的人的经验和“世人的歧视”。但是，使王国分崩离析的还是李尔王本人。他心血来潮要通过权威的分配来建立君主立宪制。他给自己订的计划是当一个专家：我只保留“国王的名义和尊号”。

跟随着他的暗示，两个女儿高纳里尔和里根迫不及待地表现自己的孝顺，用专业和竞争的激情争宠：

孩子们，在我还没有把我的政权、领土和国事的重任全部放弃以前，告诉我，你们中间哪一个人最爱我？我要看看谁最有孝心、最有贤德，我就给她最大恩惠。高纳里尔，我的大女儿，你先说。

（《李尔王》第一幕第一场）

竞争性的个人主义成了社会丑闻，这个社会长期被赋予了团体和集体的价值。印刷术在建立新型文化模式中所发挥的作用，世人并非不熟。但是，新知识形态的专门化作用，产生了一个自然而然的结果：一切权力都带上了集中的性质。封建君主的角色是无所不包的，国王自身实际上就包含了所有的臣民。与此相反，文艺复兴时期的王公往往是一个排他性的权力中心，周围是众星拱月的臣民。集中化自身依赖道路和商业的发展。其结果是：分权的习惯、分离的地区和个人功能的专门化。正如他的其他剧作一样，莎士比亚的《李尔王》表现了非凡的洞察力。他看到，为了追求速度、准确和膨胀的权力，社会和个人的属性和功能都被剥夺了。他的洞见充满字里行间，实在是难以取舍。但是，高纳里尔一开口唱，我们就能深入了解莎士比亚的洞察力了。

> 父亲，我对您的爱，不是言语所能表达的；我爱您胜过自己的眼睛、整个的空间和广大的自由。
>
> （《李尔王》第一幕第一场）

剥夺人的感官是这出戏的主题之一。视觉和其他感官的分离已经在李尔王的“我的心事”中强调过了，也在他诉诸视觉的地图中强调过了。高纳里尔准备失去视觉以表孝心，里根调动以下的力量来迎击姐姐的挑战：

> ……我厌弃一切最珍贵的知觉所能感受到的快乐，只有爱您才是我无上的幸福。
>
> （《李尔王》第一幕第一场）

只要她能够占有父亲的爱，里根愿意失去一切感官。

她所指的“最珍贵的知觉”说明，莎士比亚几乎从学术上证明，理性的结构本身需要感官的比率和相互作用。《李尔王》的主题就是约翰·多恩[①]《世界的解剖》（*An Anatomy of the World*）的主题：

> 全都分崩离析，亲和力荡然无存；
> 全都只是供给，全都只剩关系；
> 王公、臣民、父亲、儿子，一切事情全都忘记，
> 人人都认为，
> 他必须成为凤凰……

“最珍贵的知觉”的瓦解是这样的意思：分离的强度使感官彼此脱离，随之是分离，是感官、人和功能的冲突。感官、人、功能之间比率的瓦解是莎士比亚后期的主题。考狄利娅看到两位巧舌如簧、孝顺专家一样的姐姐，她说：

> 我深信我的爱心比我的口才更富有。
>
> （《李尔王》第一幕第一场）

和姐姐的感官分割相比，她理性的圆满一钱不值。她没有固定的观点，不会以此发动滔滔不绝的雄辩攻势。她的姐姐做了精心准备，她们的感官和动机都分离得简洁明快，适合精确的盘算。她们和李尔王一样，是先锋派的马基雅维利，能科学明快地对付不同的场合。她们态度坚定，自觉地从感官的规矩中解放出来，而且从与之相似的道德观念即“良心”中解放出来。因为动机的比率“使我们大家成为懦夫”。考狄利娅是专门化的行为

① 约翰·多恩（John Donne，1572—1631）：英国玄学派诗人，代表作有《日出》《歌谣与十四行诗》《神圣十四行诗》《给圣父的赞美诗》等。

动机的懦夫，她复杂的良心、理性和角色捆住了她的手脚。

李尔王是一个蜕尽外表的可操作模式，人们在此过程中从角色世界转入任务世界

《李尔王》是人们从角色世界转入任务世界的一个详尽的个案。这是一个剥去外表的过程。除了在艺术世界里之外，它不会瞬间发生。莎士比亚看见，他的时代发生了这样的事情。他说的不是未来的事情。但是，旧式角色世界像鬼魂一样踯躅流连。就像电力技术产生一百年之后，西方仍然感到文字、隐私和分离的旧价值一样。

用叶芝[①]的话来说，肯特、爱德伽和考狄利娅的语言不合时宜。他们的全部忠诚是“封建的”，并且自认为对他们的角色是自然而然的。在扮演角色时，他们不会行使分配的权威或权力。他们是自治的中心。正如普勒特（Georges Poulet）的《人类时间研究》（*Studies in Human Time*）所说：“所以，对中世纪的人而言，不只有一种时间的段落，而是有许多个时段，它们排成阶梯，逐级叠压。这些层层叠压的时段，不仅在外部世界无处不在，而且表现在人身上，在人的本质里，在人的生存状态中。”（第 7 页）在文艺复兴时期，千百年来轻松的轮廓习惯让位于连续的、直线的和统一的时间和空间序列，也让位于人的关系的序列。角色和比率的模拟世界突然让位于新型的线性世界，正如莎剧《特洛伊罗斯与克瑞西达》第三幕第三场俄底修斯所云：

> 不要放弃眼前的捷径，光荣的路是狭窄的，一个人只能前进，不能后退；所以你应该继续在这一条狭路上迈步前进，因为无数竞争的

---

① 叶芝（William Butler Yeats，1865—1939）：爱尔兰诗人、剧作家。

人都在你的背后，一个紧追一个；要是你略事退让，或者闪在路旁，他们就会像汹涌的怒潮一样直冲过来，把你遗弃在最后……

人、关系和功能的均质的切分，对16世纪来说，就像是一切意义和理性的消解。《李尔王》圆满地显示，生活在从中世纪到文艺复兴的时空转变里，生活在从包容性的意义世界到排他性的意义世界的转换里，那究竟是一种什么感觉。李尔王对小女儿考狄利娅态度的转变，正好符合宗教改革家关于人的堕落的观点。普勒特又说：

对他们而言，人与自然都是由上帝赋予生命的。而且他们认为，人与自然曾经参与上帝创造世界的力量……然而那个时代不复存在了。自然神圣的时代已经让位于自然堕落的时代。堕落的原因是自身的失误，是自由的行动。其后果与源头相脱，是切断与其源头的联系，是它拒绝了上帝。自此以后，上帝就离开自然和人了。

李尔王简洁明快地把考狄利娅称之为清教徒：

让骄傲——她自己所称的坦白——成为她的丈夫。

（《李尔王》第一幕第一场）

强调个人职能和独立的宗教改革家，自然认为繁文缛节是毫无意义的。繁文缛节属于社会上完全没有个性特征的角色。但是，考狄利娅面对父亲和姐姐的新型的个人主义时，之所以会那样的孤立无助，正是由于她对传统角色的忠诚。对观众而言，这一点是明白的。

我爱您只是按照我的名分，一分不多，一分不少。

（《李尔王》第一幕第一场）

她非常明白，对汹涌膨胀的新型个人主义来说，她那忠诚的角色“一文不值”。普勒特是这样描绘这个新世界的：只不过是一个巨大的有机体，一张相互交换和相互影响的巨大网络，网络的活力来自于内部的循环发展，并受其指引。内部循环的动力是无处不同、永恒多样的。一言以蔽之，这个动因就叫上帝，叫造化，叫世界之魂，叫爱神。（《人类时间研究》第9页）

第三维的痛苦在《李尔王》的诗史中首次用语言表现出来

莎士比亚似乎没有充分认识到，他的《李尔王》是首次——而且据我所知是一切文学中唯一的一次——采用了三维视野的作品。直到弥尔顿的《失乐园》（*Paradise Lost*）（第二部第二节），才有意识地给读者提供了一个固定的视角：

高坐在宝座上。气派威仪远胜过
和尔木斯[①]与印度的富丽，也远胜
手艺登峰造极灿烂的东方
撒布在她豪放的帝王身上的米珠
金粉，撒旦意气洋洋……

（弥尔顿《失乐园》，第二卷第二节第1—5行）

---

① 和尔木斯（Ormus）：波斯湾口一个海岛古城，商业中心，以珠宝贸易闻名。波斯与印度的财富都集中到这里，可以与威尼斯媲美。

任意挑选的一个静态的立足点造成了一个具有消失点的如画空间。这个空间是可以一点一点地填满的空间，不同于非图像的空间。在非图像空间中，每一样东西仅仅是在两维形态中震荡或调节自己的视觉空间。

请看《李尔王》第四幕第六场中独特的三维语言艺术。爱德伽努力劝说失明的葛罗斯特相信，他们来到了悬崖边：

> 爱德伽：……听！那不是海水的声音吗？
>
> 葛罗斯特：不，我真的看不见。
>
> 爱德伽：哎哟，那么大概您的眼睛痛得厉害，所以别的知觉也连带模糊起来啦……来，先生，我们已经到了，您站好。把眼睛一直望到这么低的地方，真是惊心眩目！

第三维的幻觉在贡布里希[①]的《艺术与幻觉》(*Art and Illusion*)中有详尽的讨论。三维透视绝对不是自然的人类视觉，而是约定俗成、后天获得的东西，就像认字母或者跟随编年叙述体是后天获得的一样。莎士比亚评说视觉与其他感官的关系，使我们看清视觉是后天获得的幻觉。葛罗斯特渴望幻觉，因为他突然失去了视觉。他的视觉构想能力还没有完全和他的其他感官相脱离。由于声觉有意识地和其他感官脱离，才赋予人第三维的幻觉，就像莎士比亚在这里表明的一样。此外还需要固定视点，目不转睛：

> 葛罗斯特：来，先生，我们已经到了，您站好。把眼睛一直望到这么低的地方，真是惊心眩目！在半空盘旋的乌鸦，瞧上去还没有甲

---

① 贡布里希（Ernst H. Gombrich，1909—2001）：英国美学家、艺术史家，著有《艺术与世界》《艺术与错觉》《艺术方法论》《艺术的故事》《艺术与人文科学》《理想与偶像》《秩序感》《图像与眼睛》《艺术与科学》等。

虫那么大；山腰中间悬着一个采金花草的人，可怕的工作！我看他的全身简直抵不上一个人的头的大小。在海滩上走路的渔夫就像小鼠一般，那艘碇泊在岸旁的高大的帆船小得像它的划艇，它的划艇小得像一个浮标，几乎看不出来。澎湃的波涛在海滨无数的石子上冲击的声音，也不能传到这样高的所在。我不愿再看下去了，恐怕我的头脑要昏眩起来，眼睛一花，就要一个筋斗直跌下去。

莎士比亚在这里做的是展开五个两维平面，一个接一个。将它们按对角线扭曲一下，它们在那个“静止点”上看起来似乎是前后接替的。他完全清楚，这种幻觉倾向是由于感官分离产生的。弥尔顿失明之后利用同样的视觉幻象。1709 年，伯克莱[①]主教在《视觉新论》(*New Theory of Vision*)中谴责牛顿视觉空间的荒唐，这种空间是与触觉分离的纯粹的抽象幻象。感官彼此剥离，它们在触觉通感中的互动关系被切断——这很可能是谷登堡技术的影响。17 世纪初《李尔王》出现的时候，职能分割和简约的过程肯定到了关键时刻。但是，如果要断定这一场谷登堡技术引发的革命，在人的感性生活中究竟走了多么远，我们就要采用一种略微不同的研究方法，而不是简单地从一个关键时刻的一个伟大的剧本中抽取些样本。

《李尔王》是中世纪的布道教喻故事或归纳推理，表现的是文艺复兴时期新生活中的疯狂和苦难。莎士比亚精细地说明，行动的原理本身，正在把社会运作和个人感性生活分裂为专门化的片断。当人们寻找各种力量在总体上的相互影响时，这样的狂热就要发生，新的紧张关系必然发生，社会成分和个人也必然要产生疯狂的举动。

塞万提斯也有和莎士比亚类似的意识。他的《堂・吉诃德》好像是受

---

① 伯克莱（George Berkeley，1685—1753）：爱尔兰哲学家、经济学家、数学家、物理学家。《视觉新论》考察视觉和触觉的各种问题，结论是“视觉的真正对象不在心外”。

到新的书籍形式的刺激而产生的“电兴奋”，就像马基雅维利受到一个专门片断经验的“催眠”一样。他挑选这个片断，使之升温，把它推向最大的意识高度。他把个人权力从社会母体中抽象出来，这和很早以前把轮子从牧场中抽象出来一样。这样的抽象确保了更大程度的运动。不过，他们两人看到的是，有意识地以分割和专门偏向为框架的运动和行动是徒劳无益的。

叶芝有一首小诗，用神秘的形式表现《李尔王》和《堂·吉诃德》的主题：

洛克[①]昏睡不起
伊甸园也猝死
上帝抽出肋骨
做成珍妮织机[②]。

洛克所说的晕眩是一种催眠状态。当人们强化经验中的视觉成分，使单一的感官充满人的整个注意场时，人就进入催眠状态。心理学家给催眠术下的定义正是这样：单一的感官塞满人的整个注意场。此时，“伊甸园”就死了。换言之，伊甸园说的，是感官相互作用下产生的一种触觉和谐。由于对一种感官的内向关注，抽象和重复的机械原理就以明快的形式浮现出来。正如布赖森（Lyman Bryson）所言，技术是明快显豁的。所谓显豁，就是每一次只把一件事情、一种感官、一种心态、一种身体活动搞得清清楚楚。本书试图弄清印刷术塑造事物形态的缘由和方式，因此考虑字母表

---

① 洛克（John Lock，1632—1704）：英国哲学家。在认识论、政治、教育和医学等均有贡献。著作有很多中文译本。

② 珍妮纺织机：工业革命中第一种大批量生产的机器，象征工业革命。

对当今土著人的影响是颇有意义的。他们如今与拼音字母的关系，与我们过去与字母表的关系是一样的。

在拼音字母技术的内化之中，人从耳朵的魔力世界转入中立的视觉世界

卡罗瑟斯（J. C. Carothers）在《心理治疗》（*Psychiatry*）1959 年第 11 月号上撰文《文化、心理治疗和书面词语》（Culture，Psychiatry and the Written Word），对无文字的土著和有文字的土著、无文字的人和西方人进行比较。文章开头是大家熟悉的事实：

> 婴幼期教育类型的影响，实际上是终身的影响，因此非洲人认为自己是一个大组织的微不足道的一部分，而不是一个独立的、自立的单位。这个大组织就是家庭和宗族。个人的主动和雄心没有机会得到施展。个人经验在个人层面上的整合不能完成。与理性层面上的限制相对照，气质层面上的自由是允许的。人们指望你要积极地生活在“此时此地”，要高度外向，要自由表达感情。（第 308 页）

一句话，我们心中的“不受压抑”的土著人对抑制和压迫身心生活的东西置之不理。这在无文字的世界里是不可避免的：

> 西方儿童很小的时候，大人就让他们去玩积木、钥匙、水龙头等等。这些东西束缚着他们去想时空关系和机械因果关系。相反，非洲儿童受到的教育使他们非常依赖说话，因为其中富有相当大的戏剧性和强烈的情绪。（第 308 页）

换言之，任何西方环境下的儿童都受到抽象而显豁的视觉技术的包围。这种环境是统一的时间和统一而连续的空间。在这里，“原因”是高效的、序列的。事物的运动发生在单一的平面上，都是按前后相继的顺序展开的。但是，非洲的儿童生活在隐含的、富有魔力的、铿锵的口语世界之中。他遭遇的不是高效的原因，而是轮廓场中的显形原因，任何无文字的社会都要培养这样的轮廓场（configurational field）。卡罗瑟斯一再重申：“乡间的非洲人主要是生活在一个声音的世界里——这个世界对听话人来说，装载着直接而亲切的意义。相反，西方的欧洲人主要是生活在一个视觉世界里——这个世界总体上对他是冷漠的。因为耳朵的世界是一个热烈而高度审美的世界，眼睛的世界却是一个相当冷静而中性的世界，所以对听觉倚重的人来说，西方人看上去的确是非常冷冰冰的鱼。”①

卡罗瑟斯检讨了大家熟悉的非文字的观念，即口语词的“威力”。这种观点认为，思想和行为依靠语词的魔力及其强加的预设力量。他引用肯亚塔（Jomo Kenyatta）总统谈占库犹人的爱情巫术说：

> 学会正确使用有魔力的词语及其语调是非常重要的。有效地使用这些词语的进展如何，倚赖于说出这些话的仪式顺序……在运用爱情魔力时，要吟诵一个巫术公式……吟诵公式以后，他就大声呼唤那个姑娘的名字，然后就直接对她说话，仿佛她正在倾听一样。（第309页）

正如乔伊斯所云，这就是所谓“在仪式场合使用的生搬硬套的话”（rite words in rote order）。但是，我们今天再现了这样的情况，西方的儿童又生活在一种反复重现的魔力世界之中，他听见广播电视上不断重复的广告。

卡罗瑟斯接着问，文字在社会中是如何运作，来实现这样的变化的，

① 见E.卡彭特和H.M.麦克卢汉著《传播探论》“听觉空间”章。——原注

即如何从振动、鲜活、积极、自然力量的观念，变化成脑子中的意义或涵义的：

> 我说过，只有等到书写词语，然后是印刷词语出现之后，使词语失去魔力的脆弱舞台才搭建起来。为什么这样说呢？
>
> 早些时候，我在一篇研究非洲的文章里提出了这个主题：无文字的乡下人在很大的程度上生活在声音的世界中，西欧人很大程度上生活在视觉世界之中，这一点形成鲜明的对照。在一定意义上，声音是活生生的东西，至少总是活生生的表征——运动、事件、活动。生活中缺乏保障，在丛林和草原上容易受到伤害时，人必须时刻保持警惕……声音在西欧失去了许多这样的含义。在这里，人们总是而且必须要发展非凡的忽视声音的能力。对欧洲人而言，一般地说，“百闻不如一见”。相反，对非洲的乡下人来说，现实似乎是栖居在口耳相传的东西之中，在很大程度上是如此……事实上，你不得不相信，对许多非洲人而言，眼睛被看做是意志的工具，而不是接收的器官。耳朵才是主要的接收器官。（第 310 页）

卡罗瑟斯重申，西方人在很大程度上，要依靠对时空关系进行视觉的塑造。缺少这一点，就不可能获得因果关系的机械意义。但是这对我们塑造生活秩序是必须的。土著人感知生活中与此迥然不同的假设，使卡罗瑟斯不得不问，在感知习惯从偏重听觉转向偏重视觉的过程中，书写的词语会扮演什么角色：

> 词语写成字之后，当然就成为视觉世界的一部分。像视觉世界中的大多数成分一样，它们就变成了静态的东西，因此就失去了听觉世界一般非常典型的动态特征，尤其是口语世界的典型特征。书面词语

> 失去了许多个人色彩。听见的话通常是针对自己的，看见的字多半不是针对自己的，因为它可以阅读，也可以不阅读，全凭人兴之所至。写下的字失去了许多感情色彩和强调的言外之意，比如像蒙拉德—克罗思（Monrad–Krohn）所描绘的那样……因此一般地说，语词成为视觉的文字之后，就参加了对观者来说是比较冷漠的世界——这是语词的“魔力”被抽空了的世界。（第 311 页）

卡罗瑟斯接着深入探讨有文字社会允许的“自由构想”（free ideation）。这在口头的、无文字的社区中是根本不可能的：

> 自言自语可以与行动分离的观念，它无效或可能无效的观念，它局限于或可能局限于说话人自身的观念……具有重要的社会文化含义。因为只有承认自言自语是可以被控制的，只有承认自言自语不会自然而然地展翅飞扬——只有在这样的社会里，社会控制才可以忽视自言自语，至少在理论上是如此。（第 311 页）

因此，在俄国这个口头文化仍然深厚的国家，间谍工作是靠耳朵而不是靠嘴巴。在 20 世纪 30 年代难忘的“清洗”审判中，许多人完全服罪并不是由于其所为，而是因为其所想，这使西方人感到震惊和困惑。另一方面，在书面文化高度发达的社会中，视觉和行为的统一使个人摆脱了内心的偏离。在口头文化的社会中，情况可不是这样。在这里，内心的独白是有效的社会行为：

> 在这样的情况下，行为制约必然要包括思想的制约，这一点不言自明。因为一切行为的管束和构想所走的都是高度社会化的路子，因为受管束的思想不可能不是个人的和独特的，所以它存在的可能性反

> 而难以觉察。这一点隐而不现。因此，这种思想真的出现，又不是出现在严格实用和功利的层次上时，就可能被认为是来自魔鬼或外在的邪恶影响，就可能被当做是可怕的东西，他人和自己都要尽可能地避而远之。（第 312 页）

听说高度口耳相传的强制和僵化的社区模式，被说成是“管束和构想所走的，都是高度社会化的路子”，这也许有一点出人意表。因为在非个体的团体性上，什么也超不过口头的、非文字的社区。两方偏重文字的社区遭遇尚存的各种“原始”的或偏重听觉的社区时，总是要产生极大的困惑。中国和印度这样的地方，至今基本上还是偏重听觉和触觉。拼音书面文化渗透进去之后，引起的变化微不足道。连俄国都维持了深厚的口头文化倾向。书面文化使语言和敏感性的底层结构发生变化，然而这种变化只能是渐进的。

因克里斯（Alexander Inkeles）在《俄国的舆论》（*Public Opinion in Russia*）中描绘了普通的无意识偏向，这颇为有用。甚至连俄国的文人圈子所走的方向，都与长期习染书面文化的社区认为的“自然的”方向相反。俄国人的态度与任何别的口头文化社会一样，和我们的偏重刚好相反：

> 在美国和英国，自由表达本身，抽象的权利本身受到重视……苏联的情况刚好相反，行使自由权的结果最受关注，对自由的执着追求反而退居第二位。正是这个原因，总是使苏联和英美代表的会谈具有一个典型的特征：总是在具体问题上绝对无法达成一致意见，虽然双方都申明应该有新闻自由。美国人通常所说的是自由表达，是说什么或者不说什么的权力。这个权力只存在于美国，不存在于苏联。苏联的代表通常说的是能用上的表达手段，根本就不是具体的说什么不说什么的权力。他认为美国的大多数人被剥夺了使用这些手段的机会，

这些机会在苏联是存在的。（第 137 页）

苏联人对媒介结果的关注，对任何口头文化的社会都是自然的。在这里，相互依存是因果关系在整体场中作用的结果。这是村落的特征。自从电力媒介问世以来，这也是地球村的特征。广告人和公关人最清楚全球相互依存这个新的一维。就像在苏联的情况一样，他们关心的是能用上媒介和使用媒介的结果，对自我表现毫不关心。如果有人要接过一则油料或可口可乐的公益广告，来表达个人的观点或感情，那就会使人感到震惊。同样，苏联的文字官僚也不能想象，有人竟然想用个人方式来使用公共媒介。这种态度与马克思、列宁或共产主义毫无关系。这只是任何口头文化社会的正常的部落态度。在塑造生产进程和社会进程方面，苏联的新闻界与我们的麦迪逊大街[①]是一样的。

精神分裂也许是拼音书面文化的必然后果

卡罗瑟斯强调指出，拼音文字使思想和行动分裂之前，只可能是让所有的人为自己的行动和思想负责。舍此别无他途。他强调指出，充满魔力的耳朵世界和中立的眼睛世界是分裂的，非部落人是在这个分裂中出现的。这是他了不起的贡献。当然，接下来的结论就是，希腊人是分裂的人即精神分裂的人，正如拼音文字发明以来所有识文断字的人都是精神分裂的一样。然而，并非所有的文字都具备拼音文字那种使人非部落化的特别力量。自从拼音文字把语义从语音中抽象出来之后，自从语音被转换成了视觉编码之后，人就始终和使之发生转换的经验纠缠在一起。象形文字、会意文字或圣书文字，都不具备使人非部落化的力量。除了拼音文字之外，其他

① 麦迪逊大街（Madison Avenue）：在纽约市，是美国广告和新闻中心。

文字从来没有把人从相互依存和相互联系的受钳制的世界中解放出来。相互依存和相互联系的世界，就是听觉网络的世界。在这个朗朗有声、同步关系的魔力世界即听说空间中，非部落化的人通向自由和独立的道路只剩下一条。这条路一定是拼音文字，然而拼音文字又使人陷入不同程度的二元分裂中。在《西方哲学史》(*History of Western Philosophy*) 中，罗素对古希腊遭遇的二元分割痛苦和拼音文字创伤进行了这样的描绘：

> 并非所有的希腊人，但确实有很大一部分的希腊人是这样的：他们充满激情、郁郁寡欢，与自己交战，被理智驱赶着走上一条路，被激情驱赶着走上另一条道，凭想象构想了天堂，又凭借任性的自我表现创造了地狱。他们有一句格言叫“不过头”(nothing too much)，然而实际上他们一切都过头——纯粹的思想、诗歌、宗教和罪孽都过头。他们是伟大的，使他们伟大的是激情与理智的结合……事实上，希腊有两种倾向。一种是激情、宗教、神秘和出世，另一种是活泼开朗、经验主义、理性主义，是追求各种知识的兴趣。(第 39 页)

技术膨胀或感官外化所产生的感官分割，在过去的一个世纪中是无所不在的。今天，我们首次认识到这些文化突变是怎样启动的。受到新技术第一次冲击时人们的反应都是最强烈的——无论这新技术是字母表还是收音机。因为关于眼睛或耳朵的技术扩张立刻形成新的感官比率，新的感官比率又推出一个令人惊奇的新世界，新世界又激发各种感官强烈的新型“闭合”或相互作用的新奇格局。但是，等到整个社区都把新型的感知习惯吸收进工作和交往的各个领域之后，初期的震撼也就冰消雪融了。不过，真正的革命是在这个稍后的阶段。这是一个漫长的“调整”阶段，一切个人生活和社会生活都要去适应新技术建立的新型感知模式。

罗马人把拼音字母文化转换成了视觉文化。希腊人——古希腊时期的也好，拜占廷时期的也好，都抓住许多古老的口头文化不放手，口头文化不信任行动和应用型知识。因为应用型的知识，无论是军事构架还是产业组织，都依赖人口的一致和均质。象征主义作家爱伦·坡说："显然，写作本身在很大程度上都是思想的逻辑化。"线性的、拼音字母的写作，使希腊人能够突然发明思想的"语法"和科学。这些语法就是把个人的思想过程和社会过程详细说清楚，也就是把非视觉功能和关系变成视觉的东西。功能和过程并不新颖，但是捕捉视觉分析的手段即拼音字母却是新颖的。它对希腊人是新颖的，就像二十世纪的电影摄影机对我们是新颖的一样。

我们可以问，既然腓尼基人狂热的专门化能够使他们从埃及圣书文字中开发出拼音文字，可是他们为什么又不能进一步释放出更多的思想和艺术活动呢？同时，指出这一点也不无重要意义：罗马世界的百科全书式的集大成者西塞罗在纵览希腊世界时，批评苏格拉底是使头脑和心灵分裂的始作俑者。他之前的人基本上还是生活在非文字的世界之中。苏格拉底站在口头世界和视觉-文字世界的边界上。但是他一个字也没有写。中世纪把柏拉图当做纯粹的抄书人，或者是给苏格拉底抄抄写写的人。阿奎纳[①]认为，苏格拉底和上帝都没有把他们的教导诉诸文字，因为文字教育是不可能完成思想的相互作用的。

媒介比如字母的内化，是否要改变我们的感官比率和心理活动呢？

西塞罗这个讲究实际的罗马人关心的，是希腊人在他培养雄辩家的路上设置的障碍。在《演说家》（*De oratore*）第三部第15—23章中，他论述了从滥觞期到他那个时代的哲学史。他试图说明，专业的哲学家如何在辩

① 阿奎纳（Saint Thomas Aquinas，1225—1274）：意大利多明我会修道士，哲学家、神学家。

才和智慧、实用知识和他们追求的知识之间制造了一个缺口。他们宣称要为知识而知识。苏格拉底之前的学习是生活正确和说话优雅的导师。随着苏格拉底而来的是舌头和心的分裂。偏偏是苏格拉底启动了智慧思考和雄辩口才的分割，这实在是难以解释："……根据所有演说家的见证，以及全体希腊人的评断，无论是在审慎敏锐、优美和典雅方面，还是在雄辩、多才和广博方面，只要苏格拉底献身其中，他都轻而易举地成为最杰出的希腊人。"

西塞罗认为，苏格拉底之后的情况更加糟糕。尽管斯多葛学派拒绝培养口才，但是他们还是宣告口才是美德和智慧。对西塞罗而言，智慧即口才；因为只有靠口才，知识才能用于头脑和心灵。罗马人西塞罗脑子里执着追求的是应用型知识，正如后来的培根（Francis Bacon）一样。对他来说，正如对培根一样，应用的技巧要依赖两个东西：罗马人砌砖那样同一的可重复性和知识的同质切分法。

如果从文化内部或外部引进了一种技术，如果它给我们的一种感官加重分量或使之地位上升，那么我们感知的比率就要变化。我们的感觉不再相同，我们的眼睛耳朵等感官不再一样。我们感官的互动是永恒的，只有麻醉时例外。但是，任何一种感官加热到高强度之后，它都会成为其他感官的麻醉剂。牙科大夫现在可以用诱发的噪声来消除触觉。催眠术也依靠同样的原理——分离出一种感官以麻醉其他的感官。结果就打破了感官的平衡，即失去同一性。部落的、无文字的人生活在用听觉组织一切经验的高强度的压力之下，他们似乎也可以说是生活在一种着迷的状态之中。

在中世纪人的心目中，柏拉图似乎是给苏格拉底抄书的人。在写作的过程中，他回顾无文字的世界说：

> 重述塔姆斯（Thamus）和特乌斯（Theuth）两人毁誉各种技艺的争论，那要花许多时间。但是，一说到字母，特乌斯就会使埃及人显

得更聪明，记忆力更好。字母是记忆和智慧的特效剂。塔姆斯回答说，啊，最聪明的特乌斯，技艺之母或发明人未必总是能够最恰当地评判自己的发明有用无用。在这个例子里，因为你是字母之父，所以你用父母的爱把它们没有的品质加在它们头上。因为你这个发明在学习者的心灵里产生了遗忘，正因为他们不必记忆，所以他们信赖外在的字母，而自己不会铭记。你发现的特效剂不帮助记忆，只帮助回忆。你给学生的不是真理，而只是真理的近似物。他们听见许多东西，但是学不到任何东西。他们看上去无所不知，可是总体上说是一无所知。他们与人为伴时总是使人讨厌，因为他们炫耀智慧，实际上却没有智慧。①

在这里或别的地方，柏拉图都没有表现出他具有拼音字母如何改变希腊人感知的意识。其他人他那个时代也好，后来的时代也好，也没有表现出这样的意识。他的时代之前，创造神话的人们已经预见到这一点，而且几句话就说清楚了这一点。这些人处在老的口头部落文化和新的专门化和个体化技术的疆界之间。神话中卡德摩斯王②说，他把腓尼基人的拼音字母引进希腊，而且种下了龙牙，龙牙长成了全副武装的武士。正如一切神话一样，这个神话足以说明千百年中发生的复杂的社会过程。但是，直到近年，伊尼斯的研究才充分揭开了这个神话的秘密。(比如他的《传播的偏向》和《帝国与传播》) 神话和格言警语一样，是口头文化的特征。因为书面文化剥夺语言的多维共鸣特性之前，每一个词都是一个自足的语音世

① 见柏拉图的《斐多篇》，朱厄特（Jewett）英译本，第 274—275 页。——原注

② 卡德摩斯王（King Cadmus）：腓尼基王的儿子，发明腓尼基文字，奉阿波罗神谕修建底比斯城，成为底比斯王。建城之前曾战胜凶龙，将龙牙拔下，种在地里。龙牙长成了全副武装的武士。

界，一个“瞬间的神”或一次神的启示。卡西尔[1]《语言与神话》（*Language and Myth*）介绍无文字民族的这种意识，纵览当前语言起源和发展研究的广阔领域。19 世纪末，许多研究无文字社会的学者开始怀疑逻辑范畴的先验性。今天，拼音书面文化在创造命题阐述技巧（形式逻辑）中的作用已经广为人知。但是，人们依然认为，欧几里得空间和三维视觉感知是人类共性的论据，甚至连人类学家都持这样的观点。土著艺术中没有三维空间。这样的学者认为，那是由于缺乏艺术技巧。卡西尔在揭示语词概念［神话（mythos）的词源意义就是“词语”（word）］的神话时说：

> 乌森纳（Usener）认为，我们追踪宗教观念起源的最底层，是“瞬间神”（momentary deity）的观念。所谓“瞬间神”是由于关键时刻的特别需要而产生的形象……它仍然打着原始易变和自由的印记。但是，乌森纳的著作发表以后，30 年来民族学和比较宗教学的成果似乎能够使我们再前进一步。（《语言与神话》第 62 页）

文明使野蛮人或部落人用眼睛代替耳朵，可是它现在与电子世界闹别扭

卡西尔说的这一步，是对神力的更加高度概括的感觉，它偏离了具体的、个体化的“原型”和“瞬间神”的显灵。越是深入到无文字意识的底层，越是要遇到 20 世纪最前卫和先进的艺术和科学——这一点一定使当代的学者和物理学家迷惑不解。解释这一悖论正是本书的主题之一。围绕这

① 卡西尔（Ernt Cassirer，1874—1945）：德国哲学家、教育家、作家。代表作有《语言与神话》《国家的神话》《人论》等。

个主题每天都在激发许多情绪和争辩，因为这个世界的电子技术领域正在从视觉取向转变为听觉取向。当然，争辩完全忽略了原因，只死死地纠缠着“内容”。字母表为希腊人的敏感创造了欧几里得空间，还同时发现了透视和编年体叙事。如果抛开这些结果，就有必要回头看一看卡罗瑟斯所论述的土著世界。因为只有在无文字的世界中，才最容易发现拼音文字在塑造西方世界中是如何运作的。

希腊人凭借其文字，取得了比巴比伦人和埃及人更大的成就。费希尔①对此的解释是，他们没有处在“有组织的僧侣权术的控制之下”（见其《欧洲史》，*A History of Europe*，第19页）。即使此说不错，希腊人在陷入陈陈相因的重复性思想模式之前，也只有很短的一段时间来探索和发现。卡罗瑟斯觉得，早期的希腊知识分子不仅得到其他民族的智慧，并且因此而受到激励，而且由于他们自己没有知识的既得利益，所以在接受和发展新知识的过程中，就不存在受到挫折的问题。正是这种情况，使今天的西方世界处在非常不利的地位，使它比“落后”国家要略逊一筹。我们数量庞大的文学和机械技术储备，使我们在对付新型的电力技术时束手无策、笨手笨脚。新型的物理学是一个听觉的领域，有着悠久的文字传统的社会在物理学这个领域中不在行，永远也不可能很老到。

当然，这样说是忽略了拼音文字和其他文字的区别。只有拼音文字才使眼睛和耳朵分割，语义与字码分割。因此，只有拼音文字才有力量使人从部落领域转入“文明”领域，才能使人用眼睛代替耳朵。据信，中国文化比西方文化更高雅，更富有敏锐的感知力。但是，中国人是部落人，偏重耳朵的人。这里的“文明”必须在技术的意义上使用，它说的是非部落化的人；对其而言，视觉价值在组织思想和行动中占有优先的地位。这不

① 费希尔（H. A. L. Fisher，1865—1940）：英国历史学家，代表作是《中世纪帝国》《共和政体》和《欧洲史》。

是给“文明”什么新的意义或价值，而只是具体说明它的意思。显然，如与口头和听觉文化的高度敏锐的感知力比较，大多数文明人的感知力是粗糙而麻木的。其原因是，眼睛不具备耳朵那种灵敏度。卡罗瑟斯继续说：

> 柏拉图的思想可以说是代表了希腊人的思想。就这一点而言，语词显然维持了它们在“真实世界”中巨大的力量。无论是思想中的语词还是写下来的语词，无论是对希腊人还是对我们，语词都具有这样的力量。虽然语词自身终于被认为是非行为的东西，但是它们又被当成是行为和一切发现的源头活水：它们是打开知识宝库的唯一的钥匙，而且只有思想——其形态为语词或数字——才是开启认识世界一切大门的钥匙。
>
> （《文化、心理治疗和书面词语》，*Culture*，*Psychiatry and the Written Word*，第 313 页）

在他的《柏拉图对话·克拉蒂鲁斯篇》[篇名以他语文老师的名字克拉蒂鲁斯（Cratylus）命名] 中，柏拉图笔下的苏格拉底这样说：

> 苏格拉底：但是如果事物只有凭借名字才能被认识，那么我们怎么能够假设，没有名字之前，命名者就能获得知识呢，或者说他们就是名字的立法者呢？
>
> 克拉蒂鲁斯：苏格拉底，我相信真实的描写应该是这样的：有一种超过人的力量首先给事物命名，这样的命名必然是真实的名字。（第 438 页）

克拉蒂鲁斯这个观点是大多数语言研究的基础，直到文艺复兴。它深深地扎根于古老的“瞬间神”的口头“魔力”之中。由于各种各样的原因，这个观点如今又受到宠爱。对纯粹文字的和视觉的文化而言，这个观点是最格格不入的。在朱厄特给《柏拉图对话》的译注中，我们很容易看出两者的格格不入。

卡罗瑟斯又转向理斯曼[①]的《孤独的人群》（*The Lonely Crowd*，第5页），以求在进一步探问文字对非文字社区的影响时把握方向。理斯曼给西方世界定下这样的特征，他培养“典型成员的社会特征，其一致性在婴幼儿期就确定下来，他们在这个时候就要学到一套内化的目标”。理斯曼没有努力去发现为什么古代和中世纪的手稿文化没有使人“求之于内化”，也没有研究为什么印刷文化必然要使人“求之于内化”。这就是本书要研究的问题之一。但是，我们可以立刻说，“求之于内化”依赖一个“固定的观点”。稳定和一致的特性与坚定不移的观点是合而为一的，和近乎催眠状态的视觉立场也是合而为一的。阅读手稿太慢，并使人跌跌撞撞，不可能提供这样的阅读习惯：持一个固定的观点，或在思想和信息层面上快速浏览。我们将会看到，和印刷文化比较，手稿文化是高强度的听觉触觉文化。那就是说，拉开距离的观察习惯完全不适宜手稿文化，古埃及、希腊、中国、中世纪的文化都是如此。手稿文化偏向主客一体、情景交融和感官的全部投入，以此代替印刷文化那种冷静的视觉距离。但是，非书面文化的经验是耳朵压倒眼睛的暴政，所以在听觉这一端，感官之间的平衡作用是闻所未闻的。另一方面，印刷术把西方经验中的视觉成分推向了极端，感官之间的平衡作用也极端困难。

---

① 大卫·理斯曼（David Riesman，1909—2002）：美国社会学家，著有《人群里的面孔》《为何的富足？》等十余种，代表作《孤独的人群》研究城市中产阶级的品性，是研究美国个人主义的必读书。

现代物理学家在东方的场论中宾至如归

卡罗瑟斯发现，理斯曼的“传统取向”民族的划分，与他以下的表述是相当一致的——“非文字社会或人口的大多数未受到文字触动的社会”。（见《文化、心理治疗和书面词语》第 315 页）应该知道，受文字“触动”并不是非常突然的事情。任何时间和任何地方，受文字“触动”都不是问题的全貌。下文讨论 16 世纪和其后的几百年时，这一点会看得很清楚。但是今天，由于电力技术造成全球极端相互依存的情况，我们又快速进入同步事件和总体意识的听觉世界之中。然而，文字习惯仍然流连于我们的言语和感知之中，仍然流连于我们日常生活的时空安排之中。只要不遇到大的浩劫，文字和视觉的偏向在抗衡电力技术和“统一场”的意识时，可以坚持很长一段问。反之亦然。虽然德国人和日本人的书面文化和分析技术非常发达，但是他们保留了听觉性部落统一和抱团的核心价值。电台广播的来临，以及整个的电力技术，对他们和所有的部落文化，都是非常深刻的体验。长期偏重文字的文化，对当代整体电力场文化（electric field culture）的听觉动感，自然表现出更多的对抗。

理斯曼谈到传统取向的民族时说：

> 我们讨论的社会秩序类型，相对来说是衡稳不变的，因此个人的顺应在很大程度上是由宗族、种姓、职业等年龄组和性别组的权力关系来决定的。这些权力关系已经维持了千百年，代代有调整，但变化不大。这种文化以非常细腻的方式控制行为……细腻而僵硬的礼仪管束着权势很大的亲属关系……几乎很少花精力去寻求解决世代遗留问题的新方法……（《孤独的人群》第 26 页）

理斯曼指出，哪怕是为了达到复杂的宗教礼仪的要求，“性格的个性化也不用高度发展”。他以高度偏重文字的人的身份说话。对他来说，个性“发展”指的是持有个人的观点。土著人觉得的高度发展，对于我们偏重视觉的知觉模式来说，未必是容易理解的。海森伯[①]《物理学家的自然观》（*The Physicist's Conception of Nature*）说到一个故事。我们能够以管窥豹，由此了解传统取向社会里的人是如何对待技术改进的。由于他习惯“场”的感知，由于他与我们常规的牛顿空间习惯相脱离的精妙思想，这位现代物理学家，很容易就在前文字世界中发现了与他情投意合的智慧。

海森伯用以下故事探讨“科学是人与造化相互作用的一部分”（第20页）：

> 在这方面，人们常常说，这个技术时代给环境和我们的生活方式带来了深远的变化，同时又给我们的思维方式带来了危险的变化。这里埋下了危机的祸根，危机震撼了我们的时代。危机也表现在我们的现代艺术中。不错，这个反对意见比现代科学技术要古老得多，工具的使用可以回溯到人类最早的幼年期。因此，2500年前的中国圣人庄子就说到机器的危险：
>
> “子贡南游于楚，反于晋，过汉阴。见一丈人方将为圃畦，凿隧而入井，抱瓮而出灌，搰搰然用力甚多而见功寡。
>
> “子贡曰：‘有械于此，一日浸百畦。用力甚寡，而见功多，夫子不欲乎？’
>
> “为圃者仰而视之，曰：‘奈何？’
>
> “子贡曰：‘凿木为机，后重前轻。挈水若抽，数如泆汤，其名为槔。’

① 海森伯（Werner Karl Heisenberg，1901—1976）：德国物理学家、哲学家和社会活动家，量子力学的创始人之一，提出著名的“测不准原理”。

> “为圃者忿然作色而笑曰：‘吾闻之吾师，有机械者必有机事，有机事者必有机心。机心存于胸中，则纯白不备。纯白不备，则神生不定。神生不定者，道之所不载也。吾非不知，羞而不为也。’”[①]

显然，这个古老的故事包含了许多智慧，因为“神生不定”恐怕恰当地描写了现代危机中人的处境。技术即机器在全世界传播的程度，是我们的中国圣人想也想不到的。

这位圣人构想的“纯白”的复杂和精妙，比专门化技术和专门化感官生活的社会的任何产物不知要高出多少。但是，也许故事的真正寓意是因为它对海森伯有魅力。它不可能引起牛顿的兴趣。现代物理学不仅放弃了笛卡尔和牛顿的专门化视觉空间，而且重新进入了非文字世界微妙的听觉空间。在最原始的社会，正如在当今时代一样，这样的听觉空间是一个同步关系的整体场。在这个整体场中，“变化”几乎没有莎士比亚脑子里和笛卡尔心里的那种意义和魅力。撇开一切价值不说，我们今天一定要知道，电力技术对我们最普通的感知和行动习惯会产生影响，这些感知和习惯正在我们身上重新塑造最原始的心理过程。这些影响并不是发生在我们的思想或意见中，因为我们在这两个领域接受了批判的训练。而是发生在我们最平常的感性生活之中。这种生活创造了思想和行动的旋涡和母体。本书试图说明，为什么印刷文化赋予人一种思想的语言，使人面对电磁技术语言而不知所措。在这样的时期内，各种文化必须诉诸什么战略呢？洪堡对这个问题作了如下说明：

> 人与客体的生活，主要是按照语言对他呈现的形象来生活的。事实上，因为他的感觉和行动依赖感知，所以我们还可以说，他完全是

① 见《庄子·天地篇》。

> 按照那样的形象生活的。人从自己的身上开发出了语言。凭借同样的过程，他又使自己落入陷阱。每一种语言都在它所属的人周围画上了一个定身的魔圈。这个魔圈使人无路可逃，除非是跳出去进入另一个魔圈。①

这样的意识产生了当代的“暂缓判断”（suspended judgment）技巧。借此可以批判我们的假设，超越其局限。现在，我们不仅可以两栖生活在分割和区别的世界之中，而且可以多元化地同步生活在许多世界和文化之中。我们不再执着于一种文化，即不再严守单一的感知比率，正如我们不再只钟情于一本书、一种语言或一种技术一样。就文化来说，我们今天的需求与科学家的寻求是一样的。科学家谋求弄清研究工具的偏颇，以便纠正这种偏颇。用单一的文化来对人进行条块分割，很快就会像学科中的专门化分割一样荒谬。好像当代并不比其他时代偏执，但是它比任何时代都更加敏感地意识到偏执的情况和事实。然而，我们对各方面无意识的痴迷——包括个人的和集体的痴迷——就像对一切形态的原始意识的痴迷一样，开始于 18 世纪。第一次反对印刷文化和机械工业的革命，就是在那个时候爆发的。开始的时候，我们对无意识的痴迷，是所谓对有机整体的“浪漫反应”。这也许加速了电磁波的发现。但是毫无疑问，电磁波的发现，重新创造了一切人类事务的同步“场”。今天，人类大家庭生活在“全球村”的情况之中。我们生活在一个单一的受限空间之中，部落鼓在其中回响。所以，今天对“原始”的关切，就像 19 世纪对“进步”的关切一样平平常常，这与我们本书的问题是没有关联的。

---

① 转引自卡西尔《语言与神话》第 9 页。——原注

新型电子技术的相互依存按照地球村的形象重新塑造世界

实际上，倘若理斯曼对传统导向民族的描写和卡罗瑟斯对非洲部落社会的知识不相对应，那是会令人惊诧的。倘若一般读者阅读土著社会时，不能以强烈的亲和感与之一道搏动，那也同样是令人惊诧的，因为我们新的电力文化再一次给我们提供了部落基础。这里有一段非常浪漫、抒情的生物学家的证言。夏尔丹[①]在《人的现象》（*The Phenomenon of Man*）里说：

> 在这个压力之下，又加上心灵是可以相互渗透的，人与人之间的生活环境越来越互相渗透，人的脑子（神秘的巧合）也受到同样相似的刺激。仿佛各自膨胀一样，人们的影响半径逐渐延伸，他们追求的影响范围也就随之缩小。事实上，在现代的暴长之中，我们看到发生了什么事情呢？人们已经反复说明发生的事情。通过昨天发明的铁路、汽车和飞机，人们的身体影响范围，已经从过去受拘束的几英里，拓宽到如今的数千英里。尤有胜者，由于以发现电磁波为代表的非凡的生态学成就，每一个人都发现，自己从此（积极地和消极地）同时存在于世界的每一个角落，包括陆地和海洋。（第 240 页）

电力技术使我们的感官膨胀，仿佛一夜之间就在全球罩上了一张硕大无朋的宇宙薄膜。夏尔丹对此抱着不加批判的热情。有文字偏向、喜欢挑剔的人觉得他的热情使人不安。我们的感官外化，产生夏尔丹所谓的智慧脑（noosphere）。世界不是走向一所亚历山大大帝式的图书馆，而是成为

---

① 夏尔丹（Teilhard de Chardin，1881—1955）：汉名德日进，法国哲学家、神学家、古生物学家、地质学家，在中国生活二十余年，参与“中国猿人”的考古工作，著有《人的未来》《人的现象》《神的氛围》及《德日进全集》等。

一台计算机、一个电子大脑，活生生的像一部稚嫩的科幻小说。我们的感官离体而去，与此同时，老大哥[①]却钻进我们的身体了。如果不意识到这个动态走向，我们就可能立刻陷入可怕的状态，那就非常像一个小型的部落鼓的世界，完全互相依赖、互相强加的、共处的世界。我们在巴曾[②]的书里容易感觉到这种恐惧。他的《智力大厦》（*The House of the Intellect*）表现出一副无所畏惧的勒德分子（Luddite）的样子。他觉得自己视为珍贵的一切东西，都是来源于拼音字母在我们脑子里的作用，于是就建议取消一切现代艺术、科学和慈善活动。这个三套马车连根拔除之后，他觉得我们就可以盖上潘多拉盒子[③]了。巴曾至少是找到了他的问题，虽然他没有找到线索，去揭示这三套马车的作用。恐惧是一切口头文化社会的正常状态，因为在恐惧之中一切东西都互相影响。

我们回头再说卡罗瑟斯所谓的一致性。他接着说："思想和行为并非是可以分割的，二者都是行为。恶意毕竟是许多社会熟悉的最可怕的'行为'。对恶意的恐惧，或醒或睡，总是压在每一个社会成员的心上。"（第315—316页）西方世界长期致力于恢复敏锐的统一，恢复思想感情的统一。但是我们并没有做好准备去接受这种统一所产生的部落性后果，就像我们没有做好准备去应付印刷文化所造成的心灵分割一样。

---

① 老大哥（Big Brother）：英国小说家乔治·奥威尔（George Orwell）的政治寓言小说《一九四八》中所说的，一个极权主义国家中无所不在地进行监视的统治者。

② 巴曾（Jacques Barzun，1907—2012）：美国教育家、历史学家、作家。主张通识教育，反对过早分专业。《智力大厦》是一部有争议的著作，对美国教育制度持强烈批判的立场。

③ 潘多拉盒子（Pandora's box）：潘多拉是宙斯创造的第一个女人，上帝给她一个盒子，名叫潘多拉盒子，里面装满各种祸患。潘多拉擅自打开盒子，各种祸害一齐飞出危害人类。

书面文化既影响非洲人的心灵生活又影响他们的生理机能

卡罗瑟斯在探讨拼音文字对非洲人的影响时，在结尾处引用了一段文字（第317—318页）。文章登在《东非旗帜报》（*East African Standard*）上，作者是传教士医生，标题是“文明对非洲人的影响”：

> 本文旨在说明，只需少许一点点教育，非洲儿童的身上就会发生多么快速而深远的变化。变化如此之巨，只需一代人，人的特征和反应就发生了很大的变化。按照过去的预料，这样的变化要花几百年的时间才能够完成。
>
> 没有受过传教士影响或者没有接受过教育的非洲人，品质很好，几乎使人人留下深刻印象。本地人工作卖力、活泼乐观、任劳任怨，不受单调和不舒适工作的影响。他们诚实，一般来说非常忠诚。不过，有人把他们和基督徒的孩子或幼年上学的孩子比较时，偶尔也能听到一些不恭维的话。比如，一位参观马达加斯加学校的作家说，这些未受影响的儿童天生没精打采。他们一坐就坐很久，游戏的冲动似乎是处在冬眠状态。他们不受单调工作的影响。脑子不动使他们能够表现出令人难以置信的忍受力。这些孩子未受多少教育，所以他们长大以后难以填补熟练工种的岗位。经过培训之后，他们最多只能完成无需推理的工作。这就是他们的好品质受到的报应。
>
> 非洲人将永远是愚昧的奴仆，除非他们乐意冒险用教育带来的变化去摧毁原有的品质，除非他们渴望重塑形态完全不同的性格。这种不同的心态可能会表现为偶尔偷偷懒，表现为不怕麻烦去准备食物，表现为在与顾主相处很难的时候也渴望与妻子共同生活。道理显而易见，哪怕只受到一点点教育，他们感受兴趣、欢乐和痛苦的能力也会大大地增加。

对于受过教育的非洲人来说（这里所说的教育是比较低的一般非洲学童达到的水平），新型多样的生活激发了兴趣，单调的东西成为折磨，这就和一般欧洲人的感觉一样了。要具有更强的意志力，才能忠于职守去干无趣的工作。缺乏兴趣的工作使人疲劳。

作者接着介绍教育使非洲人的态度发生的变化，读书识字使他们对口味、性和痛苦的态度都有所改变：

我还要说，未受教育的非洲人的神经系统也是不活泼的。他们需要的睡眠很少。我的许多工人步行几英里的路来上班，干一整天的活，然后回到家，花大半夜时间照看自己的园子，不让野猪糟蹋庄稼。他们连续几个礼拜都每天只睡两三个小时。

从上文演绎出来的道德寓意是，与我们共事的那种老一代非洲人再也看不见了。新的一代完全不同，他们有能力取得更大的成就，也能够达到更大的深度。我们应该以更加同情的心态，去了解他们的困难，去了解他们面对的比过去更大的诱惑。趁着时间不是太晚，我们要把这些东西告诉非洲的家长。要让他们知道，他们现在对付的机制，比过去面对的情况更加细腻。

卡罗瑟斯强调，取得这样的结果，实际上只需要一点点教育，只需要“略微熟悉文字符号——学会一点读、写、算”就行了。

最后，卡罗瑟斯转向中国（第 318 页）。早在 7—8 世纪中国就发明了印刷术，然而印刷术“似乎没有产生解放思想的影响”。他引用赖德烈（Kenneth Scott Latourette）来作证。赖德烈在《中国人，他们的历史与文化》（*The Chinese*，*Their History and Culture*）中说：

我们假设的火星人，完全可能指望工业革命和现代科学方法首先在中国出现，而不是在西方出现。中国人非常勤劳，在发明中表现出非常出色的天才，而且在经验科学方法上比西方人先着一鞭。他们获得了非常之多的农学和医学知识。在了解自然环境的奥秘上，人们完全可能指望他们而不是西方国家成为科学方法的先驱和领袖。这是个率先发明造纸术、印刷术、火药和指南针的国家——只提他们少许几个最有名的发明就足以说明问题。但是，在设计18、19世纪的动力纺织机、蒸汽机和其他革命性机器中，这个民族没有走在前面，这实在是令人惊诧。（第310页）

中国人搞印刷术，不是为市场或价格体系制造统一规格的、可以重复的产品。印刷术是他们制造转经轮的一种选择，是成倍制造符咒的视觉手段，很像我们这个时代广告的用途。

但是，从中国人对印刷术的态度中，我们能够学到许多东西，因为印刷术最明显的特点是可重复性，正如可重复性最明显的特点是催眠术或痴迷状态一样。况且，印刷会意文字和印刷拼音文字是完全不同的两码事，因为会意字是同时调动所有感官的复杂的格式塔完形（Gestalt），比埃及的圣书文字有过之而无不及。会意字不让形声义分割，而这种分割正是拼音文字的关键所在。于是，对于工业和应用知识中的功能专门化和分割，中国人是不得其门的。今天，中国人似乎走在拼音文字的道路上。这就担保他们要完全清算当下和传统的文化。然后，他们就会沿着精神分裂症的道路向前走，并且要在物质力量和强势组织（aggressive organization）的方向上弄出许多二元分割——按照罗马人的中心–边缘格局搞出来的二元分割。

卡罗瑟斯解释中国人早期对产业主义的冷漠时，他提出的理由是站不住脚的。他说，中国的文字或印刷需要深奥的学问才能看懂。其实，所有非拼音文字或多或少都是这样的。而赖德烈对这一点的评论，无论是在这里还是日后都对我们有帮助：

> 大多数浩如烟海的汉文文献都是用古文写就的……古文难，是极端雕琢的文字，充满典故和引文。读者要带上现存文献的庞大库藏，才能鉴赏古文。就连读懂古文，都需要这样的功夫。……只有读过大量的文献，尤其是记住大量的文献之后，读书人才能得到一种第六感官，他才能上算准确，哪一种理解才算是读对了意思。认古文都要花很长的时间，写文章更是繁重的任务。很少有几位西方人能够达到一种可以接受的水平。许多现代中国人是当前教学计划的成品，他们离熟练掌握古文还差之天壤。

卡罗瑟斯的结论是，与文化研究法和环境研究法相比而言，用基因法研究人群并不能给我们提供多少确定性，得出的数据也很少。我的建议是，文化生态学在人的感官系统中具有相当稳固的根基，由于技术膨胀而引起的这个系统的任何延伸，都要在各个感官的比例中产生相当明显的影响。语言就是所有感官同时膨胀或外化所产生的技术形态，所以它们立即会受到任何感官的机械延伸的冲击或入侵。就是说，文字直接影响言语，不仅影响词法和句法，而且影响言语的发音和社会惯习用法。[①]

为什么非文字社会不经过训练就看不懂电影或照片

本书的目的，是说明拼音文字在建立新型感知时的因果关系。让我们

---

① 见麦克卢汉《16 世纪印刷书籍对语言的影响》，《传播学探索》（*Explorations in Communication*）第 125—135 页。——原注

看一看伦敦大学非洲学院的威尔逊教授的一篇文章[①]。对偏重书面文化的人来说，要弄懂非文字的社会为什么不会用三维的眼光或透视的眼光来看世界，是不太容易的。按我们假设，三维的眼光或透视的眼光是正常视觉，我们不需要训练就可以看懂照片或电影。以下的经验，是威尔逊用电影教土著人念书时冒出来的：

> 接下来的一点证据是非常非常有趣的。这位卫生检查官拍了一部电影，拍了很久，用的是慢镜头。表现一个非洲原始村落的普通人家如何消灭臭水坑——雨水凼。画面是捡起空罐头盒，放到另一个地方等等。我们放电影给他们看，问他们看见了什么，回答是看见了一只鸡，一只家禽。我们不知道里面有一只鸡！于是，我们非常细心地搜寻这只鸡，一帧一帧地搜。果然，有一只鸡，闪了一秒钟，惊慌而逃，在画面的右下角。他们看见的就这么多。制片人想让他们看的，他们什么也没有看见。他们看见的，是我们没有注意的东西，直到仔细搜寻才看见。为什么？因为我们掌握了各种理论。因为突然逃走的那只鸡，才引起了他们的注意。其余的一切都是慢镜头——有人慢慢走向前，慢慢捡起罐头盒，演示一番，如此等等。对他们而言，那只鸡才是唯一真实的东西。他们还有另一种说法，鸡有宗教意义，这一点我们却完全忽视了。
>
> 问：你能不能更加详细描绘一下电影里的场面呢？
>
> 威尔逊：好，有一个清洁工慢慢走过来，看见水凼里有一个罐头盒，走上去捡起来，慢慢把水倒干净，然后仔细地把水踩进土里，以避免蚊子孳生，然后又小心地把罐头盒放进驴背上的筐子里。这是要

① 见《非洲的电影扫盲》，载《加拿大传播学刊》（*Canadian Journal of Communication*），第1卷第4期，1961年夏季刊，第7—14页。——原注

说明，如何清除垃圾。就像公园里的清洁工用带钩的棍子捡瓜皮纸屑，然后把它们放进袋子里一样。这一切都是用慢镜头，以说明捡垃圾，不让蚊子在死水里长。罐头盒拿走，把死水坑仔细地填满。片子长 5 分钟，鸡在这一背景下只出现了一秒钟。

问：你是不是说，当你和观众谈话时，你相信他们只看见那只鸡，其他的什么也没有看见？

威尔逊：我们就问了一个问题——你们看见了什么？

问：不是“你们有什么看法”吗？

威尔逊：不是，我们问的是，你们看见了什么？

问：这个问题你问了多少人？

威尔逊：30 多人。

问：除了“我们看见一只鸡”，没有人作其他的回答吗？

威尔逊：没有。这是第一个不假思索的回答——“我们看见一只鸡”。

问：他们确实还看见了一个人吧？

威尔逊：我们再进一步追问时，回答是看见了一个人。但是饶有趣味的是，他们没有看见一个完整的故事。实际上，后来我们发现，他们没有看见整个的框架——他们在这个框架中搜寻细节。后来，我们请教了一位艺术家和一位眼科专家才知道，有经验的观众，即习惯看电影的观众，总是把目光聚焦在屏幕前面一点的地方，以便于总览整个画面的框架。在这个意义上，我们又可以说，一幅画面就是一个约定俗成的习惯。你一定要首先总览整个画面。这些非洲人没有这样做，因为他们不习惯电影。让他们看时，他们就开始观察，很像电视摄像机的扫描，很快就扫一遍。显而易见，这是不习惯电影的眼睛的行为——扫描画面。他们还没有来得及扫描完一幅画面，下一幅画面又出现了，尽管我们用的是慢镜头。

关键的事实是在引文的末尾。识文断字的能力使人能够在形象的前面聚焦。所以我们能够将整个形象或画面一览无余。非文字的民族没有养成这种习惯，他们看客体的方式与我们不同。他们扫描客体和图像时，就像我们扫描印刷书页一样，一段一段地扫描。因此，他们没有与客体拉开距离的观点，他们完全与客体浑然一体。他们很强烈地融进去。眼睛也用，但不是用来透视，而是仿佛用来触摸。欧几里得空间在很大程度上要依靠视觉和触觉、声觉的分离，他们没有欧几里得空间的生活经历。

土著人面对电影还有其他一些困难。这有助于我们明白，许多拼音书面文化里约定俗成的东西已经嵌入了非语言形态的事物，电影就是其中之一。威尔逊接着说：

> 我的观点是，我们对电影要很谨慎；你可以用自己的经验来解释电影。接下来我们想，如果我们要在这里用电影，我们就得有一个教他们的过程，也得作一些研究。在研究的过程中，我们发现了一些非常有趣的事情。我们发现，由于电影是西方的产品，它实际上是一种高度约定俗成的象征，尽管它看上去很真实。比如我们发现，如果你给非洲人讲两个人的故事，其中一人完事之后，从屏幕的一侧退出画面，观众就会问，这个人怎么啦。他们不接受这种处理办法：他的事完了，他在故事中不再有意义。他们想知道这个人怎么啦，于是我们不得不按照他们那种方式写故事，加进许多对我们不必要的材料。我们不得不让他沿着街道一直走到底，到了路口才自然拐弯。这就好理解了，因为他可以在拐弯的地方消失。人物的动作必须要跟随事情的自然发展顺序。
>
> 摇镜头使他们大惑不解，因为他们意识不到究竟发生了什么事情。他们以为画面里面的东西和细节自己在动。由此可见，我们的约定俗成人家并没有接受。人静坐不动，把镜头推到他的跟前照一个大特写，

他们不接受这样的镜头：太奇怪了，画面就在眼前变大。你知道电影开头的程式：城市全景，缩小为一条街道，再缩小为一幢房子，再把镜头推进窗户，如此等等。他们看这些镜头时，硬是把镜头看成是自己在不断向前走，在做那些动作，直到被人拉进窗户里。

所有这一切的意思是，为了有效地使用电影这个手段，我们不得不开始一个教育过程，让他们熟悉那些常规。比如，我们拍片子让观众熟悉一个约定俗成的手法。演员从屏幕侧面走出去，我们不得不显示街口，让他一直走到街口，拐弯，在下一个镜头里，又让他从街口离开，然后才剪断这个画面。

非洲观众面对电影时不能接受被动的消费者角色

偏重文字的受众有一个基本的特点，他们面对书籍或电影时，扮演一个非常被动的消费者角色。但是，非洲的受众没有这样的训练，去静悄悄地跟随一个叙述过程。

这件事至关重要。非洲观众不会静悄悄坐着不去参与。他们喜欢参与，因此放电影的人要一边放一边评述，而且要灵活、能刺激观众的兴趣，并且要有观众的应对。如果片子中有人物唱歌，那么解说的人也要唱，而且要邀请观众一起唱。这种观众参与在制片时就要考虑，电影中要留下这样的机会。解说员的培训要做到极端彻底。要让他们知道电影的意思，知道如何使解说因人制宜。解说员是从教师中选拔出来的非洲人，他们要经过培训才能上岗。

但是，即使经过看电影的训练之后，加纳人还是不能接受关于尼日利亚人的电影。他们不能把经验概括起来从一部电影迁移到另一部电影。这就是具体经验中的深度介入。这种高强度的参与，对口头文化社会和偏重听觉–触觉的人而言，是自然而然的。深度参与被拼音文字打破了，因为拼音文字把视觉成分从感官系统中抽象出来。接下来自然是威尔逊另一个更加深刻的观点。他解释卓别林为土著人拍的电影，说其中的技巧切合实际。他把故事寓于体态之中，而且这些体姿又复杂又准确。威尔逊注意到非洲人不能跟上复杂的叙事，同时又评说了他们表演的细腻：

> 当时，有一件事我们不知道，本来是我们早就该更加了解的事情。这就是：非洲观众很善于扮演角色。前文字社会的儿童所受的教育之一，就是扮演角色的游戏。他们要学习扮演长者在各种情况下的角色。所幸的是，有一件事我们真的发现了：卡通的效果很好。这个发现使我们颇感困惑，后来发现玩偶是很普通的游戏才恍然大悟。

但是，这一点的意义超过威尔逊的想象。倘若当时已经有了电视，他还会震惊地发现，非洲人对电视是多么的一见钟情，显然比对电影更加喜欢。因为面对电影时，你就是摄影机，而非文字的民族是没有能力把眼睛当做摄影机来使用的。但是面对电视时，你就是荧屏。而且电视在触觉的轮廓线上是两维平面和三维雕塑。它不是叙事的媒介，与其说它是视觉，不如说它是听觉–触觉的。它具有强烈的移情作用，电视形象的最佳方式是卡通。卡通对土著人有魅力，就像对我们的儿童有魅力一样。因为在卡通世界里，视觉成分很少。看卡通时的参与度和做字谜游戏时一样深。①

更为重要的是，由于卡通的线条具有约束性，就像洞穴画的约束力一样，电视似乎使我们处在感官的相互作用之中，因此，电视具有强烈的触

---

① 欲知看电视是新的空间取向，请见麦克卢汉《感官系统之内》，载《加拿大建筑师》（*Canadian Architect*）1961 年第 6 卷第 6 期，第 49—54 页。——原注

觉性。就是说，草图艺术和雕塑艺术一样，都是强烈的触觉艺术。甚至可以说，欧几里得几何用现代标准来衡量也具有强烈的触觉色彩。

小伊文思（William Ivins Jr.）的《艺术与几何：空间直觉研究》（*Art and Geometry: A Study in Space Intuitions*）对这个问题进行了探讨。他解说希腊空间意识里未经言明的假设："希腊人从来不提，他们的几何学公理和假说中有一个全等的基本预设。然而……全等是希腊几何中最根本的东西，它在几何学的形态、功效和局限里扮演了决定性的角色。"（第 5 页）全等是令人兴奋的新的一维，听觉–触觉文化没有这个经验。正如小伊文思所云："不像眼睛，空手不用工具时，不可能发现三四个物体是否处在同一条线上的。"（第 7 页）显而易见，柏拉图为什么要坚持"几何学知识贫乏的人不能进入"他的学院。一个相似的动机促使维也纳的音乐家奥尔夫①禁止已经识字的儿童进入他的音乐学校。他认为，已经获得的视觉偏向，使儿童几乎没有希望开发出音乐中需要的听觉–触觉能力。他接着解释为什么我们具有这样的幻觉：空间是一种容器。然而实际上，空间"只是事物的属性或关系，没有事物就没有空间"。（第 8 页）不过，与后来的千百年相比，"希腊人具有触觉的头脑……只要在触觉和视觉之间有选择的余地，他们总是要本能地挑选触觉"。（第 9—10 页）在西方经验中，这样的感官取向，在印刷术革命之后的很长一段时间里，还在继续维持。思考希腊几何学的历史时，小伊文思发出这样的评论："……一次又一次，在六七百年的时间之内，他们走到了现代几何学的门口，但是由于受到他们肌肉–触觉型思想和测量几何学思想的抑制，他们就是没有能力去推开那扇门，并从此进入现代思想的广阔空间。"（第 58 页）

---

① 奥尔夫（Carl Orff，1895—1982）：德国作曲家，曾在欧洲几个城市办学，指挥几个著名的乐团。

技术使人的一种感官延伸时，随着新技术的内化，文化的新型转换也迅速发生

本书的主题是谷登堡星汉，或曰事件的轮廓，字母表和手抄书之前很久，星汉的轮廓就已经存在。但是有必要问一问，为什么没有字母表，就没有后来的印刷术革命。因此，我们必须深入到文化和感知条件中去寻求洞见。这些条件使文字和字母表的出现成为可能。①

非洲成人要经过多年的感知训练，才能看懂电影。威尔逊说的这个情况，正好与西方成人看抽象画有困难的情况相似。1925 年，罗素的《相对论 ABC》开宗明义，第 1 页写道：

> （爱因斯坦的）许多思想可以用非数学语言来表示，但是它们并不因此而减少困难。我们所需要的是将自己对世界的想象来一番变化……哥白尼教导人们地球并非静止不动时，他也要求同样的变化……如今哥白尼的日心说对我们不困难，那是因为我们在思维习惯定型之前就学了日心说。与此相似，爱因斯坦的思想对与之一道成长的几代人似乎比较容易。但是对我们来说略作一定想象力的重构是不可避免的。

简单一点说就是，如果一种新技术使我们的一种或多种感官在体外的世界中得到延伸，那么我们新的感官比率就会在那种文化中出现。一种旋律加进一个新的音符时发生的情况，也有相似的可比性。任何一种文化的

---

① 1403 年，高丽人已经在使用浇注法［见卡特（T. F. Carter）《中国的印刷术发明及其向西方的传播》（*The Invention of Printing in China and its Spread Westward*）］。但是，卡特不关心字母表与印刷术的关系，可能他不知道高丽人因为发明了一种拼音字母而著称。——原注

感官比率发生变化时，过去看上去清楚的东西会变得模糊，过去模糊的东西会变得清楚。正如沃尔夫林[①]在1915年《艺术史原理》(*Principles of Art History*)中所云："效果是起作用的东西，而不是审美的事实。"沃尔夫林借用雕塑家希尔德布兰德[②]的发现，就此开始工作。希尔德布兰德在《具象艺术中的形式问题》(*Problem of Form in the Figurative Arts*)中首次说明，人通常的感知是混乱的，同时他又说明，艺术有澄清这种混乱的作用。他说，触觉是一种通觉即感官的互相影响。既然如此，触觉就是最丰富的艺术效果的核心问题。因为触觉方式的、低清晰度的雕像迫使观赏人积极参与。非洲人看电影时，电影仿佛是要求积极参与的低清晰度的形态。我们对这一矛盾现象不禁莞尔。如前所示，从效果出发而不是从原因出发，是俄国人的特色。在19世纪后半叶，这个特色对我们仍然是新奇的程序模式。本书稍后会详细讨论这个问题。

最近有一本书，是贝凯西[③]写的，叫《听觉实验》(*Experiments in Hearing*)。他对空间问题的回答刚好与卡罗瑟斯和威尔逊的上述答案相反。他们谈的是非文字民族的感知，用的话是偏重拼音书面文化的经验。贝凯西教授作出了另一个选择，他从声觉空间本身的讨论着手。他很在行，因此深知探讨听觉空间的困难，因为声觉必然是一个"深奥"的世界。他试图说明听觉和声觉空间的性质，但是他故意避免观点和透视，而宠爱马赛克场域，这实在是极为有趣的。为此目的，他诉诸两维的绘画，借以揭示

---

① 沃尔夫林(Heinrich Wölfflin，1864—1945)：瑞士美学家，现代最重要的艺术史家之一。《艺术史原理》是其主要著作。该书在艺术批判中占有十分重要的地位，形成了他自己的美学体系。

② 希尔德布兰德(Adolf von Hildebrand，1847—1921)：德国雕刻家，提倡雕刻脱离绘画而成为独立的形态。他的《造型艺术中的形式问题》(1893)极为有效地传播了这一理论。他的作品对19世纪中欧和东南欧的建筑有深刻的影响。

③ 贝凯西(Georg von Békésy，1899—1972)：美籍匈牙利裔物理学家、生物学家，1961年获诺贝尔生理学或医学奖。著有《听觉实验》《感觉的抑制》等。

声觉空间洪亮的深度。他是这样说的：

> 可以区别两种解决问题的方法形态。第一种可以叫做理论方法，就是根据与已知东西的关系提出问题，在已接受原则的基础上加减，然后用实验的方法检验假说。另一种叫做马赛克方法，即就问题说问题，不参照问题所处的场域，谋求发现圈定范围内的关系和原则。
>
> （《听觉实验·声觉空间》第 4 页）

贝凯西接着介绍他的两幅画：

> 艺术领域能找到非常接近这两种方法的类比。在公元 1 世纪和 7 世纪之间，阿拉伯人和波斯人的描写艺术达到了很高的水平……后来的文艺复兴形成了一种新的表现形式。艺术家试图给作品赋予统一性和透视法，并表现作品的氛围……
>
> 等到科学领域取得长足进展，大多数的相关变数都广为人知以后，一个新的问题就可以轻而易举地处理了，办法就是把它放进已有的框架。然而，如果框架不确定，变数又太多，那么马赛克方法就要方便得多。

研究同步的课题，用马赛克方法不仅“方便得多”，而且也是唯一的方法。听觉场就是这样的同步课题。因为“两维”的马赛克或绘画作品是视觉减弱的方式，视觉减弱可以使所有的感官充分发挥相互作用。这就是“自塞尚以后”的绘画方法。换言之，绘画的时候，艺术家仿佛不是看着客体，而是用手拿着要画的客体一样。

如果不知道感官的外化而引起的感官比率的变化，就不可能提出文化变迁的理论

很值得详细说一说这个问题。我们将要看到，自从拼音文字发明以来，西方始终在向着一个分离的目标前进，这就是感官、功能、运作的分割，情感和政治状况的分割，以及任务的分离。涂尔干认为，直到19世纪社会失范，这样的碎片化才结束。贝凯西教授阐述的悖论是，两维的马赛克实际上是跨结构的共振。这是图画空间的三维世界，这是一个抽象的幻象，建立在视觉与其他感官强烈分离的基础之上。

哲理不存在价值或偏好问题。然而，其他任何理解的方式都必须要明白，为何“原始的”绘画是两维的，书面文化人的绘画却倾向于透视法。不了解这一点，我们就不会明白：为什么人们的感知偏向不再是“原始的”或听觉–触觉的；也不会理解，为什么“塞尚以来”，人们放弃知觉的视觉模式，偏爱知觉和经验组织的听觉–触觉模式。这个问题澄清以后，我们就能更轻松地理解字母表和印刷术的作用，它们赋予语言和艺术视觉主导的地位，使社会生活和政治生活全都以视觉为主导。这是因为在升格视觉元素之前，社群里的人只能意会部落结构。在过往的生活中，个人倚重的是强烈的视觉生活——读书识字培养的视觉生活，字母表型的书面文化养成的视觉生活。这是因为字母表文字不仅独特，而且出现较晚。字母表出现之前已有很多书写。事实上，凡是不再游牧、转向静态工作的人，都已经为文字的发明做好准备。纯粹的游牧人都没有文字，也没有开发建筑物或“闭合的空间”。这是因为文字是非视觉空间和感知的视觉闭合。因此，文字是普通感知互动的视觉抽象。口语是全部感官的同步外化，而文字是口语的抽象。

如今，把握书写技术比以前容易了。传授快速阅读习惯的机构努力使目光的移动和内语言的“发声”分离。稍后我们将指出，古代和中世纪的

一切阅读都是朗读出声的。但阅读印刷品时，目光的移动加快，声音静下来。心里读出声被视为理所当然，看书的目光不能和横向跟随页面上的语词分离开来。今天我们知道，默读和朗读可以靠纵向的扫描分离了。这样做的结果是，字母表技术对感官的分离必然被推向疯狂的极端；不过，对理解文字如何起源，这又具有相关的意义。

在1951年的皇家学会会议上，伦敦大学的科林·切利（E. Colin Cherry）宣读了《信息论历史》的文章。他指出："早期的人不能分离机械结构和动物形态，其发明大大受阻：轮子的发明就是努力尝试这种分离的突出成就。16世纪起步的井喷式发明依托的是机械与动物形态的逐渐分离。"印刷术是古老手工艺的第一种机械化成果。机械化过程的近代阶段是西格弗里德·吉迪恩《机械化挂帅》的主题。

不过，吉迪恩关注的是仔细追踪机械化的各个阶段，凭借这些发展阶段，我们在过去的一百年里恢复了有机的形态：

> 在19世纪70年代研究人和动物的著名摄影作品里，爱德华·幕布里奇[①]架起30台摄影机，其间距12英寸；物体经过时，电磁力驱动快门……每张照片显示物体经过每台摄影机时的一个孤立的阶段。（第107页）

这就是说，物体从有机和同步的形态转化为静态或图像模式。在足够快的速度下，连串的静态或图像产生有机整体的幻觉，即若干空间互动的幻觉。如此，轮子终于成为我们的文化偏离机器的手段。凭借电力，轮子再次和动物形态融合。实际上，在电力–导弹时代，轮子已然是过时的形

① 爱德华·幕布里奇（Edward Muybridge，1830—1904）：英国摄影师、导演、快速摄影之父，发明"动物实验镜"。

态。但过度生长正是过时的标志，我们将一再看到这个道理。正因为轮子正在 20 世纪回归有机的形态，我们很容易明白，原始人是如何“发明”它的。运动的重复里有一个周而复始的原理。在这个意义上，任何运动的生物体都是一个轮子。因此，有文字社会的韵律是循环周期。至于非文字人的音乐，那是没有循环周期和抽象形态的。简言之，发明是一种空间向另一种空间的转换。

吉迪恩花时间研究法国生理学家埃蒂埃内–尤勒斯·马莱（Étienne-Jules Marey 1830—1904）的肌动描记器（myograph）：“马莱有意识地回归笛卡尔的研究方法，但他没有描绘运动的片段，而是把有机的运动转化为图像形式。”（第 19 页）

20 世纪文化的字母表面像和电子面像邂逅，赋予印刷词一个重要的角色，那就是回归内心的非洲大陆

像轮子的发明一样，字母表的发明是多重空间复杂而有机的互动幻化为或简约为单一的空间。拼音字母表是全部感官的同步简约，即口语的简约，字母表成了单纯的视觉代码。今天，通过多种空间形态，这样的转化有来有往，我们称之为“传播媒介”。但是，每一种空间形态都有其特性，都以其独特的方式依赖其他感官和空间。

今天，我们容易理解字母表的发明，因为正如怀特海[①]在《科学与现代世界》（*Science and the Modern World*）中指出的，19 世纪的伟大发现就是发现了发现的方法：

① 怀特海（Alfred North Whitehead，1861—1947）：英国数学家、教育家和哲学家。与罗素合著的《数学原理》被称为永久性的伟大学术著作。创立了 20 世纪最庞大的形而上学体系。

> 19 世纪最伟大的发明就是发明了发明的方法。一个新方法进入了生活。为了了解我们的时代，我们可以忽略一切变革的细节，比如铁路、电报、收音机、纺织机、合成染料等等。我们必须集中精力研究方法本身。这是动摇古老文明根基的真正新奇的东西……新方法的一个成分正是发现如何着手弥合科学思想和终极产品之间的鸿沟。这是攻克一个又一个困难的过程。（第 141 页）

正如爱伦·坡在《创作的哲学》（Philosophy of Composition）一文里说明的那样，发明的方法就是从解决问题的方法入手，或者是从构想中的结果入手。这个方法就是侦探故事的方法，象征派诗歌的方法和现代科学的方法。然而，要了解轮子或字母表这类形式的起源和作用，那就还需要在 20 世纪再迈出一步，以超越 19 世纪发明的方法。但是，这一步不是从产品回溯到出发点，而是遵循从产品分离出来的程序。这就像在心理分析中遵循程序的曲线轮廓，它给我们提供了独一无二的手段，去避免程序的产物，这里的产物是精神症或精神病。

本书的宗旨，主要是研究拼音书面文化中的印刷文化。然而，印刷文化今天遭遇到了电子世界中新型有机的和生物学的形态。就是说，电力–生物机制极度发展，渗入了印刷文化，夏尔丹已经说明了这一点。正是这种性质的逆转，使我们的时代仿佛和非书面文化的时代具有“相同的性质”。我们理解土著或非文字的经验没有困难，只不过是因为我们在自己的文化中以电子的形式重复了这一经验。但是，后书面文化是迥然不同于前书面文化的一种相互依存。由此可见，我在这里细说拼音文字技术的早期阶段，和我们了解谷登堡时代，并不是没有关系的。

柯林·切利（Colin Cherry）对早期文字做了如下的论述：

> 口头语言和书面语言的详细历史与我们当下的课题不相符。然而，

还是有一些有趣的事情可以用作讨论的出发点。地中海文明的早期文字是图形即所谓“词标型”（logographic）的文字：简单的图画用以代表物体，也通过联想来表示思想、动作、名字等等。更加重要的是拼音文字的发明，拼音文字用特定的符号来表示语音。随着时间的流逝，图像被简化为更加形式化的符号，因为用凿子或苇管笔来书写图像是有一定困难的。在此期间，拼音文字简化为二三十个字母的字母表，分为元音和辅音。

在埃及的圣书文字里，有所谓语言和代码冗余的极端例子。破译罗塞塔石碑（Rosetta stone）的困难之一，就是一个多音节的单词里不是一个符号表现一个音节，可能是好几个符号表现一个音节，而且这似乎是家常便饭。目的是要把这个词的意思表达得清清楚楚。（如果直译成英语，结果就给人结巴的印象。）另一方面，闪米特语言显示的迹象是它们早期就认识到冗余现象。早期的希伯来语手稿是没有元音的，现代的希伯来语也是这样，只有儿童书除外。许多其他的古代文字也是没有元音的。斯拉夫俄罗斯在浓缩上走得更远：在宗教文献中，常用词简化到只有几个字母。有一点类似今天的 lb 等符号，以及日益繁多的首字母缩略词，比如 USA，UNESCO，OK 等等。

解开拼音字母对个人和社会影响的钥匙，并不是避免冗余。“冗余”是一个“内容”的观念，它本身就是拼音文字的遗产。就是说，拼音文字是言语的视觉编码。言语是拼音文字的“内容”，但它并不是其他文字的内容。象形文字和会意文字是完形（gestalts），是各种情景的“快照”（snapshots），包括个人的和社会的情景。实际上，我们可以从下面两种情况中对拼音文字了解个八九不离十：爱因斯坦的现代数学公式 $E=MC^2$ 或古希腊罗马的“修辞格”。这类公式或修辞格并没有内容，它们像单个的旋律，自成一体。修辞格是思想的姿态，比如夸张、反讽、曲意、明喻、称名错误等等。各种象形的文字就是这类姿态和情景的芭蕾。它们使我们的现代偏向感到愉悦，使之偏向联觉和丰富的听觉–触觉经验。他们给人的愉悦，远远超过了光秃秃的、抽象的拼音文字。教今天的孩子学汉字和埃及的圣书文字，以便提高他们对拼音文字的欣赏水平，是有好处的。

如此看来，切利没有看到我们的字母表的特点。这个特点就是：它不仅使形和声分离或抽象出来，而且使一切语义和字母的声音分割，除了毫无语义的字母和毫无语义的语音联系之外，什么也没有了。就意义进入形和声的编码而言，视觉和其他感官的分离并不完全。各种文字都是如此，只有拼音文字是例外。

当前的阅读和拼写改革正在从视觉重心向听觉重心转移

今天，人们对字母表使感官分离的关切，正在日益增长。这里提供的图表样本，是一种新字母表的尝试，意在恢复文字的一些声音特征。该范本最突出的特点是，它具有古抄本那种高度的质感和触觉性质。我们渴望恢复感官相互作用的一些整体特征，在此过程中，我们回头向着古抄本的形态摸索前进。古抄本的特点是，要么不读，读则必然是朗读出声。与这种极端倾向肩并肩的发展势头，是新型的快速阅读研究所。这里的学员接受的训练是如何让目光在书页间快速地移动，避免一切发声，避免一切初露端倪的喉头活动，以形成大脑中的有声电影，即所谓阅读。

拼音字母最决定性的成就，是迪林格（David Diringer）的《字母表》（*The Alphabet*）。他开宗明义指出：

> 字母表是终极的、最发达、最方便、适应性最强的文字。这种文字为普天之下的一切文明民族所采用，童年时期学起来很容易。显而易见，其优势是巨大的。没有任何汉学家能够认识所有的 8 万个汉字。

而且，就是掌握中国读书人真正使用的9000个汉字，也并非轻而易举。用22、24或26个符号，不知要容易多少倍！字母表从一种文字转入另一种语言，也不会太难。同一个字母表如今用来写英语、法语、意大利语、德语、西班牙语、土耳其语、波兰语、荷兰语、捷克语、克罗地亚语、威尔士语、匈牙利语等等。这个字母表是由一种古老的字母表演变而来的，使用这个古字母表的是希伯来人、腓尼基人、阿拉姆人、希腊人、伊特鲁里亚人和罗马人。

由于字母表简单，写字成为日常小事，不再是僧侣或其他特权阶级的专用领地，古代埃及、两河流域就是这种情况。教育在很大程度上成了读书写字这样简单的东西，人人都有可能做到。字母文字经历3500年的风风雨雨而少有变化，且顶住了印刷术和打字机的压力，还顶住了速记的广泛使用。这些都最好地说明，拼音字母表适合整个现代社会的需要。正是它的简单、灵活和稳定，所以才确保对其他文字的胜利。（第37页）

helpiŋ the bliend man

loŋ agœ thær livd a bliend man. hee livd whær treez and flouers grœ; but the bliend man cood not see the treez or flouers.

the poor man had too feel the wæ to gœ with hiz stick. tap-tap-tap went hiz stick on the rœd. hee waukt slœly.

The New York Times

NEW 43-UNIT ALPHABET: This is a page from a work called "Jesus the Helper," printed in the experimental augmented Roman alphabet in Britain. The alphabet, based largely on phonetics, contains the conventional alphabet with letters "q" and "x" discarded and nineteen new letters added. There are no capital letters. Under the system, the letter "o" is unchanged in the sound of "long," but "ago" is spelled "agoe" with the "o" and "e" joined. Another new letter is an inverted "z,' for sounds like "trees." The conventional "s" is used in words like "see." Other new letters include "i" and "e" joined by a crossbar for words like "blind;" "o" and "u" joined for words like "flowers," and two "o's" that are joined together. In September, about 1,000 British children will start to learn to read with this phonetic, experimental alphabet.

Figure 1, from the *New York Times*, July 20, 1961.

图表1，据1961年7月20日《纽约时报》

字母文字及其起源本身就是一个故事。它们提供了一个新的研究领域。美国学者开始称之为“字母研究学”（alphabetology）。其他的文字都没有如此广度、复杂和有趣的故事。

迪林格说字母表“为普天之下的一切文明民族所采用”，这有一点多余，因为正是字母表使人非部落化和个体化而进入“文明”。文化可以在艺术性上大大地高于文明。不过，如果没有拼音文字，文化就会维持自己的部落性。中国人和日本人的文化就是这样的。需要强调指出，我关注的是感知分离的过程，人的非部落化技术就是这样实现的。如此的个人抽象化和社会的非部落化，究竟是不是一件“好事”，这不是个人能够决定的事情。但是，承认这个过程可以使我们摆脱尴尬，摆脱其中的道德迷雾。

字母表是进取性和战斗性强的文化吸收器和转化器，这是伊尼斯首先阐明的

迪林格的另一个观点值得评论：用拼音字母“表现单音而不是表现思想和音节”的技术，是一切民族都可以接受的。换句话说，拥有字母表的文化可以把相邻的文化翻译成拼音文字的形态。但这是一个单向过程。没有一种非拼音书面文化可以接过一种拼音书面文化，因为拼音字母表是无法吸收同化的，它只有清算或还原的功能。然而到了电子时代，我们也许发现了拼音文字技术的局限性。像希腊罗马这样的民族，在取得了拼音文字的经历之后，竟然被驱使着走上了征服和组织疏离的方向，这似乎不必再使人感到奇怪。伊尼斯在《帝国与传播》中首先追求这个主题，并详细说明卡德摩斯王神话故事的简单道理。希腊的卡德摩斯王把拼音字母表引进希腊，种下龙的牙齿，牙齿长成了全副武装的士兵。（龙牙可能暗示老的圣书文字）伊尼斯解释印刷术为什么引起了民族主义而不是部落主义，为什么印刷术造就了价格体系和市场，为什么没有印刷术就不可能有价格体

系和市场。简而言之，伊尼斯是抓准变化过程的第一人，这种过程是潜隐在媒介技术形态之中的。我这本书是伊尼斯著作的注脚。

关于拼音字母表，迪林格强调的只有一点。无论这一点是如何或者什么时间做到的：

> 无论如何必须指出，这个发明的伟大成就并不是符号的创造。其伟大之处在于采用了纯拼音字母体系，况且，这个体系只采取一符一音的办法。虽然这个成绩简单，但是其发明人应该进入给人类带来最大利益者的行列。埃及、两河流域、克里特、小亚细亚、印度河流域、中国、中亚等民族，都进入了不同程度的文明阶段，他们都到了文字史的高级阶段，但是他们就是超越不了这个过渡阶段。一些民族（古塞蒲路斯人、日本人等）创造了音节文字。但是，只有叙利亚–巴勒斯坦的闪米特人才产生了天才去创造拼音字母文字，一切古今的字母表盖源于此。
>
> 每一个重要的文明都要修改自己的文字。时间可能会使一种文字与其近亲的关系变得面目全非。所以，印度文字的伟大母亲婆罗门字母表、高丽的字母表和蒙古字母表追根溯源，都是和希腊、拉丁、北欧古字、希伯来、阿拉伯和俄罗斯的字母表同出一源的，虽然门外汉不可能看到它们之间有什么真正的相似之处。（第 216—217 页）

借助无意义的符号与无意义的声音的联系，我们建立了西方人的形象和意义。我们关心的下一个问题是，粗略地追溯在古代和中世纪的手抄本文化中，字母表产生了什么影响。然后，我们将更加仔细地看看印刷机对拼音字母文化的转化作用。

荷马史诗的英雄获得个人自我之后就成了分裂的人

贡布里希（E. H. Gombrich）《在艺术与幻觉》（*Art and Illusion*）中写道：

> 假如我不得不把最后一章压缩为一个公式的话，那将是“创作先于匹配”（making comes before matching）。艺术家总是首先想到要按照事物自身的权利来创造事物，然后才想到把可见世界之中的景观匹配起来……柏拉图强烈地抨击了这个戏法（trickery），这使我们想起当时强烈的社会冲击，彼时，他的模仿说还是新近的发明。现在有很多批评家由于这样那样的原因同意他的意见，但是就连这些人也承认，在整个艺术史中，除了希腊雕塑和绘画的伟大觉醒之外，令人激动的景观也乏善可陈。这个伟大的觉醒发生的时间，是公元前 6 世纪到柏拉图的青年时代，即公元前 5 世纪中叶。（第 116 页）

吉尔松[①]在《绘画与现实》（*Painting and Reality*）中区别创作与匹配。在乔托[②]之前，一幅画还是一件东西。但是从乔托到塞尚，绘画成了对事物的表现。读者可以参阅他的第 8 章“模仿与创作”。

当然，艺术中的艺术表现和诗歌散文中的直陈线性叙事，都有相同的发展轨迹。这一点我们很快就会明白。然而，要弄懂这一发展过程，有一点是必需的：柏拉图（而不是亚里士多德）所谓的模仿（mimesis）是视觉方式从听觉-触觉互动的感官罗网中分离出来时，必然要产生的结果。这一过程是在有声语言教育的经验中产生的。正是它把“神圣的”即宇宙的时空世界托举起来，使之上升到非部落化或“世俗”的世界之中。这就是

① 吉尔松（Étienne Gilson，1884—1978）：法国哲学家，历史学家。

② 乔托（Giotto di Bondone，约 1267—1337）：意大利画家、建筑家和雕塑家。

埃利亚代[①]《神圣与世俗：宗教的本质》（*The Sacred and The Profane: The Nature of Religion*）的主题。

多兹（E. R. Dodds）的《希腊人与非理性》（*The Greeks and the Irrational*）讨论了荷马史诗的英雄在感情上的不稳定与疯狂："我们可以自问，爱奥尼亚这样一个文明、冷静、理性的民族，他们已经消除了对死者的恐惧，那么为什么他们没有从自己的史诗中清除与婆罗州[②]和原始的过去的联系呢？……"（第13页）接下来的一页尤其有利于我们理解这个问题。

> "他自己的行为……与他疏离。他弄不懂。这不是他自我的一部分。"这是完美的观察。这个观察与我们考虑之中的现象具有相关性，我想对这一点不应该有怀疑。我相信尼尔森[③]是正确的。这种经验起到了一定的作用——还要再加上其他的成分，比如米诺斯[④]传统中的保护女神。荷马在构造情节中经常使用神的干涉，这一点我们倒认为是多余的。我们发现它多余，因为神奇的情节似乎常常只不过复写了自然而然的心理因果关系。但是，难道不应该说，神奇的情节"复写"了一种心灵的干涉吗？就是说，难道不是以具体如画的形式表现了心灵的干涉吗？但是，对当时的人来说，这不是多余的，因为只有这样才能使故事在听众的想象中栩栩如生。荷马时代的诗人没有千锤百炼的语言资源可供利用。没有这一点资源，要把纯心理的奇迹充分"传递"给听众是不可能的。让神显灵对他宠爱的人或神说话，提出忠告，

---

① 埃利亚代（Mircea Eliade，1907—1986）：罗马尼亚宗教史家。曾任芝加哥大学宗教史教授，1969年创办《宗教史》季刊。著作阐述传统宗教文化和神秘主义。

② 婆罗州（Borneo）：现称加里曼丹，属印度尼西亚，喻指原始、落后、野蛮。

③ 比尔吉特·尼尔森（Birgit Nilsson，1918—2005）：瑞典歌剧演员，在欧洲各国舞台上出演名剧名角，1969年获奥地利政府授予的"宫廷歌唱家"称号。

④ 米诺斯（Minos）：（希腊神话）克里特王，宙斯和欧罗巴的儿子。死后成为冥土三判官之一。

用这个办法来补充和取代一个老掉牙的、一点也不激动人心的公式。还有比这更加自然的吗？《伊利亚特》(*Iliad*)第一卷有一个有名的场面，雅典娜揪住阿喀琉斯的头发，叫他不要打阿伽门农。这比单纯自我向内的告诫不知要生动多少倍！不过，只有阿喀琉斯才能看见她，诗中有一行说“其他人都没有看见她”。这是明白地暗示，她是自我告诫的一种投射和图示。阿喀琉斯也许含糊其词地描写过对自己的忠告。我的意见是，一般地说，自我告诫、突然获得神力、突然失去判断等等说不清楚的感觉，是神奇情节发展的胚芽。

英雄逐渐获得个体的自我，随之成为分裂的人。“分裂”表现图画式的模式或复杂情景的“情节”。这样的情景，听觉型的部落人是不会努力去用视觉构想的。这就是说，非部落化、个性化和图像化是同时发生的。魔力方式消失的程度，与内心事件的用视觉构想的程度成正比。但是，这样的表现又引起复杂关系的还原和扭曲。所有感官充分地相互作用时，就可以充分感觉到复杂的关系。

对柏拉图而言，模仿看上去是各种形式的表现，尤其是视觉的表现，这是可以理解的。他的《诗学》(*Poetics*)第四章，把模仿作为他的认知世界和认识论世界的核心。然而对于柏拉图而言，书面文化的初潮，以及由此而引起的视觉与其他感官的分离，似乎是本体知觉的减少和存在的贫困化。伯格森曾经问过一个问题，我们怎么才能知道，是否有一个动因能够使世界上的一切事件的速度增加一倍？他的回答是，那很简单。但是我们会发现失去很多丰富的经验。这些东西似乎就是柏拉图对文字和视觉模仿的态度。

贡布里希的《艺术与幻觉》第十章的卷首进一步阐述了视觉模仿：

上一章对这个问题的探讨把我们带回古老的事实：对事物外观的

发现，与其说是由于仔细地观察自然，不如说是由于发明了图像型表现效果。实际上我相信，古代作家仍然惊叹人们糊弄眼睛的能力。和后来的许多批评家相比，他们更加接近于了解这一成绩……但是，如果我们抛弃柏克莱的视觉理论，即所谓“看见”平面但是“构建”触觉空间，那么也许我们就能够摆脱艺术史对空间的执着，使其他艺术进入焦点。光线和质感的暗示、面部表情的把握等等就是我所谓的其他艺术。

柏克莱的《视觉新论》(1709 年)，如今受到感知心理学家的宠爱。但是他关心的是批驳笛卡尔和牛顿，因为他们把视觉与其他感官完全分离开来。另一方面，这样压低视觉抬高听觉–触觉又会产生对部落社会的扭曲，对爵士乐形貌的扭曲和对原始艺术模仿的扭曲。对原始艺术的模仿突然降临到我们头上，不仅是“由于”广播电台的出现，而且是与之同时出现的。①

贡布里希对图像形式的兴起提供了详尽的信息，而且他还指出了其中的一切困难。他在《艺术与幻觉》结尾做了这样的评述：

最后来说一说希腊艺术史。我们可以根据陶器上的釉绘来追踪。公元前 5 世纪，他们发现了按照透视原理缩短线条、驾驭空间的原理。公元前 4 世纪，又掌握了光线的原理……上一个世纪之交，伊曼纽尔·洛伊（Emanuel Loewy）首先提出理论，说明希腊人如何用艺术表现自然。他认为，希腊艺术强调观念形态优先，观念形态适应自然外观优越感渐进的过程……但是这样的理论并没有说明多少问题。因

---

① 柏克莱的文章“听觉与皮肤知觉的相似之处”[载《心理学评论》(*Psychological Review*)，1959 年 1 月号第 1—22 页]。该文提供一种手段，说明为什么没有一种感官能够孤立发挥作用，为什么没有一种感官不可能不受到其他感官运作和习惯的修正。——原注

为它没有回答诸如此类的问题：为什么这个过程在人类历史上出现得比较晚？在这个方面，我们的视点发生了很大的变化。对希腊人而言，古代代表着历史的黎明，经典学术并非总是摆脱了这个遗产。从这个观点来看问题，艺术从原始形态里的觉醒和其他的一切活动觉醒，之所以同时发生，看来是自然而然的。对人文主义者来说，这些活动都属于文明，哲学、科学和诗剧的兴起就是文明。

9. 理解媒介

9.1. 序言

赖斯顿[①]在《纽约时报》（1957年7月7日）写道：

> 一位卫生官员……本周报告，有一只看电视的小老鼠向小女孩和猫发动了攻击……猫和老鼠都安然无恙。我们在此录下这一事件，意在提请人们注意，天下万物似乎都在变化之中。

凭借分解切割的、机械的技术，西方世界取得了3000年的爆炸性增长，现在它正在经历内向的爆炸（implosion）。在机械时代，我们完成了身体在空间范围内的延伸。今天，经过了一个世纪的电力技术[②]发展之后，我们的中枢神经系统又得到了延伸，以至于能拥抱全球。就我们这个行星而言，时间差异和空间差异已不复存在。我们正在迅速逼近人类延伸的最后一个阶段——从技术上模拟意识的阶段。在这个阶段，创造性的认识过程将会在群体中和在总体上得到延伸，并进入人类社会的一切领域，正像我们的感觉器官和神经系统凭借各种媒介而得以延伸一样。刊登广告推销

① 赖斯顿（James Reston，1909—1995）：美国著名时事评论家。

② 电力技术／时代（electric technology ／ age）：相当于现在通用的电子技术／时代，本书中的这一术语均可作如是观。麦氏这本书问世于1964年，那时学术界的通用语是电力技术／时代，而不是如今的电子技术／时代。

产品的客户长期以来所谋求的，正是人的意识的延伸。它究竟是不是一件“好事”——这个问题是容许作出一个宽泛的解答的。回答有关人的延伸之类的问题时，如果不把各种延伸放在一起同时考虑，那几乎是不可能的。人的任何一种延伸，无论是皮肤的、手的还是脚的延伸，对整个心理的和社会的复合体都产生影响。

本书研究的是人的一些主要延伸及其心理影响和社会后果。过去人们对这一类事情实在是考虑得太少了，这一点可以从本书一位编辑的震惊中推想出来。他沮丧地说：“你这本书的材料有75%是新的。一本书要成功，就不能冒险去容纳10%以上的新材料。”但是这样的冒险目前很值得去尝试，因为它的报偿实在是很高，因为对人的延伸的需求愈来愈紧迫，其紧迫的程度与时俱增。

机械时代正在退出舞台。在机械时代中，许多行动都不用过分地瞻前顾后。慢速的运动保准会使行动推迟相当长的时间。可是今天，行动及其反应几乎同时发生。事实上，我们似乎生活在神奇的一体化时间之中，可是我们仍然在使用陈旧的、前电子时代那种支离破碎的时间模式和空间模式来思考问题。

西方人从读书识字的技术中获得了行动时不必作出反应的能力。如此使自己分裂的好处，可以在外科大夫的身上看到。如果在手术过程中让自己的情感卷入，他反而会手足无措。我们学会了以完全超脱的态度去完成最危险的社会运作的艺术。这种超脱是一种不卷入行动的姿态。在电力时代，我们的中枢神经系统靠技术得到了延伸。它既使我们和全人类密切相关，又使全人类包容于我们身上。我们必然要参与自己每一个行动所产生的后果。我们再也不能扮演读书识字的西方人那种超然物外和脱离社会的角色。

荒诞派戏剧表现了西方人这种新近的两难处境——行动的人似乎并没有卷入自己的行动。贝克特丑角的源头和感染力就在这里。经过3000年专业分工的爆炸性增长之后，经历了由于肢体的技术性延伸而日益加剧的专业化和异化之后，我们这个世界由于戏剧性的逆向变化而收缩变小了。由于电力使地球缩小，我们这个地球只不过是一个小小的村落。一切社会功能和政治功能都结合起来，以电的速度产生内爆，这就使人的责任意识提到了很高的程度。正是这一个内爆的因素，改变了黑人、青少年和其他一些群体的社会地位。从交往受到限制的政治意义上说，要遏制这些群体已经不再可能。他们现在与我们的生活息息相关，正如我们与他们的生活紧紧地纠缠在一起一样，这可得归咎于电力时代的媒介。

这是忧虑的时代，因为电力技术的内爆迫使人承担义务并参与行动，他完全不顾及个人的任何“观点”。观点的偏颇性和专一性在电力时代完全行不通，无论观点是多么高尚。在信息这个层次上，也发生了同样令人不安的变化，宽泛的形象代替了纯粹的观点。如果说 19 世纪是编辑的座椅的时代，那么我们这个世纪就成了精神病学家诊治台的世纪。椅子作为人的延伸，是从臀部分离出来的专用家具，是从这部分器官分离出来的独立结构。与此相反，精神病学家的诊治台却使整体的人得到延伸。诊治台清除了表达个人观点的诱惑，排除了使事情理性化的需求，所以精神病学家要使用让病人躺下的诊治台。

我们的时代渴望整体把握、移情作用和深度意识，这种渴望是电力技术的自然而然的附属物。在我们之前的机械工业时代，人们热情洋溢地声明个人的观点，这是自然而然的表达方式。每一种文化、每一个时代都有它喜欢的感知模式和认知模式，所以它都倾向于为每个人、每件事规定一些受宠的模式。我们时代的标记，是厌恶强加于人的模式。我们突然之间热心起来，希望万事万物和芸芸众生都完全宣示自己的存在和个性。在这种崭新的态度中，可以看到一种很深的信仰。这一信仰关注的是世间万物的太和之境。本书的写作就贯穿着这种信仰，其宗旨是探索技术所反映的人的延伸的轮廓，且力求使每一种探索都明白易懂。弄懂这些延伸的形式是可能的，我对此充满信心。弄懂它们可以使之井井有条地为人服务。我以崭新的眼光重新考察人的延伸，几乎没有接受传统智慧中看待它们的任何观点。我们可以引用希奥波尔德（Robert Theobald）评论经济萧条的话来说明传播媒介："还有一种因素在控制萧条中发挥了作用，那就是对经济萧条的发展过程有了更好的了解。"本书首先要看看媒介（即人的延伸）的一些总体情况，然后再分别检查各种延伸的由来和发展。卷首考察的是每一种媒介给个人和社会造成的麻木；迄今为止，还没有人对这种麻木作过解释。

9.2. 媒介即是讯息

我们这样的文化，长期习惯于将一切事物分裂和切割，以此作为控制事物的手段。如果有人提醒我们说，在事物运转的实际过程中，媒介即是讯息，我们难免会感到有点吃惊。所谓媒介即是讯息只不过是说：任何媒介（即人的任何延伸）对个人和社会的任何影响，都是由于新的尺度产生的；我们的任何一种延伸（或曰任何一种新的技术），都要在我们的事务中引进一种新的尺度。比如说，由于自动化这一媒介的诞生，人的组合的新型模式往往要淘汰一些就业机会，这是事实。这是其消极后果。从其积极因素来说，自动化为人们创造了新的角色；换言之，它使人深深卷入自己的工作和人际组合之中——以前的机械技术却把这样的角色摧毁殆尽。许多人会说，机器的意义不是机器本身，而是人们用机器所做的事情。但是，如果从机器如何改变人际关系和人与自身的关系来看，无论机器生产的是玉米片还是卡迪莱克高级轿车，那都是无关紧要的。人的工作的结构改革，是由切割肢解的技术塑造的，这种技术正是机械技术的实质。自动化技术的实质则与之截然相反。正如机器在塑造人际关系中的作用是分割肢解的、集中制的、肤浅的一样，自动化的实质是整体化的、非集中制的、有深度的。

电光源的例子在这方面可以给人以启示。电光是单纯的信息。它是一种不带讯息（message）的媒介。除非它是用来打文字广告或拼写姓名。这是一切媒介的特征。这一事实说明，任何媒介的“内容”都是另一种媒介。文字的内容是言语，正如文字是印刷的内容，印刷又是电报的内容一样。如果要问“言语的内容是什么？”那就需要这样回答：“是实际的思维过程，而这一过程本身却又是非言语的东西。抽象画表现的是创造性思维的直接显示，就像它们在电脑制图中出现的情况一样。然而，我们在此考虑的，是设计或模式所产生的心理影响和社会影响，因为设计或模式扩大并加速了现有的运作过程。任何媒介或技术的“讯息”，是由它引入的人间事物的尺度变化、速度变化和模式变化。铁路的作用，并不是把运动、运输、轮子或道路引入人类社会，而是加速并扩大人们过去的功能，创造新型的城市、新型的工作、新型的闲暇。无论铁路是在热带还是在北方寒冷的环境中运转，都发生了这样的变化。这样的变化与铁路媒介所运输的货物或内容是毫无关系的。另一方面，由于飞机加快了运输的速度，它又使铁路塑造的城市、政治和社团的形态趋于瓦解，这个功能与飞机所运载的东西是毫无关系的。

我们再回头说说电光源。无论它是用于脑外科手术还是晚上的棒球赛，都没有区别。可以说，这些活动是电灯光的“内容”，因为没有电灯光就没有它们的存在。这一事实只能突出说明一点：“媒介即是讯息”。因为对人的组合与行动的尺度和形态，媒介正是发挥着塑造和控制的作用。然而，媒介的内容或用途却是五花八门的，媒介的内容对塑造人际组合的形态也是无能为力的。实际上，任何媒介的“内容”都使我们对媒介的性质熟视无睹，这种情况非常典型。只是到了今天，产业界才意识到自己所从事的是什么业务。国际商用机器公司发现，它的业务不是制造办公室设备或商用机器，而是加工信息；此后，它才以清楚的视野开辟新的航程。通用电器公司获取的利润，很大一部分靠的是制造灯泡和照明系统，它还没有发现，正如美国电话电报公司一样，它的业务也是传输信息。

电光这个传播媒介之所以未引起人们的注意，正是因为它没有“内容”。这使它成为一个非常珍贵的例子，我们可以用它来说明，人们过去为何没有研究媒介。直到电光被用来打出商标广告，人们才注意到它是一种媒介。可是，人们所注意的并不是电光本身，而是其“内容”（实际上是另一种媒介）。电光的讯息正像是工业中电能的讯息，它全然是固有的、弥散的、非集中化的。电光和电能与其用途是分离开来的，但是它们却消除了人际组合时的时间差异和空间差异，正如广播、电报、电话和电视一样，他们消除时空差异的功能是完全一致的，它们使人深深卷入自己所从事的活动之中。

如果摘录莎士比亚的著作，我们可以编写一本相当完整的研究人的延伸的手册。有人会说，莎士比亚在《罗密欧与朱丽叶》中几句广为人知的台词中，是不是在指电视：

> 轻声！那边窗子里亮起来的是什么光？它欲言又止。①

和《李尔王》一样，《奥赛罗》与幻觉改变了的人的痛苦有关。《奥赛罗》的几句台词，说明莎士比亚对媒介改变事物的力量有一种直观的把握：

> 世上有没有一种引诱青年和少女失去贞操的邪术？罗德利哥，你有没有在书上读到过这一类的事情？②

① 《罗密欧与朱丽叶》第二幕第二场，第三句话为著者所加。

② 《奥赛罗》第一幕第一场。

《特罗伊罗斯与克瑞西达》几乎全部用来对传播进行心理和社会研究。莎士比亚在此表明他的认识：正确的社会和政治导航，有赖于能否预见革新产生的后果。他写了以下的台词：

> 什么事情都逃不过旁观者的冷眼；渊深莫测的海底也可以量度得到，潜藏在心头的思想也会被人猜中。[①]

对媒介作用日益增长的认识——不论其“内容”或程序如何——在下面这一节表现烦恼的无名氏的诗歌中显露出来：

> 在现代思潮里，（即使事实并非如此）
> 不起作用的东西，确确实实存在；
> 只写隔靴搔痒的东西，也被看做是睿智有才。

与此相同的完整的轮廓意识，能揭示为何媒介是社会交往的讯息，这一认识在最新近、最基础的医学理论中也出现了。汉斯·塞尔耶在《生活之压力》[②]中，述及同事听见他最新理论时的沮丧情绪：

> 我用这种那种不纯净的或有毒的物质做动物实验，以观察结果。当他看见我如痴如狂地描绘实验情况时，他用极其悲伤的眼神看着我，显然带着绝望的神情说：“可是塞尔耶，你应该知道自己在干什么，否则后悔就来不及了！你做的决定，是搞那些脏东西的药理学，这要耗掉你的生命！”

---

① 《特罗伊罗斯与克瑞西达》第三幕第三场。

② 《特罗伊罗斯与克瑞西达》第三幕第三场。

塞尔耶在他的疾病的“压力”理论中研究的是整个环境。同样，媒介研究的最新方法也不光是考虑“内容”，而且还考虑媒介及其赖以运转的文化母体。过去人们对媒介的心理和社会后果意识不到——几乎任何一种传统的言论都可以说明这一点。

几年前在圣母大学[①]接受荣誉学位时，萨诺夫（David Sarnoff）将军在演说中说：“我们很容易把技术工具作为那些使用者所犯罪孽的替罪羊。现代科学的产品本身无所谓好坏，“决定它们价值的是它们的使用方式”。这是流行的梦游症的声音。假定我们说：“苹果馅饼无所谓好坏，决定它们价值的是如何吃”；或者说：“天花病毒无所谓好坏，决定其价值的是如何使用它”；又比如说：“火器本身无所谓好坏，决定火器价值的是使用火器的方法”。换言之，如果子弹落在好人手里，火器就是好的东西；如果电视显像管向适当的人“发射”正确的“弹药”，它就是好的东西。我这样说并不是刚愎自用。萨诺夫的话里，根本没有什么东西，因为它忽视了媒介的性质，包括任何媒介和一切媒介的性质。它表现了人在新技术形态中受到的肢解和延伸，以及由此而进入的催眠状态和自恋情绪。萨诺夫将军接下来解释他对印刷术的态度。他说，印刷术固然使一些垃圾得以流通，但是它同时又传播了《圣经》，宣传了先知和哲人的思想。萨诺夫将军从未想到，任何技术都不能给我们自身的价值增加什么是和非的东西。

希奥波尔德（Robert Theobald）、罗斯托（W. W. Rostow）和加尔布雷思（Kenneth Galbraith）之类的经济学家多年来试图解释，古典经济学何以不能说明变革和增长。机械化自身有一个矛盾：虽然它是最大限度增长和变革的原因，可是机械化的原则又使增长不可能，又排除了理解变革的可能性。因为机械化的实现，靠的是将任何一个过程加以切分，并把切分的

---

① 圣母大学：美国名学府，天主教会办，位于印第安纳州北部的南本德市。

各部分排成一个序列。然而正如休谟[①]在18世纪就证明的那样，单纯的序列中不存在因果原理。一事物紧随另一事物出现时，并不能说明任何因果关系。紧随其后的关系，除了带来变化之外，并不能产生任何东西。所以，最大的逆转与电能的问世同时发生，电能打破了事物的序列，它使事物倏忽而来，转瞬即去。由于瞬息万变的速度，事物的原因又开始进入人们的知觉，正如过去它们在序列和连续之中出现时不曾被人觉察一样。人们不再问先有鸡还是先有蛋：突然之间，人们似乎觉得，鸡成了蛋想多产蛋的念头（A chicken is an egg's idea for getting more eggs）。

飞机速度接近音障的临界点时，机翼上的声波变成了可见波。声音行将消逝时突然出现的可见性足以说明存在所具有的美妙的模式。这一模式显示，早先形式的性能达到巅峰状态时，就会出现新颖的对立形式。机械化的切分性和序列性，在电影的诞生中得到了最生动的说明。电影的诞生使我们超越了机械论，转入了发展和有机联系的世界。仅仅靠加快机械的速度，电影把我们带入了创新的外形和结构的世界。电影媒介的讯息，是从线形连接过渡到外形轮廓。正是这一过渡产生了现已证明为十分正确的思想："如其运转，则已过时。"（If it works，it's obsolete.）当电的速度进一步取代机械的电影序列时，结构和媒介的力的线条变得鲜明和清晰。我们又回到无所不包的整体形象。对于高度偏重文字和高度机械化的文化来说，电影看上去是一个金钱可以买得到的使人得意洋洋的幻影和梦幻的世界。在电影出现的时刻，立体派艺术出现了。贡布里希在《艺术与幻觉》中，把立体派说成是"根绝含糊歧义，强加一种解读方式去理解绘画的、最极端的企图，而绘画则是一种人造的构图，一种有色彩的画布"。因为立体派用物体的各个侧面同时取代所谓的"视点"，或者说取代透视幻象的一个侧面。立体派不表现画布上的第三维这一专门的幻象，而是表现各种平

① 休谟（David Hume，1711—1776）：苏格兰哲学家、历史学家。

面的相互作用，表现各种模式、光线、质感的矛盾或剧烈冲突。它使观画者身临其境，从而充分把握作品传达的讯息。许多人认为这是绘画的操练，而不是幻觉的运用。

换言之，立体派在两维平面上画出客体的里、外、上、下、前、后等各个侧面。它放弃了透视的幻觉，偏好对整体的迅疾的感性知觉。它抓住迅疾的整体知觉，猛然宣告：媒介即是讯息。一旦序列让位于同步，人就进入了外形和结构的世界，这一点还不清楚吗？这一现象在物理学中发生过，正如在绘画、诗歌和信息传播中发生过一样，这一点难道不是显而易见的吗？对专门片断的注意转移到了对整体场的注意。现在可以非常自然地说：媒介即是讯息。在电的速度和整体场出现之前，媒介即是讯息这一现象并不显著。那时的讯息似乎是其“内容”，因为人们总是爱问，这句话表现的是什么内容。然而，人们从来不想问，音乐的旋律表现的是什么内容：也不想问，房子和衣服表现的是什么内容。在这样的东西中，人们保留着整体的模式感，保留着形式和功能是一个统一体的感觉。但是，在进入了电力时代之后，结构和外形这个观念已经变得非常盛行，以至于教育理论也接过了这个观念。结构主义的教育方法不再处理算术中专门的“问题”，而是遵循数字场的力的外形，周旋于数论和“集合”之间。

红衣主教纽曼（Cardinal Newman）评价拿破仑时说：“他深谙火药的语法。”拿破仑还重视别的媒介，尤其重视旗语，这使他占了敌人的上风。据载他曾经说过：“三张敌对的报纸比一千把刺刀更可怕。”托克维尔是第一位深明印刷术和印刷品精义的人物，所以他才能解读出美国和法国即将发生的变革，仿佛他正在朗读一篇递到他手上的文章。事实上，法国和美国的 19 世纪对他来说正是一本打开的书，因为他懂得印刷术的语法。所以他也知道印刷术的语法何时行不通。有人问他既然谙熟英国、钦慕英国，为何不写一本有关英国的书。他回答道：

谁要是相信自己能在6个月之内对英国作出判断，那么他在哲理上一定是非常愚蠢的。要恰如其分地评价美国，一年的时间总是嫌短，而获取对美国清晰而准确的观念比清楚而准确地了解英国要容易得多。从某种意义上说，美国的一切法律都是从同一思想脉络中衍生出来的。可以说，整个社会只建立在一个单一的事实上；一切东西都导源于一个简单的原则。你可以把美国比作一片森林，许多道路贯穿其间，可是所有的道路都在同一点交汇。你只要找到这个交汇的中心，森林中的一切道路全都会一目了然。然而，英国的道路却纵横交错。你只有亲自踏勘过它的每一条道路之后，才能构建出一幅整体的地图。

托克维尔在略早一些时候有关法国革命的著作中曾经说明，18世纪达到饱和的出版物，如何使法国实现了民族的同一性。法国人从北到南成了相同的人。印刷术的同一性、连续性和线条性原则，压倒了封建的、口耳相传文化的社会的纷繁复杂性。法国革命是由新兴的文人学士和法律人士完成的。

然而，英国古老的习惯法的口头文化传统却是非常强大的，而且中世纪的议会制还为习惯法撑腰打气，所以新兴的视觉印刷文化的同一性也好，连续性也好，都不能完全扎根。结果，英国历史上最重要的事情就没有发生。换言之，根据法国革命的路线方针而组织的那种英国革命就没有发生。美国革命需要抛弃的，除了君主专制之外，没有中世纪的法律制度。许多人认为，美国的总统制已经变得比欧洲的任何君主制更加富有个人的色彩，已经比欧洲的君主制还要更加君主制了。

托克维尔就英美两国所做的对比，显然是建立在印刷术和印刷文化基础上的，印刷术和印刷文化创造了同一性和连续性。他说英国拒绝了这一原则，坚守住了动态的或口头的习惯法传统，因此而产生了英国文化的非连续性和不可预测性。印刷文化的语法无助于解读口头的、非书面的文化和制度的讯息。英国贵族被阿诺德[1]可怜巴巴地归入未开化的野蛮人，因为他们的权势地位与文化程度无关，与印刷术的文化形态无关。格罗切斯特郡的公爵在吉本[2]的《罗马帝国衰亡史》出版时对他说："又一本该死的大部头的书，欸，吉本先生？乱画一气、乱写一通、胡乱拼凑，欸，吉本先生？"托克维尔是精通文墨的贵族，他可以对印刷品的价值和假设抱一种超脱的态度。只有在这样的条件下，站在与任何结构或媒介保持一定距离的地方，才可以看清其原理和力的轮廓。因为任何媒介都有力量将其假设强加在没有警觉的人的身上。预见和控制媒介的能力主要在于避免潜在的自恋昏迷状态。为此目的，唯一有效的办法是懂得以下事实：媒介的魔力在人们接触媒介的瞬间就会产生，正如旋律的魔力在旋律的头几节就会施放出来一样。

福斯特[3]（E. M. Foster）在《印度之旅》中用戏剧手法表现东西方文化的差异，揭示了口头的直观的东方文化和理性的、视觉的两方经验模式遭遇时那种无能为力的情况。当然，理性对西方来说一向意味着"同一性、连续性和序列性"。换言之，我们把理性和文墨、理性主义和某种特定的技术联系起来了。因此，对传统的西方人来说，电力时代的人似乎变成了非理性的。在福斯特这部小说中，男女主人公到达巴达巴尔山洞的时刻，正是西方印刷文化痴迷状态的真相和不合时宜暴露出来的时刻。亚德拉·奎斯特德的推理能力对付不了印度文化整个的无所不包的共鸣场。在山洞的经历之后，小说写道："生活一如既往，可是没有任何影响。换句话说，声音不再回响，思想也不再发展。一切东西似乎都被连根切断，因而受到了

---

① 阿诺德（Mathew Arnold，1822—1888）：英国诗人、批评家、教育家。

② 吉本（Edward Gibbon，1737—1794）：英国历史学家，其《罗马帝国衰亡史》是启蒙时期代表作，在近代史学中占重要地位。

③ 福斯特（Edward Morgan Foster，1879—1970）：英国小说家、散文家，《印度之旅》是他最重要的小说，含重要社会主题，被称为现实主义和象征主义的杰作。

幻觉的侵染。”

《印度之旅》（书名取材于惠特曼[①]，他认为美国正在走向东方）的寓意所指，视觉和声音之间，感知和经验组织的书面形式和口头形式之间的最后冲突，业已降临到我们头上。正如尼采所言，既然理解能够阻止行动，那么借助弄懂媒介——媒介使我们延伸，挑起我们里里外外的战争——我们就可以节制这场冲突的激烈程度。

读书识字所引起的非部落化进程及其对部落人所造成的创伤，是精神病学家 J. C. 加罗瑟斯一本书的主题，书名是《非洲人的精神健康与病变》（世界卫生组织，日内瓦，1953 年版）。本书的许多材料见于他发表在 1959 年 11 月号《精神病学》上的文章，题为“文化，精神病和书面语”。这篇文章揭示了同样的情况：从西方输入的技术力量如何在偏远的丛林、草原和沙漠中起作用。有一个例子是贝都因人[②]骑着骆驼听半导体收音机的现象。洪水般滚滚而来的观念使土著人面临灭顶之灾，没有任何东西使他们做好准备去对付汹涌而来的各种观念。这就是我们的技术通常所发挥的作用。我们在读书识字的环境中遭遇收音机和电视机时所做的准备，并不比加纳土著人对付文字时的本领高强。文字环境把加纳土著拽出集体的部落社会，使他搁浅在个体孤立的沙滩上。我们在新鲜的电子世界中的麻木状态，与土著人卷入我们的文字和机械文化时所表现出来的麻木状态，实际上是一样的。

电的速度把史前文化和工业时代商人中的渣滓混杂在一起，使文字阶段的东西、半文字阶段的东西和后文字阶段的东西混杂在一起。失去根基、信息泛滥、无穷无尽的新信息模式的泛滥，是各种程度的精神病最常见的原因。温德汉姆・刘易斯的系列小说《人的时代》（*The Human Age*）所写

① 惠特曼（Walt Whitman，1819—1892）：美国诗人。

② 贝都因人：沙漠地区从事游牧的阿拉伯部族，住阿拉伯半岛、叙利亚、非洲。

的就是这一主题。其中的第一卷《儿童的屠场》(*The Childermass*) 所表现的正是作加速运动的媒介变革，表现它如何屠杀天真无邪的人们。在我们的世界里，因为能更好地觉察技术对心理形成和变化的影响，所以我们对正确判定愧疚的信心正在丧失殆尽。古代的史前社会把暴力犯罪看做是可怜的。杀人者在古人的心目中就像今天的癌症患者一样可怜。“他那样做内心一定感到很痛苦吧。”辛格[①]在剧本《西部世界的花花公子》中卓有成效地继承了古人这一思想。

如果说古时候的罪犯是不遵守传统规范的人，他们不能适应技术的要求，而我们的行为则是遵照相同而连续的模式，那么我们很容易把不顺应传统的人看成是可怜的人。尤其是儿童、伤残人、妇女和有色人种更可怜。在一个视觉和印刷技术的时代，他们看上去是不公平待遇的受害者。如果从相反的角度来看问题，如果一种文化给人们分配的是角色而不是各种工作，那么侏儒、驼背和儿童就能够开辟自己的天地。不应该把他们塞入格格不入的、整齐划一的、可以重复的框框之中。想想这句话：“这是一个男人的世界。”作为来自一种同质文化内部的无限重复的经验之谈，这句话指的是，男人在这样的世界中若要找到归属，就不得不像山茱萸一样地整齐划一。我们在智商测试中搞出来的那些不恰当的标准真是泛滥成灾。我们的测试者没有意识到自己文化的偏颇，他们想当然地认为，统一而连续的习惯是智慧的表征，因而就淘汰了听觉和触觉发达的人。

C. P. 斯诺[②]在评论 A. L. 罗斯的书《绥靖》(*Appeasement*) 和通向慕尼黑的道路时（见《纽约时报书评》1961 年 12 月 24 日号），描绘了 20 世纪英国最高层的智囊和经验。他说：“这些人物的智商大大高于一般的政治领

---

① 辛格（J. M. Synge，1871—1909）：爱尔兰剧作家。

② 斯诺（Charles Percy Snow，1905—1980）：英国小说家、科学家和政府官员，《两种文化与科学革命》是其最著名亦最有争议的作品。

袖。为什么他们竟然带来了一场浩劫？”斯诺赞成罗斯的观点：“他们不倾听别人的警告，因为他们不愿意听。”由于他们反对红色苏俄，他们就不能解读希特勒的信号。但是，他们的失败与我们现在的失败相比，真可谓小巫见大巫。美国人把读书识字当做技术所下的赌注，在教育、政治、工业和社会生活各个层次上的整齐划一性，全都受到电力技术的威胁。斯大林或希特勒的威胁来自外部，而电力技术就在大门之内。然而，我们对电力技术与谷登堡技术遭遇时所产生的威胁却麻木不仁，真可谓又聋又瞎又哑。美国生活方式的形成，既要以谷登堡技术为基础，又要凭借它的这个渠道。但是，现在来提出救世的策略，还不是时候，因为世人连这种威胁是否存在都尚未公认。我的处境与巴斯德[①]的处境十分相似。他告诉医生们说：医生的敌人是完全看不见的，而且他们完全没有认识到自己的敌人。我们对所有媒介的传统反应是，如何使用媒介才至关重要。这就是技术白痴的麻木态度。因为媒介的“内容”好比是一片滋味鲜美的肉，破门而入的窃贼用它来涣散思想看门狗的注意力。媒介的影响之所以非常强烈，恰恰是另一种媒介变成了它的“内容”。一部电影的内容是一部小说、一个剧本或一场歌剧。电影这个形式与它的节目内容没有关系。文字或印刷的“内容”是言语，但是读者几乎完全没有意识到印刷这个媒介形式，也没有意识到言语这个媒介。

阿诺德·汤因比[②]一点不了解媒介是如何塑造历史的。不过他的著作里这一类的例子俯拾即是，研究媒介的学者可以引用。有一个时期，他认真地指出，成人教育，比如英国工人教育协会所从事的成人教育，对于流行的出版物是一个有用的反击力量。他认为，虽然所有的东方社会都已经

---

① 巴斯德（Louis Pasteur，1822—1895）：法国生物学家、化学家、免疫学家，近代微生物学创始人，发明消毒素等，对近代医学作出了杰出贡献。

② 阿诺德·汤因比（Arnold Toynbee，1832—1883）：英国社会学家、经济学家。遗稿《英国十八世纪产业革命讲稿》于1884年出版。其侄阿诺德·约瑟夫·汤因比著有《历史研究》，比他更有名气。

接受了工业技术及其社会后果，“但是在文化这个层面上，并没有出现与此相应的整齐划一的倾向”（《萨默威尔》第一卷第 267 页）。这像是文人在广告环境中苦苦挣扎时夸下的海口：“就我个人而言，我根本不理睬广告。”东方各国人民对我们的技术可能抱有精神上和文化上的保留态度，这对他们自己是一无好处的。技术的影响不是发生在意见和观念的层面上，而是要坚定不移、不可抗拒地改变人的感觉比率和感知模式。只有能泰然自若地对待技术的人，才是严肃的艺术家，因为他在觉察感知的变化方面，够得上专家。

货币媒介 17 世纪在日本的运作所产生的结果，与印刷术在西方的运作不无相同之处。桑塞姆（G. B. Sansom）认为，货币经济渗入日本，“引起了一场缓慢的，然而是不可抗拒的革命，终于导致封建社会的瓦解。日本在二百多年的闭关锁国之后，终于又恢复了与外国的交往。”（引自《日本》，克雷西特出版社，1931 年，伦敦）货币重新组织了各国人民的感性生活，正是因为它使我们的感性生活产生了延伸。这一变革并不取决于社会中生活的人赞同与否。

阿诺德·汤因比从一个角度去研究媒介的改造力量，反映在他的“以太化”概念之中。他所谓以太化，是组织或技术中递进简化和递增效率的原理。这是一个典型的例子，说明他忽视这些媒介形式的挑战对我们的感性反映所产生的影响。他想，与社会中的媒介或技术相关联的，是我们的意见。显然，这个“观点”是中了魔，是被印刷技术迷住了的。因为在一个有文字的、形态同一的社会中，人对多种多样的、非连续性的力量已经丧失了敏锐的感觉。人获得了第三向度和“个人观点”的幻觉。这是他自恋固着（narcissus fixation）的组成部分。他完全和布莱克或大卫王①敏锐的知觉隔绝起来了。我们自身变成我们观察的东西。

① 大卫王：《圣经》中《诗篇》的作者，古代以色列国王。

今天，我们想在自己的文化中认清方向，而且有必要与某一种技术形式所产生的偏颇和压力保持距离。要做到这一点，只需要看一看这一种技术存在的一个社会，或者它尚不为人所知的一个历史时期就足够了。施拉姆①教授在其大作《电视对儿童生活的影响》中，就使用了这种策略。他寻找电视尚未渗入的领域，进行了一些测试。但是，因为他没有研究电视形象的具体性质，所以他的测试偏重电视的“内容”、收看时间和词汇频率。总之，他研究电视的方法用的是文献研究的方法，尽管他并未意识到。因此他不可能提出任何报告。即使倒回到公元1500年，用这样的方法去研究印刷书籍对儿童或成人生活的影响，他也不可能发现印刷术给个人心理和社会心理带来的变化。印刷术在16世纪造就个人主义和民族主义。程序分析和“内容”分析在弄清这些媒介的魔力或潜在威力方面，都不可能提供任何线索。

列昂纳德·杜布（Leonard Doob）在《非洲的信息传播》（*Communication in Africa*）这篇报告中，谈到一位非洲人。这个人费尽心思每晚必听BBC的新闻节目，虽然一句话也听不懂。每晚7点准时听见那些声音，对他是至关重要的。他对言语的态度，正像我们对旋律的态度——铿锵悦耳的语调本身就很有意思。17世纪时，我们的先人对媒介的形式所抱的态度，仍然与这位非洲土著人的态度相同。这一点在下文所表现的情感中是显而易见的。法国人贝尔纳·拉姆（Bernard Lam）在《说话之艺术》（*The Art of Speaking*，1698年，伦敦）中写道：

> 此乃上帝智慧所赐之果。上帝造人，意在使之幸福。凡有益于人之会话（会话乃人之生活方式）者，均于人相宜……因为凡食物者，倘有营养，均宜品味；反之，其他食物，若不能为我吸收、不能成为

① 施拉姆（Wilbur Schramm，1907—1987）：美国著名学者，信息论、传播学创始人之一。

> 我血肉之躯者，则索然无味，味同嚼蜡也。说话者难以应付之谈话，不能使听话者感到愉悦；听话者不感到高兴之谈话，说话人也难以做到伶牙俐齿。

这是关于人的食物和言语表达的一种平衡理论。经过几个世纪的分割肢解和专业分工之后，我们才开始寻求一种关于媒介的平衡理论。

教皇庇护十二世（Pope Pius Ⅻ）主张认真研究媒介，他对此深表关注。1950 年 2 月 17 日，他曾经说：

> 可以毫不夸张地说，现代社会的未来及精神生活是否安定，在很大程度上取决于在传播技术和个人的回应能力之间，是否能维持平衡。

数百年来，人类在这方面的失败具有典型的意义，这是完完全全的失败。人们对媒介如何影响潜意识，抱温顺接受的态度，这使媒介成为囚禁其使用者的无墙的监狱。正如利布林[①]在《出版业》（*The Press*）一书中所云，倘使人看不见他所走的方向，他就不可能自由，即使他携枪去达到目的地，他也不能获得自由。因为每一种媒介同时又是一件强大的武器，它可以用来打垮别的媒介，也可以用来打垮别的群体。结果就使当代成为内战频仍的时代。这些内战并不仅限于艺术界和娱乐界。在《战争与人类进步》（*War and Human Progress*）中，内夫[②]断言："我们时代的战争都是一系列聪明错误的结果……"

倘若媒介的塑造力正是媒介自身，那就提出了许许多多的大问题。虽

---

① 利布林（Abbott Joseph Liebling，1904—1963）：美国记者，《纽约客》周刊评论员，以其幽默和广泛的兴趣而闻名。

② 内夫（John Ulric Nef，1899—1988）：美国经济历史学家。

然它们值得用浩繁卷帙大书特书，可惜我们只能在此一笔带过。换句话说，技术媒介就是大宗商品或自然资源，酷似煤炭、棉花和石油。任何人都会承认，如果社会经济依赖一两种粮食、棉花、木材、鱼或牲畜之类的大宗产品，结果就会产生一些显而易见的组织模式。太强调几种大宗产品，就会使经济极不稳定，但是它又造就人们极大的忍受能力。美国南部的怜悯和幽默，扎根于有限产品的经济之中。依靠几种产品而形成的社会，把这些商品当做社会纽带来接受，很像大城市把新闻当做社会纽带一样。棉花和石油，如同收音机和电视机一样，在人们的整个精神生活中变成了固定电荷。这一普遍的事实造成了一切社会的独特文化景观。每一种塑造社会生活的产品，都使社会付出沉重的代价。

人的感觉——一切媒介均是其延伸——同样是我们身体能量上的“固定电荷”。人的感觉也形成了每个人的知觉和经验。这两点可以从另一个方面体会出来。心理学家荣格[①]论及此时写道：

> 每一位罗马人都生活在奴隶的包围之中。奴隶及其心态在古代意大利泛滥成灾，每一位罗马人在心理上——当然是不知不觉地——变成了奴隶。因为他经常不断生活在奴隶的氛围之中，所以他也透过潜意识受到了奴隶心理的侵染。谁也无法保护自己不受这样的影响。(《分析心理学论文集》，1928 年，伦敦)

① 荣格（Carl Gustav Jung，1875—1961）：瑞士心理学家、精神病学家、分析心理学创始人之一，弗洛伊德最亲密的同事。

9.3. 热媒介和冷媒介

萨克斯[①]在《世界舞蹈史》(*World History of the Dance*)中解释说:“华尔兹舞的兴起,是渴望真实、纯朴,渴望自然和原始风格的结果,这一成就是在19世纪的中后叶取得的。”在这个爵士乐的世纪,我们可能会忽略一个事实:华尔兹是一种热烈、奔放的舞蹈,它冲破了宫廷舞和教堂舞那种风格刻板的封建樊篱。

有一条基本的原则可以把收音机之类的热媒介和电话之类的冷媒介区别开来,把电影之类的热媒介和电视之类的冷媒介区别开来。热媒介只延伸一种感觉,并使之具有“高清晰度”。高清晰度是充满数据的状态。照片从视觉上说具有高清晰度。卡通画却只有“低清晰度”,原因很简单,因为它提供的信息非常之少。电话是一种冷媒介,或者叫低清晰度的媒介,因为它给耳朵提供的信息相当匮乏。言语是一种低清晰度的冷媒介,因为它提供的信息少得可怜,大量的信息还得由听话人自己去填补。与此相反,热媒介并不留下那么多空白让接受者去填补或完成。因此,热媒介要求的参与程度低;冷媒介要求的参与程度高,要求接受者完成的信息多。自然,像收音机这一种热媒介对使用者的影响,与电话这一种冷媒介对使用者的影响,是大不相同的。象形文字或会意文字之类的冷媒介,与拼音文字之类的热烈而爆发性的媒介,也具有大不一样的影响。拼音字母抽象的视觉程度被推向高峰时,就成为印刷术。带有专一视觉强度的印刷文字,冲破了中世纪团体性行会和修道院的束缚,创造了极端个体性模式的企业和垄断现象。但是,极端的垄断使集团组织卷土重来,它把没有个性的大帝国强加在许多个体身上,于是情况就发生逆转。文字媒介逐渐升温,热到可

① 萨克斯(Curt Sachs,1881—1959):德国音乐学家、教师和乐器学专家,《世界舞蹈史》出版于1946年。

以多次重印的强度时，就导致了 16 世纪的民族主义和宗教战争。笨重不便、大而无当的媒介——比如石头——把纵向的时间粘合起来。它们被用来书写时，是很冷的媒介，它们把许多个时代粘合成一个整体。另一方面，纸却是热媒介，它把横向的空间联成一片，在政治帝国和娱乐帝国里都是这样的。

任何热媒介容许的参与程度，比冷媒介容许的参与程度都要少，正如讲课比课堂讨论有利于较低的参与程度一样。印刷术问世之后，昔日许多形式的媒介被排除在生活和艺术之外，许多新的形式又被赋予新奇的强度。不过，当代俯拾即是的例子说明了以下的原则：热媒介有排斥性，冷媒介有包容性。一个世纪前芭蕾舞女星开始跳足尖舞时，人们觉得芭蕾舞艺术获得了一种新的“灵气”。由于它这种新的强度，男舞星被排除在外。随着工业时代专业分工的来临，由于家庭的功能爆炸分裂而出现洗衣房、面包店和医院，并分布在社区的边缘，妇女的角色也被分裂肢解了。高强度或高清晰度使生活中产生专门化和分割性，这和娱乐业中的情况一致。它说明任何高强度的经验，为何要首先“忘记”和“抑制”，为何要被压缩到很冷的程度，然后才能“学到手”或被人吸收。这种所谓“抑制”是弗洛伊德的潜意识抑制，与其说它具有道德的功能，不如说它是一种不可或缺的学习条件。倘若我们完全而直接地接受作用于我们各种知觉结构的每一次神经冲动，我们很快就会成为神经质的人，就会随时心惊肉跳、掀动警铃。潜意识抑制保护我们的核心价值系统，正如它借助一种简单的机制，大大缓解经验的冲击，从而保护我们的神经系统一样。对许多人来说，这种冷处理系统导致终身的心理僵化（rigor mortis）或梦游症。新技术问世的时期，这种情况尤为显著。

热技术紧随冷技术出现所产生的破坏性影响，罗伯特·希奥波尔德在《富人与穷人》（*The Rich and the Poor*）中提供了一个例子。澳大利亚土著从传教士手里得到钢斧之后，他们建立在石斧之上的文化就土崩瓦解了。

他们的石斧不但稀缺，而且是男子至上地位的基本象征。传教士提供大量的锋利钢斧，送给妇女和儿童。男人甚至不得不向妇女和儿童借钢斧使用，大丈夫的尊严也随之土崩瓦解。传统的部落和封建的等级制度，当它和机械的、整齐划一、重复使用的任何一种冷媒介遭遇时，都会迅速分崩离析。货币、轮子和文字都会分割肢解部落的结构。任何其他形式的媒介，只要它专门从某一个方面加快交换或信息流通的过程，都起到分割肢解的作用。与此相似，一种非常之大的加速现象，比如随电力发生的加速现象，又可能有助于恢复参与强度高的一种部落模式。收音机在欧洲推广之后出现的情况就是一个例子。电视在美国的普及如今又倾向于产生这样的结果。专门化的技术产生非部落化的影响，非专门化的技术又产生重新部落化的后果。技能重新布局之后就会产生混乱，与其伴生的现象是文化迟滞。文化迟滞使人觉得必须用老眼光来看待新情况，仿佛新情况是原来就有的东西。于是在内爆的时代就有人提出“人口爆炸”（explosion）的思想。在钟表时代，牛顿用钟表的形象来描绘自然宇宙。但是，在回应钟表的挑战时，布莱克之类的诗人却大大地走在牛顿的前面。布莱克说，人有必要“从单一的视野和牛顿的睡眠中”解放出来。他深知，牛顿对新的机械论的回答，本身只不过是机械地重复了一次这种挑战。布莱克认为，牛顿和洛克等人是处于催眠状态中的自恋型人物，完全不能对付机械论的挑战。叶芝在一首讽喻诗中充分表现了布莱克对牛顿和洛克思想的嘲讽：

洛克昏睡不起，
伊甸园也猝死；
上帝抽出肋骨，
做成珍妮织机。

在叶芝的笔下，洛克这位机械联想和线形联想的哲学家被他自己的形象搞得昏昏入睡。“伊甸园”即统一的无意识完结了。18 世纪的人获得了一种延伸，其形式是珍妮纺织机。叶芝给珍妮纺织机赋予完全的女性意义。于是，女性本身也被当成了男子存在的延伸。

布莱克[①]为他的时代提出的抗衡策略，是用有机神话（organic myth）来对付机械主义。今天，我们已经深入电力时代，有机神话本身成了一种简单和自动的反应。这种反应可以用数学公式和数学语言来表达，无需布莱克那种想象性的知觉。假如他生活在电力时代，他应付电的挑战时，不会简单地重复电的形式。神话的确是一个复杂过程的瞬间视觉展开。一般情况下，一个复杂的过程要延续很长一段时间。神话是一种过程的收缩和内爆。电瞬息万里的速度给今天普通的工业和社会行动赋予神话的特点。我们生活在神话之中，可是我们的思维依然是支离破碎的，依然仅仅在一个平面上展开。

今天的学者敏锐地觉察到，他们探讨课题的方法和探讨的课题之间，是有距离的。研究《旧约》和《新约》的学者常常说，虽然他们处理素材的方法必须是线性的，但是他们的课题并不是线性的。他们的课题是探讨上帝和人、上帝和世界的关系，是人和邻居的关系——所有这些关系都是共生共存、相互影响的。希伯来和东方思维方式在探讨问题时，一开始就同时对付问题和答案，这是一切口头文化社会的普遍特征。接着，它又对课题的整个信息反复追踪，以同轴圆的轨迹进行螺旋形追踪，尽管这种追踪貌似多余的重复。读过开头的几句之后，在任何地方停下来，你都可以抓住通篇文章的信息，如果你准备弄懂文章的话。这种文章布局似乎给赖特[②]以灵感，他设计的古根海姆博物馆就是以螺旋形的同轴圆为基础。这是

---

① 威廉·布莱克（William Blake，1757—1825）：英国诗人，前浪漫主义代表人物，对英国浪漫主义运动产生重大影响，讴歌自然，抒写理想与生活，风格独特，代表作有《天真之歌》《经验之歌》等。

② 赖特（Lyod Frank Wright，1867—1959）：美国建筑师，位于纽约的古根海姆博物馆是他晚年的重要作品。

电力时代必不可少的冗余形式。电力瞬息万里和深层覆盖的特性决定了这个同轴模式。但是，同轴模式无穷无尽的平面相切对我们获得深刻的洞见是必不可少的。事实上，这一模式正是洞察的技法。因此，它对于媒介研究也是必要的。因为没有一种媒介具有孤立的意义和存在，任何一种媒介只有在与其他媒介的相互作用中，才能实现自己的意义和存在。

电力时代生活中的新结构和新形貌，越来越多地与机械时代陈旧、线性和切割的研究方法和分析工具相冲突。我们日益从研究讯息的内容转向研究其总体效应。肯尼斯·博尔丁①在《形象》(*The Image*)一书中论及这一点时说："讯息的意义在于它给形象带来的变化。"关注效应而不是关注意义，是我们这个电力时代的基本变化，因为效应与总体情况相关，而不是和信息运动的单一层面相关。奇妙的是，在英国人对诽谤的看法中有这种对效应而不是对信息的承认，英国谚语云："事情越真实，诽谤越厉害。"

电力技术问世初期产生的结果是焦虑。现在它的结果似乎是厌烦。我们在一切疾病和生活压力中都经历了三个阶段：惊慌、抵抗和倦怠，个体的病症和集体的病症都是如此。至少，与电力初次交手后的疲惫往往使我们期待新的问题。然而，落后国家几乎没有经历过我们机械的、专门化文化的渗透，因此它们正视和理解电力技术的能力，远远超过我们。落后的非工业化国家在与电磁技术遭遇时，没有专门化的习惯需要克服。不仅如此，它们还保留了许多传统的口头文化，这种文化恰恰又具有新的电磁技术那种整体的、统一的"场"的性质。我们悠久的工业化地区，由于口头传统受到了自然而然的侵蚀，现在必须重新发现自己的口头传统，才能对付电力时代的挑战。

---

① 肯尼斯·博尔丁（Kenneth Boulding，1910—1993）：美国经济学家，曾任美国经济学会会长，论著宏富，代表作有《和平经济学》《经济学的重建》《组织革命》《经济政策原理》《20世纪的意义》《超越经济学》《形象》等。

用冷媒介和热媒介这个主题来表述就可以说，落后国家是冷的，我们则是热的；“城里的老油子”是热的，淳朴的乡巴佬是冷的。但是，如果用电力时代办事程序和价值观念的逆转来说明的话，那么过去的机械时代是热的，我们这个电视时代是冷的。华尔兹是热烈、快节奏的机械舞蹈，它适合工业时代浮华与隆重的情绪。相反，扭摆舞是冷的，是神情卷入、不拘形式、即兴发挥的舞蹈。到了电影和广播这两个热媒介的时期，爵士舞也变成热的了。不过，爵士舞自身倾向于一种随便轻松的舞蹈对白形式，它缺乏华尔兹那些重复和机械的形式。吸收了广播和电影的第一波冲击之后，冷的爵士舞自然就流行起来了。

1963 年 9 月 13 日的《生活》杂志，是有关俄国的专号，据载俄国的饭店和夜总会“虽然容忍查尔斯顿舞[①]，而扭摆舞却是禁止的”。这一切说明，一个处在工业化进程的国家，往往把快节奏的爵士舞看成与国家的发展规划相一致的东西。相反，扭摆舞清冷和要求卷入的形式给这种文化的印象，不仅是腐败的，而且还与该社会偏重机械的倾向水火不相容。查尔斯顿舞好像具有弹簧驱动的玩偶的一面，所以它在俄国被看做是先锋派形式。与此相反，我们则认为先锋派是超然冷漠、崇尚原始风格的，因为它给人以深入参与和整体表现的希望。

“硬性”推销和“热门”商品在电视时代成了纯粹的喜剧。所有的推销员在电视的巨斧下不堪一击、死于非命。美国的热文化因此而成为冷文化，这个冷文化对自己的脾气还十分陌生。事实上，美国人似乎还生活在米德[②]所描述的逆变过程之中。她在 1954 年 9 月 4 日的《时代》周刊撰文说：“对社会前进不得不保持过高的速度，方能跟上机器的速率，人们的怨言实在

① 查尔斯顿舞（Charlston）：一种快节奏 4/4 拍子的舞蹈，20 世纪 20 年代开始在美国流行。

② 玛格丽特・米德（Margaret Mead，1901—1978）：美国人类学家。心理人类学的创始人之一，30 年代以《萨摩亚的成年》而一举成名。

是太多。如果你的前进完全彻底，如果社会、教育和娱乐的变化并驾齐驱，那么迅速前进是大有好处的。你必须同时改变整个模式，同时改变所有的人——而且人民必须自己下决心向前推进。”

米德在此考虑的变化，是落后社会里整齐划一的运动，或者叫整齐划一的升温。我们离一个自动控制的社会已经很近，近得可以想象出来，其控制程度也很高。我们可以说：“下周印度尼西亚的电台要少播 6 个小时，否则人们对文化学习的兴趣要大大下降。”或者说：“下周在南非安排的电视节目可以减少 20 个小时，以便使上周被广播节目提高的部类温度降下来。”我们现在可以制订规划，使整个儿的文化氛围保持稳定，正如我们开始了解如何使世界商业经济保持平衡一样。在纯粹个人私交的氛围中，我们常常想起，不同的时间和季节如何要求语气和态度有所变化，以便能把握交往的情势。英国俱乐部的成员，为了维护同伴情谊和亲切气氛，一向禁止在参与程度高的俱乐部里谈宗教和政治这样的热话题。奥登[①]怀着同样的情绪写道：“……在这个季节，怀着善意的人们把话藏在心里，而不是挂在嘴上……今天，诚实的大丈夫风格正中伊阿古[②]下怀。”［约翰·贝奇曼（John Betjeman）《精明而不精简》（*Slick but Not Streamlined*）序］在文艺复兴时代，由于印刷技术把社会环境加热到很高的程度，所以绅士和朝臣的风格（哈姆雷特和麦丘提奥的风格）与上述风格截然不同。他们抱着喜爱玩笑的高贵人物那种随意轻松、漫不经心的态度。奥登用伊阿古的暗喻提醒我们注意，伊阿古是奥赛罗的心腹和助手，奥赛罗是极为认真、富有激情的将军。伊阿古亦步亦趋地模仿奥赛罗，装出严肃认真、直率坦诚的样子，逐渐给自己的形象加温，做出有啥说啥的样子，直到奥赛罗明白无

---

① 奥登（W. H. Auden，1907—1973）：美国诗人、评论家、剧作家。

② 伊阿古（Iago）：莎剧《奥赛罗》人物，奥赛罗的副官，阴险、狡诈，在篡权中谋害了奥赛罗的妻子和副将。

误地把他称之为“诚实的伊阿古”，并把他当做很合心意的爱将。

芒福德[1]在《历史名城》（*The City in History*）中，始终偏爱低清晰度的、结构松散的城市，不喜欢高清晰度的、塞得满满的城市。他觉得，雅典的极盛期，是乡村生活的大多数民主习惯仍然盛行的时期。此时，各种形式的人类表现和探索喷薄而出。这种现象在以后高度发达的都市中心，是不可能出现的。因为根据定义，高度发达的环境给人提供的参与机会少，可是它对专门化分工的要求却很高，这就对管理这项工作的人提出了很高的要求。比如说吧，今天在商务和管理中的所谓“扩大权限”（job enlargement），就允许雇员有更多的自由去发现和确定自己的作用。同样，读探案小说时，读者要参与进去和作者共同创造。其原因很简单：它的叙述略去的东西太多。大网眼的长筒丝袜比平滑的尼龙丝袜更美观，因为眼睛必定要代替手掌去填充并补足它整体的形象，正像电视屏上的马赛克图像一样。

道格拉斯·凯特（D. Carter）在《政府第四部》（*The Fourth Branch of Government*）中说，华盛顿新闻局的官员很高兴去补足或填充柯立芝[2]总统人格中的空白。因为他太像一幅没有生气的卡通画，所以他们感觉有冲动为总统本人和公众去完善他的形象。新闻界用低清晰度的字“卡尔”来称呼柯立芝总统，这给人以启示。从冷媒介的意义上说，柯立芝在公众中的形象是，他难得把事情说清楚。所以只能用一个字来形容他：他确实非常之“冷”。在“热”的20世纪20年代，“热”的新闻媒介觉得卡尔太“冷”，并且由于他的形象缺乏清晰度而感到高兴，因为它迫使新闻界去参与填补总统在公众中的形象。与此迥然不同的是，罗斯福总统积极使用热媒介，

① 芒福德（Lewis Mumford，1895—1990）：美国著名人文学者、教授，其《历史名城》1961年获国家出版奖。

② 柯立芝（Calvin Coolidge，1872—1933）：1923—1929年任美国第30任总统。

他成了报纸的竞争对手，并且喜欢在和热的无线电媒介的竞争中打败新闻界。反之，杰克·帕尔为冷的电视媒介主持一个冷的栏目，他成了夜总会顾客及其在报纸闲话栏中的盟友的竞争对手。帕尔与闲话栏作者的战争，可以说明冷热媒介之间的稀奇古怪的冲突，恰如“骗人的电视猜谜舞弊丑闻”那样。一方是报纸和电台这两种热媒介，一方是电视这种冷媒介，两家对垒，互相争夺烫手的广告费。由此引起混乱，给事情加温，毫无意义地把猜谜节目主持人查尔斯·凡多兰（Charles Van Doren）给拉了进去。

美联社 1962 年 8 月 9 日从加州桑塔摩尼卡发出的一篇报道中说：

> 将近 100 名违反交通规则的人看了一部警方摄制的车祸影片，以此补偿自己的过失。有两人因为恶心和休克而不得不接受治疗……
>
> 违反交通规则者，凡是同意看这部题为《警号 200》的影片，均可减免 5 美元的罚款。该片由俄亥俄州警署制作。
>
> 影片展示扭曲损毁的汽车、碾压变形的肢体，配有车祸现场受害者尖厉惨叫的录音。

热电影用热内容，是否可以给头脑发热的驾车人降温，倒是可以讨论。但是，这与理解媒介的性质确实有关系。处理热媒介所产生的结果，任何时候都不能包括感情移入或参与。在这个方面，如果一则保险广告推出一位在用人工心肺机的父亲，周围再叠印出全家欢乐的镜头，那么它带给观者的恐怖，恐怕比全世界所有的警世智慧更令人胆寒。这个问题的提出与死刑也有关系。严刑峻法是对严重犯罪的最大威慑力量吗？再说炸弹和冷战，大规模报复的威胁是维护和平的最有效手段吗？凡事被推向饱和，必然要发生沉淀。一切有人的场合都是这样，这不是显而易见的吗？任何有机体或结构中的一切有用资源被调动起来之后，就会发生模式逆转的现象。残暴的场面作为威慑可以使人变残暴。暴力用于运动可以变得富有人情味，至少在有的情况下是这样的。然而，至于用炸弹和报复作为威慑手段，非常明显，任何长期恐怖的结果，都只能是麻木。这个道理是在提出放射性尘埃防护计划时发现的。没完没了的警报付出的代价，就是满不在乎。

然而，热媒介究竟是用于热文化还是冷文化，却大有区别。收音机这种热媒介用于冷文化或者不重文字的社会，其影响甚为剧烈；用于热文化，其结果则截然不同。比如在英国或美国这样的热文化里，听收音机觉得是一种娱乐。冷文化或者文字作用较低的文化，不可能把电影或收音机之类的热媒介当做是娱乐。热媒介对它们造成的急剧震荡，至少与电视这个冷媒介对我们高度偏重文字的社会所造成的震荡一样厉害。

至于对付冷战和热弹恐惧，我们急需的文化策略是幽默和游戏。通过模仿实际生活中火辣辣的情景，游戏可以给它们降温。俄国和西方之间的竞技运动，很难达到松弛神经、缓和气氛的目的。这样的运动煽风点火，显然是这样的。我们在媒介中看做好玩的东西，对冷文化来说，看起来难免是政治鼓动。

寻找冷热媒介两种用法之间的基本区别，有一个办法，就是把交响乐演出的录像节目和交响乐排练时的录像节目进行对比研究。加拿大广播公司播映过的两个最好的交响乐节目，一个是格伦·古尔德[①]录制的钢琴演奏会的实况，一个是伊果·斯特拉文斯基[②]指挥多伦多交响乐团排练新作品时的录像。电视之类的冷媒介在实际使用时，就要求这样的参与过程。精炼、紧凑的整套节目适合热媒介，如收音机和唱机。培根孜孜不倦地比较冷散文和热散文。他撰写论述“方法”的文章或一揽子论题相似的文章，并且把论述“方法”的文章和格言警句性的文章进行比较。他的警句有：“复仇

① 古尔德（Glenn H. Gould，1932—1982）：加拿大著名钢琴家，技巧完美，但演奏时常偏离传统。

② 斯特拉文斯基（Igor Stravinsky，1882—1971）：作曲家，原为俄罗斯人。他几度改变国籍、语言和音乐风格，最终定居好莱坞。

是私人的执法。”他认为，被动消遣的读书人要的是内容充实的一揽子文章。然而，意在追求知识、探究原因的人，却需要向格言警句请教。其原因正是：格言警句言犹未尽，需要读者深入地参与其间。

区别冷热媒介的原则，完美地表现在俗语的智慧之中：“女子戴墨镜，男子少调情。”眼镜使开朗的外观更加突出，完全填补了女性的形象。另一方面，墨镜使人的形象神秘莫测、难以接近。这种形象需要人去参与了解，去补充完成。

再者，在偏重视觉和文字的文化中，我们与人初次见面时，他的外观占了首要的地位，这使我们听不清楚他的名字。所以为了不至于失礼，我们又接着问：“请问您的大名怎么拼写？”相反，在重听觉的文化中，人名的读音是最重要的事情，正如乔伊斯在《芬尼根守灵夜》中对此所作的理解：“谁给你取的这个麻木（Numb）[①]？”因为一个人的名字对他自己的确是麻木的一击，他永远不可能从这个麻木状态中恢复过来。

还有一个很好的办法检验冷热媒介的差异，就是要弄人的玩笑。热性的文字媒介完全排斥玩笑中实用和参与的一面，所以鲁尔克[②]在《美国的幽默》（*American Humor: A Study of the National Character*）中说，文字媒介绝无玩笑可言。对于偏重文字的人来说，由于捉弄人的玩笑要求全身心投入，它就和双关语一样地索然寡味、倒人胃口，因为双关语使我们脱离了印刷文字井井有条、流畅平滑、整齐划一的既定轨道。事实上，识字的人完全意识不到印刷媒介高度抽象的性质：对他们来说，较为粗糙的、需要人参与的艺术形式似乎是“热”的，抽象的、高度偏重文字的形式是“冷

---

① numb（麻木）：numb 系 name（名字）之误，用于双关。

② 鲁尔克（Constance Mayfield Rourke，1885—1941）：美国史学家和文化学家，研究美国文化和民族特性的先驱，1931 年发表《美国的幽默：民族性研究》而一举成名。

的”。约翰逊博士[①]脸上挂着拳师的笑容说：“您可以觉察到，夫人，我是有教养的，彬彬有礼，到了谨小慎微的地步。”约翰逊博士是对的。他认为“富有教养”已经成了衣冠楚楚的同义语，而衣冠楚楚又可以和印刷的精密度相比。所谓“舒服”指的是放弃视觉安排，让位于感官的随意参与。任何一种感官，尤其是视觉，加热到支配地位时，都会排斥舒适的感觉。

另一方面，如果在实验中剥夺一切外在的感觉，受试者就开始狂热地填补或补足各种感觉，实际上他这时的感觉全然是幻觉。由此可见，一种感觉的加温往往会产生催眠的效果，所有感官的降温往往会产生幻觉。

9.4. 过热媒介的逆转

1963 年 6 月 21 日有这样一条新闻：

华盛顿—莫斯科热线
将于 60 天内开通启用

建立华盛顿和莫斯科之间的直接通讯联系，以应付紧急情况的协议，昨日在此由美国的查尔斯·斯特尔和苏联的塞姆扬·拉扎普金签署……

这条通讯线路叫做热线，根据美国官员透露，它将于 60 天内开通。它将租用商业通讯线路，一条是电缆，一条是无线电通讯线路，并将使用电传打字机。

---

① 约翰逊博士（Dr. Samuel Johnson，1709—1781）：英国文学家、批评家、词典编纂家。1775 年出版的《英语词典》是英语史上最重要的里程碑之一。

使用印刷热媒介，而不是使用要人参与的电话冷媒介这一决定，是极为遗憾的。毫无疑问，促成这一决定的，是西方对于形式的偏好，理由是它比电话的个人色彩少。印刷形式在莫斯科的含义和在华盛顿的含义是完全不同的。电话形式在两地的含义也是如此。俄国人喜爱电话这一工具，它非常适合俄国人的口头传统，因为他们的非视觉参与程度高。他们使用电话以求预期效果的方式，使我们联想到揪住对方衣领说个没完没了的人，这种人离对方的脸只有 12 英寸远。

电话和电传作为莫斯科和华盛顿潜意识文化偏好的放大媒介，都可能引起极大的误解。俄国人在室内安装窃听器，用耳朵做谍报工作，觉得这是非常自然的事情。但是，他们看见我们用视觉手段搞间谍工作却感到非常气愤，他们觉得这样子很不自然。一切事物在其发展过程中表现出来的形式，与其最终呈现的形式截然相反，这是一条古老的原理。对事物演化过程中逆转能力的兴趣，在各种各样的观察中——庄重的和戏谑的，都是显而易见的。蒲伯[①] 有诗为证：

丑恶乃魔鬼，面目可怕，
无论何人见，均要痛恨。
可常见常睹，便习以为常，见怪不怪，
先对它容忍，继对之怜悯，终至于拥抱。

据说，一只蝴蝶的幼虫目不转睛地看着一只蝴蝶说："哇，你用那该死的翅膀休想捉住我。"

在另一个层面上，我们在本世纪中目睹了人们对神话传说态度的转变，由嘲笑其虚假到恭敬地研究神话。当我们对地球村的社会生活和问题开始

① 蒲伯（Alexander Pope，1688—1744）：英国诗人、翻译家、批评家。

作出反应时，我们反倒成了倒退保守分子。与我们瞬息万里的技术同时产生的参与要求，把“社会意识最强”的人变成了保守派。苏俄第一颗人造地球卫星送入地球轨道时，一位小学教师叫她的二年级学童就此写儿歌。一位儿童凑了几句：

星星这么大，
地球这么小，
待在地球上，
别跟它飞走。

对人而言，知识和探求知识的过程同等重要。我们领悟河外星系和亚原子结构的能力，都是认识能力的活动，这个认识活动既包括又超越河外星系和亚原子结构。上述二年级小学生生活在一个非常浩瀚的世界中，这个世界比任何科学家靠仪器测算或观念描绘的世界都要浩瀚得多。正如叶芝所形容的，20 世纪发生了这样的逆转：“看得见的世界不再是真实，看不见的世界不再是梦想。”

实在的世界转换成科学幻想，与此相联系的是另一个飞速展开的逆转。由于这一逆转，西方世界正在走向东方，同时东方世界也在走向西方。乔伊斯把这一相互逆转的过程写入了他两句神秘的诗歌之中：

西方将使东方惊醒，
可你也会把晚间当做早晨。

他的小说《芬尼根守灵夜》这一书名，就是一套多层次的双关语，说的是西方人追随着老芬尼根的足迹，再次回到部落社会（或曰芬尼根）的周期。但是，这一次重新进入部落生活的夜晚时，却非常清醒，毫无睡意。

这就是我们当代人对“无意识”的觉醒。

机械形式转向瞬息万里的电力形式，这种加速度使外向爆炸逆转为内向爆炸。在当前的电力时代中，世界内向爆炸（或曰紧缩）而产生的能量，与过去扩张的、传统的组织模式发生了冲突。直到不久前，我们的制度和安排，包括社会的、政治的、经济的制度和安排，都只有一个单向的模式。直到今天，我们仍然觉得这一模式是“爆炸性的”或“扩张性的”。虽然这一模式不再通行，我们依然在说“人口爆炸”和“学问爆炸”。事实上，造成我们对人口担心的，并不应该是世界人口的增加。更确切地说，引起我们焦虑的，倒是这样的拥挤：电力媒介使人们的生活彼此纠缠，造成了极端的拥挤。同样，教育的危机并不是谋求教育的人数在增长。我们对教育的新的担心，是知识相互关联而产生的转变，过去课程表中的各门学科是彼此隔离的。部门割据的独立王国在电力速度的条件下，像君主制一样地冰消雪融了。沉迷于老式的、机械的、由中心向边缘扩展的单向模式，再也不适合我们当今的世界。电能的作用不是集中化，而是非集中化。这种区别就像铁路系统和输电网络系统的区别。铁路系统需要铁路终端和大都会中心。而电力可以一视同仁地输往农舍和办公楼，所以它容许任何地方成为中心，并不需要大规模的集中。这一逆转模式在“省力”的家用电器中出现得很早，无论是烤面包片的小电炉、洗衣机还是真空吸尘器。与其说它们节省劳力，不如说它们容许每个人单干。19 世纪时人们分派给仆人做的事情，现在由我们自己动手干。这条原则完全适合于电力时代。在政治方面，它容许卡斯特罗作为独立的核心或中心而存在。它也可能容忍魁北克省脱离加拿大联邦，这种情况在铁路王国时代完全是无法想象的。铁路需要统一的政治和经济空间。相反，飞机和电台容许空间组织中最大限度的非连续性和多样性。

今天，古典物理学、古典经济学、古典政治学的伟大原理，即一切过程可分的原理，由于延展为统一场理论而自身发生了逆转。由于复杂过程中的一切功能都有机地互相交错，工业中的自动化取代了过程的分割，电力线接替了装配线。

在新型、电力的信息时代和程序化生产中，商品本身越来越具有信息的性质，虽然这一趋势主要出现在日益增加的广告预算之中。意味深长的是，维持媒介的主要负担，都落在用于社会交往的商品身上，比如香烟、化妆品和肥皂（肥皂是用来吸取化妆品的）。由于电力信息水平的提高，几乎任何一种材料都可以用来为任何需要或功能服务，这就迫使知识分子越来越多地承担社会指挥和为生产服务的角色。

邦达[①]所著《知识分子的背叛》（*The Great Betrayal*）有助于澄清新的形势：知识分子突然承担了执牛耳的角色。艺术家和知识分子曾经长期被排除在权力之外。自从伏尔泰起，知识分子都处在反对派的地位。可是邦达发现，他们突然应召进入最高的决策集团。这是一场莫大的背叛：他们拱手放弃了自己的独立地位，变成了权力的仆从，比如当前的原子物理学家就是这样的仆从。

如果邦达通晓历史，他就不会如此气愤，如此惊诧的。因为知识分子的角色，从古至今都是新旧权力集团之间的联系人和中间人。最广为人知的知识分子群体是希腊籍的知识分子奴隶，他们长期担任罗马帝国权贵的教育者和私人秘书。从古至今，西方知识分子所承担的，正是这个奴颜婢膝的私人雇员的角色。他们一向就是大亨巨头——商务的、军事的和政治的大亨巨头的奴仆。英国“愤怒的一代”[②]就是这样的一群知识分子，他们突然之间穿过教育界的应急出口从底层冒了出来。爬入上层权力社会以后，他们发现里面的空气一点也不新鲜清爽。但是他们丧失勇气的速度甚至赛

---

① 邦达（Julien Benda，1867—1956）：法国小说家、哲学家，所著《学者的背叛》指控一些知识分子是道德上的叛徒。

② 愤怒的一代（the Angries）：英国战后一群不满现实的文人，以小说家、剧作家为主，并非都年轻。他们对现存的权贵、大企业、教会和政权曾经发动猛烈的攻击。

过了萧伯纳。和萧伯纳一样他们很快就沉迷于奇想之中，沉迷于培养安乐情趣之中。

在巨著《历史研究》（*A Study of History*）中，阿诺德·汤因比[①]记述了许多形式和动力逆转的历史现象，比如在4世纪中叶，为罗马人效劳的日耳曼人，猝然启用并保留自己的部落形式，并以此为荣。这一时刻标志着他们接受罗马人的价值已经达到了饱和状态，因而产生了自信心。同时，它标志罗马人的价值已经摆向了尚古的价值。（美国人也是这样，他们“吃饱”了欧洲来的价值观念之后，尤其是在电视问世之后，开始执着地追求美式马车灯、拴马栓和厨房用品等文化器物。）正当野蛮人爬上罗马社会阶梯的顶端时，罗马人自己也爱上了部落人的服装和习俗。他们的动机和路易十六的法国宫廷爱上牧羊人的世界是一样，都是一种轻佻、势利的风气。好比是，统治阶级在迪士尼乐园游乐的时刻，由知识分子接过安邦治国的重任。这似乎是顺理成章的事情。

本章想要说明，任何媒介或结构都存在博尔丁所谓的“断裂界限（break boundaries）”，即一个系统在此突变为另一个系统的界限，或者说，系统在动态过程中经过这一点后就不再逆转。本书稍后将要讨论几种这样的“断裂界限”，包括图像世界中由静态到动态的界限，由机械状态过渡到有机状态的界限。静态照片的一个结果，是掩盖富人的摆阔气消费；静态照片加速为动态之后，它给全球的穷人提供的是虚幻的富有。

今天，道路越过了断裂界限，把城市变成了道路，而马路本身也带上了都市的性质。道路的断裂界限越过之后，还出现了另一个典型的逆转：乡村不再是劳作的中心，城市不再是闲暇的中心。实际上，大大改善的道路和运输使古老的模式发生了逆转，城市变成了工作的中心，乡村变成了

---

① 阿诺德·汤因比（Arnold Joseph Toynbee，1889—1975）：英国历史学家，历史形态学派的重要代表，代表作《历史研究》共12卷。

闲暇和娱乐的场所。早一些时候，随着金钱和道路的增加而变得繁忙的交通，结束了静态的部落状态（汤因比称之为漂移的、采集食物的文化）。在断裂界限上发生的逆转有一个典型的特征。这是一个自相矛盾的奇特现象：流动的人在社会生活中是静滞不动的。相反，静坐少动的专业人士却是动态的、爆炸性的、进步的。富有吸引力的或世界性的大都会，将是静态的、老一套的、无所不包的。

在古代世界中，人们对断裂界限作为逆转发生和不可回归的临界点，有一种直觉，这反映在希腊人所谓狂妄自大（hubris）的概念中。汤因比的巨著《历史研究》，在“创造力的报应”（The Nemesis of Creativity）和“角色的颠倒”（The reversal of roles）这两个小标题下介绍了这两种直觉。古希腊剧作家表现的创造性同时又产生其独有的盲目性，比如解开斯芬克斯之谜[①]的俄狄浦斯王[②]就是这样的。希腊人似乎觉得一次突破所受的惩罚完全堵塞了通向整体场意识的道路。中国的一本书《道德经》（亚瑟・韦利译本）中，有许多例子说明紧随过热的媒介（即过度延伸的人或文化）之后接踵而至的突变和逆转：

> 企者不立，跨者不行。自见者不明，自是者不彰……[③]

任何系统发生突变最常见的原因之一，就是与另一个系统的“异体受

---

① 斯芬克斯之谜（the riddle of Sphynx）：（希腊神话）女首狮身有翅的怪物斯芬克斯，居住在忒拜。她向过往行人出了一则谜语，凡猜不中者均被害死。忒拜人为消灾禳祸，宣布猜中谜语者将被拥戴为忒拜王，并娶寡后为妻。

② 俄狄浦斯王（Oedipus Rex）：希腊剧作家索福克勒斯根据神话创作了同名悲剧《俄狄浦斯王》，该剧被亚里士多德推崇为悲剧的典范。俄狄浦斯出生时被父亲忒拜王拉伊俄遗弃。俄狄浦斯侥幸被救。成年后听先知预言他将杀父娶母，因惧怕而外出流浪。不幸在途中误杀父亲。由于他猜中斯芬克斯之谜，被拥戴为王．并娶母为后。多年以后方知铸成大错，悲痛欲绝，自残至瞎。

③《道德经》第 24 章。

精”，比如印刷术和蒸汽机结合所产生的突变，广播和电影结合所产生的突变（即有声电影）。今天，由于出现了缩微胶卷和缩微卡，不用说还有电子存储器，印刷文字又有了很强烈的手工特性。但是，活字印刷本身在拼音文字文化的发展史上就是一次重大的突破，正如拼音字母表曾经是部落人和个性人之间发生断裂的界限一样。

在官僚结构和进取精神相互作用下所发生的无穷无尽的逆转和断裂界限，包括这样一个转化点：个人开始为“个人的行动”负责。这是部落集体权威崩溃的时刻。若干世纪之后，进一步的爆炸和膨胀耗尽了个人行动的力量时，集体的努力又发明了公债的概念，这就使个人私下里为集体的行动承担责任。

19 世纪给机械的、分裂切割的技术方法加温，于是人们的整个注意力就转向联合的和整体的东西。在机器取代人工的第一个伟大时代里，卡莱尔①和前拉斐尔派②的文艺家们就宣传这样一种教义：工作是神秘的社会群体交往。罗斯金③和莫利斯④之类的百万富翁为艺术而呕心沥血。马克思就受到了这种学说的影响。在维多利亚时代伟大的机械化过程和道德高调之中，最奇怪的逆转就是路易斯·卡罗尔⑤和爱德华·利尔⑥的抗衡策略。他

① 卡莱尔（Thomas Carlyle，1795—1881）：英国散文家、史学家，关心社会问题，批评社会弊端。

② 前拉斐尔派（pre-Raphaelites）：19 世纪中叶兴起的英国文艺派别，反抗学院画派，推重拉斐尔之前自然、古朴的画风。拉斐尔是意大利文艺复兴时期最伟大的画家之一。

③ 罗斯金（John Ruskin，1819—1900）：英国艺术批评家、社会理论家，主张社会改革，反对机械文明，大力支持前拉斐尔派。

④ 莫利斯（William Morris，1834—1896）：英国诗人、艺术家、空想社会主义者。

⑤ 路易斯·卡罗尔（Lewis Carroll，1832—1898）：英国作家、数学家，他的作品《爱丽丝漫游奇境记》风靡至今。

⑥ 爱德华·利尔（Edward Lear，1812—1888）：英国风景画家，以写打油诗闻名。

们的打油诗证明有极为持久的生命力。当卡迪根老爷们正在血洗死亡谷[①]时，吉尔伯特和沙利文[②]正在宣布，维多利亚时代逆转的断裂界限已经越过了。

9.5. 杂交能量：危险的关系

“在我们大半辈子的生活中，艺术界和娱乐界的内战连绵不断……电影、唱片、广播、有声电影各界都爆发内战……”这是广播媒介分析家唐纳德·麦克惠尼（Donald McWhinnie）的观点。同时，这一内战多半都深刻地影响着我们的精神生活，因为策动内战的力量，是人的延伸和放大。事实上，媒介的相互影响，正是这场内战的另一种说法，它在社会上、在人的心灵中激烈地进行。有人说：“对盲人来说一切事情都很突然。”媒介杂交释放出新的力量和能量，正如原子裂变和聚变要释放巨大的核能一样。只要知道有值得观察之处，我们在这些事情中就不必像盲人那样感到突然了。

我已经阐明，媒介（即人的延伸）是一种“使事情所以然”的动因，而不是“使人知其然”的动因。这些媒介的杂交和化合，提供了一个注意其结构成分和性质的特别有利的机会。谢尔盖·爱森斯坦在《一位电影导演的笔记》（*Notes of a Film Director*）中写道：“无声电影大声呼唤声音，有声电影又大声呼唤色彩。”这种观察可以有条不紊推而广之地用来研究一切媒介。他又说：“印刷机大声呼唤民族主义，收音机大声呼唤部落主义。”这些媒介是我们的延伸，同时它们的相互作用和衍化发展又要依靠我们。

---

① 死亡谷（valley of Death）：美国内华达州和加州东部的大片沙漠。鸟类多而植物少。在19世纪中叶以后开发西部的狂潮中，淘金者在此屠杀、驱赶印第安人，夺占他们的家园。

② 吉尔伯特和沙利文（William Gilbert and Arthur Sullivan）：英国剧作家和作曲家。亦指二人合作写的轻歌剧，吉氏作词，沙氏谱曲。20世纪末风靡伦敦。

它们相互作用、繁殖后代的事实，是一代又一代人迷惑不解的根源。如果劳神去钻研其机理，这个问题不必再使我们感到困惑。如果我们愿意，我们可以先深思熟虑、钻透原理，然后再去着手完成我们想要创造的东西。

柏拉图竭力构想一所理想的训练学校，可是他并未注意，雅典本身比他构想的任何大学都更为完美。换句话说，早在人们构想出来之前，最完美的学校已经创造出来供人使用了。我们使用的媒介尤其是如此。早在想到之前，它们已经创造出来。事实上，由于处于意识之外，我们想到它们的可能性往往已经被一笔勾销。

大家注意到煤、钢和汽车对日常生活安排的影响。我们的时代把研究对象最后转向语言，研讨语言媒介如何塑造日常生活。其结果是：社会仿佛成为语言的回声，成为语言规范的复写。这个情况使俄国共产党人深感不安。他们与 19 世纪的工业技术“结婚”，其阶级解放的基础正是这个技术。语言媒介和生产资料一样塑造社会发展进程，这个思想对马克思主义辩证法的颠覆作用是再严重不过了。

实际上，在所有产生巨大能量和变革的大规模的杂交结合中，没有哪一种能超过读写文化和口头文化交汇时所释放出的能量。读写文化赋予人的，是视觉文化代替听觉文化。在社会生活和政治生活中，这一变化也是任何社会结构所能产生的最激烈的爆炸。这一视觉文化的爆炸现象常常在“落后地区”出现，我们称之为西方化。由于读写文化即将与中国、印度和非洲的文化杂交，所以我们即将经历人的威力和攻击性暴力的一次猛烈的释放期，它使拼音文字技术的历史显得非常温和。

这仅仅是东方那一边的故事。电力时代的内向爆炸还把东方口头的和部落的听觉文化带到了西方。视觉的、专门分工的、割裂的西方人，每天都得与地球上一切古老的口头文化最紧密地生活在一起。不仅如此，西方人的电力技术开始把重视觉的西方人还原为部落模式和口头模式的人。部落文化和口头文化编织的亲属关系和相互依靠的网络，是天衣无缝的。

我们从自己的历史中知道，读写文化使部落和家族单位发生爆炸时，像原子裂变一样要释放出大量的能量。读书识字的人突然被电磁场攫住时，电力聚变（或内爆）就产生社会能量和心理能量（如像欧洲共同体在新的压力中所产生的能量）——对于这种社会能量和心理能量，我们知道些什么呢？请别弄错，业已熟悉个人主义和民族主义的人发生聚变，和正在走向个人主义和民族主义的“落后”文化和口头文化发生裂变，这两种过程是不一样的。这种差别犹如原子弹和氢弹的差别。氢弹爆炸更猛烈，其威力远远超过原子弹。而且，电力聚变的产品是极为繁复的，而裂变的产品却非常简单。读写文化造就的人，较之普通的部落和口头文化社会所造就的人，要简单得多。因为被割裂的人所创造的是性质同一的西方世界。相反，组成口头文化社会的人，却不是由专门技术或鲜明标志区别开来的，而是由其独特的情绪混合体来识别的。重口头文化者，其内心世界的情绪错综复杂。讲究实际的西方人，为了效率和实用，其内心的复杂情绪早已销蚀殆尽、受到压抑了。

重读写、受割裂的西方人在遭遇自己文化中的电力内爆时，眼前的前途，就是镇定而迅速地转变为情绪复杂、结构深沉的人，而且要知道他与世人完全处于相互依存之中。无论好坏，老牌的西方个人主义现在正以卡普塑造的布尔·穆斯将军（General Bull Moose）或伯奇[①]主义者的面目出现，他们以忠于部落的精神去反对部落。割裂的、重文字、重视觉的个人主义，在电力格局和内爆的社会中没有立足之地。怎么办？我们敢于在意识层次上去迎战这样的事实呢，还是以掩盖和压抑这些问题直至暴力使我们从压力中解脱出来为最佳选择呢？西方人面临内向爆炸和相互依存的命运，比部落人面对外向爆炸和独立自主的命运要更加可怕。这种感觉也可

① 约翰·伯奇（John Bircher）：伯奇协会（John Bircher Society）会员。该会是美国一个极端保守反共的半秘密组织，用来命名的约翰·伯奇是传教士，曾充当美国情报官。

能仅仅是我个人的气质引发的，不过仅仅靠了解和澄清这些问题，我就发现一些包袱松掉了。另一方面，既然意识和知觉似乎是天赋的殊荣，难道将其延伸到我们隐蔽的冲突——个人的和社会的冲突，不是更好吗？

本书追求弄懂许多媒介，弄懂媒介产生的冲突和媒介所产生的更大的冲突，并且通过增加人的独立自由，以提出削弱这些冲突的希望。现在我们来说明媒介杂交或互相渗透所产生的一些结果。

举一个例子，喷气机旅行使五角大楼的生活大大复杂化了。每隔几分钟就要响起一次集会的铃声，把许多专家从办公桌边召唤到一起，去听来自某地一个遥远角落的专家作报告。与此同时。待办的公文在办公桌上却越摞越高。但是，每个部门每一天仍在派遣人员乘喷气飞机到天涯海角去搜集整理更多的资料和报告。喷气飞机、口头报告和打字机遭遇的过程太迅猛，以至派往天涯海角的专家到位时连地名都不会拼写。路易斯·卡洛尔指出，由于大比例尺的地图越来越详细、越来越普遍，它们就趋于妨碍农业发展，激起农夫抗议。既然如此，为何不将地球本身当做一幅大地图使用呢？我们在搜集资料中业已到了一个类似的时刻，我们每一次伸手取口香糖的动作，都清清楚楚地被计算机捕捉住了，我们最细微的动作都被转换成为一种新的概率曲线或某种社会科学参数。我们的个人生活和团体生活变成了信息加工过程，因为我们已经把自己的中枢神经系统放在我们之外的电力技术之中。这就是解读布尔斯廷教授的《形象——美国梦怎么了？》(*The Image, or What Happened to the American Dream*)一书中使人困惑之谜的钥匙。

电灯光结束了昼夜分明、室内外分明的王国。但是，只有当电灯光与现存人际组织格局遭遇时，杂交能量才会释放出来。于是，汽车可以通宵行驶，球赛可以通宵进行，建筑物可以不开窗。总之一句话，电灯光的讯息是全盘的变革。电灯光是纯粹的信息，不具备任何限制其转换功能和传递信息的功能的内容。

电灯光的威力，可以转换它渗进和接触的一切时间、空间、工作和社会。研究媒介的学者只需思索一下它的这种威力，就可以掌握解读媒介威力的关键。一切媒介都要重新塑造它们所触及的一切生活形态。除了电灯光之外，一切媒介都成双成对。一种媒介充当另一种媒介的“内容”，使一组中的两种媒介的运转机制变得模糊不清。操作媒介的雇员所关注的，是电台、报纸或电影的节目内容：这是他们特殊的偏向。雇主本人更关注媒介本身，他们并不想超越“公众想要的东西”或某种模糊的公式。老板知道媒介的威力，而且知道这一威力与媒介的“内容”即媒介中的媒介没有多大的关系。

电报改造了新闻媒介之后，新闻媒介揭开了“人的兴趣”的键盘。于是报纸就枪毙了剧院，正如电视沉重打击了电影和夜总会一样。萧伯纳足智多谋、富于幻想，他发动了维护戏剧的反攻。他把新闻媒介纳入戏剧，让戏剧舞台接过新闻媒介争论的问题以及人的兴趣的大千世界，狄更斯也为小说接过了这些东西。随后，电影又接过小说、报纸和舞台等媒介，一股脑儿全都接过来。继后，电视又渗入电影，把“表现无遗的戏剧”奉还给公众。

我说的意思是：媒介作为我们感知的延伸，必然要形成新的比率。不但各种感知会形成新的比率，而且它们之间在相互作用时也要形成新的比率。电台改变了新闻报道的形式，正如它改变了有声电影的形象一样。电视造成电台节目编制中的急剧变化，其形式表现为编制最流行的节目或纪实小说。

诗人和画家对广播电视之类的新媒介能作出立即的反应。收音机、唱机和录音机使我们重温诗人的声音，这是品味诗意重要的一维。而且，加上电光之后，语词又可以变成画面。但是，由于电视具有深入参与的形式，“它又促使年轻诗人突然出现在咖啡馆、公园和其他公开场合去朗诵自己的诗作。由于出现了电视，他们突然感觉到有必要亲自与公众见面。（在偏重印刷读物的多伦多市，在公园里朗诵诗歌是对公众的冒犯。宗教和政治演说是容许的，可是朗诵诗歌却不行，许多年轻的诗人最近才发现这一点。）

小说家约翰·奥哈拉[①]1955年11月27日在《纽约时报书评》中著文写道：

> 你从自己写的书中得到满足。你知道读者被囚禁在书页之中。但是作为小说家，读者所获得的满足你只能去想象。然而，在剧场里——《老伙计乔》的两次公演我都光顾了，我在那儿是看戏，而不是去想象，观众尽情享受。我乐意立即着手写下一部小说，我要写一个小镇，不过我需要看戏消遣。

在我们的时代，艺术家们调配媒介膳食像调配书本膳食一样驾轻就熟。像叶芝这样一位诗人在创造文学效果时就充分运用了农民的口头文化。很早的时候，艾略特就精心利用了爵士乐和电影的形式来创作诗歌，造成了极大的影响。其长诗《普鲁夫洛克情歌》（*The Love Song of J. Alfred Prufrock*）从电影形式和爵士乐风格的相互渗透中获取了巨大的感染力。这种交融的威力在他的《荒原》（*The Waste Land*）和《斯威尼·阿加尼斯特》（*Sweeney Agonistes*）两首诗中达到了顶峰。《普鲁夫洛克情歌》不只是运用电影形式，而且运用查利·卓别林（Charlie Chaplin）的电影主题。詹姆斯·乔伊斯的小说《尤利西斯》也借用了卓别林的主题。小说的主人公布鲁姆是有意识地从卓别林那儿借用来的，乔伊斯在小说《芬尼根守灵夜》中把他称之为乔尼·乔普林（Chorney Choplain）。正如肖邦成功地使钢琴适应芭蕾舞的风格一样，卓别林匠心独运，将芭蕾舞和电影媒介美妙地糅合

① 约翰·奥哈拉（John O'hara，1905—1970）：美国作家。

起来，发展出一套类似巴甫洛娃[①]狂热与摇摆交替的舞姿。卓别林把古典芭蕾舞步运用于电影表演中。他的表演恰到好处地糅合了抒情和讽刺。这种糅合也反映在艾略特的诗作《普鲁夫洛克情歌》和乔伊斯的小说《尤利西斯》之中。各种门类的艺术家总是首先发现，如何使一种媒介去利用或释放出另一种媒介的威力。表现在一种较为简单的形式中，这种糅合就是查尔斯·鲍耶[②]所运用的技巧，他的表演把法语味和英语味杂糅起来，带有温文尔雅、声音嘶哑的痴情味。

印刷的书籍促使艺术家尽其所能，把一切表现形式压缩到印刷文字那种单一的描述性和记叙性的平面上。电力媒介的出现立即把艺术从囚衣的束缚下解放出来，也创造了保罗·克里[③]、毕加索、布拉克[④]、爱森斯坦、麦克思兄弟[⑤]和乔伊斯的世界。

《纽约书评》(1962 年 9 月 16 日）激动地以大字标题声称：畅销书使好莱坞明星荡气销魂。

这说得不错，现在，只有在炒作的书中出演角色的那种诱惑，才能吸引电影明星，使他们离开海滩，搁下科幻小说和自我修养的教程。媒介的相互作用对电影界许多人的影响，就是这样实现的。他们对自己媒介问题的了解，并不比麦迪逊大街的广告业主强多少。但是，从电影及相关媒介的老板的观点来看问题，畅销书是一种安全保险的形式，因为它使一种新的庞大完形或模式从公众的心理中分离出来。对细心而精明的信息加工者来说，靠得住捞大钱的是石油开发或金矿投资。换句话说，好莱坞银行家比文学史家机灵；因为文学史家瞧不起通俗趣味的作品，除非它们是经过

---

① 巴甫洛娃（Anna Pavlova，1885—1931）：苏联芭蕾舞星。

② 查尔斯·鲍耶（Charles Boyer，1899—1978）：法裔美国演员，后入好莱坞，以演“多情种子”著称。

③ 保罗·克里（P. Klee，1879—1940）：瑞士画家。

④ 布拉克（Georges Braque，1882—1963）：法国立体派画家。

⑤ 麦克思兄弟（The Max Brothers）：美国喜剧演员的兄弟班子。

课堂过滤而保留下来的文学手册。

莉莲·罗斯在《图画》(*Picture*)一书中尖刻地批评把小说《红色勇士奖章》[①]改编成电影这一行为。这本批评一部优秀影片的愚蠢之作，竟然讨便宜出了风头。她靠的仅仅是想当然的假设：文学媒介胜过电影媒介。她的书吸引人是因为它是媒介杂交的产物。

在表现侦探赫库勒·波洛的12个短篇（集子题名《赫库勒的心血》）中，阿加莎·克里斯蒂[②]的手法大大超过了她通常的水准。她使古典的主题适应类似的现代主题，借以把探案小说的形式推向无与伦比的高度。

这也是乔伊斯在《都柏林人》(*Dubliners*)和《尤利西斯》中使用的方法。书中采用与古典手法酷似的手法，产生了真正的杂交能量。艾略特说，波德莱尔“教我们如何把平凡生活的意象上升到最强烈的高度”。达到这一目标，不是靠省去诗意的力量，而是靠简单调节一种文化的氛围，使之与另一种文化的氛围形成杂交的形式。战争和移民浪潮中，新的文化融合成为日常生活中的普通规范，正是以这样的方式实现的。

电影脚本或连环画形式被用来表现思想性文章时，杂志界发现了一种杂交形式的文章，它结束了短篇小说称霸的局面。当轮子被前后串联起来时，轮子的原理与线性的印刷原理结合起来，创造出一种空气动力学的平衡。轮子与印刷术的线性形式杂交，推出了飞机这一新的形式。

两种媒介杂交或交汇的时刻，是发现真理和给人启示的时刻，由此而产生新的媒介形式。因为两种媒介的相似性，使我们停留在两种媒介的边界上。这使我们从自恋和麻木状态中惊醒过来。媒介交汇的时刻，是我们从平常的恍惚和麻木状态中获得自由解放的时刻，这种恍惚麻木状态是感

---

① 《红色勇士奖章》(*The Red Badge of Courage*)：美国作家克莱恩所著。从一个士兵的角度描写战争，突出战斗环境中个人的具体感受，带有印象主义色彩。

② 阿加莎·克里斯蒂（Agatha Christie，1890—1976）：英国女侦探小说家、剧作家。著有《东方快车谋杀案》《尼罗河上的惨案》等。

知强加在我们身上的。

10. 一种媒介擅用另一种媒介是自然的吗？

为什么媒介——语言、文字、照片、广播——的影响在过去的3500年里，被西方社会观察家忽视了？我们很快就会明白答案是这样的：媒介本身的力量就会将媒介的预设强加在我们的感知方式上。媒介始终构成西方世界目标的参数和框架。但是，媒介结构投射在我们感官上的预设和参数，或者媒介通过感官而投射的预设和参数，始终是西方个人和群体联系的总体格局。各种媒介对人的联系形式要进行结构组合，这在非西方世界也是一样的。在前文字时代和古代也是一样的。区别仅仅是这样：西方的媒介技术——从手抄本到印刷书，从谷登堡到马可尼[①]——都是专门化的。专门化产生的不是稳定和平衡，而是变革和创伤，因为一个片段的经验侵害其余片段的经验，凌驾于其上，形成一种咄咄逼人、吵吵闹闹的序列和周期。

在电子时代，这一切都结束了。此时的媒介用一切同步性取代了一次一件性。接近光速的信息流动绝对成了最大的产业。与此相应，信息消费成了世上消费者最大的功能。一方面，地球成了一个小小的学习社区。与此同时，就其紧密相连来说，它已经成为一个小小的村落。建立在慢速媒介基础上的人的关系格局，一夜之间已经不再适用，已经过时，而且对人的持续生存和精神健全构成了威胁。既然如此，理解媒介就意味着理解其影响。要命的是，新媒介往往处在旧媒介的参数和框架之中。一切媒介的检测都是在旧媒介的参数之内进行的——尤其是用言语和印刷文化的参数来检测的。

① 马可尼（Guglielmo Marconi，1874—1939）：意大利发明家，无线电报发明人。

今天，在高层管理的研究和策划中，预设和目标都被当成显著的实体。请容许我从西屋电气公司 1960 年 8 月 3 日的一份“长远规划”简介中摘录一段如下：

> 每当发生的变化说明，实际动态和预设不一致时，就必须修改预设。凡是建立在证明错了的预设基础上的计划，都必须修改。这是必须的……必须知道自己的预设，必须承认，事情绝不会按照自己的预设发展。这是绝对必须明白的……预设和目标的首要区别是，预设和不可驾驭的事情相关，目标与通过努力实际取得的成绩相关。

这份简介的执笔人有所不知：预设可能就在预测和控制的范围之内。任何时代的新传媒都是新预设的源泉，都是目标修改的原因，因为它们渗透和转换旧媒介。一旦认识到这一点，他就会明白，预设并非总是不可驾驭的。

媒介成分和内容的研究绝对不可能揭示媒介影响的动力学。本世纪的媒介研究落在其他一切研究的后面，甚至落在经济学的后面。罗斯托[①]下面这段话能说明问题（《经济发展阶段》，*The Stages of Economic Growth*，第 90 页，牛津大学出版社，波士顿，1960 年）：

> 本书主张，人一旦设想物质环境受到可以知道的、始终如一的规律的制约，他就会操纵环境以求得经济利益。一旦证明发展是可能的，发展和现代化的后果，尤其是军事后果，就会使传统的社会一个

① 罗斯托（W. W. Rostow，1916—2003）：美国经济史学家，发展经济学先驱之一，著有《十九世纪英国经济论文集》《经济增长过程》《经济成长阶段》《政治和成长阶段》《这一切是怎样开始的》《世界经济：历史与展望》等。

又一个地发生分裂，就会把它们推向不可靠的预设条件时期。通过起飞机制，世界上许多（当然并非所有的）社会都变成了自足的经济实体……

这种社会变革的“起飞机制”意识，在塑造和加速眼睛耳朵的信息流动，在塑造和加速触觉和动觉的信息流动中起了什么作用，媒介研究还没有开始去处理这个问题。

我们的计划是把媒介研究放到罗斯托上述日益扩张的意识中去进行。我的预设可以表述如下：

（1）迄今为止，关于媒介对人的关系格局的影响，研究工作还是一片空白；

（2）这种了解是完全可能的，媒介的预设不必是下意识的：

（3）人们对此影响一无所知，这反而说明媒介的威力，它使媒介最活跃的知觉方式产生麻木。

我的目标是：

（1）解释以下十来种媒介的性质，指明它们的运作在人和社会两个方面的动态对称：

（2）成果要能够用于中等学校的教学计划。（之所以选择中学，那是因为中学生的生活经历还没有使他们意识到自己对已有知识的既定兴趣。他们已经有丰富的媒介经验，但是还没有形成观察和批判意识的习惯。然而，他们在媒介领域是老师们最好的老师。在其他领域，老师是高不可攀的。）

文　字

（1）假如今天把拼音文字引进日本和中国，会出现什么问题呢?

（2）假如今天把拼音文字引进中国，会不会和罗马人把它引进高卢时那样产生剧烈反应呢？

（3）印刷书籍在电子时代有新的工作可做，会意文字能不能以同样的方式在新的角色中保留下来呢？

（4）会意文字有什么胜过拼音文字的优点？

（5）扫描一眼就唤起复杂情景的文字有利于文化的延续和稳定吗？

（6）与此对比，偏爱注意一次一事的文字，容易养成不稳定和变革吗？

（7）换言之，靠耳朵习染的人（the man of the ear）比较保守，靠眼睛习染的人（the man of the eye）比较开明吗？

（8）为什么文字会使人的记忆力减弱？一个前文字的人看见一个白人花力气把思想言语写下来，感到非常惊诧。于是就问："你为什么写字？你记不住吗？"

（9）为什么前文字的民族没有指代物体的语词的观念，而只有表示物体状态的语词的概念呢？

（10）文字的"内容"是口语媒介吗？一种媒介可能有一种内容，但是它只能是另一种媒介，对吗？

（11）媒介是讯息吗？

（12）一个数学命题或证明可能会有内容吗？

印刷术

（1）在过去500年中，有没有什么行为和知识，没有受到印刷术的形式和压力的影响呢？让我们试试看能不能发现。

（2）如果说印刷术的各种形式造就了西方世界各个层次的行动和组织，直到核技术的来临，这是不是能够解释我们在教育界允许印刷术的各种形式所带来的压力呢？能不能说明这样做有道理呢？

（3）如果说核技术正在取代500年来的机器印刷术，这样的过渡给教育上作者带来什么问题呢？给政治制度带来什么问题呢？给司法制度又带来什么问题呢？

（4）如果一个社会根本就不承认这些问题，或者根本就不能够识别这些问题，这个社会会发生什么问题呢？

（5）中世纪不懂得印刷术的性质时，中世纪的教育发生了什么问题呢？

（6）关注前文字的热力学为什么与后文字和核形式的传播有许多共同之处呢？

（7）印刷术生产过程的一致性和可重复性如何影响人的时间安排和空间安排？

（8）为什么信息流的加速给印刷书籍的读者造成历史视觉和历史背景？为什么比这慢得多的手抄本信息流不可能造成这样的历史背景？

（9）为什么信息流的电子速度消除了历史背景，宠爱“你就在那里”？

（10）为什么时空安排的均质性，在印刷术条件下的学习中，是自然而然的？

（11）哥伦布假设可以沿直线往前，向着一个方向走，这个假设为什么具有革命性？为什么中世纪的地图上没有直线？对他们来说，为什么空间连续和均质的观点是令人难以置信的？

（12）为什么哥伦布直线航海的追求对发现圆形的地球是必不可少的？

（13）用西方忠于欧几里得的观点来说，相信地球平坦的人是否站在坚实的土地上呢？

（14）在制衣业和服装款式中，缝纫机发明之前是不可能做楞线的。追踪直线和机械化隐含的一些命题，看看它们在人类组织的其他一两个领域里产生什么样的结果。

（15）白纸印上活字时，我们关于“内容”的观念受到什么影响？

报 纸

（1）报纸的一方面是无所不包的社区形象，这是否要报纸承担揭露个人对公共生活操纵的工作？在报纸的公共性质和功能与对社区生活感兴趣的个人的观点之间，是否一定会发生冲突？

（2）请考虑广播、电视和报纸上发布的相同的新闻。你认为有哪一种处理办法尤其适合于特定类型的新闻吗？比如世界新闻是否最适合用大标题来处理？地方新闻是否最适合在电台上广播？

（3）哪一种媒介在吸引受众参与中最有效——是报纸、广播还是电视？读报纸的人是否仅仅是观赏者？听广播的人是否更加紧密地参与？看电视的人是否最需要参与？

（4）报纸是否在一切社区事务中都培养了看热闹的观点？

（5）报纸的任务是否是用戏剧化的方式来表现社区中的问题？

（6）新闻照片如何改变报纸和新闻的性质呢？

（7）新闻照片出现之前，印刷术如何影响新闻报导的性质？（参阅伊尼斯《印刷术与视觉传播》）

（8）广播电视的影响是否就是鼓励报纸更加偏向用社论的态度来处理新闻？如果广播电视可以报道新闻，报纸是否能看到自己在提供新闻背景中特有的优势呢？

（9）为什么报纸在任何事情上都几乎不可能与历史视角产生感应呢？

（10）报纸用什么手段为读者提供一天接一天连续的感觉呢？

（11）在加工舆论以生成同质的感情和态度上，报纸为什么成为动员国家人力资源的主要手段？

电　话

（1）信息流加速到电话这一维之后如何影响到权威和决策的格局？

（2）向你的朋友和父母询问，电话如何塑造了他们的业务和社会生活。

（3）电话在医生行医中产生什么影响？在政治生活中又产生什么影响？

（4）电话在报界扮演什么角色？

（5）电话在百老汇戏剧和好莱坞电影中如何表明它真正的力量和性质？

（6）电话和舞台、电影、小说发生关系时，你的脑子里浮现出什么样的戏剧和行动特征？

（7）一种媒介擅用另一种媒介是自然的吗？

（8）一种媒介使用另一种媒介，这是不是最清楚地说明了它的性质？

（9）为什么电话具有那么难以抗拒的入侵性？

（10）为什么欧洲人尤其是英国人憎恶电话？

（11）为什么英国人倾向用电报和明信片安排约会，而不是用电话安排约会？

（12）为什么在拥有电话装备的世界上难以实行授权制？

（13）电话是否要求个人投入极大的注意力？

（14）电话是否是唐突的、侵入性的，并对人类的关切漠不关心的呢？

（15）电话如何影响打字机？它是否极大地加速和增加了打字机的角色？查验这个问题，看帕金森在《帕金森定律》（*Parkinson's Law*）里是怎么说的。

电　影

（1）根据英国、法国、美国、俄罗斯、印度和日本的各种各样的文化背景，你期望它们制作的电影里哪些特征出现得最多呢？

（2）鲁道夫·阿恩海姆（Rudolph Arnheim）在《电影艺术》（*Film As Art*）中说，美国的制片人擅长单镜头，俄罗斯的制片人长于蒙太奇。为何如此？

（3）为什么欧洲人、俄罗斯人和日本人从一开始就认为电影是艺术？为什么英语世界难以把大众娱乐形式看成是艺术形式——无论电影、漫画还是普通的广告？

（4）电影如何向地球上的落后国家推销美国的生活方式？请考虑在竞争和较量中不可或缺的一致性和可重复扮演的角色。在强调独特表达和成就的地区，竞争要怎么样才能兴盛？

（5）故事片是从卡通世界借来的吗？

（6）连环画故事和无声片有什么联系吗？如果有，那是不是表现在一次只表现一个动作的特点之中呢？

（7）《星期六晚邮报》（*Saturday Evening Post*）之类的杂志发现，像分镜头电影脚本一样写成的思想性文章，比短篇小说还要卖得好。请仔细检查此类文章的技巧。

广播电台

（1）广播电台对电影有什么影响？对报纸有什么影响？对杂志呢？对语言呢？对时间观念呢？

（2）扩音设备（P. A. system）与广播有何联系？

（3）扩音设备又如何同时影响视觉？

（4）电视出现之后，在收听广播和广播节目编排方面发生了什么变化？

（5）为什么广播的视觉效果这样强烈？

（6）电台广播和法西斯的兴起有何关系——转折点和心理的关系？

（7）为什么广播对前文字的人和初通文墨的人产生强烈的影响？

（8）广播对书面文化高度发达的人总体上有什么影响？

（9）为什么 12 岁的儿童从电视机转向收音机？

电　视

（1）工程技术人员说，1000 线的电视视屏形象与当前的电影一样会是高清晰度的。假如电视获得了像视网膜上那样的高清晰度影像，电视的多点马赛克结构对视网膜上的形象又有什么影响呢？

（2）为什么电视屏幕上的马赛克虚线会突出物体的雕塑形曲线？

（3）为什么传统观点认为雕塑是沉默的声音？这是不是说，雕塑的物体存在于视觉和声觉之间的边界上呢？

（4）喷气飞机的速度在突破音障的前夕，机翼上的声波突然会成为可见波。这是否暗示什么可能的研究线索呢？这是否暗示，人的感官可以在各种不同的强度上互相转化呢？

（5）如果雕塑处在视觉和声觉的边界之上，那是不是说，这个边界之外是文字和建筑，是封闭的或图画的空间呢？一句话，核时代是否一定会使原始的东西文明化呢？正是借助文字和经验的视觉组织，我们才从原始状态中走出来的。在不摧毁原始的和文明的东西的情况下，能够做到这一点吗？

（6）请思考媒介强加它固有的空间预设和结构的能力。拓宽你的考察范围，以区别电影和电视唤起和构成的不同的空间。

推　荐

传播、创造和发展同时共生，否则它们谁也不会发生。如果新的目标没有和新的技术主题协调一致，那么在一切层次上为一切企业创造新的基本预设，就具有极大的毁灭性。

全美教育联盟教育政策委员会的詹姆斯·拉塞尔（Dr. James E. Russell）博士著文，评论我的文章《新媒介与新教育》（The New Media and the New Education），他觉得我考虑到了电脑的影响：

> 我心中想到的是电脑和教学机器的存在给教育强加的一维。这比印刷传播与非印刷传播的区别还要深刻得多。这和思维本质的新观念有关系……一切理性的命题都可以还原为二项式的术语。

托比亚斯·丹齐克[①]在《数：科学的语言》（*Number: the Language of Science*）中揭示说，原始的、前数字的计算都是二项式的。后数字的计算回到前数字的计算，正如后文字的教育又回到前文字的对话一样。然而，电脑在教育中的意义却有所不同。由于信息流动加快，信息水准在思想和社会的各个领域都水涨船高，因而就产生如下的结果：任何知识门类都可以取代其他的知识门类。这就是说，任何教学计划和一切教学计划就其题材内容来说都已经过时。剩下要学的东西就是媒介本身，即作为形式的媒介，作为不断创造新的预设和新的目标的方式的媒介。

这场基本的变革已经在科学和产业中发生。随着信息水准的上升，几乎一切自然资源都可以取代其他资源。就知识的排序来说，这个新情况使

① 托比亚斯·丹齐克（Tobias Dantzig，1884—1956）：立陶宛裔美籍数学家，先后在多所美国大学执教，著有《数：科学的语言》《线性规划及其范围》等。

运筹学兴起，用运筹学的原理，任何问题都可以由非专门家来对付。对付的技巧就是从结果到原因的逆向工作程序。这是瞬息万里的同步信息流动产生的结果。怀特海在《科学与现代世界》中提到这一情况。他指出，19世纪后半叶的伟大发现不是这样那样的发明，而是发现了发现的技巧。我们可以发现我们决定要发现的东西。

在教育中，这意味着向学生单向传授知识的终结。因为，学生已经生活在新媒介创造的一个知识“场”中。虽然这个知识场的性质与以往的不一样，但是它比过去传统教学计划教的东西不知道要丰富多少，复杂多少。这个情况与语言和语法之间的分别可有一比。语言是复杂的，传统语法是粗糙的，可它企图把语言置于书面形式的统治之下。我们要掌握新型的、非文字媒介的多种多样的语法，然后才能制定出适合知识和信息的新的语法教学计划。这些新的语言是凭借新技术产生的。大多数人已经熟悉这些新的语言，但是人们对它们的语法还一无所知。结果就扭曲了它们的性质，就使人对其意义和影响视而不见。

非欧几里得空间，整个西方感知结构的消解，盖源于信息流动的电力方式。不管愿意与否，这场革命的洪流都要把我们卷进去，要我们去研究塑造和重新塑造感知的方式和媒介形式。这就是我长期以来所说的意思：“媒介即是讯息。”因为媒介决定感知方式，决定预设的母体，而目标又是植入预设之中的。

因此，我的所有推荐都可以简化为一点：研究媒介的方式，以提升我们的一切预设，使之超越下意识的、非言语的领域，以便能够达到细读、预计和控制人的目的。

这样一个教学计划今天可以很容易地放进中等教育之中。

11. 探索

11.1. 压力

自从希腊人提出皮肤是包裹器官的皮囊以来，汉斯·塞尔耶（Hans Selye）首次提出了非视觉的疾病理论。他的压力理论全然是疾病的场观念。人体是整体场的一部分。

希腊人把人体看成是一袋器官和体液。到了文艺复兴时期，这个观点简化为泵站。随后，随着19世纪化学的兴起，人体又成了一座化学工厂。人人都承载着大量的细菌。但是，物理学场论的兴起之后，医学中有了与之对应的塞尔耶的压力观点。他拒绝这个观点：疾病有具体原因且必须找到和分离以便治疗。一句话，他认为线性的疾病观点不符合实际，且已经过时。线性的疾病观把疾病看成是具体的靶子，因此要用具体的枪弹去射击。

塞尔耶博士在《探索》（*Explorations*）第一期撰文写道：

> 动物实验（1936年）证明，机体对许多因素的反应都是一种古板的定型。这些因素可以是感染、中毒、创伤、神经紧张、热、冷、肌肉疲劳、辐射……这些因素唯一的共同特征就是，它们使身体处在一种普遍（系统）的压力状态。因此，我们得出结论，这种附加在具体效应之上的定型反应代表了非具体压力的身体表现。

场论认为，施莱登（Schleiden）和施万（Schwann）的细胞学说（1839 年）没有必要。物理学中也是一样，场论与牛顿力学封闭的视觉系统拉开了距离。

在 20 世纪口头文化意识的氛围之中，塞尔耶的压力说既明白易懂，又可以接受。“一切重要的现象都仅仅依赖前已存在的基本目标激活时所发生的量变。”用听觉空间的话来说，这并不是肤浅的观点。

用传统的线性术语来说，量的关系意味着排斥大多数的意义和全部的精神复杂性。在这些复杂的东西排成的序列里，不可能包括比例中重要的或类比的戏剧性。但是，类比本身就是场论或场的视野，这是 16 世纪时从哲学中消失的视野。

存在和感知的类比戏剧性只需要塞尔耶假设的数量性术语。有了这些术语，活生生的词语就有了自身的构造成分和表现形式，表现出它所有的心理和精神的复杂性。

类比式比例是听觉空间和口头文化基本的一面。它就是建筑和设计中黄金分割的口头等价物。

11.2. 口欲人格－肛欲人格

芬尼切尔（Otto Fenichel）的《神经症的心理分析理论》（*The Psychoanalytic Theory of Neuroses*），对弗洛伊德的口唇欲[①]观点作了如下的描绘：

> 一切从正反两个方面对接受的强调，都指明口唇期这个源头。口

① 口唇欲：弗洛伊德心理分析术语，口唇期（oral stage）是心理发展的第一阶段，约一岁左右。在这个阶段，口部得到过多或过少的满足，发展可能发生固着，如果得到过少的满足，发展以后仍然可能退行到这一期。口唇期不适宜的满足可能成为某些精神病的起因，或表现为过分的口部习惯，或被动依赖，或要求别人特别关心。这就是所谓的口唇欲人格。

头上非同寻常地讲述自己满意时，其结果是非常的自信和乐观……相反，如果口唇的满意非同寻常地被剥夺，那就会产生悲观（压抑）的情绪或施虐狂（要求补偿）的态度。

如果固执于口头愿望的世界，人的总体行为就会表现出不太照顾自己的倾向……

显著的慷慨和显著的吝啬都可以归之于围绕口唇色欲的冲突。

（纽约，1945 年，第 488　490 页）

芬尼切尔这样描绘肛门欲[①]性格的相关特征：俭省、井井有条、固执，可能会注意省钱和遵守时间，还可能吝啬，为攒钱而攒钱。

我们的文化经过了数千年的线性组合。显然在这样的文化中，心理学家所谓的“肛欲型”或“口欲型”的习惯，在集体教育中很受重视。它远远超过最时髦的生理或心理训练在个人训练中所受到的重视。同样，我们 3000 年的线性侧重并不是来源于生物学上的偏好或大小便习惯，也不会终止于生物学上的偏好或大小便习惯。这同样是显而易见的。

斯坦因[②]在《美国人的成长》（*The Making of Americans*）中提出了肛欲–口欲轴线（anal–oral axis），很自然地把它作为用言语表达的相关系数。

我记不住我没有说个不停的时候，也记不住同样的一种感觉：我说个不停的时候，我不仅是听见了说话，而且能看见说话……任何人的历史都是一个漫长的过程，它慢慢地从这个人的身上抽取出来……

---

① 肛门欲：弗洛伊德心理分析术语，肛门期（anal stage）是心理发展的第二阶段，约一至三岁。在这个阶段儿童从肛门的排便和蓄便中得到性的快感。在发展过程中，如果发生固着或向着肛门期退行，可能导致偏执狂和神经症，或导致迂腐、吝啬。这就是所谓的肛门欲人格。

② 斯坦因（Gertrude Stein，1874—1946）：美国女作家，“迷惘的一代”的领袖。二十世纪二十年代寓居巴黎时，许多年轻作家投奔她的门下，其中尤以海明威著名。

每个人在重复自己中展现了自己的历史。

人们注意到，弗洛伊德所谓“口欲人格”是前文字社会的典型特征。华莱士[①]将之用于易洛魁[②]文化的研究。[芬顿（W. N. Fenton）编的论文集《易洛魁文化的地域差异》, *Symposium on Local Diversity*] 在听觉意义上，口唇型文化自然是没有什么时间观念的，因为它们依靠耳朵。在这种文化中，一切时间都是此时此刻。听觉空间是一个典型的物理场，其立体属性很有力地说明口头社会和前文字社会的偏向和期望。同样，手抄本文化和印刷术文化也确实包含肛门欲-口唇欲轴线，当然其重点是肛门型特征。在解释视觉、声觉、语言等现象时，这些现象的心理动态学成为重要的观念和工具，其解释能力显然要超过社会生物学。

11.3. 福尔摩斯对官僚主义者

一般人对福尔摩斯这个多面人的印象，对他胜过苏格兰场[③]警察的破案奇迹的印象，是西方文化基本态度冲突的非常生动的写照。

福尔摩斯是一个直觉天才型的人物。在他的身上，完全没有必要赘述直觉型头脑的特征。对这种头脑的人而言，情景是全局的、无所不包的统一体。对福尔摩斯来说，情景的每一个侧面、每一细节都具有整体的相关性，没有无关的细节。在一个有机的复合体中，各个部分都具有总体的相关性，而不仅仅是一些相关性。在19世纪柯尔律治那种福尔摩斯头脑执着

---

① 华莱士（Anthony F. C.Wallace，1923—2015）：加拿大心理学家、人类学家，研究重点为认识过程的文化形态，尤其是科技发展时期知识转移的文化形态。

② 易洛魁（Iroquois）：北美印第安人，有部落联盟组织，分许多支系，半定居，以农为主，居长形住屋，好开议事会，好战，社会结构比较复杂。因分布广泛而形成地域亚文化。

③ 苏格兰场（Scotland Yard）：伦敦警察厅所在地，并非与苏格兰有何关系。

追求的生物学隐喻的威力，逐渐推而广之用于人类玄想和探索的一切方面。

生物学类比预设一切细节的整体相关性。其集中表现在新写实主义的欢娱中开始露头。新写实主义在报纸、小说和绘画中，详细描绘日常生活中最普通的场景。

福楼拜的创作与之背道而驰。他强调“唯一合适的词”（le mot juste）。对他而言，长篇小说中的每一个词与通篇小说总体相关，而不仅仅是与局部的场景相关。他是第一位回到对位法的作家。在他的笔下，一切层次的行动和内涵都是同步的，人物本身就成为主题和母题。和福尔摩斯一样，福楼拜是新艺术家的典型。对他们而言，每一个艺术情景都是整体的、无所不包的，许多同步的层次都是在实际经验中发生的。

11.4. 艺术家与官僚主义者

艺术家对人和社会抱着有机的、活体解剖的观点。对他来说，官僚主义是天敌。官僚主义者的写字台井井有条，文件袋塞得鼓鼓囊囊，井然有序的脑袋里没有一丝一毫同步意识或同步观察模式。无须条分缕析，就可以找出充分的理由来支持这样一个观点：苏格兰场令人尊敬的机关人员对广泛和即刻把握全局抱定敌视的态度。这个警察厅的技术是序列的、切割的和拘泥于细节的。他们在线性和时间序列中寻找最新近的原因，以此做出结论。他们不梦想总体性或细节的相关性。

罗斯金[①]的视觉理论，正如佩特[②]的诗学理论一样，都表现出对生动细节的热情献身，与之相伴的是一种日益觉醒的意识：一切艺术都接近音乐。

① 罗斯金（John Ruskin，1819—1900）：英国作家、评论家、艺术家，对维多利亚时代公众的审美观点产生了重大影响。

② 佩特（Walter Pater，1839—1894）：英国批评家，上承前拉斐尔派，下启王尔德等唯美主义作家。代表作有《文艺复兴史研究》《希腊研究》等。

因为在一切音乐中，一切细部都是同步发生的。这就是说，音乐创作中的叙事进程都必须常常重述和整合，就像电影一样。上世纪末，心理学家利普斯[①]证明，钟铃每一次的敲击声里就包含了所有的奏鸣曲和音乐形式。就像乔伊斯笔下的安娜·莉薇娅·普鲁拉贝尔曲子一样。

世界各地各种汹涌的信息，数量加大，速度加快。因此，关于人与社会内外生活的各种知识并存于人们的脑子里，甚至在半文盲的脑子里都是如此。加工和整合大量的数据，必须要用生物变化和生存的比方。泰纳[②]和福楼拜这两方面的人物都拿起生物学概念来使用，使文学史和小说发生了革命。泰纳认为社会中的文学整个就是一个有机的、进化的过程。他认为文学是大规模的制度和民族主义的有机副产品，这个观点成为大学研究白话文学的基础，直到最近都是如此。

普通人认为福尔摩斯和他的后继者是英雄，因为官僚主义随时随地都在触犯我们，使我们感到自己像是卡夫卡似的人物——问心有愧，又带有神秘色彩。

联合国秘书处的大厦是世界上最大的文件柜。

11.5. 言语－声象－视象

非常习惯文字的人是儿童时代听父母给他们读书的人吗？除了智力迟钝的人和习惯让耳朵使唤的人之外，人们的目光在一行行文字上扫动的时

① 利普斯（Theodore Lipps，1851—1914）：德国心理学家，以美学理论尤其是神入（empathy）概念而闻名。

② 泰纳（Hippolyte Taine，1828—1893）：19 世纪法国实证主义的代表人物，思想家、文艺评论家、历史学家，力求用科学的方法研究文学和艺术、心理学、文化史、形而上学和伦理学。

候是不平稳的吗？这就是可见物的不可避免的形态。

国外的人们有一种印象，习惯文字的人阅读速度快。实际上，品酒师酒量不大，腹中有墨水的人看书也慢，因为他们要品尝语词复杂的内涵和韵味。他们追求的不是线性速度而是整体的意思。他们非常清楚，书上的词语要以最高超的技能去卸载。想象他们只追求“内容”的人，实际上是生活在幻觉之中。

巴特利特[①]在其名著《铭记》(*Remembering*）中证明，对任何情景的注意是将情景中所有的成分进行重新组合的行为。铭记也是一种重组的行为。

心理学家证明，目光移动或静止的时候，并没有理解看见的东西。相反，静止状态使眼睛能够将物体尽收眼底，恰恰是这个时候，眼睛发生了颤动。卡罗尔在《爱丽丝漫游奇境记》里所说的“转动和扭动”，和打字机出现之前的读书写字的行动相当。另一方面，打字机的断奏音，实际上和口语的断奏很接近。打字机是我们今天口语革命的一部分。“手抖动的伟大的芬尼根先生”是乔伊斯笔下口语和建筑的发明人。打字员仿佛在与手稿闲聊。

今天，儿童专心从事转、扭、摇、滚、读、写等视觉任务时，他们不得不开着收音机或唱机。静默的教室只对一种人有利：习惯独自默读并且受到这种习惯紧紧束缚的人。教室的束缚是不是少年犯罪一个主要的因素呢？不同媒介在不同层次承载着听觉信息。具有这些信息的正常环境造成新的注意习惯，成年人世界在这个方面非常不在行。读写水平的下降和口语能力的增加是手挽手发生的。读写文化是社会对一种感知垄断的接受。首先对这个情况做出诊断，然后才宣告一种普遍的道德末日，这也许是不

---

① 巴特利特（Frederic C. Bartlett，1886—1969）：英国心理学家，以研究记忆而著名。该书全名为《记忆：实验研究和社会心理学》。他认为，人们对过去事情的记忆受到文化态度和个人习惯影响，由于以上各种因素而进行重组。

无好处的。自然，舞文弄墨的人给这种技术变革进行价值判断，把这作为自己的正经事。

今日商界的商务合同正是上次会谈的记录——一位石油企业负责人的谈话

在英国的诽谤法中，“真理越伟大，诽谤越严重”。英国人的诽谤观念是贵族式的和口头传统的，美国人的诽谤观念却是书面传统的。口头法没有漏洞，眼光锐利的律师也没有空子可钻。在口头法中，制裁是完全彻底的：流放——决斗。

在书面形式中，制裁是线性的、计量式的——罚金、赔偿损失。

《威尼斯商人》（*The Merchant of Venice*）用戏剧化的形式表现口头法典和书面法典之间的冲突。

“因为印刷术是顺口溜的屠夫，所以词语可能会焦急不安地振翅待命”

口头社会具有一部信誉的法典。福克斯①一天早晨摞金条还赌债时与他的缝纫师遭遇。裁缝递上账单。福克斯给他解释，这些金条是用来还信

① 福克斯（Charles James Fox，1749—1806）：英国政治家，主张承认美国独立并废除奴隶贸易。

誉欠账的。裁缝顺手撕烂账单说："那么，我也把你的欠账弄成信誉债务。"于是福克斯当时当地就付了账单。直到今天，美国南部的订单簿（order books）仍然是犯禁的。

坎贝尔[①]说，布尔人的将军克鲁格[②]目不识丁。他每天坐在一棵大树下执法断案。有一天来了两个兄弟。他们分割家产时意见不一，于是呈上家产的地图。克鲁格对着一位说："你来分。"对着另一位说："你来挑。"这次口头断案干脆利落，包容无遗，完全彻底。它在一刹那间把事情的方方面面全部考虑到了。

假如你要问一家电力集团、一家大公司或一家广告公司："如果在这个房间里，按一个电钮就可以实现你的一切目标，你会按动这个按钮吗？"它们的回答就会是"不"。这个问题仅仅是把它们的运营从书面的形式转换为口头和同步的形式。这个差别是童话中的愿望和清教徒意志之间的差别。口头愿望的世界可以立即揭示目标的道德性质。

有人说，19世纪经历了从舞蹈向赛跑、从无所不包的对称向线性混乱的转换。

贵族总是倾向口头文化，他们的生活靠的是闲聊和趣闻、狩猎和运动。他们利用文人师爷，但是又瞧不起文人师爷。吉本的巨著《罗马帝国衰亡史》（*The History of the Decline and Fall of the Roman Empire*）出版时，格洛斯特公爵对他说："又一本该死的大部头，诶，吉本先生？胡乱涂抹，不停地涂抹，没完没了，诶，吉本先生？"文艺家温德汉姆·刘易斯说，贵族保留狐狸狩猎的遗风，就是要让商人知道，商人还是商人。

西班牙、意大利、法国这样的口头文化国家严重地倚赖成文法典，这

---

① 坎贝尔（Roy Cambell，1901—1957）：英国诗人，长期流亡国外，作品《印刷工人的假期》讽刺南非的知识分子。

② 克鲁格（Paul Kruger，1825—1904）：南非荷裔布尔人，为建立布尔人国家而战斗的军人和政治家。

绝非偶然。同样（对立两极的原因），英国和美国的习惯法和口头传统又严重地倚赖盎格鲁—萨克逊的文化普及。

杰克逊法官说："最高法院 1800 年迁移到华盛顿时，法院里没有藏书。最高法院早期裁决的质量很高，其原因大概就在这里。马歇尔[①]法官五次伟大的判决意见中，没有一次援引过先例。"

人们鼓励年轻的法官在办公室里不要放着书，"对你的事主而言，你就是法律"。

伊尼斯的《变化中的时间观念》（*Changing Concepts of Time*）中有一章"罗马法与大英帝国"。伊尼斯说明，在我们这样偏重印刷书籍的文化里，律师常常成为议员；相反，在偏重口头文化的社会里，常常是记者进入议会。他本来还可以加上一句话：报纸基本上还是口头型的人生产的口头文化。通过电报生产出来的报纸并不会给读者提供解释，而是给读者提供一个全球同步的切片。

口头文化的国家在法律程序中偏重于审问，俄国、法国、爱尔兰都是如此。相反，书面传统宠爱的是将详细的证据过筛。因为罗马法的国家关注的是原则，所以他们把最聪明的精英吸引到学术领域里，因此罗马法国家的社会科学发达，伊尼斯就是这样说的。

法律和社会中的口头传统的性质是极权的、无所不包的、严厉的，而且总是这样。书面传统中的法律，是分割肢解、充满漏洞、性质受限的，而且总是如此。

上述言论并不暗示价值判断，并不专有所指。区别这些事情的性质可以避免混乱不堪的道德争吵。澄清问题使共处成为可能，使冲突得到解决。

---

① 瑟古德·马歇尔（Thurgood Marshal，1908—1993）：美国历史上第一位担任最高法院法官的非裔美国人。

MILTON HAD HIS DAUGHTERS

I HAVE MY DICTAPHONE

11.6. 弥尔顿有女儿，我有口授电话

亨利·詹姆斯[①]临终弥留之际，要人把他的打字机送来。打字的声音使他的谵妄得到缓解。他在下半生的25年里，用口授的办法让打字员记录，这使他的散文发生了翻天覆地的变化。口授使他在写《金碗》（*The Golden Bowl*）的过程中，能够慢慢地阐述他的思想。温德汉姆·刘易斯双目失明之后，口授也使得他的文风为之一变。

早期的刘易斯的文风是视觉形态的：

> 四面八方但见迷迷糊糊的躯体晃晃悠悠。戴着头盔的脑袋像乌龟脑袋那样左右摇摆。在钟表那样的韵律中，疲惫的浪涛声若游丝，就像在酷暑之中飘动的冷丝带。细碎的浪花像一排排玻璃，在岸上击碎。

① 亨利·詹姆斯（Henry James，1843—1916）：美国作家、评论家，晚年入英国籍，作品涉及美国文化与欧洲文化的对立，从心理学角度反映现实主义小说的先锋，著《一位妇女的画像》《鸽翼》《波士顿人》《金碗》《小说的艺术》等。

双目失明之后，他的风格色彩不如以前富丽，不如以前那样富有动感，而是获得了轻快的叙事风格：

> 普尔曼早就注意到，两位巨人已经蹬掉了鞋子。做工精细的鞋子掉在离脚不远的地方。他们的衣服在躯体的膨胀之下已经破烂不堪。说时迟那时快，但听两人骂骂咧咧，气喘吁吁，突然飘忽起来……两个巨大的裸体离地而起，消失在屋顶之上，但是，他们飘走的时候，是撅着屁股脑袋向下的。

美国散文口头风格最杰出的代表是福克纳[①]。他最近的《小镇》（*The Town*）（第二卷）是这样开头的：

> 那时，我还没有出生呢。我的表兄高文在场，他已经能够目睹并记住当时的情形。等我长大到懂得生孩子是怎么会回事时，他把我出生时的情况告诉我。

南方的口头传统，是古今协奏的世界。闲聊、回忆、观察和复杂的亲属纽带，喋喋不休地交织在一起。口头传统的世界在轻快的声觉重心之中，维持了多重的血亲关系，就像前文字时代的民族在对付复杂的词形变化时，没有什么困难一样。詹姆斯·哈特在《流行的书籍》（*The Popular Book*）中是这样说的：

---

① 福克纳（William Faulkner，1897—1962）：美国小说家，1950 年诺贝尔文学奖得主，被誉为“美国的莎士比亚”。生于南方密西西比州，大部分时间在家乡度过，以南方为背景创作，总共写了 19 部长篇小说、70 多个短篇小说。手法和风格多样。代表作有《喧嚣与疯狂》《押沙龙，押沙龙》《在我弥留之际》等。

南方人和英格兰既存的宗教信仰相同。他们不会像新英格兰[①]人那样卷入教条之争。新英格兰人从英格兰进口书，又自己印书……正如一位南方的殖民者说的，他们更加倾向于在商务和聊天中去认识人，而不是一头扎进书中去认识人。

《汤姆·索耶历险记》（*Tom Sawyer*）和《哈克·费恩历险记》（*Huck Finn*）的作者马克·吐温在这个口头世界中流连忘返，正如连环画《波哥》[②]的作者一样。

电子时代即后工业时代必须发明的新艺术或新科学，和社会变革的炼金术有关系

我们再也不能够容忍在这个问题上采用尝试和错误的不负责任的态度。信息转瞬之间流向世界各地时，它就像化学品一样地具有爆炸性。且是快速发生的链式反应都具有爆炸性，个人生活和社会生活中的情况都是如此。

印度尼西亚的总统苏加诺对好莱坞的大亨们讲话时，说他们是革命者。他们可能为此而感到震惊。但是，他们这样专门化的人免不了要遭遇震惊的事情。

新形式和新态度都具有破坏性。今天，正常的信息流动，对一些文化或群体的影响，就像是武装的入侵。过去的时代猜想克莉奥帕特拉女王[③]的

① 新英格兰（New England）：美国东北部 6 个州。

② 《波哥》（*Pogo*）：美国连环画作家沃特·凯利（Walt Kelly）的代表作。

③ 克莉奥帕特拉女王（Cleopatra，前 69—前 30）：古埃及女王，喻绝代佳人。

鼻子有多高，从中寻求乐趣。我们听说关于艾森豪威尔总统[①]的直觉反应，常常会歇斯底里地感到战战兢兢。

这是我们信息流的正常情况，它是革命的。新媒介使革命性成为常态，这革命性即是战争。200 年之前，摧毁旧政权的是思想和理论。如今，改变生活条件和基本态度的，就是包装的信息。正是来自世界各地的新闻和图片组成的普普通通的信息流，重组了我们的精神生活和情感生活，无论我们是抱着抗争还是接受的态度。

我们目前构成社会原因、结果和影响的观念，完全不能对付明显共存的电子同步性。

我们必须事前知道变革对世界上一切文化的影响，无论这变革是什么。这是必须，而不是理想。这也是可能的。人类的聪明才智所创造的关键情景，从来没有不包含解决办法的。

技术使同步信息流对世界上一切文化构成了化学性危险。同样的技术又创造了情景模式的重建和预建，完完全全的重建和预建。我们把重建作为历史方法来使用，已经快要 100 年了。我们仅仅是给过去重新提出一个模式，而不是提出一个观点。这个方法滥觞于侦探小说和象征派诗歌之中。侦探小说不提出罪案理论，而是重建整个的犯罪过程。象征派诗歌不提出经验的诗学表述，而是创造经验的情景即公式。

在奥利弗主演的《理查德三世》（*Richard III*）中，完美地重构了一出伊丽莎白时代的戏剧，从视觉、文本和政治方面完美地重构了伊丽莎白女王时代。约十位学者以自己的专长重建了一个老少咸宜的工作模式。

---

① 艾森豪威尔总统（Dwight David Eisenhower，1890—1962）：美国第 34 届总统。这里暗指他是五星上将，其直觉反应可能关系到战争与和平的命运。

地理和时间都进入了包装的袋子

我们的趋势是使一切文化和一切历史的共存成为可能。但是，这个倾向还包含这样的意思：我们可以预见我们当前一切行动和技术的后果。为此目的我们必须知道，传播媒介并非仅仅是催化剂，它们本身就有自己的物理性质和化学性质。这些性质进入了社会炼金术和社会变革的时时刻刻之中。

印刷术线性特征的物理学支配了我们的感知

过去的牛顿力学是一个封闭的体系。但是我们在本世纪已经很快地超越了机械化。机械的比喻与我们媒介的物理学多半都没有相关性，与我们现在对教育的要求多半都不相关。为什么要让光的媒介去为迷蒙的感知拼搏呢？

如果说，我们在现代的都市和经济生活中再不能够容忍尝试和错误的做法，那么我们就可以说，教育程序中传统的时间滞后再也不能容忍陈腐的玩世不恭的观察了。社会中的各种信息都慢速流动时，教育中不合适的地方可以靠自学和个人的才智来解决。

但这行不通了。

MANIFESTOS

宣　言

1830年前后，拉马丹强调指出，报纸是书籍文化的终结。

书来得太迟了

与此同时，狄更斯把报纸作为一种新兴的印象派艺术的基地。后来的20世纪20年代里，格里菲斯和爱森斯坦也研究它，将之当作电影艺术的基础。

罗伯特·勃郎宁（Robert Browning）把报纸当作他印象派史诗《指环与书》（*The Ring and the Book*）的艺术模式。马拉美在他的《运气》（*Un Coup de Dé*）里也是这样的。爱伦·坡这个报人和科学小说作家，像雪莱这个诗人一样，对诗意过程进行了剖析。报纸连载的情况使他和狄更斯都走向了追叙的写作手法。这就意味着文章中各个部分的同时性。同时性（Simultaneity）强使事物的结果聚焦。同时性是报纸对付“地球城”的一种形式，也是创作侦探故事和象征派诗歌的公式。这两种东西是新技术文化的派生形式（一个“弱”形式，一个“强”形式）。同时性与电报相关，正如电报与数学和物理学相关一样。

乔伊斯的《尤利西斯》完成了这种技术性艺术形态的整个周期。

LET the sun and moon go!
let scenery take the applause of the audience!
let there be apathy under the stars!

Let nothing remain but the ashes of teachers,
artists, moralists, lawyers,
and learn'd and polite persons!

Let churches accommodate serpents, vermin,
and the corpses of those who have died
of the most filthy of diseases!

Let there be no unfashionable wisdom!
let such be scorn'd and derided
off from the earth!

Let a floating cloud in the sky—
let a wave of the sea—let growing mint,
spinach, onions, tomatoes—let these be exhibited
as shows, at a great price for admission!

Let shadows be furnished with genitals!
Let substances be deprived of their genitals! . . .

Walt Whitman, Respondez

让太阳和月亮去吧！
让美景接受鼓掌欢呼！
让星星之下寂寞无情！

让一切荡然无存，唯独永存的是
教书先生、艺术家、道学家、律师，
还有一切学富五车和彬彬有礼的人！

让教会收容恶人、歹徒，
和病者的尸骸
哪怕他们死于最肮脏的疾病！

让一切不时髦的智慧销声匿迹！
让诸如此类的东西受人蔑视和嘲笑
从地球上清除出去！

让天空一片浮云——
让大海一个浪花——让生长的薄荷、
菠菜、洋葱、茄瓜——让它们展示
像博览会上的展品，入场券耗资不菲！

让虚影装上性器！
让实体的性器剥去！……

（惠特曼《回应》，*Respondez*）

**1. We shall sing the love of danger,
the habit of energy and boldness.**

**2. The essential elements of our poetry
shall be courage, daring and rebellion.**

**3. Literature has hitherto glorified
thoughtful immobility, ecstasy and sleep:
we shall extol aggressive movement,
feverish insomnia, the double
quick step, the somersault, the box on
the ear, the fisticuff . . .**

F. T. Marinetti, Futuristic Manifesto

1. 我们要歌颂对危险的热爱，
　歌颂充满活力和魄力的习惯。

2. 我们诗歌的基本要素
　将要是勇气、胆略和叛逆。

3. 迄今为止，文学美化的是
　苦心孤诣的停滞、陶醉和昏睡：
　　我们要赞美奋勇的进击、
　　　狂热的失眠、快步的
　　　　前进，筋斗、耳光、拳击……

（马里内蒂[①]《未来主义宣言》，*Futuristic Manifesto*）

① 马里内蒂（Filippo Tommaso Marinetti，1876—1944）：意大利散文家、小说家、诗人、戏剧家。未来主义意识形态的创始人。《未来主义宣言》标志着未来主义的正式诞生。这是一种文学艺术和政治思潮。不幸的是，未来主义后来与法西斯主义合流。马里内蒂的代表作还有小说《未来主义者马法尔卡》，剧本《饕餮的国王》，散文集《综合的未来主义舞台》等。

BEYOND ACTION AND REACTION

WE WOULD ESTABLISH OURSELVES

We start from opposite statements of a chosen world. Set up violent structure of adolescent clearness between two extremes.

We discharge ourselves on both sides.

We fight first on one side, then on the other, but always for the SAME cause, which is neither side or both sides and ours.

Mercenaries were always the best troops.

We are Primitive Mercenaries in the Modern World.

Our *Cause* Is NO-MAN'S.

We set Humor at Humor's throat.

Stir up Civil War among peaceful apes.

We only want Humor if it has fought like Tragedy.

We only want Tragedy if it can clench its side-muscles like hands on its belly, and bring to the surface a laugh like a bomb.

Wyndham Lewis, *Manifesto*

超越行动和反动

我们能够立身行事

我们着手，从一个选定世界里相反相成的宣言。
建立青春明晰的暴烈结构，
在两极之间。
我们摆脱两边的纠缠。
先在一边作战，然后在另一边，但是
永远为了**同样的**事业，既不是一边，
也不是两边，也不是我们的事业。
雇佣军永远是精锐之师。
我们是现代世界的原始雇佣军。
我们的事业是**无人的事业**。
我们让幽默扼住幽默的咽喉。
我们在和平的猿类之中挑起内战。
我们要的幽默，只能是与悲剧鏖战过的。
我们要的悲剧，只能是咬紧牙关、
双手捧腹。然后才开怀大笑，
像炸弹一样爆发出来。

（温德汉姆·刘易斯《宣言》，*Manifesto*）

To believe that it is necessary for or conducive to art, to "Improve" life, for instance—make architecture, dress, ornament, in *better taste*, is absurd.

The artist of the modern movement is a savage (in no sense an "advanced," perfected, democratic, Futuristic individual of Mr. Marinetti's limited imagination): this enormous, jangling, journalistic, fiery desert of modern life serves him as Nature did more technically primitive man.

There is violent boredom with that feeble Europeanism, abasement of the miserable "intellectual" before anything coming from Paris, Cosmopolitan sentimentality, which prevails in so many quarters.

Wyndham Lewis, *Blast*

如果认为，对艺术必须或有利的，
是“改善”生活，比如——建筑、
衣服、装饰，使之——**更加高雅**，
那是荒谬的奇想。

现代运动的艺术家是野蛮人（绝对
不是“先进”、完美、民主、未来主义的
个体，仅限于马里内蒂先生的想象）：这个
浩瀚、喧嚣、新闻、火热的现代生活沙漠
为艺术家服务，就像造化更多地在技术上
为原始人服务一样。

爆发了猛烈的厌倦，讨厌那虚弱的欧洲主义，
讨厌可怜的“知识分子”的羞辱
在巴黎新潮来到之前，讨厌那世界主义的情绪，
它弥漫在许多地方。

（温德汉姆·刘易斯《爆炸》，*Blast*）

1. The Futurist theoretician should be a Professor of Hoffman Romance, and attempt the manufacture of a perfect being.

Art merges in Life again everywhere.

Leonardo was the first Futurist, and, incidentally, an airman among Quattro Cento angels.

His Mona Lisa eloped from the Louvre like any woman.

She is back again now, smiling, with complacent reticence, as before her escapade; no one can say when she will be off once more, she possesses so much vitality.

Her olive pigment is electric, so much more so than the carnivorous Belgian bumpkins by Rubens in a neighbouring room, who, besides, are so big they could not slip about in the same subtle fashion.

Rubens IMITATED Life—borrowed the colour of its crude blood, traced the sprawling and surging of its animal hulks.

Leonardo MADE NEW BEINGS, delicate and severe, with as ambitious an intention as any ingenious mediaeval Empiric.

未来主义与魔幻的生活

1. 未来主义理论家应该是像霍夫曼·罗曼司（Hoffman Romance）教授一样的人物，他们应该尝试制造完美的生灵。

艺术再一次与生活合而为一。

达·芬奇是第一位未来主义者，而且是 15 世纪天使中的飞行员。

他的《蒙娜·丽莎》像其他的妇女一样，从卢浮宫私奔出来了。

她如今又回宫了，莞尔含情，高傲不语，还是和私奔前一样。谁也说不准，她多久会再次出走，她的活力无穷无尽。

她的橄榄色使人感到电击，比鲁本斯[①]笔下贪婪的比利时乡巴佬更加令人震撼。这些乡巴佬就在她的隔壁展厅，可是他们硕大无朋，不能像她那样神不知鬼不觉地到处溜达。

鲁本斯模仿生活——借助社会中粗糙的血色，追溯庞大的动物形体蔓延和汹涌的形象。

达·芬奇创造的生灵，兼有娇柔和严肃。和中世纪富有创造才能的其他经验主义者一样，他雄心勃勃地创造生灵。

---

① 鲁本斯（Peter Paul Rubens，1577—1640）：比利时画家，代表作有《复活》《爱之园》《末日审判》等。

He multiplied in himself, too, Life's possibilities. He was not content to be as an individual Artist alone, any more than he was content with Art.

Life won him with gifts and talents.

2. In Northern Europe (Germany, Scandinavia and Russia) for the last half century, the intellectual world has developed savagely in one direction—that of Life.

His war-talk, sententious elevation and much besides,

MARINETTI picked up from **NIETZCHE.**

Strindberg, with his hysterical and puissant autobiographies, life-long tragic coquetry with Magic, extensive probing of female flesh and spirit, is the great Scandinavian figure best representing this tendency.

Bergson, the philosopher of Impressionism, stands for this new prescience in France.

EVERYWHERE

LIFE IS SAID

INSTEAD OF

ART

Wyndham Lewis

生活中可能的东西在他的身上成倍增殖。他不甘心做一位别具一格的艺术家，就像他不甘心只搞艺术一样。

生活赋予他伟大的才能。

2. 北欧（德国、斯堪的纳维亚和俄国）在过去的150年之间，知识界向着一个方向迅猛发展——这就是生活的方向。

除了他好战的高调等等之外，**马里内蒂**从**尼采**那儿继承了许多东西。

斯特林堡[①]的自传歇斯底里、冲击力大。他终身都以悲剧色彩向魔力卖弄风情，广泛地探索女性的肉体和精神。这位伟大的斯堪的纳维亚人是这种潮流最杰出的代表。

印象派哲学家伯格森是法国这种新预见的代表。

到　处

生　活　是　辞　令

而　不　是

艺　术

（温德汉姆·刘易斯）

---

① 斯特林堡（August Strindberg，1894—1912）：瑞典戏剧家，作品包括一系列长短篇小说和剧本，开创了瑞典现代文学，对欧美戏剧艺术产生了深刻的影响。代表作有《女仆的儿子》《红房间》《新王国》《父亲》《朱丽小姐》《到大马士革去》《黑旗》《鬼魂奏鸣曲》等。

The age-old conflict between the Eastern integrity of the interval and the Western integrity of the object is being resolved in oral culture.

Pound's *Treatise on Harmony* states:

> **A sound of any pitch, or any combination of such sounds, may be followed by a sound of any other pitch, or any combination of such sounds, providing the time interval between them is properly gauged; and this is true for any series of sounds, chords or arpeggios.**

This is a physical fact in color and in design as well.

A superimposed metronomic time or space pattern is intolerable today in verse, in town planning or in music.

Bartok sought new musical order in the rhythms and patterns of folk speech.

The interval is the means of epiphany or revelation.

It is the release which Hopkins called Sprung Rhythm.

It is the instrument of anological intuition of Being.

色球（Color Sphere）

东方的间隔整合（the Eastern integrity of the interval）和西方的客体整合有悠久的冲突，这种冲突在口头文化中涣然冰释了。

庞德的《和谐论》（*Treatise on Harmony*）说：

无论什么音高的声音或连成一串的声音，后面都可以紧跟任何音高的一个音或一串音，只要它们的间隔都能够正确地计量。对于任何连串的声音、弦音或和弦音，这种情况都是适用的。

在配色和设计中，这也是实在的事实。

严格按照节拍器那样强加的时间模式或空间模式，在今天的诗歌、城市规划或音乐中，都是不能容忍的。

巴尔托克[①]在民间口语的节奏和韵律中寻找新的音乐秩序。

间隔是获得领悟和启示的手段。

这是一种释放，就是霍普金斯[②]所谓的跳跃式节奏。

这就是模拟式生存直觉的工具。

---

① 巴尔托克（Béla Bartók，1881—1945）：匈牙利钢琴家、民族音乐研究家和作曲家。收集整理东欧、南欧和北非的民间音乐，融合民族音乐和传统音乐，具有民族风格和个人风格。代表作有歌剧《蓝胡子公爵的城堡》、芭蕾舞剧《木头王子》等，还有许多钢琴作品和管弦乐作品。

② 霍普金斯（Gerard Manley Hopkins，1844—1889）：英国诗人，首创跳韵，生前默默无闻，去世后作品由友人整理出版，对 20 世纪的艾略特等大诗人产生影响，著有《风鹰》《德意志号的沉没》等。

It is the dynamic symmetry of tensions among proportions which yields the Golden Section in space or time.

The Munsell Color Sphere does not take us into the inclusive auditory world its form implies. The spectator is left outside with one facet of color at a time.

True color experience derives from involvement of all the senses at once—synesthesia.

Man lives in such a sphere of jazzed up rag-time sensuous be-bop.

To bring order into this jangled sphere man must find its center.

A valid color sphere would have the spectator in the center.

Sensation of pure color is only possible through the acoustics of the word.

In actual visual experience of color, perception changes constantly because of factors of background and eye fatigue.

Therefore symmetrical balance and harmony are possible only when man is at the center of the sphere.

In the model sphere colors of strong hue and chroma will be at the center of the sphere, retreating colors further away.

Today our engineering and town planning permit the extension of such model spheres to every area of physical experience at ground level or from the air.

The color sphere or modulor is cued in with the auditory space of our oral, electronic culture.

这就是比例之中张力的平衡，这种张力产生空间和时间的黄金分割。

芒塞尔色球[①]不会把我们带进它暗示的无所不包的听觉世界。观者留在这个听觉世界之外，只能够一次看见色彩的一个方面。

真正的色彩经验来自于所有感官的同时参与——联觉。

人生活在这样一个爵士乐的世界中，这是一个切分音的疯狂的快节奏的世界。

要让这个吵闹的世界井然有序，人就必须找到它的中心。

一个有效的色球要有一个观者位于它的中心。

只有通过语词的声音效果，才能感觉到纯粹的颜色。

在实际对颜色的视觉经验中，感觉总是经常变化的，总是随着背景和眼睛的疲劳程度变化。

因此，只有人位于色球中心时，对称的平衡与和谐才是可能的。

在一个色球模型中，强色调和色度的颜色位于色球的中心，使颜色逐渐远离中心的位置。

今天的工程和城市规划容许这样的球体模式延伸到各种物体经验的领域，包括地上的层次和从空中俯瞰的层次。

这种色球嵌入我们的口头文化和电子文化中，与其听觉空间一致。

---

① 芒塞尔色球（Munsell Color Sphere）：也称为芒塞尔颜色体系，这是标志各种颜色的一种体系。

THE CITY no longer exists, except as a cultural ghost for tourists. Any highway eatery with its TV set, newspaper, and magazine is as cosmopolitan as New York or Paris.

The METROPOLIS today is a classroom; the ads are its teachers. The classroom is an obsolete detention home, a feudal dungeon.

The metropolis is OBSOLETE

ASK THE ARMY

The handwriting is on the celluloid walls of Hollywood; the Age of Writing has passed. We must invent a NEW METAPHOR, restructure our thoughts and feelings. The new media are not bridges between man and nature: they are nature.

Gutenberg made all history SIMULTANEOUS: the transportable book brought the world of the dead into the space of the gentleman's library; the telegraph brought the entire world of the living to the workman's breakfast table.

都市不复存在，只是作为旅游者的文化鬼魂而存在。任何路边小吃店，只要有电视、报纸和杂志，就和纽约巴黎一样成为包揽天下于一身的场所。

今天的**国际大都会**是课堂，广告是老师。学校的课堂成了过时的拘留所，中世纪的地牢。

国际大都会已经**过时**。

问一问军队

好莱坞的电影是凶兆，文字时代已经过去。我们必须发明一种新的暗喻，重组我们的思想感情。新媒介不是人与自然的桥梁：新媒介就是自然。

谷登堡使一切历史同步：便携的书籍把故人的世界带进绅士的藏书室；电报把活人的世界带上绅士的早餐桌。

NOBODY yet knows the language inherent in the new technological culture; we are all deaf-blind mutes in terms of the new situation. Our most impressive words and thoughts betray us by referring to the previously existent, not to the present.

WE ARE BACK IN ACOUSTIC SPACE

We begin again to structure the primordial feelings and emotions from which 3000 years of literacy divorced us.

Counterblast, 1954

还没有人知道新技术文化固有的语言；根据新情况来看，我们又聋又哑又瞎。我们给人最深刻印象的语词和思想背叛了我们，因为它们都指向过去存在的东西，而不是当前的东西。

我们又回到了声觉空间

我们又重新构建远古的思想感情，3000 年的文字史使我们脱离了原初的思想感情。

（《逆风》，*Counterblast*，1954 年）

POETIC IMAGERY

ONLY a part of an author's imagery comes from his reading. It comes from the whole of his sensitive life since early childhood. Why, for all of us, out of all that we have heard, seen, felt, in a lifetime, do certain images recur, charged with emotion, rather than others?...

AUDITORY *IMAGINATION*

What I call the "auditory imagination" is the feeling for syllable and rhythm, penetrating far below the conscious levels of thought and feeling, invigorating every word; sinking to the most primitive and forgotten, returning to the origin and bringing something back, seeking the beginning and the end. It works through meanings, certainly or not without meanings in the ordinary sense, and fuses the old and obliterated and the trite, the current, and the new and surprising, the most ancient and the most civilized mentality.

T. S. ELIOT ***(From The Use of Poetry and the Use of Criticism, 1933)***

诗学意象

阅读的时候，我们只能得到作者的一部分意象。我们得到的意象来自于终身的感性生活，从早期的童年时代开始。对我们所有的人而言，我们终身耳闻目睹和感觉到的东西中，有一些意象反反复复地出现，而且带着强烈的感情。其他的意象却不大出现。难道不是这样吗？

听觉想象

我所谓的听觉想象是对音节和节奏的感觉。这种感觉深入到有意识的思想感情之下，使每一个词语充满活力：沉入最原始、最彻底遗忘的底层，回归到源头，取回一些东西，追求起点和终点。它当然要通过意义发挥作用：或者说它并非不依傍普通感觉上的意义——它融合古老湮灭的、陈腐的、当前的、新颖而令人惊奇的、最古老和最文明的心态。

（艾略特《诗歌的用处和批评的用处》，*The Use of Poetry and the Use of Criticism*，1939）

THE WORLD OF PAPER

We take paper for granted.
We use it and forget it.
We use more than 300 pounds per person every year.
In Asia, the use of paper is less than 9 pounds a year per person.
Every scrap must be salvaged.
It must be used again and again if that is possible.
A torn magazine is a bonanza.
This is serious in the economy and progress of underdeveloped areas.

It is hard to make educational progress when paper is not available.

It is hard to hold an election if there is inadequate paper upon which to print the ballots.

New York Times, Sunday, July 7, '57

Available North American horse power per person . . 800
Available European horse power per person 27
Available Asian horse power per person 2

Buckminster Fuller

We cannot pretend to think *for* others unless we think *with* them . . . "art" involves the whole of the active life, and presupposes the contemplative. The disintegration of a people's art is the destruction of their life, by which they are reduced to the proletarian status . . . in the interests of a foreign trader, whose is the *profit*.
We are proud of our museums where we display a way of living that we have made impossible.

A. K. Coomaraswamy

纸的世界

我们把纸视为理所当然。

每天用，每天忘。

每年每人用 300 磅。

亚洲每人每年只用 9 磅。

每一次扔掉的废纸都必须要抢救。

如果可能，必须要反反复复一用再用。

一本破旧的杂志就是一座富矿。

在欠发达的地区的经济和发展中，这句话是认真的。

没有纸，教育就难以进步。

如果没有纸印选票，就难以进行选举。

（《纽约时报》1957 年 7 月 7 日，星期日刊）

北美每人能够使用的马力　800

欧洲每人能够使用的马力　27

亚洲每人能够使用的马力　2

（巴克敏斯特・富勒）

我们不能假装自己是在为他人着想，除非我们与他们一样地想问题……“艺术”调动全部积极的生活，以深思熟虑为前提。一个民族艺术的瓦解就是这个民族生活的毁灭，他们的生活因此而沦落到无产者的地位……对外国的贸易商有利，唯其利润而图之。

我们为自己的博物馆而感到骄傲。我们在博物馆里展示的社会，正是我们使之不能维持的生活。

（库马拉斯瓦米）

GAUDIER BRZESKA

The sphere is thrown through space, it is the soul and object of the vortex—

The intensity of existence had revealed to man a truth of form—his manhood was strained to the highest potential—his energy brutal—

HIS OPULENT MATURITY WAS CONVEX

Religion pushed him to the use of the

VERTICAL which inspires awe.

His gods were self made, he built them in his image, and RETAINED AS MUCH OF THE SPHERE AS COULD ROUND THE SHARPNESS OF THE PARALLELOGRAM.

旋涡　旋涡　旋涡

（戈迪埃–布尔泽斯卡[①]）

球体在空间中被抛来抛去，它是旋涡的灵魂和客体——

存在的强度给人揭示了形态的真理——人的成年绷紧琴弦，直到用尽最大的潜力——他的能量像蛮牛——他茂盛的成熟**突显出来**。

宗教推动他使用上下**垂直**的眼光，这使他充满敬畏之情。

他的诸神是他手创，他按照自己的形象来创造神。他尽量在平行四边形的锐角之处保留球体的圆润。

① 戈迪埃–布尔泽斯卡（Henri Gaudier-Brzeska，1891—1915）：法国最早的抽象派雕刻家，“旋涡主义”运动的著名倡导者。20世纪初期把抽象艺术引进英国。诗人庞德成为他的赞助人，作家兼画家刘易斯吸收他参加“旋涡主义”运动。

闪米特人[①]的旋涡是对战争的贪恋。埃兰人、亚述人、巴贝尔人、凯特人、亚美尼亚人、迦南人，不得不互相杀戮，以夺取肥沃的河谷。他们的神祇送给他们的是上下垂直的方向、地球和球体。

他们使球体升华，成为非常美丽的扁平形，创造了平行线。

从萨尔贡[②]到埃米尔[③]、纳绥尔[④]的结义组织，军人形成了人首牛身的平行的追杀阵形。士兵活剥俘虏的人皮，雕刻了怒吼的狮子：支撑在四根柱子上的拉长的球体。他们的王国就灰飞烟灭、荡然无存了。

---

① 闪米特人（Semites）：居住在中东和北非的闪米特语民族，包括阿拉伯人、犹太人等。闪米特语族包含 4 个语支：东为阿卡德语，西为古迦南语、古腓尼基语、古叙利亚语、现代叙利亚语和希伯来语等，南为阿拉伯语和马耳他语，西南为埃塞俄比亚语。

② 萨尔贡（Sargon of Akkad，前 24 世纪到前 23 世纪）：（阿卡德的）萨尔贡，古代近东最伟大的君主之一。他从苏美尔人手中夺取两河流域的霸权，所建的闪米特王朝对该地区的社会和文化产生深远的影响。

③ 埃米尔（Amir）：中东穆斯林王公、军事首领、省长或高级军官。

④ 纳绥尔（al Nasir，1158—1255）：阿拔斯王朝第 34 代哈里发。他控制勇士的结义组织，以增强自己在穆斯林王公中的地位。

第三部

口传的麦克卢汉

12. 1965 年在视野论坛上的讲稿

我从远程预警系统（Distant Early Warning line）所在的国家给诸位带来问候。也许加拿大在这个预警系统中扮演着一个潜在的角色。因为美国成了一种世界环境，加拿大不妨权作文化和技术的远程预警系统，而且是在许多层次上扮演这个角色。这只是突发奇想。

我们在午餐桌上听到一个愉快的故事。一位法国演员说，他在舞台上可以吻女士的手，因此而感到高兴。“你知道，事情总得有一个开头。”与此相伯仲的一个故事，与我的困境很相近——在裸体群落中的蚊子说：“我不知道从哪一个人开始下嘴。”

幽默世界和传播系统一样偶尔会使人产生兴趣。我们生活的时代里，笑话的风格变得很快。我的孩子们告诉我，最近的笑话形式与“电线杆”有关。他们给的例子是：“柯瓦尔斯基（Alexander Graham Kowalski）——‘第一根电话杆’。”这种幽默很像稍早些时候关于大象的笑话，也像程序员喜欢的笑话一样——“什么东西是紫色并且嗡嗡响？”回答当然是：“一根电线葡萄藤。”“它为什么嗡嗡响？”“因为它听不懂电线里传送的话是什么意思。”这种笑话如今对年轻人很有吸引力。

你要是注意就会发现，这一类笑话的倾向是把故事情节剥得干干净净，取而代之的是一个包装袋，里面装的是几个高度压缩、互相交叠的故事。实际上，这些小玩笑里面通常有两个同步的小故事。老式的笑话里面只有一个直线展开的故事。斯蒂夫·艾伦（Steve Allen）有一个说法，滑稽的人是面带忧愁的人。在加拿大法语区，如今有许多笑话是以悲痛故事的形式出现的。其中一个是这样的：猫追老鼠，老鼠逃到地板的洞里躲着不出来。

它等啊等，直到听见一阵嗷嗷汪汪的狗叫声，才感到安全。所以它就露出脑袋瞧瞧，猫扑上去抓住它，大口大口地吃起来。猫一边吃一边说：“你瞧，会说两种语言就是有好处！”这就是老式的笑话再加上一个故事情节。

新故事的倾向是比老故事浓缩，而且是同时在两个层次上发生。就像乔伊斯《芬尼根守灵夜》这一类语言：“虽然他可以再谦虚一些，但是没有什么警察能够赶得上福尔摩斯。”这种高浓缩、双情节的故事是一种很重要的发展。你要是注意，像《窈窕淑女》[①]这样成功的作品通常有两个故事情节。一个明显，完完全全的明显，就像其中的女主角丽萨小姐一样，她学会了标准的英语，成为社交名流。但是，剧中还有另一个次要的情节，这个情节更加有力，埋藏得更深。这个次要的情节似乎是“如何不花力气在商务上取得成功”。

这个次要的情节是一个环境情节——它把每一个人网罗其中。主要的情节，关于丽萨小姐的故事，只对比较小的群体具有吸引力，如今它已经不再是新鲜故事，它只是一个灰姑娘的故事。但是“如何不花力气在商务上取得成功”的故事，换言之，如何靠投机取巧而取得巨大的成功，这似乎才是当代很大一部分高级商务人员的经历，即他们成功身世的内幕。这就是说，《窈窕淑女》就有这种网罗受众的环境次情节。这是隐而不显、没有说出的次情节，而且那个情节是面向观众的。由于这个次情节，观众立即投身剧情中的行动。至于主要的情节，他们反而作壁上观。

名牌衬衣好飒威（Hathaway）的广告中有一个次情节，其中的男爵戴了一只黑眼罩。主情节仅仅是好飒威衬衣。次情节实在是包括了所有的受众。这就是那块眼罩。它象征着贵族阶级的密谋，寻找密藏的财宝，还有许多其他的神秘成分。所有这一切都在一刹那间由那块眼罩表现出来了。

---

① 《窈窕淑女》（*My Fair Lady*）：萧伯纳名剧，写下层社会口音很重的一个卖花女，经过一位语言学家的短期强化培训，学会了上流社会的一切，成为伦敦社交名流。

次情节的世界，那个次环境，实际上包括了受众。这种包容的力量，正是幽默的神秘所在。这可以用来解释幽默的风格迅速变化的原因——一个时期有一个时期的情况，一种风格的笑话不可能适应另一个时期大多数人的胃口。

有一本法国人雅克·埃吕尔[①]写的新书，近日用英文出版的，叫《宣传》(*Propaganda*)。该书有一个主题：宣传不是意识形态，不是好飒威衬衣的故事，而是隐蔽而完整的社会生活形象。这个形象嵌入了社会技术和社会模式之中，正如它嵌入了英语语言之中一样。埃吕尔会说，英语的作用，法语的作用——这就是宣传。这就给人们推出一个完整的环境形象。相反，意识形态，即那些用语言说出来的、明快的讯息，和总体的形象相比，反而不那么意味深长。一句话，埃吕尔的主题是这样的：宣传利用社会中的一切手段来创造一种生活方式。无论这种生活方式是什么，它都是宣传——这就是总体的、看不见的作用，也是无坚不摧的作用。

这就是我们生活其中的新型而有力的环境的另一个神秘特征。这种无所不包的饱和环境是看不见的。我们注意到的环境与我们看见的环境相比，是分割肢解、不那么重要的。拿英语来说吧，由于它塑造了我们的感知和思想感情习惯，用英语的人对英语是浑然不觉的。当我们突然转入法语时，英语才变得比较容易察觉。然而，说到新技术创造的环境，虽然它们自身是看不见的，可是它们却使老技术一望而知。我们总是能够看见皇帝的老衣服，皇帝的新衣服却是看不见的。

今天下午我想用这个主题来达到我们的目的。如果新环境看得见，它确实能够使正在退出舞台的环境非常之醒目。明显而简单的例证是电视的晚间影院。我们在这个节目中看老电影。老电影很醒目，很引人注目。电

---

① 雅克·埃吕尔（Jacques Ellul，1921—1994）：法国哲学家，著有《无政府状态与基督教》《城市的意义》《西方的背叛》《新的魔鬼》《技术社会》《资源的伦理》《宣传》等。

视问世之后，电影经过了再加工。曾经是环境的和看得见的电影形式，经过再加工之后，成了一种艺术形式，而且是很受珍视的艺术形式。当代新的艺术电影，间接地受到电视这种新媒介的鼓励和冲击。电视媒介至今不太引人注目。只有等它成为一种新媒介的内容之后，它才是人们看得见的东西。下一种媒介——无论它是什么媒介，有可能是意识的延伸——将会把电视纳入它的内容，而不是它的环境。它将把电视转换成一种艺术形式。每一种新技术都凭借这个过程创造一个新环境，而且把老媒介或正在消退的媒介转换成一种艺术形式，使之成为非常引人注目的东西。这样迷人的例子实在是太多了，我只能略举一二。

哈夫洛克有一本书棒极了，我喜欢引用。书名叫《柏拉图导论》，研究柏拉图之前希腊发生的事情。“导论”讲了这样一些问题：文字出现之前希腊人是如何互相教育的？柏拉图之前希腊人是如何教育儿童的？他把柏拉图之前的教育过程叫做“部落的百科全书”。儿童陷入了诗人引发的催眠状态。诗人是精神食粮即实用智慧和忠告的提供者。荷马和赫西奥德[①]等人实际上给年轻人提供了感知模式、行为模式以及克服困难和障碍的谋略。伟大的奥德赛（Odysseus）首先是充满智谋的希腊英雄——他有永不衰竭的首创精神和技能，在每一种不明朗的、危险的情况下都是如此。哈夫洛克描写了诗人、部落百科全书承担的教育责任，接着又描绘了文字的出现和教育的彻底变化。文字出现之后，教育从牢记部落百科全书转向“吟唱式广告”的教育。随之而来的是知识分类、思想分类和类别本身。柏拉图讨厌诗人，主要是因为他要与老的教育体制唱对台戏。旧体制不能对付文字世界的新技术。

哈夫洛克的书令人神往，因为它说的事情实际上就是我们正在经历的过程。我们在回放那盘磁带（他描绘的情况）——从部落人到个体的人。

① 赫西奥德（Hesiod）：希腊最早的史诗诗人之一，名气极盛。《神谱》《工作与时日》为其代表作。

因为我们进入了一个整合的、电脑化的知识世界里，纯知识分类成为次要的东西，它赶不上数据加工的速度。可以用这样一种方式来表述：在这个世界里，环境本身就是由电力信息构成的。今天儿童的环境是电力技术塑造的信息，这是它典型的、主要的特征。儿童是大规模数据的加工者。有人估计，当代成长的儿童，包括婴儿和幼儿，比过去任何一种环境中成长的儿童，都要花更多的力气学习。只不过他必须干的事是数据加工。20 世纪的美国儿童比世界历史上任何文化中的儿童所做的数据加工都要多，也就是要干更多的工作。艾卢尔等人就持这样的观点。我们实际上并不懂这个事实：孩子们拼命学习，在电力结构的信息世界里加工数据；可是等到他们进入课堂即小学时，他们进入的却是一种令人困惑不解的情景。今天的儿童走出托儿所或电视环境，走进学堂时，他们进入的世界里信息匮乏。但是这匮乏的信息又是井井有条、结构严谨的，这信息靠的是分割肢解、分类模式、学科和日程组织起来的。他浑然不知所措。因为他走出复杂的电力信息世界，进入 19 世纪分类信息的世界。迄今为止，教育体制的特点还是 19 世纪这个样子，还是 19 世纪分类数据的世界，很像工厂安排库存和装配线一样。今天儿童的困惑，正是由于这两个世界超常的鸿沟。

古德曼（Paul Goodman）有一本书记录了这种情况的一个方面，书名叫《荒诞中成长》(*Growing Up Absurd*)。之所以说成长就是荒诞，那是因为我们生活在两个世界之中，可是这两个世界又不想让我们成长。有一位朋友的一席话使我感到震撼。他说："你瞧，皇族唯一要做的事情就是成长。小王子和公主学习生存必须的各种知识和语言，实在是难以想象的艰难的任务。"我们似乎在民众中造成了一种皇族那样的情景，这实在是一种悖论。今天的儿童面对的主要任务仅仅是成长——这是我们的新任务——这就是他们生活的全部内容。为什么我们说这不是一种工作（job），而是一种角色（role），其道理就在这里。在电力加工信息的世界里，成长成了人类的主要任务。我们仍然把眼睛瞪得老大，死死地在后视镜里看着分割的工作，可是它正在隐退到19世纪的历史之中。我们认为生而有权获得的工作，其实归属于分类数据和分割肢解的机械技术时代。然而，我们今天所处的是一种新环境。它是由整合的任务、整合的知识构成的。它要求我们进行模式识别。这两种环境的反差所造成的荒诞启动了荒诞剧。荒诞剧建立在这种二元分割的基础之上。这两种二元分割的文化似乎永远不可能靠近。

我已经说到了新环境是感知不到的这样一个主题。在典型的人的环境中，我们可以感知得到的，是旧的环境。显而易见，柏拉图作品这种新形式的内容，是他那个时代之前的口头对话。文艺复兴时期印刷技术的内容，是中世纪的作品。机械印刷发明之后的两百年内，除了中世纪的文本之外，几乎没有印制其他任何东西——想想堂·吉诃德是多么可怜！他是文艺复兴时期追求中世纪漫画书和传奇故事的狂热风气的受害者。这种狂热在他之后还风行了一百年。印刷机发明以后两百多年里的印刷品，基本上是中世纪故事、中世纪祈祷文、中世纪公祷文和中世纪哲学。莎士比亚生活在中世纪。尽人皆知，他的戏剧的内容是中世纪。他的政治，他的世界图景——伊丽莎白时代的世界图景——表现的是中世纪的图景。这些剧本也死死地回头盯着即将退出舞台的中世纪的各种形式。但是，中世纪又是文艺复兴的“晚间电视节目”。到了19世纪，文艺复兴已经以完全充分的景观展现在人们的眼里。工业环境形成时，这个渐进展开的时间，坚定地面对文艺复兴。19世纪思想的内容是文艺复兴，20世纪思想的内容是19世纪。我们对此很执着。要驱散这个海市蜃楼幻境，想起来容易做起来难。铁路和工厂问世之后，这个发展进程中最奇怪的产物出现了。这个新的工业和机械的环境，其内容是原有的农业世界。随之出现了一种新意识的高涨和欢乐，对老的农业艺术和技艺即田园世界的意识随之高涨。对这个行将退出舞台的时代的发现，就是所谓“浪漫主义运动”。

对自然的突然发现之所以成为可能，那是因为有了铁路和工厂，因为它们与自然有天壤之别。浪漫主义运动是机械时代的产物，其产生机制靠的是音乐中的对位法。它不是机械时代的重复，而是机械时代的内容。艺术家和诗人转向原有的农业世界，把它加工成为欢乐的风景和田园诗。电力技术的兴起又依次改变了机械时代，几十年前电力技术开始包围机械时代。电力技术把机械世界包裹起来，电路接过了轮子的功能，电路包围了老厂，于是机器成为一种艺术形式。比如，抽象艺术在很大程度上就是电力时代的产物，电力时代把机械时代包裹起来。

在我们这个时代，可以看见这样的流行艺术：它在外部环境中寻求素材，加工成作品放进艺术馆或室内的什么地方，暗示我们已经达到把环境本身加工成艺术形式的阶段。我们也许正在赶上自己的步伐。当我们开始把实际生活中的新环境当做艺术形式来进行加工时，我们也许正在靠近这个行星似乎已经到达的阶段。有了作为探测器的卫星和天线之后，地球似乎在一定程度上不再是人的环境，它自身变成了一颗卫星——一颗探测空间的卫星，给这个行星创造新的空间和环境的卫星。假如地球成了地球卫星创造的新环境的内容，成了它电子延伸的内容，假如它成了内容而不是环境，那么我们就可以满怀信心地期待，未来的几十年将被用来把地球转变为一种艺术形式。我们就会抚摸、塑造它的每一个侧面，每一条轮廓线，使之模式化，似乎把它当做是一件艺术品，正如我们一定要在它周围套上一个新环境一样。正如浪漫主义者把原有的田园和农业世界当做艺术品一样，我们现在正在着手把地球当做一件艺术品来处理。

在我看来，电脑很适合对这样一个环境进行艺术编程，它适合把环境当做艺术品来编程的任务，而不是适合把内容当做艺术品来编程。这种情景说明人的处境发生了相当大的变化。它说明，过去的艺术角色与其说是创造环境，不如说是创造反环境（anti-environment）。一百年前，福楼拜说："风格是一种观察方式。"自此，画家和艺术家都非常自觉，知道自己的工作是要教人学会如何去感知世界。约瑟夫·康拉德[①]说："它超越了你目力所及的一切东西。"这确乎与他作品的意义贴切。训练对本来无法感知的环境的感知，成了所谓现代艺术和诗歌实验的基础。艺术家不是用各种讯息模式和讯息包来表现自己，而是把感官和作品都转向对环境的探索。比如，象征派对原有的浪漫主义风景进行分割，借此探索都市环境。随后，他们又用同样的笔去描写人的内心世界。他们不用笔来表达外露的感情，而是向内转，目的是探索和发现内心生活的轮廓线。

心理医生接过同样的模式，开始侵蚀无意识的领地。倘若无意识在人事中具有重要的、不可替代的功能，我们最好是注意它——因为它正在以很快的速度被侵蚀。它正在受到令人头晕目眩的调查和洞悉的侵犯，我们很快就可能达到一个没有无意识的阶段。这就好像是做白日梦——人醒着做梦。这可能就是乔伊斯《芬尼根守灵夜》预言的意义。尤其是他的部落人和现代人的思想：部落人做梦，现代人又"回到芬尼根"，回到部落里互相参与的人际关系，只不过这一次人是醒着的。我们有史以来第一次积极地清算无意识，这个可能性很大。这就要求我们注意它的结构，注意它在人事中的功能。也许我们可以证明，它对人的精神健全是必不可少的。

对于我们这个时代以及现在这样一次会议，应该有一个全局的考虑。我们要考虑，过去环境对我们起作用时，我们为什么看不见。环境不仅是容器，而且是使内容完全改变的过程。新媒介是新环境。为什么要说媒介即是讯息，就是这个道理。另一个相关的考虑是，艺术家创造的反环境是必不可少的手段，它可以使我们意识到我们生活的环境和创造的技术。凯奇有一本书叫《无声》(*Silence*)。开篇不久他就说明，无声其实包含了环境中无意去表现的声音。任何环境中任何时候都在进行的所有的东西，但

---

① 约瑟夫·康拉德（Joseph Conrad，1857—1924）：英国小说家，丰富的航海经验给他的创作提供了丰富的素材，代表作有《水仙号上的黑家伙》《黑暗的心》等。

是没有进入编程的、非故意表达的东西——这就是无声。闻其名而不去听的世界就是无声。乔伊斯在《芬尼根守灵夜》中称之为雷霆。在这本书中，社会变革的一切后果——技术变革产生的一切动荡和变形——产生了宏大的环境嘶鸣和雷霆，只不过人们暂时还完全听不到罢了。就像是热量在有机体或其他系统中产生“杂音”一样。倘若环境或变革过程与电子信息运动协调一致、继续不断地进行，人类历史上破天荒第一次感知到社会模式，就变得容易了。在前电力时代，模式是觉察不到的，因为变革慢得使人能够看到。如果浴缸里的水温每小时升高半摄氏度，我们怎么会知道什么时间该叫喊呢？这好像是罗素提的一个问题吧。慢速变化中不可能进行模式识别。但是同样的变化加速之后，模式识别就很容易了，只要加快到电影胶片放映的那种速度，就可以识别模式了。因此，艺术家在我们的社会里扮演着一个重要的角色，因为他们创造了反环境，并且使对环境的感知成为可能。

作为反环境的艺术家成了社会的敌人。他们似乎不善于调节自己。他们绝对不会有一丝一毫的被动，去接受环境的洗脑功能。他们只不过转向环境，将自己对反环境的感知投射到环境之上。在过去的一百年里，艺术家变成了反环境的象征。与此同时，根据公众的估量，他们似乎日益与罪犯合流。波德莱尔之后，艺术家和侦探——福尔摩斯、詹姆斯·邦德之流，钱德勒①、马洛②之流——把一种视野投射到社会身上。这是一种非常反环境的视野，自我意识非常强烈的视野。于是，艺术家与罪犯和反社会分子就产生了杂交，这就带有一丝神秘色彩。同样，我在此地此刻突然想到这个问题：在我们的社会中，犯罪似乎正在成为一种无法压抑的艺术表

① 雷蒙德·钱德勒（Raymond Chandler，1888—1959）：美国侦探小说家，塑造了侦探马洛的形象。

② 马洛（Marlowe）：钱德勒塑造的侦探形象。马洛投机取巧又时而蛮横粗暴，一文不名却诚实可靠，能够勇敢地捍卫理想。

现形式。少年犯常常是很聪明、机敏、感知力强的人。在他们的身上并不是看不见这样的影响：他们的环境中有一种强势的、洗脑子的力量，正在召唤着一点反社会的、艺术性或探索性的活动。儿童用犯一点罪这种形式来表示，他们是在模仿探索性的艺术家。陀思妥耶夫斯基[①]在写《罪与罚》（*Crime and Punishment*）时已经意识到这一点。在他的心目中，罪犯是圣人和艺术家的杂交。

我们的报纸生成了信息环境，但是如果没有罪案作为内容，我们就不可能感觉到这个环境的存在。报纸必须要有坏消息，否则它就只有广告或者好消息。没有坏消息我们就不可能认清这个环境的基本规则。这未必是说环境是坏的，但这的确意味着，环境对我们的作用是完全的、无情的。环境永远是洗脑机，所以很适应环境的人必然是洗了脑子的人，这是字义本身限定了的。他适应了，他已然洗了脑。欧文·施特劳斯（Erwin Straus）最近写了一本书，对巴甫洛夫反射学说作出新的解说。巴甫洛夫不是用给受试动物刺激或信号的方式，来求得条件反射的结果，而是靠环境控制来做实验。他把动物放进没有声音的环境里，里面的温度和其他感官控制要经过仔细的调节来维持。他发现，如果在普通的环境中给动物做条件反射的实验，那是行不通的。真正的调节器实际上是环境，而不是刺激或环境的内容。因此，巴甫洛夫的故事需要颠倒过来才能看得清。不过犯罪扮演的了解社会手段的角色，的确是神秘莫测的。我不就此进行任何价值判断。价值判断常常把艺术家和科学家推入敌对的角色。

让我把刚才的话再说一说。在电力时代，我们突然来到石器时代的终点。经过千万年专业分工的习惯和技术以及分割肢解的工具制造之后，我们终于发现了电路。使石器时代寿终正寝的是电路。石器时代，正如它的

---

① 陀思妥耶夫斯基（Fyodor Dostoevsky，1821—1881）：俄国小说家。他的代表作《罪与罚》是一部以金钱为基本问题的社会小说。

穷途末路阶段即19世纪的工厂时代一样，是献身于专门化、分割肢解和具体的某一个肢体的延伸的。有了电路之后，我们不再搞手、足、背、臂的延伸，而是调动整个神经系统，是搞神经系统的延伸，这是一种极其深度卷入的活动过程。电讯报的系统和功能可以帮助我们进行观察。报纸的神秘色彩之一是，除了报头的日期之外，里面的条目没有任何联系。任何报纸都只有一种联系的因子，那就是报头的日期。正是这个日期使我们像艾莉丝穿过镜子一样进入新闻世界去漫游。进入电报或电路的时代之后，我们就真正地卷入了信息的过程。进入报头日期和报纸之后，你就把希望组合起来，你就成了生产新闻的人。这就是我们必须认清的电力时代的最重要的事实，因为这是一个非集中化的时代，这是一个难以面对的事实。我们仍然喜欢在后视镜里往后看。我们仍然倾向于把电力时代当做机械时代。实际上，电力时代是有机的，完全是非集中化的。看报纸的人穿过报头日期这个镜头之后，他是以生产者的身份进入了新闻的世界。除了我们自己解读和体会的意思之外，新闻本身并没有自己的“意思”——除了电路的瞬间联系之外，新闻条目之间实在是没有任何联系。新闻条目就像象征派结构中的部件。读者与报纸编辑共同生产新闻，就像在侦探小说里一样，读者必须要一边读一边构造线索。侦探小说是电力时代的预兆之一。爱伦·坡是电力时代那种反环境的创新人物之一。

报纸很像是范德·比克先生（Mr. Van der Beek）摄制的令人喜欢的电影世界。多银幕放映的电影世界就像是报纸的世界。许多条目扑面而来，没有联系，也没有相联系的主题。所以，毕克的新电影就是把故事情节剥离干净，偏爱同步放映的马赛克模式，这和电力技术的情况很一致。这就是电影世界接受电力的洗礼。这样的一种技术与另一种技术的杂交，永恒不息。内燃机是老机器与电力的杂交。也许，最令人震惊和不安的电力创新是复印机和复印术。

复印术使出版界笼罩在恐怖之中，因为每一位读者都可以既是作者又是出版人。他使长期集中化的出版过程完全非集中化了。有了复印技术之后，作者和读者都可以取向于生产。任何人都可以从一本书中抽取一部分，又从其他书中抽出他感兴趣的东西插入其中，于是他就可以比较快地自己编一本书。任何一位老师都可以就一个专题取十本书，然后就订做出另一本书来。办法很简单，他只需这里复印一章那里复印一章就行了。问题是版权。国会正在考虑这些问题——如何通过立法来保护老技术不受新技术的侵犯。这种努力不会成功。除了用技术保护技术之外，再也没有别的办法。你用一个阶段的技术造成一种环境之后，你就必须用下一种技术来造就一种反环境。但是，复印术是电力对印刷世界的侵犯，这意味着印刷术这个旧领域或旧技术的一场彻底革命，教室里已经感觉到这场风暴了。

请大家考虑，估计新技术冲击的最好的办法，也许是注意老技术的遭遇。你绝不会直接感觉到新技术的冲击，只能是间接地感觉到它的冲击力。你首先要感觉到新环境对老环境的影响，然后才能知道新环境究竟是什么。你要看见它对老环境做了些什么，然后才能说清楚它究竟是什么。但是，随着新技术的日益强大，了解它所带来的过程和变化的需要也日益强烈。因此，用设计、风格或感知的形态来说，今天这样的论坛实在是及时雨，它可以使人注意设计在塑造人的感知中所扮演的了不起的角色。正如福楼拜所云："风格是考察事物的方式。"

我们正在多伦多进行一场异乎寻常的实验。这个工程太大了。我们需要很多帮助、很多合作。我们的实验是要测定多伦多整个人口的感觉阈限。这就是说，我们要量化多伦多人喜欢把自己的视觉、听觉、触觉本能和其他感觉定在什么水平上，也就是他们在日常生活和喜爱中的实际情况。比如多少光线、多高的温度、多高的声音、多大的移动才是他们的感觉阈限。凡是改变感觉阈限的东西，都将要改变这个社会的观点和经验。我们关心的是，一种新媒介形式进入社会生活时，感觉阈限会发生什么变化。电视、汽车、收音机来临之后，我们的感知生活发生了什么变化？如果我们能够量化这样的知识，我们就有了电脑可以验算的东西。儿童的一切感官都积极地相互作用，所以儿童是天才，直至五岁。五岁以后，他的感官要变。我们可以用电脑来给所有人的感觉生活编程。可以按照总体需要来计算，不仅仅计算人们需要听到的是多少汛息，而且可以计算出他们的全部感官同时接受和模式化的总体经验。比如，假定你要给印度尼西亚或其他什么地方写一篇理想的感知生活的文章，你又想用跳蛙式的方法纵览许多老技术，这也不是不可能的。但要有两个条件：首先你知道他们目前的感觉阈限，第二你要能够确定某一技术（比如广播和文字）对整个感知生活的影响。

自电视问世以来，北美大陆的感知生活发生了巨变。我们生活中的视觉成分戏剧性地下降，本能、动觉和听觉的反应却一路飙升，以补偿视觉成分的下降。感觉上的变化改变了设计的口味。包装、娱乐、交通工具、食品和服装的设计都发生了口味的变化。

“披头士”们在盯着我们，他们带来了毋庸置疑的信息：整个人类的感知方式已经改变了。然而人们仅仅去想，披头士多么异想天开，多么稀奇古怪，多么奇装异服。其实，披头士只是想用自己代表的反环境告诉我们，我们是如何改变，在哪些方面改变了。

我再说一遍，并且为总结做准备：每一种新技术都创造一种新环境，汽车、铁路、收音机和飞机都是这样的。任何新技术都要改变人的整个环境，并且包裹和包容老的环境。它把老环境改变成一种“艺术形式”——老式的福特牌 T 型车成了珍贵的艺术品，就像老式马灯，老式的任何东西一样。比如都市里艺术品的世界，就是把 30 年前的幼稚园的世界改变成一个自觉的艺术形式。把老玩具、老装饰品和妈妈 30 年前当姑娘时穿过的衣服什么的，统统放进橱窗里去，不就是一个艺术馆了吗？这就是一个神秘的新的原型。

新环境随时都在用老环境创造新的原型和新的艺术形式。这个过程价值连城。对于那些想在掌握自己的命运和环境时能够独立自主的人，它都可以提供珍贵的信息。我们正在阔步前进，很快就可以走到那一天。我们可以对因果关系非常清楚地说：“在目前感觉系统的情况下，我看我们不能很好地适应再增加 200 条扫描线的电视机。”彩电将大大地改变公众的感知生活。它是带有强烈触觉性质的媒介形式，而不仅仅是黑白二色的一种形式。但是，如果北美世界像法国和德国那样做，那会发生什么事情呢？如果不是用 250 条扫描线，而是用 800 条扫描线，那又会出现什么情况呢？结果可能令教育机构感到非常满意。如果我们增加电视形象的视觉强度和视觉成分，那就可以使从机械时代向电子时代的过渡容易得多。

这样一个研究当代变化的实验，究竟有多大成功的可能性？我不知道。林德格伦[①]会说，成功的可能性不大。任何严肃的研究都超出了个人的能力范围。我想大卫·理斯曼（David Riesman）说过，没有一位社会学家会研究任何重要的问题。说具体一点，你必须研究分割肢解的、不太重要的问题。否则，你怎么能够担保精确和集中？也许，这能够说明，为什么我们这个世界里的人，总是喜欢用愤慨来代替观察研究。道德义愤肯定是优秀感知的证明。比如，我们现在同时感受退学和宣讲会这样的两个倾向。这两种形式是相关的，是归属于同类的东西。宣讲会代表了教育从灌输到发现的转变，从给学生洗脑到给老师洗脑的转变。这是一个富有戏剧性的逆转。越南问题成为宣讲会的内容，但这是一个无关紧要的问题。它与宣讲会这种形式实在是没有多么大的关系，就像它与退学率没有多么大的关系一样。退学这种现象所代表的，是拒绝教育体制中体现出来的 19 世纪的技术。宣讲会所代表的，是努力把教育转换为发现，使之从一揽子内容转向

① 林德格伦（Astrid Lindgren，1907—2002）：瑞典儿童文学作家，1958 年获安徒生大奖章，1971 年获瑞典文学院大奖。主要作品有《长袜皮皮》《朗内贝加的埃米尔》等。作品没有说教，反映了每一个孩子对自由和力量的幻想。

发现的过程。至于我们的霍桑实验[①]，其方略是把听众和学生当做一种工作力量——这种力量是电力技术条件下正在发生的事情之一。由于听众参与，卷入那个全局性的电力戏剧之中，他们就可以变成一种重要的力量。同样，教室也像其他地方一样，成为一个学生可以大显身手的舞台。

作为力量的受众潜力无穷。假定我们要给 5000 万人讲高层科学家面对的一个极其困难的问题，那就必然会出现这样的情况：这 5000 万人中，总有那么几十个人、几百个人，他们能够一眼看穿那个朦朦胧胧的问题，甚至是最高水平的科学问题。奥本海默[②]喜欢说："有些在街道上玩耍的儿童，能够解决我一些最高水平的物理学问题，因为他们具有我早已失去的一些知觉方式。"把听众作为科研力量可以做很多事情，在其他的研究工作中也是这样的。只不过，我们总是硬要向他们传授什么，而不是让他们参与发现的行动。

比如，印刷术兴起的时候，造就了所谓的公众。16 世纪及以后的一段时间里，蒙田[③]所用的"公众"（la publique）术语开始流行。16 世纪造就了作为新环境的公众。这个新环境使政治完全改观，使教育、工作和其他一切领域的社会安排都彻底刷新。电路造就的不是公众（the public），而是大众（the mass），这指的是让人人互相卷入的一种信息环境。对于在公众环境下成长的人来说，大众是令人恐怖的——他是一团糟的东西。同样，对于封建贵族来说，公众也是一只多头的妖魔鬼怪。贵族不屑于研究公众的结构，就像我们不屑于研究大众的结构一样。电路将人们带入完全卷入的相互关系之中，这使大规模的对话和发现成为可能。公众是一种附加的

---

① 霍桑实验（Hawthorne experiment）：管理心理学中一个关于人际关系的著名实验。1924 年由美国科学院组织，在一家名为霍桑的工厂进行。

② 罗伯特·奥本海默（Robert Oppenheimer，1904—1967）：美国物理学家，第二次世界大战中第一批原子弹"曼哈顿计划"的负责人之一。

③ 蒙田（Michel Eychem de Montaigne，1533—1592）：法国散文家，以《随笔集》三卷闻名后世。

结构，大众的结构迥然不同，它要丰富得多。它能够完成的整合和创造的活动能力，不知要比公众高出多少。原来的公众所能做的事情，仅仅是阐明各自的观点，因此他们常常发生激烈的冲突。此刻在加拿大，如果你想要搞一个远程预警线，你就得搞一个谁也不感兴趣的投票。投票之中没有什么卷入，因为老的政治形式是不让人参与的。你仅仅是登记了一张分割的、对什么东西都没有关系的选票。全体居民退出了现存的政治体制。但是，这些变化中的结构经过研究之后，就可以产生大量有意思的东西。

请允许我说，给变迁写规划也许是可行的，不光是给有意识的东西写，而且是为将来无意识的东西写规划。你可以给将来的有意识、无意识，给“侵蚀的未来”写一部科幻小说。意识的未来已经呈现出一种非常独特的模式，非常独特的性质。儿童的未来就在我们眼睁睁看着的情况下发生变化。儿童的概念是 17 世纪的发明，这是埃利斯（Philippe Aries）等历史学家的观点。以历史的眼光来看，儿童是 17 世纪的产物。可以说，在莎士比亚的时代，儿童是不存在的。那个时代之前，儿童完全和成人世界融成一体，根本就不存在我们所谓的童年时代。家庭也是这样的情况，它也是 17 世纪的发现。突然之间，今天的儿童在电力信息加工的情况下又要完全融入成人的世界了，本来意义的儿童即将退出这个舞台。

儿童的未来就像都市的未来。在快速运动的情况下，都市获得了一种全新的意义。汽车摧毁了都市，就像铁路维持都市的生存一样。都市的未来很可能像是世界的交易市场——展示新技术的场所，而不是工作或居住的场所。

想想语言的未来也令人神往。现在我们知道语言的一些结构情况。语言的未来不会是一个分类数据或意义的系统，不用学习词语就可以了解其复杂的结构。这是可能的，电脑正在使这一可能性日益增大。儿童不是把语言当做一系列词语的意义来学习的。他是在学习走路的过程中，在耳闻目睹的过程中学会语言的。他是以感知和探索环境的方式学会语言的。因此，他是全身心投入的。他学得很快，那是因为感官的完全卷入，以及由此而产生的动机。我希望，在我们这一代人的时间里，就可以给环境设计这样的程序，使我们能够像学习母语一样地学习第二语言，把它作为感知和发现的手段来学习，并且快速而完全地把语言学好。语言的未来可能会展现出一个没有语词的世界，一个直觉的世界，就像意识作用的技术延伸一样的世界。

前几天，我的一位朋友从哈佛大学来访。他说："您瞧，我这一代人没有目标。（他是年轻的建筑师）我们不是目标导向的。我们只是想知道发生着什么事情。"请注意，这段话没有表达什么观点，而是意味着总体的生态意识。我朗读了一段《芬尼根守灵夜》。他说："你吸了迷幻药 LSD 之后，这个世界都带上了多维度、多感觉的有所发现的性质。我听您读《芬尼根守灵夜》时，得到的经验与吸 LSD 是一样的。"（或许《芬尼根守灵夜》要安全一些，收获更大一些吧。）

这位年轻人要说的观点是，我们在电力世界里追求分割的一切目标都是荒唐的，因为这个世界是不可分割、完整一体地组织起来的。今天的年轻人拒绝目标，他们想要的是角色，就是参与，完全卷进去的参与。他们不想要分割的、专门的目标或工作。这个情况难以解释，也难以规定。

我今天的讲演接触了语言的未来、意识的未来、都市的未来，最后还谈到了工作的未来。工作是人类有组织活动的一种形式，它正在经历最急剧的变化。今天下午，有一个了不起的人坐在我的面前。对于这个问题，世界上再也没有人比他知道得更多。他使我张口结舌，使我不知从何说起。他就是巴克敏斯特·富勒（Buckminster Fuller）教授。我想起最近学到的一句话："家庭就是你做错事情时把脑袋奋拉下来的地方"。在这个意义上说，台下坐着富勒教授这样的人物又使我感到像在家里一样轻松自在。我实在是感到自惭形秽。非常感谢您大驾光临。谢谢。

13. 1969年《花花公子》访谈录

马歇尔·麦克卢汉——流行崇拜中的高级祭司和媒介形而上学家——袒露心扉

1961年，马歇尔·麦克卢汉的名字默默无闻。除了他在多伦多大学的学生和一个小学术圈子里佩服他的人之外，恐怕没有人知道他的名字。崇拜他的人追踪他在发行量很小的几种季刊上发表的深奥的文章。此后是他的两本令人叹为观止的奇书问世：《谷登堡星汉》和《理解媒介》。这位两鬓染霜、来自加拿大西部腹地的教授很快就发现自己被《旧金山记事报》称为“最炙手可热的学术财富”。自此，他赢得了世界范围的追捧。他提出的媒介对人的影响的理论光芒万丈，但常常又使人感到困惑不解。他的名字进入法语，构成了一个词“麦克卢汉式”[①]，这个词成为流行文化世界的同义词。

他的书风格费解，既精警深邃又玄妙如谜，枝蔓丛生的文学典故非圈内人难以知其妙，历史典故非用心人难以溯其源。然而，其潜藏的革命思想使之成为畅销的作者。虽然千军万马的经院学者和人文主义的老牌卫道士愤怒抗议，有人宣告他的思想疯狂，有人斥之危险害人，但他的见仁见智的说理立论，吸引了通用汽车公司的高层管理（他们用金不菲，请麦克卢汉表示汽车已经成为明日黄花）、贝尔电话公司的高层（麦克卢汉解释说

① “麦克卢汉式”：其实英语里也出现了以他命名的几个词——mcluhanize，mcluhanesque。

他们实在是没有弄懂电话的功能）洗耳恭听，一家组装式房屋的设计公司也全神贯注地聆听他的高谈阔论（他们被告之组装房屋即将过时）。另一家大企业预付 5000 美元，请他在公司的闭路电视上预言自己的产品将来有什么用处。加拿大的候任总理特鲁多请他每月雅聚，请教如何改善自己的电视形象。

麦克卢汉的观察——他宁可叫做"探索"——充满色彩富丽、难以破解的格言警句。比如："电光是单纯的信息"、"人们实际上不是阅读报纸——他们就像爬进浴缸泡热水一样地进入报纸"。至于自己的著作，他说："我不会假装懂。毕竟我那些东西难懂。"然而，尽管他的句法曲里拐弯，比喻艳丽浮华，警句玩弄文字，但是他的基本主题还是相当简单的。

麦克卢汉争辩说，一切媒介本身对人和社会都施加难以抗拒的影响——无论其传递的信息是什么。史前人或部落人生活在感知的平衡状态中，他们通过眼耳口鼻舌身对世界的感觉是平衡的。技术革新是人的能力和感官的延伸，但是这些延伸反过来又改变了这种平衡，无情地重新塑造社会，而社会又产生技术。麦克卢汉认为，一共有三种基本的技术革新。其一是拼音文字的发明，他把部落人弹出了感官的平衡态，突出了眼睛的视觉。其二是 16 世纪活字印刷的推广，进一步加快了打破感官平衡的进程。其三是 1844 年发明的电报，它预告了电子革命的来临。电子革命将恢复人的感官平衡态，使人重新部落化。麦克卢汉解释和判断电子革命的反响，自己担起了这个重任。

针对他的努力，批评家给他起了许多诨名："波普文化的斯波克[①]大夫""电视机上的教师爷""加拿大攻击理性的恩克鲁玛[②]""给疯狂的空间知

① 本杰明·斯波克（Benjamin Spock，1903—1998）：美国著名儿科大夫。其《育婴常识》畅销数千万册，对社会产生了广泛的影响。

② 恩克鲁玛（Kwame Nkrumah，1909—1972）：非洲政治家，黄金海岸的解放者，加纳独立后的第一任总理。麦克卢汉这个绰号喻指恩克鲁玛似的搞个人崇拜和专制统治。

觉搞得走火入魔的形而上巫师”“波普思想的高级祭司，在历史决定论的祭坛前为半拉子艺术家做黑弥撒的教士”。阿默斯特学院[①]的迪莫特教授作如是评论：“他出尽风头，自我陶醉，赶时髦，追风潮。可是他错了。”

但是沃尔夫（Tom wolfe）恰如其分地问道：“他要是对了呢？假如他真是货真价实的——自牛顿、达尔文、弗洛伊德、爱因斯坦和巴甫洛夫以来——最重要的思想家呢？”社会历史学家柯斯特兰涅兹（Richard Kostelanetz）争辩说：“麦克卢汉头脑最非凡的品格，是他能够看透别人只能看见数据或什么也看不见的东西。他告诉我们如何量化过去无法计量的现象。”

我们的主人公麦克卢汉在这场争鸣中稳若泰山。他 1911 年 7 月 1 日出生于加拿大艾伯塔省埃德蒙顿市。母亲曾经当过演员，父亲搞地产推销。他求学于曼尼托巴大学，想读工科，但是 1934 年被录取，攻读英语文学硕士学位。随后进过剑桥大学赛艇队和研究生院。第一个教职是在威斯康星大学。这是一段关键的经历。他曾经说过：“我不懂我所面对的美国年轻人。我感到急需研究大众文化，以便站稳讲台。”有了播种之后，麦克卢汉让种子萌芽成长，一边教书以便攻读博士。后来，他又在几个天主教会的大学执掌教鞭（他是非常虔诚的天主教徒）。

他出版生涯之初的文章，发表在标准的学术刊物上。到了 40 年代中叶，他对通俗文化的兴趣冒了出来。于是他真正用心的成果开始出现，比如“《时代》周刊和《生活》月刊的心理病理分析”。他的成果以专著形式出版，始于 1951 年的《机器新娘》。这本书分析的是报纸、广播、电影和广告产生的社会和心理压力。麦克卢汉从此步入坦途。这本书并未引起公众关注，但是他因此而赢得了福特基金会文化与传播研讨会主席的荣誉，福特基金会为此提供了 4 万美元的赞助。这笔钱有一部分用来创办《探

① 阿默斯特学院（Amherst College）：美国著名学府，世界顶级私立文理学院。

索》。这是一份小型的刊物，为研究会的一部分成果提供出版机会。到了50年代末期，他的声誉慢慢渗透到了华盛顿。1959年，他成为全美教育台和教育署“媒介工程”项目的主持人。这个项目的结果成为《理解媒介》的初稿。自1963年起，麦克卢汉执掌多伦多大学文化与技术研究所。不久之前，该所只有麦克卢汉的办公室，但是现在他有了一幢有六间办公室的楼房。除了教学和行政任务之外，麦克卢汉本人似乎成了小有规模的传播产业。他每个月给订户送一份媒介综合研究报告，名为《麦克卢汉预警线》（*The McLuhan Dew-Line*）。取其双关意义，他又推出一系列录音带，称之为《麦克卢汉预警线盒带》。他曾经为我们的《花花公子》1968年12月号撰稿《过热媒介的逆转》。这篇文章具有麦克卢汉使人脑子开窍的典型特征。此外，他不由自主地要与同事合作完成一些项目，包括高级中学教材，对诗歌和绘画空间的分析等等。接下来的书叫《逆风》，该书笔法狂躁，表现他在学术领地里的畅游状态。

为了给读者游览麦克卢汉这个迷宫似的未知领地提供地图，本社派遣记者埃里克·诺顿（Eric Norden）到他府上采访。这是坐落在多伦多富庶郊区威奇伍德园的一幢宽敞的住宅。他与妻子科琳和六个孩子中的五个同住（大儿子现居纽约，正在完成一本研究乔伊斯的书，乔伊斯是他父亲的英雄）。诺顿在报道中说：“麦克卢汉身材高大，头发花白，面容清癯，嘴巴瘦削但是灵巧。除此之外，他的面容再也没有什么让人难忘的特色。他身着不太合身的呢子套装，脚着黑色皮鞋，戴着一条匆匆套上的领带。我们踏着夜色步入客厅。壁炉里的火在噼啪作响。他对采访作为交流的手段有保留意见——实际上是对书面词语本身有保留意见，认为一问一答的形式妨碍他深入畅谈自己的思想。我向他保证，他可以尽情使用时间——还可以尽量使用版面，保证他尽兴阐述自己的思想。”

结果比他的读者习惯的情况更加明快清晰。也许这和问答形式不无关系。这种形式有利于使他紧扣主题，抗衡他那放荡不羁、在意识流中途变换话题的习惯。我们认为，这也是用多变和刺激的方法“蒸馏”出他的创见的一种形式。既可以抽取出他关于人类进步的社会制度的真知灼见，又可以让他尽情发挥那种几乎使人寸步难行的复杂的风格。小说家乔治·艾略特（George P. Elliott）描绘他的风格“刻意反逻辑、循回论证、同义反复、绝对、滥用格言、荒谬绝伦”。评论家克里斯托弗·里克斯（Christopher Ricks）更不留情面，说他的风格是“凝滞的迷雾，朦朦胧胧的暗喻在大雾中跌跌撞撞”。然而，另有些权威人士争辩说，麦克卢汉的风格手段，与他的讯息是不可分割的——传统思想和行文那种结构紧密的线性方式，在电力媒介新的“后文字”时代已经过时。诺顿开始采访的第一个问题用了一个暗示，就是麦克卢汉喜欢的电力媒介：电视。

记者（以下简称“记”）：请允许我借用亨利·吉布森模仿“与我笑”[①]的一行诗：“麦克卢汉，你在干吗？”

麦克卢汉（以下简称“麦”）：有时我自己也感到纳闷。我在探索。我不知道这些探索会把我引向何方。我的工作是这样设计的：为了实用的目的，努力弄懂我们的技术环境及其心理影响和社会影响。但是我的书只构成探索的过程，而不是终极发现的产品。我的目的是把事实作为探针，作为洞察的手段，作为模式识别，而不是把事实作为传统而枯燥的分类数据、范畴和容器来运用。我想为新的领域绘制地图，而不绘制旧的路标。

我从来没有把探索的结果当做揭示的真理。我没有固定不变的观点，不死守任何一种理论——既不死守我自己的，也不死守别人的。事实上，如果后来的发展并不能证明我的观点，如果我发现自己的言论并不能有助于对问题的了解，我随时准备抛弃我就任何课题发表过的任何言论。我的工作比较好的一个方面，有点像开保险柜的工匠的工作。我探索、倾听、

① “与我笑”（*Laugh-In*）：美国电视节目，由罗文（Rowan）和马丁（Martin）搭档的搞笑综艺。

试验、接受、抛弃。我尝试不同的序列，直到制动栓下落，保险柜门弹开。

记：这样的方法论难道不是有一点飘忽不定、前后不一——即使不是这样，难道这不是像批评你的人所说的，这有一点稀奇古怪吗？

麦：任何研究环境问题的方法，都必须保持充分的弹性和灵活性，以便涵盖整个的环境源头，因为环境是处在常衡不断的变动之中。我认为自己是一个杂家而不是专家。专门家圈定一小块研究领地，作为自己的地盘，对其他任何东西却不闻不问。实际上，我的工作是一种有深度的运作，这是大多数学科接受的惯例，从精神治疗到冶金学到结构分析，都是如此。有效的媒介研究不仅是要处理媒介的内容，而且要对付媒介本身及其发挥作用的这个文化环境。只有站在现象的旁边对它进行全局的观察，你才能发现它的运作原理和作用路线。这样的研究实在没有什么固有的令人惊讶或极端的东西——只是由于这样那样的原因，很少有人具有这样的眼光来进行这一研究而已。在过去的 3500 年里，西方世界的社会观察家对媒介的影响始终都忽视了，无论是言语、文字、印刷术、摄影术、广播还是电视，都忽视了。即使到了今天的电子时代，也没有多少迹象表明，学者们会修正这种置之不理的鸵鸟政策的传统立场。

记：为什么？

麦：因为一切媒介都是人的延伸，它们对人及其环境都产生了深刻而持久的影响。这样的延伸是器官、感官或曰功能的强化和放大。无论什么时候发生这样的延伸，中枢神经系统似乎都要在受到影响的区域实行自我保护的麻痹机制，把它隔绝起来，使它麻醉，使它不知道正在发生的东西。我把这种独特的自我催眠形式叫做自恋式麻木（narcisusnarcosis）。凭借这种综合症，人把新技术的心理和社会影响维持在无意识的水平，就像鱼对水的存在浑然不觉一样。结果，就在新媒介诱发的新环境无所不在，并且使我们的感知平衡发生变化时，这个新环境也变得看不见了。

今天，这个问题更加尖锐，因为作为简单的生存方略，人都必须要了解他正在遭遇的事情，虽然痛苦与了解相生相伴。在这个电子时代，人还没有这样的知觉。这正好使我们的时代成为焦虑的时代。这种焦虑反过来又变成幽灵。在这个混乱和冷漠的时代，混乱和冷漠具有治疗性的反作用。尽管有了自我保护的逃避机制，但是受到电子媒介威胁的整体场意识，仍然使我们——实际上是强迫我们——去探索对无意识的了解，去认识媒介是我们身体的延伸。我们首次生活在这样一个世纪：在这个世纪里，变化速度之快足以使社会范围的模式识别成为可能。

记：为什么是艺术家感知到这些关系，预见到这些潮流，而不是科学家呢？

麦：因为在艺术家的创造灵感之中，有一种固有的、潜在的嗅出环境变化的过程。感觉到新媒介使人发生的变化，认识到未来就是当下，并且用自己的工作为将来铺路的人，始终是艺术家。然而，大多数的人，从卡车司机到文字精英，快乐无比、浑浑噩噩地生活在对媒介影响的无知状态中。他们不知道，由于媒介对人无所不在的影响，媒介本身成了讯息，而不是其内容成了讯息。他们不知道媒介也是按摩——让我们把双关语[①]弃之不顾。实际上，媒介作用于每一种感知的比率，渗透进去，塑造它，改变它。任何一种媒介的内容或讯息的重要性，实际上和原子弹弹壳上镌刻的文字一样。察觉由媒介诱发的人的延伸的能力，曾经是艺术家的专用领地，但是现在它已经拓宽了。因为电力信息的新环境使非艺术家能够获得新的知觉和批判意识。

记：那么，是否可以说，公众终于可以感知到这些新技术环境“看不见”的轮廓线了呢？

麦：人们已经开始了解新技术的性质，但是了解的人还不够多，了解的程度也不够高。正如我说过的，大多数人还紧抱着我所谓的后视镜的观

---

① 英文的讯息（message）和按摩（massage）两个字读音相近，因此而有双关。

点看世界。我的意思是说，由于环境在其初创期是看不见的，人只能意识到这个新环境之前的老环境。换句话说，只有当它被新环境取代时，老环境才成为看得见的东西。因此，我们看世界的观点总是要落后一步。因为新技术使我们麻木，它反过来创造了一种全新的环境，因此我们往往使老环境更加清晰可见。之所以能够使它更加清晰可见，那是因为我们把它变成了一种艺术形式，是因为我们使自己依恋体现它特征的物体和氛围。我们对爵士乐就是这样做的。我们对机械环境也在这样做。我们把机械环境的垃圾变成波普艺术品。当前总是看不见的，因为它是环境的东西，它压倒一切的威力渗透整个注意场。因此，除了具有整合性意识的艺术家之外，人人都生活在比当前早一些的日子里。在软件的电子时代之中，在瞬息完成传递的信息运动之中，我们仍然相信我们生活在硬件的机械时代。在机械时代的盛期，人回到过去的千百年里去寻求“田园诗”价值。文艺复兴和中世纪的取向完完全全是罗马时代。罗马的取向是希腊。希腊的取向是前荷马时代的原始时代。我们把过去教育的格言颠倒过来，我们用的方法是从不熟悉的东西走向熟悉的东西，我们取代了从熟悉走向不熟悉的学习过程。老的学习方法正好是新媒介的麻木机制。新媒介使我们的感官急剧延伸时，就使我们的感官产生了麻木。

记：假如说这个麻木作用发挥了对人有利的保护作用，使人免除由于中枢神经系统延伸而产生的痛苦——这是你赋予媒介的延伸功能，那么，你为什么还要驱散这种麻木，而且要唤起人们注意环境的变化呢？

麦：过去，人们对媒介影响的经验是渐进的，这使人和社会能够在一定程度上吸收和缓解影响的冲击。今天，在瞬息传播的电子时代，我相信我们的生存，至少是我们的舒适和幸福，要取决于我们是否了解我们的新环境的性质。这是因为与过去的环境变化不同，电子媒介构成了文化、价值和态度的全局的、几乎是刹那间发生的转换。这种巨变产生剧痛和身份的迷失。只有对巨变的动态获得清醒的认识，才能减轻痛苦，减少迷失。

只有了解新媒介引起的革命性转换，我们才能预测和控制这种变化。但是，如果我们继续沉溺于自我诱导的潜意识痴迷，我们就会受到它们的奴役。

由于今天的信息运动速度加快，我们有机会去了解、预测和影响塑造我们的环境力量。因而我们有机会夺回自己命运的控制权。人的新延伸及其产生的环境是进化过程的核心体现。然而，我们仍然未能摆脱这样一个幻想：真正重要的是如何使用媒介，而不是媒介对我们做了什么以及媒介与我们一道做了什么。这是技术白痴的傻瓜立场。我尝试追踪、揭示媒介对人的冲击，从有史以来直到今天的影响，就是为了逃出这种自恋性痴迷。

记：请你给我们追溯一下这种冲击——以浓缩的形式表述一下好吗？

麦：浓缩成这种问答式采访的形式，有一定的困难。我给你简单总结一下媒介的几次基本的突破。你必须记住，我所谓的媒介是广义的媒介，包括任何使人体和感官延伸的技术。从衣服到电脑。我必须再次强调的要害之处是，社会受到更加深刻影响的，是人们借以交流的媒介的性质，而不是交流的内容。一切技术都具有点金术的性质。每当社会开发出使自身延伸的技术时，社会中的其他一切功能都要改变，以适应那种技术的形式。一旦新技术深入社会，它就立刻渗透到社会的一切制度之中。因此，新技术是一种革命的动因。今天，我们在电力媒介之中看到了它们的力量。我们在几千年前发明的拼音字母中也看到了这种力量。这个发明与电力媒介一样是意义深远的——它对人的影响同样有深远的意义。

记：是些什么影响？

麦：拼音文字发明之前，人生活在感官平衡和同步的世界之中。这是一个具有部落深度和共鸣的封闭社会。这是一个受听觉生活支配，由听觉生活决定结构的口头文化的社会。耳朵与冷静和中性的眼睛相对，它的官能是强烈而深刻的，审美力强、无所不包的。它给部落亲属关系和相互依存编织了一张天衣无缝的网络。全体部落人和谐相处。首要的交流手段是言语。看不出有谁比其他人知道得多一些或少一些。这就是说，几乎没有什么个人主义或专门分工。个人主义和专门分工是西方“文明人”的标记。直到今天，部落文化仍然根本无法理解个体的观念或独立公民的观念。口头文化的行动和回应是同时发生的。相反，行动而不必回应、不必卷入的能力是“拉开距离”的书面文化的人独特的东西。另一个区别部落人和后继的文字人的特点，是部落人生活在声觉空间的世界之中。这就赋予他迥然不同的时空关系的观念。

记：你说的“声觉空间”是什么意思?

麦：那是指没有中心也没有边缘的空间。不像严格意义上的视觉空间，视觉空间是目光的延伸和强化。声觉空间是有机的、不可分割的，是通过各种感官因同步互动而感觉到的空间。与此相反，“理性的”或图形的空间是一致的、序列的、连续的，它造成一个封闭的世界，没有任何一点部落回音世界的共鸣。我们西方世界的时空观念是从拼音文字产生的环境中派生出来的。西方文明的整个观念也是从发明拼音文字派生出来的。部落世界的人过的是一种复杂的、万花筒式的生活，因为耳朵和眼睛不同，它无法聚焦，它只能是通感的，而不能是分析的、线性的。言语是要发出声音的，更准确地说，言语是我们一切感官同时的外在表现。听觉场是同步的，而视觉场是连绵的。无文字民族的生活方式是隐而不显、同步和连续的，而且也比有文字的民族的生活方式要丰富得多。由于要依靠口语词获取信息，人们被拉进一张部落网。因为口语词比书面词承载着更丰富的情感——用语调传达喜怒哀乐愁等丰富的感情，所以部落人更加自然，更富于激情的起伏。听觉-触觉的部落人参与集体无意识，生活在魔幻的、不可分割的世界之中。这是由神话、仪式模式化了的世界，其价值是神圣的、没有受到任何挑战的。与此相反，文字人或视觉人创造的一个环境是强烈分割的、个人主义的、显豁的、逻辑的、专门化的以及疏离的。

记：从部落参与价值到“文明”的疏离这个过程，发生了深刻的变化。加速这个变化的仅仅是拼音文字吗?

麦：是的，就是拼音文字。任何文化都是感官偏向的有序组织。在部落社会中，由于非常实际的原因，触觉、味觉、听觉和嗅觉都非常发达，比严格意义上的视觉要发达得多。突然，拼音文字像炸弹一样降落到部落社会中，把视觉放到感官系统最高的等级。识字把人推出部落社会，让他用眼睛代替耳朵，用线性的视觉价值和分割意识取代了整体、深刻、公共的互动。拼音文字是视觉功能的强化和放大，它削弱听觉、触觉、味觉和嗅觉的作用，渗透到部落人非连续的文化中，把他的有机和谐、复杂通感转换成一致、连续和视觉的感知方式。直到今天，我们仍然把这种感知方式当做“理性”生活的标准。整合的人变成了分割的人。拼音字母粉碎了令人着迷的圈子和部落世界共鸣的魔力。它好像使人发生爆炸，变成专门化的、心灵贫乏的“个体”，或者叫做单位（units），在一个线性时间和欧几里得空间的世界里运转的单位。

记：但是有文字的社会早在拼音文字出现之前就存在了。为什么这些社会没有非部落化呢?

麦：拼音字母并不是因为它使人能够阅读而使人急剧变化和延伸的。如你所指出的，部落文化已经与其他文字共存了几千年。但是，拼音文字与比它古老和丰富的圣书文字和象形文字是根本不同的。埃及、巴比伦、玛亚和中国文化确实是感官的延伸。但是这个延伸是下面这个意义上的延伸：它们用图形表现现实，他们要用许多符号来涵盖社会里范围很广的知识。这一点和拼音文字迥然不同。拼音文字用没有意义的字母去对应没有意义的语音，它可以用少量的字母去包容所有的意义和所有的语言。这个成就要求词语的形态和语音从它们的语言意义和戏剧性意义中分离出来，目的是要使实际的语音成为看得见的东西。它迫使视觉功能从它与其他感官的互动中脱离出来。这就导致它拒斥我们感知经验中要害地区的意识，又导致无意识的萎缩。感官系统的平衡——或者说感官的“格式塔”（gestalt）互动以及平衡产生的心理和谐和社会和谐，都要被打破。视觉功能就会发展过头。其他的文字没有这样的情况。

记：你怎么能这么肯定，这一切都是纯粹由于拼音书面文化而发生的呢？或者说，事实上这一切是不是真正发生了呢？

麦：其实，你用不着回到3000年或4000年前，就可以看到这个过程在发挥作用。今天在非洲，经过一代人的学习，拼音文字就可以把个人从部落的网络中拧出来了。一个部落人学会使用拼音文字之后，他对世界的抽象思维把握会有所改进，但是他深厚的集体情感多半会被切断，个人与社会环境的关系也会被切断。形声和语义的割裂会造成深刻的心理影响。他的想象力、情感和感知生活就要发生相应的分离，这会使他感到痛苦。他开始用序列、线性的方式推理。又开始对数据资料进行分门别类。由于知识是以拼音字母的形式得到延伸的，知识就发生局域定位，分割成专门的类别，造成功能、社会阶级、民族和知识的分割。在这个过程中，作为部落社会特征的丰富的感官互动就牺牲掉了。

记：但是，难道他没有所得吗？难道他没有洞见、理解力和文化多样性的收获，为非部落化的他补偿公共生活的损失吗？

麦：你这个问题反映了学会拼音文字的人的一切制度化偏见。和你方才与之共鸣的普遍的“文明化”进程的观点相反，文明进程造成的人的复杂性和多样性比部落人要差得多。部落人在口耳相传的复杂网络中得到发展。和同质化的西方人不同，他们并不用专门的才能或显形的特征来区分，而是用独特的感情混成体来区分。部落人的内心世界是由复杂情感构成的创造性的混成体。西方世界的文字人以效率和实用的名义使这种创造性的情感枯萎了，甚至是压抑了。拼音文字把复杂的部落文化转换成简单的视觉形式，使部落文化的丰富多样性中性化。请注意，让我们疏离的只有视觉。其他的感官使我们卷入，但是拼音文字培育的疏离却使人脱离卷入，使人非部落化。人脱离部落之后，其首要特征是成为视觉人。这些文明人拥有共同的标准化的态度、习俗和权利。不过，他们相对非文字的部落人占有巨大的优势。今天的部落人和古代的部落人一样被文化多样性、独特性和连续性捆住了手脚。这些价值使他们很容易成为欧洲殖民主义者的猎物。正如过去的野蛮人成为希腊人和罗马人的猎物一样。只有拼音文字的文化才掌握了连续的线性序列，把它们作为社会和心理组织的手段。把各种经验分离成一致而连续的单位，以产生加速的行动和形态的改变——也就是产生应用型知识，这就是西方人超过其他人，凌驾于自然之上的秘密。

记：拼音文字的采用不是人们普遍认为的进步，而是心理和社会的灾难。这就是你的论点的主旨吗？

麦：既是进步也是灾难。我试图避免在这些领域进行价值判断，但是有许多证据显示，人们为专门的技术和价值的新环境付出的代价也许是太高了。精神分裂和异化也许就是拼音书面文化的必然后果。我想，古希腊卡德摩斯王的神话具有暗喻的意义。他把拼音文字带给人，把龙牙种在地里，龙牙长出土，变成武士。每当技术变迁的龙牙种上后，我们都要获得一场暴力的旋风。古典时代里的情况，我们已经看清楚——虽然那时的暴力比较温和，因为拼音书面文化对原始价值和制度的胜利，并非是在一夜之间取得的。实际上，拼音书面文化渗透在古代社会中，这是一个渐进的——如果不是无情的——进化过程。

记：古老的部落文化维持了多长时间？

麦：在一些孤岛中，维持到 16 世纪印刷术发明的时候。印刷术是拼音文字一次非常重要的延伸，其性质大有改变。如果说拼音文字给部落人的感觉是掉在头上的炸弹，那么印刷机就是炸在他身上的一亿吨当量的氢弹。印刷机是拼音文字的终极延伸：书籍的印刷数量可以无穷大；普遍识字至少理论上是可行的，如果逐步实现的话，书籍成为个人可以随身携带的用品。排印的范形，即一切机器的原型，保证了视觉偏见的首要地位，而且最终给部落人的门上贴上封条。线性的、一致的、可重复的铅字这种新媒介，以无穷的数量和以前不可能的速度复制信息，使眼睛在人的感官系统中稳获霸主地位。印刷术是人的一种急剧的延伸。它塑造和改造了人的整个环境——心理的和社会的环境。它直接导致了一系列根本不同的，而且似乎是不可比的现象的兴起：宗教改革、装配线及其后代、工业革命、整个因果关系的观念、笛卡尔和牛顿的宇宙观、艺术中的透视、文学中的叙事排列、心理学中的内省或内部指向。这一切都大大地强化了个人主义和专门化的倾向，这两种倾向是两千多年前的拼音文字产生的。于是，思想和行动的分裂变成了体制。于是，分割的人——首先被拼音文字分割——最后被印刷术剁成了字模一样的东西。从那时起，西方人就成了谷登堡人。

记：即使接受了技术革新引起环境发生深远变化的原理，许多读者还是难以理解——你怎么能够把看上去不搭界的现象说成是印刷术发展的结果呢？就比如说民族主义和工业主义吧。

麦：关键是“看上去”这个词。再仔细看看民族主义和工业主义，你就会明向，二者都是 16 世纪印刷术爆炸的结果。文艺复兴之前的欧洲不存在民族主义。印刷术使人以分析的眼光看待自己的母语，把它看成是规格一致的实体。印刷机大批量生产书籍和其他印刷品，使之传遍欧洲的各个角落，把当时的白话语言区转变成规格一致的民族语言的封闭系统。这些封闭系统就是所谓大众传媒的另一种说法。印刷机孕育了整个的民族主义观念。

新近被印刷术同质化的个体，把民族观念当成是群体命运和地位中强烈而好玩的形象。有了印刷术，货币、市场和运输的同质化破天荒成为可能。这就造成了政治和经济的统一，并且引发了当代民族主义生机勃勃、集中化的能量。由于印刷术产生难以想象的快速的信息流动，谷登堡革命产生了一种视觉的、集中性的新型的国家实体。这种国家实体与商业扩张融为一体，直到欧洲成为一个国家网络。

民族主义在同质和连成一片的土地上培植连续性和竞争力，它不仅锻造了新的民族，而且在中世纪秩序的门上贴了一张末日的封条；中世纪的秩序是古老的、团体的、非竞争性、非连续性的秩序，它建立在行会和家庭结构的社会组织上。印刷术既需要个人的分割肢解，又需要社会的整齐划一。其自然表现就是民族国家。依靠文字的民族主义取得的快速信息流动，使拼音文字和谷登堡技术培育的专门化功能加速发展，又使得切利尼[①]这样通才型的百科全书式的人物成为明日黄花。他是金匠兼雇佣军司令、画家、雕塑家兼作家。正是文艺复兴摧毁了文艺复兴人。

记：你为什么认为，谷登堡技术也为工业革命奠定了基础？

麦：二者携手并进。请记住，印刷术是复杂手工艺的第一次机械化。它创造了分步骤流程的分析性序列，因此就成为接踵而至的一切机械化的蓝图。印刷术最重要的特征是它的可重复性。这是一种可以无限生产的视觉性表述。它的可重复性是机械原理的根源。谷登堡以来使世界为之改观的就是这个机械原理。印刷术产生了第一种整齐划一的、可重复生产的商品。同样，印刷术也造就了福特牌汽车、第一条装配线和第一次大批量生产的商品。活字印刷是一切后继的工业开发的原型和范形。没有拼音文字和印刷机，现代工业主义是不可能实现的。我们需要认识到这一点：作为印刷术的拼音文化不仅仅塑造了生产和营销，而且塑造了生活的一切其他领域，从教育到城市规划都是如此。

记：你似乎在争辩，现代生活的各个方面全都是谷登堡发明印刷机的直接的结果。

麦：西方机械文化的一切方面都是由印刷术塑造的。但是现今这个时代是电力媒介的时代。电力媒介锻造了环境和文化。这些文化和印刷术派生的机械的消费社会是对立的。印刷术把人从传统文化的母体中拖了出来，同时又告诉他如何像叠罗汉一样地组成大型的团队，这些团队释放出民族的和工业的力量。西方对印刷术的痴迷一直维持到今天。今天的电子媒介

---

① 切利尼（Benvenuto Cellini，1500—1571）：意大利佛罗伦萨金匠、雕塑家。

终于使我们从催眠术中苏醒过来。谷登堡星汉被马可尼星座遮蔽了光辉。

记：你泛泛地说了说马可尼星座。但是准确一点说，究竟你争辩的电力媒介是如何取代原来的机械技术的？

麦：电力媒介是电报、广播、电影、电话、电脑和电视。它们全都使我们的一种功能的感知得到延伸，就像原有的机械媒介一样：轮子是腿脚的延伸，衣服是皮肤的延伸，拼音文字是视觉的延伸。但是，电力媒介的功能不止于此。它们使我们的整个中枢神经系统提高和外化，因此使我们的社会和心理生存的一切侧面都发生转化。电子媒介的采用构成了分割的谷登堡人和整合一体的人之间的断裂界线。拼音文字的采用也是一样，它构成了口耳相传的部落人和视觉人之间的断裂界线。

实际上，我们今天可以回头看三千年中不同程度的视觉化、原子化和机械化。我们终于认识到，机械时代是两个伟大的有机的文化时代之间的插曲。印刷时代大约在 1500 到 1900 年之间独步天下。电报是第一种新型的电力媒介，它的滴答滴答声仿佛在敲打着印刷时代的讣告。以下的发现一次又一次记录了印刷时代的葬礼：20 世纪初叶“弧面空间”的察觉和非欧数学的出现。这些发现使部落人的非连续时空观念得到复活。斯宾格勒（Spengler）也朦朦胧胧地感觉到，西方拼音文字的价值观的丧钟敲响了。电话、广播、电影、电视和电脑的发展进一步给它的棺材敲上了钉子。今天，电视是最重要的电力媒介，因为它几乎渗入了美国的每一个家庭。它使每一个收视者的中枢神经系统得到延伸，同时它作用于人的整个感知系统，用最终埋葬拼音文字的讯息塑造人的感知系统。结束视觉独霸地位的，首先是电视，虽然其他的电力媒介也扮演了各自的角色。视觉至上是一切机械技术的特征。

记：难道电视本身首先不是视觉媒介吗？

麦：不是的，情况刚好相反，虽然电视使视觉延伸是一个可以理解的错误。与电影或照片不同，它首先是触觉的延伸，而不是视觉的延伸。触觉需要一切感官的最大限度的互动。电视触觉力量的秘密是这样的，录像带上的形象是低清晰度的。与照片或电影不同，它不给物体提供详细的信息。相反，他要求观者的积极参与。电视图像是一个马赛克网络。它的组成不仅包含横向的扫描线，而且包括数以百万计的小点。从生理上来说，观者只能从中抓住五六十条线来形成图像。因此，他常常要填充模糊的形象，深度卷入银屏画面，不断与图像进行创造性对话。卡通式图像的轮廓线要在观者的想象中不断地加上血肉。这就迫使观者要积极地卷入和参与。实际上，看电视的人成了屏幕，看电影的人却是摄影机。由于电视不断要求我们给屏幕似的马赛克网络空隙填充信息，所以电视图像直接把它的信息刻在我们的皮肤上。因此，每一位观者不知不觉间成了修拉（Seurat）一样的点画家。电视图像在他的身上洗刷的同时，他也不断勾画新的形体和图像。因为电视机的焦点是观者，所以电视就给我们定向，使我们向内看自己。总之，看电视的实质是深度参与，去看低清晰度的图像——这就是我所谓的“冷”经验。它和“热”的即高清晰度、低参与度的媒介——比如广播——是截然相对的。

记：你的理论有许多令人困惑的问题，这与冷热媒介的主张很有关系。你能不能给两者各下一个简单的定义？

麦：基本上说，热媒介排斥，冷媒介包容。热媒介受众的参与度低，要求观众补充的东西也不多。冷媒介要求受众的参与度却是高的。热媒介只延伸一种感官，并使之清晰度高。所谓高清晰度是说，媒介提供的数据资料完全，不需要受众的深度参与。比如，照片是高清晰度，是热的。相反，卡通是低清晰度，是冷的，因为几笔勾勒的粗线条提供的信息很少，它要求观者自己去填充或完成图像。电话给耳朵提供的信息非常少，因而它是冷的，这一点和口语一样。两者都要求听者去填充信息。另一方面，广播是热媒介，因为它清晰而深刻地提供了大量高清晰度的听觉信息，它留给听众去填充的信息很少或者就是零。同理，讲课是热的，讨论会是冷的。聊天或雅聚是冷的。

在冷媒介的情况下，受众事实上是视听经验的积极组成部分。穿网眼长袜或戴眼镜的女郎是冷的、性感的，因为观者的眼睛所起的作用，是替代手去补充女郎形象不足的信息。男孩子很少顾盼戴眼镜的女孩子，就是这个原因。不管怎么说，印刷术以来的绝大多数技术和娱乐都是热的、分割的、排斥的。但是到了电视时代，我们看见向冷价值的回归，向广泛、深度卷入和参与的回归。为什么说媒介即是讯息，而不是说媒介的内容是讯息，这当然也算是一个原因吧。重要的东西，是看电视的参与性质本身，而不是看不见的、难以抹去的、刻在我们皮肤上的电视图像内容。

记：就算你所说的是对的，即媒介是终极的讯息。但是你怎么能够一笔勾销内容的重要性呢？比如说，难道希特勒广播讲话的内容对德国人就没有什么影响吗？

麦：我强调媒介是讯息，而不说内容是讯息，这不是说，内容没有扮演角色——那只是说，它扮演的是配角。即使希特勒讲的是植物学，总是会有其他什么鼓动家利用电台广播来使德国人重新部落化，来重新点燃部落性质返祖现象中阴暗的一面。这个阴暗面在欧洲 20 年代和 30 年代产生了法西斯主义。我们把重点全放在内容上，一点不重视媒介，因此我们失去了一切机会去觉察和影响新技术对人的冲击。因此，在新媒介诱发的革命性的环境变化中，我们总是瞠目结舌、措手不及。人受到他不懂的环境变化的打击，所以他模仿他的最后一位部落酋长泰山①从空中掉下来时的哀鸣："谁在我的树藤上抹了油？"德国的犹太人成了纳粹的牺牲品，因为他们的老部落文化与纳粹分子的新部落文化发生了冲突。他们无法理解自己

① 泰山（Tarzan）：美国小说和电影中最享盛名的人物之一。首次出现于 1912 年由 E. R. 巴勒斯创作的小说中，之后又登场于《人猿泰山》的系列小说和电影。主人公泰山是英国贵族，在非洲丛林的类人猿中长大，最后重新回到人类社会。

的世界为什么乾坤颠倒。同样，今天的美国人也无法理解电力媒介尤其是电视造成的社会和政治制度的重组。

记：电视如何重新塑造我们的政治制度？

麦：电视使西方世界的每一种政治制度都在发生革命性的变化。首先，它今天在创造一种全新风格的国家领导人。这样的领袖与其说是政治家，不如说是部落酋长。卡斯特罗就是这种新型部落酋长的一个很好的例子。他依靠大众参与的电视对话和反馈来统治国家，用电视镜头来管理国家。他给古巴人民直接和亲密卷入集体决策过程的经验。他灵巧地把政治教育、宣传和父辈般的指引结合起来。这是其他国家的部落酋长要学习的模式。新型的媒介风云人物要把受众像衣服一样地穿在身上——在本来的意义和引申意义上说都是如此，就像他穿自己的衣服一样。这样他就成了团体的部落形象。墨索里尼、希特勒、罗斯福在电台广播时代是这样。肯尼迪在电视时代也是这样。他们都是世界上前所未有的部落皇帝，因为他们都能够驾驭媒介。

记：肯尼迪使用媒介与他的前任和后任有何不同？

麦：肯尼迪是第一位使用电视的美国总统，因为他是第一位突出理解电视的动力学和力线的美国政治家。我已经说过，电视的固有性质是冷媒介。肯尼迪具有一种兼容的冷静和对权力的冷漠，他又出身豪门。这就使他能够完全适应电视。任何政治候选人，只要他不具备这样冷静和低清晰度的特性，只要他不给观众留下空白，让观众去填补他身份的信息，那简直就是自杀。尼克松 1960 年竞选总统时与肯尼迪的电视辩论，就是这样的灾难。尼克松基本上是热的。他表现出来的清晰度高，鲜明的形象和动作使他得到虚伪的恶名——“耍花招的迪基”[①]。这个耍花招的综合症像幽灵

① “耍花招的迪基”（Tricky Dicky）：“迪基”就是尼克松。尼克松的名字叫 Richard Nixon，Richard 的昵称是“迪基”（Dick 或 Dicky）。

一样缠了他好多年。一幅政治讽刺画问道："你想从这个人手里买二手车吗？"回答当然是"不"，因为他没有投射出冷静和客观的"冷"的灵光。相反，肯尼迪倒是散发出这样的灵光，而且是举重若轻，令人着迷的。

记：尼克松从上一次的竞选中吸取什么经验教训了吗？

麦：他肯定是从别人身上学到了东西，因为在最近的竞选中，尼克松是冷的，汉弗莱是热的。早在 1963 年，我就注意到尼克松的变化，他在《杰克·帕尔秀》(*The Jack Parr Show*) 中变了。他不再是 1960 年那个油滑、伶牙俐齿、咄咄逼人的尼克松。他降低了调门：精雕细刻，重新编程，重新包装，成了我们 1968 年看见的尼克松：认真、谦虚、不露山水的真诚——一句话，就是"酷"。当时我就意识到，如果尼克松维持这一面具，他能当选美国总统。显然，美国的选民去年 11 月同意选他当总统。

记：林登·约翰逊 (Lyndon Johnson) 如何使用电视？

麦：他像尼克松 1960 年一样地笨手笨脚，太紧张，他执着于自己的形象，太想让观者像对父亲和导师一样地热爱和尊敬他，也太容易归入一个特定的框框。从 L. B. J.[①] 手里买二手车，人们会感到比从尼克松的手里买车更加安全吗？即使肯尼迪撒谎，人们也不会介意，但是他们绝不能容忍 L. B. J.，哪怕他说的是真话。可信度实在是一个交流的鸿沟。懂得电视的候选人能够取得历史上闻所未闻的权力——无论其政党、目标或信仰是什么。他如何使用这种权力，那当然完全是另一回事情。但是，关于电力媒介，有一点我们要记住：它们要无情地转换每一种感知的比率，因此它要重新限定和构造我们的一切价值和制度。传统政治制度的改造，仅仅是重新部落化过程的一种表现而已。电力媒介造成的重新部落化，正在使这颗行星变成一个地球村落。

记：你能再描绘一下重新部落化的过程吗？

---

① 约翰逊的英文名字缩写。

麦：我早些时候所说的电子技术诱发的中枢神经系统的延伸，是我们浸泡在世界范围内的信息流动的“池子”。因此，这些延伸就能够使我们体现全人类。拼音文字的西方人那种冷漠、疏离的角色，在电子媒介引发的新型的深度参与前，就不攻自破了。这种深度参与使我们回到与自己和他人密切接触的状态。但是，电子信息运动的瞬时性质不是放大人类大家庭，而是非集中化，使之进入多样性部落生存的新型状态之中。尤其是在拼音文字价值深入制度化的国家之中，这个过程能够给人造成很大的精神创伤。其原因是，原来分割的视觉文化和新型整合的电子文化造成了身份认同的危机，造成了自我的空心化。这就产生了可怕的暴力——这种暴力只不过是一种身份求索，无论是个体的还是团体的，社会的还是商务的。

记：你是不是把这种身份认同危机与美国当前的社会动荡和暴力挂上钩了呢？

麦：是的。而且把它与盛极一时的精神治疗联系起来。我们的一切异化和原子化反映在悠久的社会价值的崩溃之中。这些崩溃的价值有隐私权和个人神圣权利，它们让位于新技术的电子马戏。一般的公民因此感到天塌地陷。电力媒介使人以部落的方式变形，我们一个个变得像颠来倒去的小鸡，拼命寻找原来的身份。这个过程释放出非常可怕的暴力。由于前文字和文字的东西，在后文字的角斗场上发生冲突，由于新信息模式淹没和根除了旧模式，不同程度的精神崩溃就要成为家常便饭——包括整个社会不能解决身份危机而引起的精神崩溃。

记：为什么你认为人们没有在教育制度内部找到他们正在寻找的东西呢？

麦：因为教育本来应该帮助青年理解和适应革命性的新环境，可是教育仅仅是被用做文化侵略的工具，把垂死的拼音文字时代的已经过时的价值强加在重新部落化的青年人身上。我们的教育制度是反动的。它面向的是过去的价值和技术，而且很可能继续如此，直到老一辈交出权力。代沟实际上就是一条鸿沟，它分开的不是两群年纪不同的人，而是两种截然不同的文化。我可以理解学校里正在酝酿的不满，因为我们的教育制度完全是这样一个病入膏肓、业已过时的制度，建立在偏重文字、分割肢解和分类信息的基础之上。它不适合第一代的电视人。

记： 你认为教育制度要如何改革才能适应这一代电视人的需要呢？

麦： 要首先认识到，我们办教育的方式是错误的，然后才能用正确的办法去办事。可惜，大多数教育家和学校领导甚至家长，都拒绝接受这样的观点。今天的儿童在荒诞的环境下成长，因为他们孤悬在两个世界和两种价值体系之间，不归属于其中任何一个世界，而是生活在两种冲突价值杂交的中间地带。新时代的挑战仅仅是完成创造性的成长过程——纯粹的传授和重复知识与这个成长过程毫无关系，就像巫师用棍子找水源和核电厂没有关系一样。指望核时代的孩子去“充电”，去响应旧的教育方式，就像是指望雄鹰下水游泳。这一套东西根本就不在他们的环境之中，因此就成了难以理解的东西。

电视儿童的所有感官都卷入了电力媒介，他们很难适应——即使并不觉得不能适应——我们教育中分割的和视觉的目标。他们渴望深度参与，而不是线性的疏离和一成不变的序列模式。但是，他们突然在毫无准备的情况下被抓起来，离开冷的无所不包的电视母体——被课程和学分的庞大官僚构架包裹着——抛进了热的印刷媒介之中。由于习惯电力媒介，他们自然的本能，就是调动一切感官来学习要他们读的书。但是印刷书籍坚决拒绝这样的读书方法，要求他们的学习抱一种孤立的视觉态度，而不是整体感知场的格式塔的态度。小学生读书的姿态真可怜，说明了电视对儿童的影响：眼睛离书本的距离平均只有 4.5 英寸，他们神经质似的把无所不包的看电视的经验带到书本里去。他们快要成为独眼巨人，想在书里面打滚，就像在电视屏幕上打滚一样。

记： “电视儿童”能不能把传统的文字–视觉形式与他们自己这一代在

电力文化中的洞见结合起来，借以适应现在的教育环境呢？如果不可能，印刷媒介是不是他们绝对不能吸收的呢？

麦：这样的结合完全是可能的，它可以产生两种文化的创造性结合——如果教育环境意识到确实存在着一种电力文化的话。如果没有这样基本的意识，恐怕电视儿童在我们的学校里是没有前途的。要记住，电视儿童被无情地暴露在现代世界的"成人"新闻中。这些东西是战争、种族歧视、暴乱、犯罪、通货膨胀、性革命。越南战争把它的讯息写在他们的皮肤上。他们看见了国家的领袖被刺杀的场面和葬礼，他们通过电视进入了太空人跳舞的轨道，他们淹没在广播、电话、电影、录音和其他人际传播信息的汪洋大海之中。从两岁时起，爸爸妈妈就把他们搁在电视机前，让他们老老实实、静悄悄地别动。到上幼儿园的时候，他们已经看了4000小时的电视。有一位IBM的主管告诉我："我的孩子们与他们的祖父辈比较，已经活了几辈子了。"

记：如果你的孩子还小，是电视一代的儿童，你会怎么教育他们呢？

麦：肯定不会让他们进我们目前的学校，因为它们是思想惩罚的机构。在今日的世界里，套用杰斐逊总统的话，我们就可以说，最少的教育就是最好的教育，因为没有几个儿童的脑袋受得了我们教育体制的思想折磨。电视屏在儿童身上产生深度卷入的即时性和同步性，这使他们把传统教育构想的长远目标当做不真实的、无关的、傻乎乎的。我们的学校还有一个基本问题，用传统的分析方法，需要学习的东西实在是太多了，因为这是一个信息超载的时代。要使学校不至于成为没有铁窗的监狱，唯一的办法就是用新技术和新价值另起炉灶。

记：人们正在做许多试验，把电视和电脑带进课堂。你认为这种电子教具是朝着正确的方向前进了一步吗？

麦：全国每一间教室里是不是有一台电视机，这并不是太重要。因为儿童没有进学校之前，家里就已经发生了一场感知和态度的革命，他们的感知存在和思维过程已经深刻地改变了。任何一门课程的书本学习都不再够用了。孩子们都说："我们说法语吧""我们听诗人说话吧"。这反映他们拒绝陈旧的教育制度，旧制度是从头至尾都是学书本。我们现在需要的是应急的教育计划，去了解和迎接挑战。仅仅把目前的教室搬入电视，然而保留它过时的价值和方法，那是什么也改变不了的。那就像是电视上放电影，结果是四不像的大杂烩。我们要问，电视教英语、物理或其他课程，究竟能够做什么，能够做哪些目前的课堂不能够做的东西。答案是这样的，电视能够使年轻人深刻地参与学习过程，电视能够以画面显示人和事复杂的互动过程，说明形态的发展过程，能够说明人与互相隔离的生物、地理、数学、人类学、历史、文学和语言等等课程之间多层次的相互关系。

如果要使教育适合电视时代的年轻人，就必须要用献身于深度学习方法的许多独立自主的大学，取代令人窒息的、不亲切的、剥夺人性的大杂烩。这件事必须立即办，因为没有几个成年人真正理解，年轻人与割裂的机械世界及其僵化的教育制度是多么地格格不入。成年人设计这个制度时，心里想的纯粹是把年轻人装进官僚社会的分类格子之中。对他们而言，征兵卡和学位证会使他们成为精神上的默默无闻之辈，即使不是在物质上默默无闻，而这两个结果他们都不会接受。新一代的人与自己三千多年的文字和视觉文化遗产产生了疏离。家庭和学校庆贺这种遗产的价值，更加给他们格格不入的情绪火上浇油。如果我们不改革教育制度，使之适合他们的需要和价值，我们就只会看见更多辍学的学生，看见更严重的混乱。

记：你认为尚存的嬉皮士亚文化，是不是反映了年轻一代对我们机械社会价值观的拒绝呢?

麦：当然是的。这些孩子厌烦工作和目标，决心自己锻造自己的角色和社会参与。他们不想与我们分割和专门化的消费社会有任何关系。他们生活在两种对立的文化过渡时期的真空之中，正在拼命寻找自我，并铸造一种与自己的新价值协调的生存方式，因此他们强调开辟一种"可供选择的生活方式”。任何时候，看一看任何一位年轻人而不仅是嬉皮士，都可以看到这个重新部落化进程的结果。就以时装来说吧。男孩女孩穿着相近，发型相近，反映了从视觉向触觉的单性化趋势。年轻一代的整个价值取向是向土著人的回归，反映在他们的服饰、音乐、长发和社交性性行为（sociosexual）。他们正在成为丛林族的重要成员。进入这个世界之后，他们的感知受到电力的延伸和强化，性敏感也随之增强。裸体和无羞耻的性行为在电力时代日益强劲，因为电视直接在我们的肌肤上扫描讯息，使衣服成为过时和障碍的赘物。新的触觉性使孩子们自然而然地常常相互触摸，反映在幻觉剂商店出售的小徽章上刻着的一行字中：它一动，你就爱抚。电力媒介同时刺激一切感觉器官，又给日常的性事赋予一种新的、更加丰富的一维，使亨利・米勒[①]风格的那种粗暴的性显得老套而过时。社会一旦进入无所不包的部落生活方式，人们对性事的态度必然要发生变化。比如，我们看见同居的年轻人一点也不感到有罪，嬉皮士生活的群居式家庭也不感到有罪。这完全是部落式的东西。

记：难道大多数部落社会对性不是限制而是宽容的吗？

麦：实际上既限制又宽容。除了少数的例外，大多数部落社会的风格都不是强调贞洁。年轻人一般都是性开放的，直到结婚。但是，一旦结婚，妻子就专属丈夫，受到谨慎的保护，通奸是滔天大罪。在重新部落化的转型期，必然要爆发旺盛的性精力和性自由。但是一旦完全实现重新部落化之后，道德价值就会极为严格。这一点看似非而确乎是。在一个整合的部落社会中，年轻人可以信马由缰，进行试验。但是婚姻和家庭将要成为神圣不可侵犯的制度，不忠和离婚将要构成对社会纽带的严重破坏，那就不是个人行为的偏离，而是集体受到的侮辱，是整个部落丢人现眼的事情。与非部落的、分割肢解的强调个人价值的文化不一样，部落社会在道德上

---

① 亨利・米勒（Henry Miller，1891—1980）：美国小说家、散文家、批评家。

是极其严厉的，它会毫不留情地摧毁或驱逐违反部落价值的人。这当然是很严厉的。但是与此同时，在部落化的社会中，性会带上一层新的、更加丰富、更加深度卷入的一面。

今天，旧价值在崩溃，我们看见长期积蓄的性挫折令人兴奋地释放出来了，我们淹没在强调性的狂潮之中。但是，这并不能释放力比多（Libido），反而似乎引发了对性的厌恶，一种性心理的厌世。在这样的狂轰滥炸之下，性反应的敏感度会荡然无存。这会刺激一种对人体的机械观，把人体当做能够感知具体兴奋的机器，一台不能全情投入和超越的性机器。它使性快乐与生殖分裂，使这一分裂泛滥成灾，同时又强化了同性恋。以当前潮流的发展势头来看，性爱机器似乎是不久就会出现的自然发展结果——不只是当前的电脑约会，而是一架机器。直接刺激人脑的快乐电路，它就可以使人达到性高潮。

记：我们是不是在你分析日益泛滥的性自由里听出了一点弦外之音呢？就是说，你是不是不赞成呢？

麦：既不是赞成，也不是不赞成。我仅仅是想办法弄清楚。性自由和毒品一样，对年轻人是自然而然的。

记：毒品有什么自然的一面呢？

麦：它们是舒缓文化转型的自然手段，也是进入电力旋风的一条捷径。吸毒的高潮与电力媒介的冲击密切相关。看一看吸毒快感的比方：通电（turn on）。通过吸毒来打开意识的大门，就像打开电视机而通向深度卷入的大门一样。今天无所不在的瞬时信息环境刺激了吸毒，因为它有一种能够踏上内心旅程的反馈机制。内心旅程并非迷幻药吸食者的特权，而是世间一切看电视的人的共同经验。它使人从视觉习惯和反应中解脱出来，赋予人立即和完全卷入的潜力，包括立即和一体（all-at-onceness and all-at-oneness）两个方面。这是经过以下转化之后的人的基本需求：中枢神经系统的电力延伸，使人从原有的、理性的、序列的价值系统中转化出来。迷幻药有吸引力，它是与无孔不入的电力环境达到神入状态的手段。电力环境本身是一种无需药品的内心旅程。

吸毒还是表达拒绝过时的机械世界和价值的一种手段。毒品常常刺激人对艺术表现发生新的兴趣。艺术表现首先是听觉-触觉世界的特征。因此，作为电力环境的化学刺激物，迷幻药使我们的感官重新复活；在机械世界压倒一切的视觉取向中，我们的感官萎缩了。再者，迷幻药产生一种部落化和群居性程度高的亚文化。因此，年轻人喜欢毒品就像鸭子喜欢水一样，这是可以理解的。

记：最近《新闻周刊》引用了哥伦比亚大学一位女生的话，她把你和迷幻药画上了等号。她说："迷幻药什么也不是，直到你用上它。同样的道理，麦克卢汉什么也不是，直到你用上他。"

麦：我的工作被描绘成使人迷幻的东西，真使我受宠若惊。但是，我怀疑，有些学术界的批评家会觉得我的学术旅程是不愉快的。

记：你吸过大麻吗？

麦：没有。我在这些事情中是一个旁观者，而不是参与者。我去年做了一场手术，切除脑肿瘤，这个瘤子越长越大，使我不得安宁。在手术后漫长的恢复期里，大夫不准我碰刺激性的东西，以咖啡为限。天啦！几个月之前，我差一点被控携带毒品。温哥华一所大学授予我名誉法学博士学位，在回来的飞机上，一位同事问我们到哪里去了。我告诉他："去拿LL. D.[①]。"我注意到几位同机的乘客以奇怪的眼神看着我。在多伦多机场下飞机之后，两位海关警卫把我拖进一间小房子，开始搜查我的行李。其中一位问道："你认识提摩西·利尔里吗？"我回答说认识。凭这句话他似乎就可以给我定案了，所以他说："那东西在哪儿？我们知道你对人说，你

① LL. D.：拉丁缩略语法学博士，与迷幻药 LSD 仅有一个字母之差。乘客可能听错，也可能是因为无知而不知 LL. D. 为何物。难怪麦克卢汉在下文中有讽刺语。

到温哥华去取 LL.D.。”我费劲口舌，才使他相信，我的 LL.D. 和扩展意识的毒品没有关系，而是截然相反的东西。他们才让我走了。当然，根据目前的教育危机，我不敢肯定，将来拥有法学博士学位未必就不是罪过。

记：你赞成让大麻和迷幻药合法化吗？

麦：我个人的观点并不重要，因为所有的法律限制都无济于事，而且必然要萎缩下去。你可以在重新部落化的社会里轻易下禁令，就像是在机械文化中禁止钟表一样。无论多少人被关起来，年轻人会继续在毒品中飘飘然。这种法律限制仅仅反映了行将就木的文化对后继文化的进逼和报复。

说到行将就木的文化，广泛使用毒品的人大部分是印第安人和黑人，这并不是偶然的。在这个过渡时代，他们都有紧紧维持部落根基的巨大的文化优势。美国白人对印第安人和黑人的文化侵略，不是建立在肤色和优越感上——无论有多少意识形态的外衣企图去使之理性化；而是由于白人才刚刚意识到：印第安人和黑人实际上比分割、异化和疏离的西方文明的白人在身体上和社会上都要略胜一筹。这一认识给白人的这个社会价值体系捅上一刀，并且必然产生暴力和种族灭绝行为。黑人和印第安人生不逢时，实在是令人悲哀。他们生活在一种分割肢解的文化之中，不是生晚了，而是生早了。

记：黑人和印第安人生不逢时，你这是什么意思？

麦：是这样的。正当年轻一代的白人重新部落化和共同化的时候，黑人和印第安人却不得不在巨大的社会经济压力下走相反的方向。他们不得不非部落化和专门化。社会上其他的人再次发现自己的部落根基时，他们却不得不把自己的部落之根连根拔除。他们在社会经济上长期处于完全从属的地位，被迫学会读书写字，作为求职的前提；不是去适应新型的软件部落环境，而是在机械服务的硬件环境里去寻找工作，就像白种中产阶级的年轻人一样。毋庸赘言，这会产生心灵剧痛，剧痛反过来产生愤恨和暴力。在微型的吸毒亚文化中，可以看出这一点。心理学研究表明，黑人和印第安人吸大麻“通电”时与白人不同。他们常常被愤怒的情绪席卷，不会感到那么陶醉，而是感到压抑。他们忿忿不平，因为在毒品的作用下他们也知道，他们的心理和社会堕落植根于机械技术之中。机械技术是文化优势的白种人开发出来的，现在又受到白种人的批判。目前，由于绝大多数黑人和印第安人经济地位处于劣势，他们还不能侈谈批判。

这既是讽刺又是悲剧。它使得种族关系全面缓和与和解的机会减少了，因为种族之间的社会心理差别不是在缩小并最终消除，反而是在加大。黑人和印第安人似乎总是得到吃亏的交易。他们先是受苦，因为他们是生活在机械时代的部落人。今天，当他们试图非部落化，并在机械文化的价值中重构自己时，突然发现眼前拦着一条鸿沟，发觉一个重新部落化的社会正在加大这条鸿沟，而不是缩小这条鸿沟。我担心将来对他们也不美妙——尤其是对黑人不美妙。

记：说具体一点，你认为黑人和印第安人会有什么遭遇？

麦：最好的情况是，他们经过痛苦的调整，适应了两种互相冲突的文化和技术：视觉-机械世界和电力世界。最坏的情况是，他们遭到灭顶之灾。

记：你是说他们会毁灭吗？

麦：我非常认真地担心这个可能性，虽然上帝知道我希望自己的担心是错误的。正如我已经指出过的，任何环境动荡引起的身份追求必然的后果之一，是猛烈的暴力。这种暴力有一个传统，它指向挑战视觉——机械文化的部落人，例子就是印第安人的种族灭绝，就是制度化地使黑人非人性化。今天，这个进程被颠倒了。在这个转型期，暴力加之于那些不能被吸收进新部落的人。并不是因为他们的肤色，而是因为他们处于机械文化和电力文化的中间地带。黑人是一种威胁，一个唱对台戏的部落，他们不能被新秩序消化。这种部落的命运常常是灭绝。

记：要防止美国黑人遭遇这样的事情，我们能够做些什么呢？

麦：我想有价值的第一步是唤醒黑人，同时给社会上其他人敲响警钟，让大家都知道新型的电力技术的性质，让大家明白它为什么必然要改变我们的社会和心理价值。黑人应该知道，他们长期习惯认为自己身上那些低劣或“落后”的东西，在新环境的情况下实际上是优势。西方人被逐步向前“进步”的愚蠢观念迷住了心窍，总是把部落社会那种非连续的、联觉的相互关系当成是原始的东西。如果黑人意识到自己遗传的巨大优势，他们就不必再像旅鼠那样成群结队匆匆忙忙地窜入老态龙钟的机械世界之中。

社会也出现了令人鼓舞的迹象。黑人权力运动强调黑人的态度，强调同归非洲文化和社会之根的部落豪情。这个运动已经认识到这一点。但是大多数黑人仍然决心加入机械文化之中。然而，如果能够说服他们跟随那些领头人，重新点燃部落意识之火，他们就会处于战略上有利的地位，就容易度过转型期而进入新技术，因为他们可以把自己永恒的部落价值利用起来，帮助自己在新环境中生存。他们应该为这些部落价值感到骄傲，因为这些价值是瑰丽的彩虹，他们昔日主人的拼音书面文化却是苍白无力的。

正如我说过的，黑人遭到白人仇恨，正是因为白人下意识中承认，黑人最接近部落式的深度卷入，最接近同步与和谐，而同步与和谐是人类意识最丰富、最发达的表现。白人的政治经济制度被调动起来，去排斥和压制黑人。从半文盲的工会到半文盲的政客，他们前景不妙的视觉文化，使他们不遗余力地、疯狂地抓住早已过时的硬件，使他们拼命抓住由此派生的专门技能、分类模式和老死不相往来的邻里关系和生活方式。白人中思想最贫乏的阶层，把读书识字及其硬件环境当做新奇的东西，仍然新鲜，仍然是成就和地位的象征。因此，他们是最后重新部落化和最早可能发动全面内战的一批人。美国无论如何注定要分裂为一批地区小国和种族小国。这样的内政只不过是在加速这一进程。

记：美国会分裂瓦解，你这个预测的根据是什么？

麦：在这个问题上，实际上就像在我的大多数论著中一样，我是在

“预测”已经发生的东西，仅仅是把当前的进程推向一个逻辑结论而已。美国这个大陆性的政治构架的“巴尔干化”已经有一些年头了。种族骚乱仅仅是几种催化剂之一而已。这不是美国独有的现象。我已经指出，电力媒介总是产生心理上的整合作用，产生社会的非集中化。这不仅影响现存国家的政治制度，而且会影响国家实体本身。

在世界各个角落，我们都可以看到，电力媒介如何刺激微型国家的兴起。在英国，威尔士和苏格兰的民族主义又强有力地发作了。在西班牙，巴斯克人要求自治。在比利时，佛兰德人坚决要与窝龙人（Walloons）分离。在我自己的国家，魁北克人已经进入独立战争的初期。在非洲，我们看见几个微型国家的萌芽，也看见过几个不现实的、雄心勃勃的地区性国家联盟的计划。这些微型国家正好与传统的集中化的民族主义截然相对。过去的民族主义锻造了庞大的国家，使迥然不同的民族和语言群落同质化，使之置入一国边境之内。新近的微型国家还是那些民族和语言群落的非集中化的部落混合体。虽然它们的诞生可能会伴随着暴力，但是它们不会长期敌对下去，也不会成为竞争性的武装阵营，而是能够最终发现，它们的部落纽带会超越分歧，它们会从此生活在和谐之中，生活在文化杂交之中。

非集中化的微型国家模式要在美国重现，虽然我知道大多数美国人仍然觉得美国分化的思想难以理解。美国是历史上第一个一开始就是集中化的、书面文化主导的政治实体。现在，它要把这部历史影片倒过来放映，使它成为许多非集中化的黑人国家、印第安人国家、区域性国家、语言群落国家和族群国家……今天，非集中化在50个州里是一个“烫手”的问题，从纽约市学校的危机到重新部落化的青年的要求，都很“烫手”。这些青年要求，规模使人压抑的大学缩小到适合人的规模，庞大的州要消除官僚机器。部落和官僚机器是社会组织的对立手段。它们不共戴天。一个必然要消灭或取代另一个，否则谁也活不了。

记：假定我们暂时接受你的观点，美国要“巴尔干化”，分裂成为各色各样微型的族群国家和语言国家，那么会不会出现这样的结果——天下大乱，血战一场呢？

麦：不一定。如果了解非集中化和重新部落化的过程，又接受它的结果，同时又着手控制和调节变化的动态，暴力是可以避免的。无论如何，超大型国家的日子一去不复返了。美国人和其他世界各地的人都结合成一个部落之后，他们将要锻造出各式各样非集中化的可行的政治制度和社会制度。

记：沿着什么路子走多样的非集中化呢？

麦：这将是一个完全重新部落化的深度卷入的世界。通过广播、电视和电脑，我们正在进入一个环球舞台，当今世界是一场正在演出的戏剧。我们整个的文化栖息场，过去仅仅被认为一个容器，如今它正在被这些媒介和空间卫星转换成一个活生生的有机体。它自身又包容在一个全新的宏观宇宙之中，或一场超地球的婚姻之中。个体的、隐私的、分割知识的、应用知识的、“观点的”、专门化目标的时代，已经被一个马赛克世界的全局意识所取代。在这个世界里，空间和时间的差异在电视、喷气飞机和电脑的作用下已经不复存在。这是一个同步的、“瞬息传播”的世界。此间的一切东西都像电力场中的东西一样互相共鸣。在这个世界中，能量的产生和感知不是靠产生线性的、因果思想的传统联系，而是靠间隔和间距。鲍林①把这些间隔当做细胞的语言来把握。它们产生联觉的、连续的和浑然一体的意识。

开放社会是拼音书面文化的后裔，它与今天重新部落化的青年没有关系。封闭社会是言语、鼓乐和耳朵的技术产物，这个社会正在新生。经过千百年分割的感性以后，现代意识再一次成为不可分割、无所不包的东

---

① 鲍林（Linus Pauling，1901—1994）：美国化学家、和平运动战士。1954 年获诺贝尔化学奖，1962 年获诺贝尔和平奖。他对分子结构，尤其是化学键的研究成就卓著。

西，因为全人类已经认可了一张寰宇的薄膜。新型的电力世界紧缩的、内爆的性质，正在使西方人从文字价值的开阔平台回到部落蒙昧的腹地之中，回到康拉德（Joseph Concrad）所谓的“内心的非洲”（the Africa within）之中。

记：许多批评家感觉到，你“内心的非洲”恐怕会是一种僵化的、规规矩矩的蜂巢世界吧。在这个世界里，个体完全从属于群体，而且根本就没有任何个人的自由。

麦：个人的才能和观点在重新部落化的社会里不必枯萎，他们只不过在一个集体意识中相互作用，这个集体意识有潜力释放出伟大的创造才能，其潜力要大大超过原有的原子状态的社会。拼音文字的人异化、贫乏，相较之下，重新部落化的人的生活丰富得多，成绩也更大。他们的生活不是没有头脑的雄峰的生活，而是作为参与者在天衣无缝的网络中所过的那种相互依存、和谐相处的生活。电力技术的内爆正在改变文字的、分割的人，使之成为复杂的、有深度结构的人。他们具有深厚的情感意识，知道自己与全人类完全是相互依存的。在原有的“个体”的印刷文化世界中，个体的所谓“自由”，只不过是异化和疏离的自由，是被剥夺了部落梦的、没有根基的局外人的自由。我们新型的电子环境迫使人要负责和参与，它能够在深层实现人的心理和社会需求。

你明白，部落是无所不包的，但是这并不意味着，它要求人们都服从一个模式。毕竟，一个大家庭里多样性比较多，服从性比较少，比数以千计的家庭组成的都市混合体的情况要好得多。村子里偏离中心的情况挥之不去；在大都市里，千篇一律、没有个性反而成了风景线。电力技术锻造的全球村激发出更多非连续性、多样性和区别性，它比原来机械的、标准化的社会要略胜一筹。实际上，全球村必然要产生最大限度的不同意见和富有创造性的对话。千篇一律和万马齐喑并不是全球村的标志。更大的可能性是，既有冲突不和，又有爱与和谐——这是任何部落民族惯常的生活方式。

记：虽然你这样说，但是只有拼音书面文化才珍视个体自由，而部落社会的传统却强加僵化的禁忌，无情地惩罚一切不服从部落价值的人——你早些时候在说到性行为时也是这个意思。难道不是这样的吗？

麦：每当探讨拼音文字社会和部落社会中的个人自由时，我们都面对着一个悖论。拼音文字的机械社会在空间上把个体和集体分开，因而产生了隐私：而产生的观点在思想上把人分开；在工作上把人分开，又因而产生了专门化——因而产生了与个人自由相联系的各种价值。可是与此同时，印刷技术使人同质化，产生了大规模的军事主义、大批量的思想和大众化的千篇一律。印刷术赋予人个人主义的隐私习惯，又赋予他绝对顺从的公众角色。今天的年轻人欢迎重新部落化，无论其感觉是多么的模糊。他们把重新部落化当做从文字社会的千篇一律、异化和非人性化中解脱出来的办法。印刷术在社会上使人集中化，在心理上使人分裂。相反，电力媒介使人集合在一个全球村里。全球村是一个丰富的、富有创造性的混合体。这里实际上有更多的余地，让人们发挥富有创造力的多样性。在这一点上，全球村比西方人同质化的、大规模的都市社会要略胜一筹。

记：你是不是说，在你预见的部落社会中，再也不会有禁忌啦？

麦：我没有这样说。我不认为自由是绝对的。我只是说，比你暗示的局限要少。不错，世界部落（world tribe）基本上是保守的，正如所有的图像式社会和无所不包的社会一样。有一个神秘的环境处于时空之外，因此它产生的急剧社会变革很少。一切技术都成为共享仪式的一部分，这个仪式是部落社会拼命使之稳定和永恒的东西。口头-部落社会的性质本身就决定了它的稳定性。它比分割、视觉的文化要稳定得多，古埃及法老时代就是如此。口头-听觉的社会不但由听觉空间决定模式，而且是一个整体、同步的联系场。视觉世界不知其为何物。在视觉世界里，观点和目标使社会变革成为必然和惯常的副产品。经过电力内爆的部落社会，抛弃了线性向前的“进步”观念。我们看到自己在当代是如何对地球村做出反应的。我们都成了倒退的人。

记：恐怕这一点用来说青年人不合适吧。你不是说，他们在领导重新部落化的潮流吗？而且大多数人都估计，他们还是有史以来最激进的一代。

麦：啊，你说的是政治、目标和问题。这和我说的问题没有关系。我是说结果，不是说当前的进程。重新部落化的结果是，我们的基本态度和价值向后倒退。一旦我们陷入部落共鸣箱具有魔力的共鸣之中，我们就会用宗教研究去取代对神话传说的批判。在部落一致赞同的价值框架之中的多样化是无穷无尽的——但是对部落本身提出挑战的人将是极少数。与瞬时技术伴生的瞬时卷入，引发了人身上保守、稳定和陀螺仪那样的功能。一个二年级小学生做出的反应就是这样的情况。第一颗人造地球卫星送入轨道时，老师叫她写一首儿歌。她是这样写的：“星星这么大 / 地球这么小 / 你留在原地。”她是这个新型部落社会的一员，生活在一个复杂无比的世界之中，广袤、永恒。任何科学家都无法用工具来计量，也无法用想象来描绘。

记：倘若个人自由仍然存在——虽然受到了某些审查禁忌的限制——在这个新的部落世界中，与个人自由关系最密切的政治制度是什么？是民主吗？民主能够安然渡过转折期进入你所谓的部落村吗？

麦：不能。我们今天所谓的政治民主已经寿终正寝。让我再次强调指出，在新型的部落社会中，个人自由不会被淹没。但是，它当然会采取迥然不同、更为复杂的形态。比如，投票箱是偏重文字的西方文化的产物——这是一个在冷世界里的热箱子，因此它业已过时。部落意志是由全体成员用交感的方式同时相互作用表现出来的。他们的关系千丝万缕，彼此卷入的程度很深。在一个遮蔽得严严实实的投票亭里，投上“隐私”的一票，他们会觉得是一个荒唐的时代错误。电视网里的电脑可以在投票的过程中“预测”哪一位总统候选人胜出。这使得传统的选举过程已经过时。

在即时电力信息运动的软件世界中，原来由选举团做代表去投票的政治模式，正在转向一个新的模式。这是整个社区在一切决策中都自然同时卷入的新模式。所谓“公众”的观念，是由分化的、分割的个体组成的一个群落。这样的个体迥然不同，但是基本上能够同样行动，就像生产线上可以互换的齿轮。在一切同步发生的部落社会中，“公众”的观念已经被大众社会的观念取代。在这个社会中，个人的多样性受到鼓励，人人对任何刺激都同时作出反应和相互作用。我们今天所看见的选举，在这样的社会里将会变得毫无意义。

记：在新的部落社会中，大众意志如何记录下来呢——如果选举业已过时的话？

麦：电子媒介开创了新的手段去记录大众舆论。比如，旧的全民投票方式可能会获得全新的相关性。可以用电视每天调查投票的情况，给 20 万人提供事实，然后用电脑作出大众意志的信息反馈。但是，传统意义的投票已是明日黄花。我们已经告别政党政治、政治问题和政治目标的时代，进入一个新的时代。在这里，集体部落形象和酋长形象是占压倒优势的政治现实。但是，这种政治现实仅仅是我们在部落村里，面对的无数新型的现实之一而已。必须知道，一个全新的社会正在诞生。它拒斥我们一切老的价值、条件反射、态度和制度。如果你难以构想选举结果之类的小问题，你就没有任何思想准备去对付口语将要消亡的前景，就不知道它可能会被环球意识所取代。

记：你说得对。

麦：我再帮你说一说。部落人紧紧地封闭在一个不可分割的意识之中，这种意识超越了常规的时空界限。这样的部落社会将产生一种神秘的整合。这是一个与昔日的部落共鸣箱相似的共鸣的世界，魔力会再次产生：一个超感官知觉的世界。年轻人当前对占星术、千里眼和神秘学的兴趣并不是巧合。你知道的，电力世界不需要语词，就像数字计算机不需要数字一样。

电力在不久的将来可能会使人的意识放大到全球的规模，根本就不需要说话什么的。

记：你说的是全球的心灵感应吗？

麦：正是。情况已经如此：电脑有潜力立即把任何代码或语言翻译成任何其他代码或语言。如果用电脑可以获得数码反馈，为什么不可以实现思想的前馈呢？就是说，为什么不可以把世界意识联入世界电脑呢？凭借电脑，从逻辑上说，我们可以从翻译语言过渡到完全绕开语言，去求得一种与柏格森预见的集体无意识相似的、不可分割的宇宙无意识。因此，电脑预示了这样一个前景：技术产生的普世理解和同一，对宇宙理性的浓厚兴趣。这种状况可以把人类大家庭结为一体，开创永恒的和谐与和平。这是电脑真正合适的运用。不是把它用来加速市场的营销或解决技术问题，而是把它用来加速发现的过程，用来协调地球——最终还要加上星系——的环境和能量。电子媒介的发展终于使心理上的公共整合成为可能。这种整合开创了但丁预见的意识普世性。他认为，人结为一体，形成统一的、无所不包的意识之前，始终是支离破碎的。从基督教的意义上说，这就是对基督神秘身体的一种新的解释。毕竟基督是人的终极延伸。

记：电子技术诱发的这种世界意识，难道不是比技术更加神秘吗？

麦：对，和大多数现代核物理的先进理论一样神秘。神秘主义就是明日科学的今日梦想。

记：几分钟之前你说过，在新型的电子时代里，当代人所有的价值、态度和制度都要被摧毁和取代。这是相当厉害的高度概括。除了你刚才提到的心理变形之外，你能不能再详细地解释一下你预见的一些具体的变化？

麦：我们周围到处都在发生这样的变化。正如旧的价值体系崩溃一样，这些体系造就的制度性外衣和垃圾也随之崩溃。作为人体器官集体延伸的城市正在萎缩，正在像其他类似的延伸一样被转换成信息系统，例如电视和喷气飞机就是这样的。它们压缩时空，使全世界成为一个村落，摧毁原来的都市–乡村二元结构。纽约、芝加哥和洛杉矶将要和恐龙一样消亡。同样，汽车也像它正在窒息的城市一样，很快就要过时。汽车将要被抗引力的技术取代。我们了解的这种营销系统和股市也会像渡渡鸟①一样消亡。自动化会结束传统观念的职业，用角色取而代之。它会给人喘息的闲暇时间。电力媒介将会使许多人退出原来那种分割的社会——条条块块割裂的、分析式功能的社会，产生一个人人参与的、新型的、整合的地球村。

正如前述，所有这些使人震撼的变化都伴有痛苦、暴力和战争。这是寻求身份过程中正常的特征。但是，新社会在旧社会的死灰中冒出来的速度实在是太快了，所以我相信，它可能会避免许多人预测的转折期的无政府状态。自动化和自动控制在顺利转入新社会的过程中可以发挥重要的作用。

记：如何发挥这样的作用？

麦：电脑可以给全球恒温器网络发出指令，给生活编制模式，使人获得最佳的意识。用电脑给社会编制有益处的程序，从技术上说已经是可行的了。

记：你怎么能够对一个社会进行编码——有益的编码或其他什么编码呢？

麦：一点也不难。把电脑置于指令地位，使之能够指挥社会感知生活中仔细配合的程序，一点也不难。我知道，这番话听上去好像是科幻小说。但是，如果你了解控制论，你就会认识到，我们今天是办得到的。电脑可以给媒介编制程序，根据人们的总体需要决定让他们听见什么样的讯息，以产生所有感官吸收和模式化的总体媒介经验。我们可以在意大利少播 5 个小时的电视，促使人们在选举期间读报纸。也可以在委内瑞拉多播 25 个

① 渡渡鸟（Dodo）：17 世纪消亡的一种鸟，原产毛里求斯等地，迟钝，不会飞。

小时的电视，以便把上个月电台广播鼓动起来的部落温度降下来。通过各种媒介这样协调的互动，就可以给各种文化编程，以改善它们的情感氛围，并使之稳定。情况也是与之类似的，我们正在学习维持相互竞争的世界经济之间的稳定。

记：无论它的意图是多么开明，这样的环境编码与巴甫洛夫的洗脑子又有什么区别呢？

麦：你这个问题反映了人们面对未经探索的技术时，常常表现的恐慌。我不是说，这样的恐慌是没有道理的；也不是说，这样的编程不可能洗脑；更不是说，它比洗脑还要严重。我只是说，你这样的反映是毫无用处的，它只会干扰我们的注意力。我认为，给社会编程实际上可以做得非常具有建设性和人情味。虽然如此，我还是不想站到投原子弹的物理学家的立场上去；那些 1945 年 8 月初歌颂核潜力的人，我不想站到他们一边。但是，对媒介影响的认识，就相当于对付原子尘埃的民防措施。

然而，许多人看到，团体编程可能会在地球上产生一种服务环境时，还是会感到惊慌的。这和人们对城市照明系统的担心十分相似。有人担心，城市照明系统会剥夺个人按照自己喜欢的强度调节灯光的权利。电脑技术能够——而且毫无疑问将要——对整个环境进行编程，满足社区和国家的社会需求和感知偏好。但是，编程的内容取决于未来社会的性质。不过，那是在我们的掌握之中的。

记：在我们的掌握之中吗？或者换一个方式问，表面上看你是在用电脑来控制整个文化的未来，但实际上你是不是在鼓励人放弃对自己命运的控制呢？

麦：首先很抱歉，我不得不再一次否认。我没有提倡任何东西，我仅仅是在探索和预测趋势。即使我反对这些趋势，即使我认为它们是灾难性的，我也无法阻止，那么为什么要去哀叹呢？听到玛格丽特·富勒（Margaret Fuller）说：“我接受宇宙”，卡莱尔说了一句话：“她最好是接受。”我和卡莱尔一样。我看不可能发生全世界砸机器的勒德分子的暴乱，所以我们不妨坐以待观，看看在一个控制论的世界里，我们正在遇到什么问题，将要遇到什么问题。憎恶新技术并不能阻止它的前进。

这里有一点要记住：每当我们使用或感觉到自己的技术延伸时，都必然要拥抱这一延伸。每当看电视、看书时，我们都要把这种延伸吸收进我们个人的肌体，都要经历感知的自动“关闭”或置换。除非我们逃避这种技术延伸，逃亡到一个隐居的洞穴里躲藏起来，否则我们就不能逃避对日常技术的永恒的拥抱。由于始终拥抱这些技术，我们必然与其相关，成为它们的伺服机制。因此，如果要利用它们，我们就必须像崇拜上帝一样地伺候它们。因纽特人是小船的伺服机制，牛仔是马的伺服机制，商人是钟表的伺服机制，控制论专家是计算机的伺服机制——很快全世界都会成为计算机的伺服机制。

技术不断地改变人，刺激人不断地寻找改进技术的手段。于是，人就成为机器世界的性器官，就像蜜蜂是植物世界的性器官一样，它们使植物世界生殖和进化出更加高级的物种。机器世界给人回报商品、服务和赏赐。因此，人与机器的关系是固有的共生关系。古今如此，只不过到了电力时代，人们才有机会认识到自己与机器的“婚姻”关系。电力技术是这个悠久的人机关系性质不同的一种延伸。20世纪的人与机器的关系，和史前人与船或轮子的关系，并非天然地截然不同。有一点差别是这样的：以前的一切技术即人的延伸都是部分的、分割的，只有电力技术是总体的、无所不包的。现在，人把脑子穿在头颅之外，把神经系统穿在皮肤之外。新技术养育新人。最近有一幅卡通画，里面的小男童对妈妈说：“我长大了要当电脑。”妈妈感到困惑。幽默常常带有预言性。

记：如果人不能阻止自己被技术转换，或者说他不能阻止自己被转换成为技术，他又怎么能够控制和指导变化过程呢？

麦：正如我一开头就说过的，最重要的第一步就是理解媒介及其对我们心理、社会价值和制度的革命性的影响。理解是成功的一半，我的工作的主要目的就是传递这一信息。但是通过了解作为人体延伸的媒介，我们可以在一定程度上驾驭媒介。这是一个重要的任务，因为触觉–听觉与视觉之间的感知界面正在我们周围出现。没有人能够逃避这一场环境闪电战，因为根本就无路可逃。但是如果我们能够对正在发生的事情作出诊断，我们就可以削弱变革之风的烈度，就可以在这个转型期，使原来视觉文化最优秀的成分与重新部落化的新社会和平共处。

然而，如果我们坚持用常规的后视镜方法来看待这些天翻地覆的发展，我们的西方文化就要被摧毁殆尽，并且被扫进历史的垃圾堆。如果我们真正对保存西方文明中最富有创造性的东西感兴趣，我们就不能蜷缩在象牙塔中哀叹变革，而是应该纵身跳入电力技术的漩涡，而且要通过理解它来支配新的环境——也就是要把象牙塔改变为控制塔。但我可以理解西方人的敌视态度，因为我也曾抱着这样的视觉偏见。

记：什么东西使你的思想发生转变?

麦：经验。有许多年，直到我写《机器新娘》，我对一切新环境都抱着极端的道德判断的态度。我讨厌机器，厌恶城市，把工业革命与原罪画上等号，把大众传媒与堕落画上等号。简言之，我几乎拒斥现代生活的一切成分，赞成卢梭式的乌托邦。但是我逐渐感觉到这种态度是多么的无益无用。我开始意识到 20 世纪的艺术家——济慈、庞德、乔伊斯、艾略特等人——发现了一种迥然不同的方法。这个方法建立在认知过程和创造过程合而为一的基础上。我意识到，艺术创作是普通经验的回放——从垃圾到宝贝。我不再担任卫道士，而是成了小学生。

因为我对文学和文化传统有道义上的责任，我就开始研究威胁文化价值的新环境。我很快就发现，这些新东西用道德义愤或虔诚义愤是挥之不去的。研究证明，我们需要一种全新的方法。既是为了拯救西方遗产中值得拯救的东西，也是为了帮助人们找到一种新的生存策略。我写《机器新娘》时，用这个新方法小试牛刀。我置身于媒介之中，努力弄清媒介对人的影响。即便如此，我的一些传统的书面文化的“观点”偏向，还是不知不觉地钻了进来。《机器新娘》出来时，电视正在使它的所有主要观点不合时宜。

我很快意识到，确认变化的征兆是不够的。一定要了解变化的原因。如果不了解原因，新技术的社会心理影响就不能抵消或修正。但是我同时认识到，个人不能完成这种自我保护的修正。自我保护修正必须是社会的集体努力，因为它们影响的是全社会。个人在抗衡环境变化的渗透中是无能为力的。我指的是新技术引发的新垃圾——“混乱时代”（mess–age）——的渗透。只有社会肌体——团结一致并认识到挑战的社会肌体，才能去对付这种渗透。

遗憾的是，有史以来还没有一个社会对塑造和改造它的力量有足够的认识，因此社会不能采取行动去控制和指导使人延伸和改变的新技术。但是，今天有所不同。由于新技术而引起的变化进程瞬息万变，也许可以实施这样一个全球教育计划：它使我们能够把命运的缰绳掌握在自己手中。但是要做到这一点，首先要认识给新技术的影响对症下药的救世良方。在努力探索的过程中，对那些感觉到技术影响的人表示愤恨，并不能取代应有的意识和洞见。

记：你所谓的愤恨是不是指对你的一些理论和预测进行的攻击？

麦：正是。但是我并不想让我的批评者觉得我没有度量。实际上，我感谢他们的关照。毕竟，毁誉者正是在给被批评的人不懈地帮忙，而且是无偿的。就像历史上的波士顿的倾茶案一样，也是挺好的。但是，如我所说，我可以理解他们对环境变化的敌视，因为我自己曾经就是这样的。他们的反应是人们面对变化时的惯常反应：手足无措，企图用略微调整的老反应去对付新环境，或者是干脆对变化的先兆予以谴责或置之不理。这是从中国帝王处决报忧信使的习惯里提炼出来的态度。对那些最缺乏思想准备去改变自己的价值结构的人来说，新技术环境带来的痛苦是最为深重的。文人学士觉得新技术环境造成的威胁，远远超过不把识文断字当做是生活方式的人。当一个人或社会群体觉得，其整个身份受到社会变革或心理变化的危害时，自然的反应是以进为守、怒火万丈、大加挞伐。但最终是无可奈何徒叹息，革命业已发生了。

记：你说明了为什么避免对这场革命进行肯定或否定。但是，你一定有自己个人的观点。这个观点是什么呢？

麦：我不想对人说，新技术引起的社会和心理变化什么好、什么不好。但是如果你一定要对我的观点刨根问底，要我说说，我在观察我们文化的重新原始化时有什么主观反应，那么我就不得不说，我看这些动荡时，一点也不喜欢，一点也不满意。不错，我确实看见即将出现一个丰富多彩的、充满创造力的、重新部落化的社会——摆脱机械社会的分析切割和异化的社会。但是对于变化过程，我只能说不喜欢。作为一个西方文字传统塑造出来的人，我个人对这个传统在感官的电力互涉中消解，绝不会呐喊助威。我不喜欢高层建筑摧毁邻里关系，我不会在身份渴求的痛苦中感到得意。对这些积聚的变革，谁也不会比我更加缺乏热情。我的禀性和信仰都不是革命者。我宁可要不愠不火的服务业和富有人情味尺度的、稳定的不变化的环境。电视和所有的电力媒介都在拆散我们社会的整个肌体结构。作为被迫生活在这个社会中的人，我不喜欢它的土崩瓦解。

你瞧，我不是十字军。我想我最喜欢生活在一种安稳的前文字环境中。我绝不会试图去变革我的世界，无论是变好变坏。因此，我观察媒介对人的创伤性影响时，绝不会从中得到任何乐趣，虽然我在把握它们的运作方式中感到满意。这样理解的固有属性是冷静，因为它们是同时卷入和超脱的。这一立场是媒介研究者必须采取的姿态。一开始就必须超脱环境，置身战局之外，以便研究和理解力量的轮廓曲线。采取高高在上的姿态极为重要。不能张皇失措躲到墙角去哀叹媒介对人的影响，而是要冲锋陷阵，猛击电力媒介的要害。对这样坚决的猛打猛冲，它们会作出美好的反应，并且很快就成为我们的奴仆，而不是主人。但是，没有这种超脱的卷入，我就绝对不可能客观地考察媒介，那就像章鱼斗帝国大厦一样不得要领。因此，我最大限度地利用拼音书面文化的力量：行动而不必作出反应的能力——通过消解而求得的专门化的能力。这是西方文明自古以来的前进动力。

西方世界正在确立电力媒介引起的革命，其速度与东方正在经历的西方化一样快。虽然这场革命的最终结果，也许是比我们现在这个社会优越得多的社会，但是变化的过程是令人痛苦的。我走过这个充满痛苦的过渡时期，就像科学家走过疾病的世界一样。外科大夫一旦情感介入，对病人的情况感到不安，他就失去了帮助病人的能力。我并不能做出临床大夫一般的超脱，也不能反映我对病人缺乏同情。这仅仅是生存策略。我们生存的世界并不是我想在画板上创造的构图，而是我必须生活其间的世界，是我的学生必须生存的世界。即使不是其他什么的东西，我至少有对学生的义务，我要避免道德义愤的奢侈，避免象牙塔中穴居人似的安稳。我要沉下去，置身环境变化的破烂堆中，铲出一条路，弄清其内容和力线——以便搞清楚它如何、为何在使人发生变化。

记：尽管你个人不喜欢新型电力技术引发的急剧变化，但是你似乎觉得，只要我们了解和影响技术在我们身上所起的作用，一个较少分割和疏离的社会就会产生。因此，你对未来基本上持乐观的态度，这样说是不是准确呢？

麦：乐观和悲观都有理。可以想象，电力媒介引起的人的意识延伸，会引进一个千禧盛世。但是，也可能会产生一个假耶稣——叶芝笔下的怪兽，懒洋洋地在耶稣诞生地伯利恒出生的怪兽。这样翻天覆地的环境变化自身，在道德上是中性的。决定它们最终的心理影响和社会影响的，是我们如何去感受和作出反应。如果我们视而不见这些变化，就会成为它们的奴隶。世界范围的信息池，就像巨浪翻天的汪洋大海一样，把我们像软木塞那样地抛打翻卷。这是难免的。但是，只要我们在沉入漩涡谷底时保持冷静，在此过程中研究我们的遭遇和对策，我们就可以平安地游出这个漩涡。

我个人非常信赖人类的弹性和适应力，展望未来时心潮激荡，充满信心。我觉得，我们站在一个使人解放和振奋的世界的门槛上。在这个世界里，人类部落实实在在会成为一个大家庭，人的意识会从机械世界的枷锁中解放出来，到宇宙中去遨游。我深信人成长和学习的潜力，深信人深入开发自己的潜力和学习宇宙奥妙旋律的潜力。我的信念经久不衰。我们生活的这个过渡时代充满剧痛和悲惨的身份渴求，但是这个痛苦是新生的阵痛。

我预料未来的几十年会把这个行星改变为一种艺术形式。此间的新人在超时空的宇宙和谐中连在一起。他们会去拥抱和塑造这个地球的各个方面，仿佛把它当成一件艺术品。人自身也会成为一种有机的艺术形式。宇宙星星就像是我们的驿站，未来任重道远，我们的长征刚刚开始。生活在这个时代真是上帝宝贵的恩赐。仅仅是因为人类命运，这本书的许多篇幅读不到，我也会为自己终将来临的死亡扼腕叹息，恋恋不舍。请允许我用谷登堡印刷术的形象来打一个比方。也许正如我考察后文字时代文化时试图证明的一样，只有等到谷登堡这本书关上之后，故事才开始登场。

14. 麦克卢汉资料汇编：语录

这里的名言出自麦克卢汉的著作，由威廉·昆斯（William Kuhns）辑成

麦克卢汉笔下生花，妙语连珠。他的金玉良言、洞见之才无与伦比。在他的笔下，本无关联的领域的各个侧面居然能够交相辉映。至今，法国人还在用"麦克卢汉似的"（McLuhanisme）的这个词。当迥然有别的领域互相混合交叉、互相发明，因而能够产生结合点时，他们就用这个词。

与他的天才结盟的，是一种散漫的、非连续的而且常常是令人迷茫的风格。《理解媒介》的有些段落，常使人头晕目眩、失去重心，比蒙特利尔口碑盛佳的旱冰运动员勒·蒙斯特更加使人眼花缭乱。假如说麦克卢汉常常闪光，灿烂夺目，那么我们可以说，他的每一次闪光都可能突然偏转，出乎意料地转入一个新的方向，偏离在此之前的那次闪光。他的著作给予我们令人惊叹的宝藏，可是它们几乎就没有什么连续性。

然而，他的格言警句，确实令人叹为观止。它们自成一体，有自己的连续性和发展脉络。这就是编纂本名言录的理念。他对任何专题的最发人深省、魅力无穷的评说，都可以用几页的篇幅予以集揽。每一段话都能够剥离出来，构成洞见深刻的小世界，尽管它与前后出现的东西未必有形态上的连续性。但是，背景不同的语录集合起来，其总体效果却使耗散的光芒汇聚增辉。以下的语录相互作用构成一篇非线性连续的文章。

麦克卢汉最精深的思想，是用隐喻表达的。在这个科学和逻辑的世界

上，这种用语习惯使他认为：他提出的许多信条和其他东西超出了当前科学的审视范围。就像其他用隐喻说话的声音一样，用主观的方式去了解他比较适合，他不适合用客观的方式去理解。

这一点好像令人费解：麦克卢汉的思想具有令人惊叹的力量。他最精彩的格言警句可以描绘成思想的弧光，它们很像是亚原子的轨迹：令人惊诧、不断转化，而且要受到观察者细微参与的影响。批评他的人避而不谈亚原子般的变幻莫测：他的终极意思似乎搁在永恒变化的细腻暧昧之中。但是，这种暧昧可能有很好的创造性棱角。比如，1962 年他写过这样一句话："新的现实寓于图像之中，而不是在图像的背后。"这个实在的东西没有预定的意义。以品牌和徽标为信条的服装设计师理解的是一种意思，编制流动电脑模型的程序员理解的又是另一种意思。两种理解都是合适的。这么宽广的合适性，我们是不熟悉的。

麦克卢汉的学养是文人。在诗歌戏剧小说领域，容许对同一作品进行各种各样的阐释：这是衡量作家成就的尺度。技术领域培育了其他的规则。任何一位工程师都会告诉你，电视的扫描线就是扫描线，是多少条就是多少条，不多不少。麦克卢汉看着那些扫描线却会问："为什么非连续的电视马赛克图形会突出物体的雕塑形曲线呢？"或许他还会问：为什么电视的扫描线像人的手指头一样动作呢?

这样的提问把一位颇有成就的诗人引进了技术环境的未知领域。就是这样，他给我们提供了前人不敢梦想可能实现的东西。自此以来，还没有人达到这个成就：充分利用最丰富的想象力资源。

麦克卢汉凭借直觉说话。不仅如此，他还拓展直觉，使之带着唤醒的能力回到这个世界。我们向麦克卢汉学什么呢？——感知，感知，感知。

14.1. 论媒介

媒介是“新的自然”

新媒介不是人与自然的桥梁，它们就是自然。

——1969 年

新媒介并不是把我们与“真实的”旧世界联系起来；它们就是真实的世界，它们为所欲为地重新塑造旧世界遗存的东西。

——1969 年

媒介塑造并控制人类交往与行动的规模和形式。

——1964 年

“媒介”（medium）在拉丁文里有“公共”（public）的含义。印刷术发明之前不存在读者群，那时候的人也许总体上把读书人看成是一种散播的“通货”（currency）——是那种意义上的“媒介”。

——1973 年

读报纸的人不是把报纸看做高度人工制造的、与现实有对应关系的东西，他们往往把报纸当做现实来接受。结果也许就是，媒介取代现实，取代的程度就是媒介艺术形式的逼真度。

——1978 年

对于看电视的人来说，新闻自动成为实在的世界，而不是实在的替代物，它本身就是直接的现实。

——1978 年

我们必须用对媒介的兴趣，取代过去对主题（subjects）的兴趣。这是合乎逻辑的回答，因为媒介已经取代了昔日的世界。即使我们想要恢复昔日的世界，也只有在对媒介如何吞没旧世界的方式作出精深的研究之后，我们才能恢复这个旧世界。

——1956 年

媒介是新的语言

如今，我们开始意识到，新媒介不仅是机械性的小玩意，为我们创造了幻觉世界：它们还是新的语言，具有崭新而独特的表现力量。

——1957 年

假如语言是人们创造和使用的大众传媒的话，那就可以说，任何一种新媒介就是某种意义上的语言，就是集体经验的编码：这种集体经验是通过新的工作习惯和无所不包的集体意识获得的。

——1960 年

乍一看，新媒介仅仅是传输过往成就和既定思维模式的代码。但是，谁也不能误以为：拼音文字仅仅是帮助希腊人将文字之前的所思所想用视觉顺序记录下来而已。同理，印刷术使文学创作成为可能，它不仅仅是给文学编码。

——1960 年

广告、漫画和电影在北美不是代码，而是基础的语言。我们还没有掌握传授它们的语法，这就和文字发明之前，人们忽略了自己书写和视觉形态的语言一样，是十分自然的。语法这个字在希腊语里面是“写定的”（written）。看来，教育的任务之一就是要把经验转换成一种新的形态。

——1960 年

重要的是随着新技术而变化的框架，而不仅仅是框架里面的图像。

——1955 年

口语是最早的技术，凭借这一技术，人类用一种新的方法去摆脱环境以便于掌握它。

——1955 年

我们要最大限度地利用新媒介的各种特性，而不是尽可能地限制其特性。现在很容易看清，它们不仅是既定经验和洞见的载体。

——1955 年

唱机和电影仅仅是言语和身体姿态的机械化。然而广播和电视就不仅仅是它们的电子化了。广播和电视使人体一切领域的表现力电子化。由于电子化，信息的流动从电线中解放出来进入真空管，由此而赋予我们自由度和灵活性，就像我们在比喻和语词中看到的自由度和灵活性一样。

——1955 年

每一种技术都创造一种环境，这种环境往往被当成是腐败的、堕落的。然而这个新技术往往把此前的技术变成一种艺术的形式。

——1964 年

每一种传媒都有偏向，其扭曲性都远远超过了弥天大谎的偏向。有些报纸的风格在形态和语气上，都与真实的观念差之千里。如果用这种方式来表现，最紧迫和可靠的事实也会变成对现实的滑稽模仿。

——1955 年

一切媒介都给我们的生活赋予人为的感知和武断的价值。

——1964 年

新媒介对我们感知生活的影响和新诗的影响差不多。他们不是改变我们的思维而是改变我们世界的结构。

——1969 年

（对麦克·华莱士[①]）如果我关掉这只话筒，我和你的关系就立即改变了。

——1966 年

冲破疆界

如今，媒介力量的内外边界已经模糊不清。我们 400 年来执着于印刷术，这就使我们的注意力集中在媒介的一个非常有限的侧面。结果，我们很难把自己的注意力释放到媒介影响的一切领域。我想说明，我们今天正在经历的东西，正

① 麦克·华莱士（Mike Wallace，1918—2012）：美国电视记者，采访时以咄咄逼人著称。

是文字时代前的人在文字到来时经历的东西。

——1955 年

我个人认为，电报的影响是……打破我们内外两个世界的划分。

——1956 年

在电子时代的条件下没有内外两个世界之分。这就是我们的玻璃大厦的意义，就是我们的金融服务业的意义。

——1970 年

信息和娱乐的二元分割已经结束。

——1962 年

其实，我们当前所谓的娱乐基本上是一种政治形式。好莱坞的政治实在是很多，表现在消费者的态度、个人的偏好和目标之中，这一切都是由选拔剧组的班子等决定的。事实上，好莱坞屏幕上的政治比所谓政治舞台上的政治还要多。

——1966 年

媒介是社会的先锋。绘画、音乐和诗歌中的先锋已经不复存在。媒介本身就是先锋。

——1973 年

电报问世以来，我们进入了一个相互依存、交往互动的世界。在这个世界里，没有一种媒介具有独自的意义。没有一种广告或产品具有独立存在的意义。

——1961 年

开发新媒介的潜力

（罗斯福总统）苦心孤诣地使用不利于己的新闻界，以拔高自己在广播电台上讲话的形象。今天，政治需要乐队指挥一样的艺术去驾驭公共传播的各种工具。这些工具不是孤立存在的，也不是孤立起作用的，就像我们的感官并不是孤立发挥作用一样。

——1965 年

电路有这样的启示意义：每一种情况都要回归到自身，正如认知模式及其回放（playback）一样，所谓回放就是人在感知和认识过程中的“再认”。新技术要模仿人类学习和认识的基本程序。

——1968 年

理性的人在一种新的物质形式中看出和再认自己的经验，这是生活中的无本之利。转换成一种新媒介的经验，就是以前的知觉令人愉快的回放。

——1968 年

我们的新技术可能会绕开口头言语。电脑之类的技术没有它固有的无能为力的事情。这种技术使我们的意识延伸，成为一种普世一体的环境。人们有一种感觉，我们受到电力技术信息的包围，这种环境就是我们意识的延伸。

——1970 年

新媒介是新的原型。刚问世时，它们似乎是旧媒介的降格形式。新媒介必然把旧媒介当做内容来使用。这样做可以加速它们清理自身、成为艺术形式的过程。

——1964 年

除了光这个例外，其余一切媒介都是成双结对的。一个媒介是另一个媒介的“内容”，这就使两者的运作过程都模糊起来。

——1964 年

今天，政治需要用乐队指挥一样的艺术去驾驭公共传播的各种工具。连最狂热的甲壳虫乐队迷，也完全说不清这种音乐的意义。同理，如果能够用语言详细说明一面旗帜的象征意义，这面旗帜就是没有意义的。围绕一面旗帜，社论连篇累牍地提出问题、争论不休，这和旗帜本身是毫无关系的。

——1964 年

环境

【编者按】：环境的希腊词源是 perivello，其意义为：四方八面同时来袭。

环境不仅是容器，它们还是使内容全然改变的过程。

——1967 年

卡罗维（Cab Callowy）说：“我沿着第八大道走路时，伙计，我看见的是节奏，我看不见闹市区在哪儿。”

——1967 年

环境的首要特征是隐而不显、难以察觉的。这似乎是种系发育过程的必然结果。每一个新的发展阶段都成为此前一切阶段的环境。然而，我们只觉察到过去的阶段，也可以说是只觉察到环境的内容。

——1964 年

新环境对旧环境进行再加工，其力度之大和电视对电影的再加工一样。

——1964 年

无意识是一切东西的一揽子储存。你着手用电力移动信息时，你已经在动手创造一个外在的潜意识。

——1967 年

实际上，我们置身其中的世界环境是这样的：它具有我们潜意识生活的结构……

——1967 年

铁路使我们能够突然发现自然。

——1967 年

以电力速度进行数据处理时，我们才第一次意识到环境。我们把环境称之为“参数”。这种顿悟是在电子研究时得到的。我们突然发现观察工具扭曲了数据。如今我们明白，任何环境都像观察工具一样在发挥作用。

——1964 年

同步化必然坚持要求和谐。

——1957 年

当前总是看不见的，因为它是环境的东西。没有一种环境是能够感知得到的，原因很简单，它浸透了我们的注意场。

——1967 年

我们总是能够看到皇帝的旧衣服，他的新衣服总是看不见。

——1965 年

也许，电力技术首次提供了对付环境的一种手段，成为视野和认识的直接工具。

——1965 年

人类的一切技术，开始时都服务于某一种既成的功能，或者对这一功能发挥辅助作用。这一辅助手段迅速产生一个与己相关的服务和活动领域。反过来，这个领域又创造新的服务和新的满意度。

——1973 年

环境有一种奇怪的力量，它能够避开我们的知觉。过往的环境受到新媒介的包围时，几乎就获得了一种令人怀旧的魅力。这一种美在摄影中表现得淋漓尽致，因为它能够赋予一切人工制品以艺术的品质。

——1967 年

服务环境的特点之一是：1+1<1。换言之，服务环境的增加所创造的不是服务的增加，而是服务的减少。

——1970 年

顺便说一句："媒介即是讯息。"我现在指出，媒介不是外形，而是背景；不是汽车，而是公路和工厂。我还要指出，在一切媒介中，使用者是其内容，在发明之前，它的影响就已经存在了。

——1973 年

很可能，人们失去对环境中新力量模式的认识能力，失去的程度正好与这些新兴力量的力度成正比。遇到冲击很大的时候，我们几乎失去了知觉……A. J. 汤因比几乎举不出什么例子，说明社会能够成功地应对大变动的挑战。

——1964 年

无论什么环境，无论是广播、电视、通讯卫星还是炸弹，人类的新环境几乎都不是“硬件”，也不是物质的东西，而是信息和编码的数据。

——1966 年

新环境如何重塑旧环境

你要感知到新环境对旧环境的影响，然后才能了解新环境是什么。

——1967 年

新环境形成的时候，我们看到旧环境时，仿佛生活在似曾相识的幻觉之中。当然，这就是柏拉图的认识论。也就是说，这是一种“再认”的形式，我们在另一种生存环境里看见过这种形式。

——1967 年

艺术和科学的历史可以写成一个继续不断的过程。在这个过程中，新技术为旧技术创造新的环境。

——1964 年

每一种新的技术延伸都是集体的同类相残。此前的环境被新环境囫囵吞掉，被重新加工，以求得其中能消化的价值。于是，自然就由机械环境接替，自然变成了新的工业环境的“内容”。

——1964 年

……如今，我们生活在技术铺就的环境之中，这种环境把地球包裹起来。人为的电力信息环境已经取代“自然”的老环境，占据了优先的地位。自然似乎开始成为我们技术的内容。

——1965 年

新形式对旧形式进行加工，这种奇怪的情况有时会大大加强旧的形式。比如，自动化对图书馆和编目所产生的影响之一，就是极大地增加分类编目活动。自动化不但不取代编目，反而极大地增加了编目的工作量。

——1965 年

复印技术使我们能够立即再

现正在进行之中的事件——就像是长篇连载故事每一期前面附的“情节介绍”一样。就像橄榄球实况转播时的慢镜头重放一样，重放使人注意的不是结果和目标，而是其过程。于是，观众以一种崭新的方式参与球赛——重放慢镜头使球赛本身的面目为之一变。

——1964 年

复印技术使会议的性质发生巨变，使会议的频率大大增加。它把整个环境送入会议桌上的对话过程，而且使这一过程速度加快。

——1971 年

如何研究媒介

你必须熟悉各种媒介，否则你如今就不是真正意义上的“有文化”的人。

——1966 年

如果你要了解电视的性质，你就得给过去 12 年里面变化的所有事情列一个清单，包括服饰、社会行为、节目的品位等。

——1966 年

同时了解几种媒介是了解其中之一的最好办法。

——1964 年

研究任何事情的影响时，有一种基本的方法，那就是想象我们突然失去这种影响。假如学生们要去采访残疾人，要了解他们的生活有何不便，看一看我们没有为截瘫患者和盲人留下一席之地，就可以领悟到现在的人造服务环境对残疾人的威胁。

——1974 年

坏消息披露事情变化的性质，好消息做不到这一点。

——1966 年

（乔伊斯告诉我们如何）弄清楚一种新事情和一切旧形式遭遇时产生的影响，如何为这些影响开一个清单。

——1967 年

要了解作为艺术形式的媒介，就要把一种媒介转换成另一种媒介。

——1960 年

今天，我们能够用多种多样的办法来检验广播和电视的反差。只需要想象一下可视电话的影响，我们就可以感觉到，这两种媒介是完全不同的。

——1971 年

如果你想研究广播这种媒介对社会的影响，看一看广播在电影中的命运，你就会获益匪浅。电影是如何利用广播的？电话在百老汇戏剧中的命运怎么样？

——1959 年

研究媒介性质的最好办法，就是研究它对其他媒介的影响，因为你在其他媒介身上可以清清楚楚地看见这些影响。所以，研究电视对运动的影响时，你就开始领悟到电视的性质。看见电视对政治、广告和电影的影响时，你对它的性质就若有所悟。

——1977 年

杂交媒介

帕金森把文牍泛滥命名为“帕金森定律”[①]，看来这条定律并不是因为摆弄纸张和打字机产生的。电话和电子媒介造成了信息的加速运动，打字员不得不努力跟上这个速度。文牍泛滥就是这样产生的。

——1960 年

媒介的杂交或交汇是显示真理、给人启示的时刻，也是新媒介形式诞生的时刻。

——1964 年

电动打字机是一种矛盾。它是分割和整合的杂交。我们这个世界充满了这样的矛盾。内燃机也是这

① 帕金森定律：由英国历史学家帕金森（Cyril Northcote Parkinson，1909—1993）提出，讽刺叠床架屋的政府官僚机构臃肿、人浮于事。

样的杂交。

——1964 年

电报是一种电力形式。当它与印刷术和轮转印刷机杂交时，就产生了现代的报纸。

——1964 年

照片不是机器，而是一种化学和光学流程。这种流程和机器相结合，就产生了电影。

——1964 年

任何系统断裂的原因之一，就是由于它和另一个系统杂交。印刷术与蒸汽印刷机杂交时，无线电和电影杂交（产生了对讲机）时，就发生了这样的情况。

——1964 年

各个领域的艺术家总是首先发现如何让一种媒介利用或释放出另一种媒介的力量。

——1964 年

狄更斯在报纸上发表小说，把报纸作为小说的内容，因此创造了的一种新鲜的、很有表现力的杂交形式。按照惯例，每当一种新媒介吞没一种旧媒介时，常规的口味总是要抗议，说这是庸俗化。狄更斯用照相机一样的特写镜头，近距离、高真度地描写。他打破了透视学的藩篱，回归到极其富有触觉和图像特征的、那种超现实主义和现代派的世界。这的确是一种悖论。

——1964 年

影响媒介的媒介

新媒介并不是旧媒介的增加，它也不会让旧媒介得到安宁。它永远不会停止对旧媒介的压迫，直到它为旧媒介找到了新的形态和地位。

——1964 年

电视对广播的影响之一，就是把广播从娱乐媒介送入神经系统一样的信息系统之中。新闻报道、报时信号、交通信息，特别是天气报告，使广播固有的力量增加，使人们参与相互交往。

——1964 年

拼音字母表用在粘土和石头上是一回事，用在轻盈的莎草纸上就是迥然不同的另一回事了。

——1964 年

在照相术的时代，语言获得了一种图表或图像的性质，其“意义”在语义世界里几乎完全没有归属关系，在文字王国里就更没有归属关系了。

——1964 年

电话加快了商界采用打字机的步伐，这是似非而是的现象。“给我发一份便函”这句话，每一天在电话上说的次数，何止千万。电话使打字员的功能急剧扩张。

——1964 年

研究复印术的冲击力，似乎是有用的——只要这种研究能够说明，一种媒介如何使传统的读写关系发生变化，那它就是有用的。

——1973 年

复印术使打字机的功能得以延伸，甚至使秘密的、个人隐私的东西移入公共的领域，《五角大楼文件》（*Pentagon Papers*）就是这样一个例子。给个人或团队的便笺简讯，居然打印并复印，就像是把秘不示人的手稿送到公众的手中一样。于是，打字机加上复印术恢复了私密手稿的特征，这一点是始料未及的。

——1973 年

今天，（大百货商店）这样的店堂分解成大型购物广场中的许多小店。这既是汽车的创造，又是电视产生的结果。

——1964 年

之所以要组建英国广播公司，一定程度上说是听了伊尼斯的意见。广播受到报纸、邮局的压力，还受到各种政治压力。干这些行当的人觉得，如果广播失去控制，它就会太激进，或者会产生变异。

——1959 年

报纸能够在一个版面上给各种

产品打广告，大型百货商店很快就应运而生。他们能够在一个房顶下给顾客提供各种各样的产品。

——1964 年

然而，电视形象对使用自己产品的顾客有何影响，像通用汽车公司这样的企业是否就知道呢？它们是否想到过这样的影响呢？

——1964 年

19 世纪 80 年代，兴起了作为一种说服手段的统计学。议会辩论因此而一落千丈。格莱斯顿[①]似乎是第一个掌握了用统计数字进行辩论的人。同理，广播的问世使政治辩论遭到致命的一击，因为你不能把嘴巴凑近话筒去辩论。

——1957 年

媒介融合功能

打字机使写作和出版融为一体，使人们对书面词语和印刷词语产生一种全新的态度。在打字机上写作改变了语言和文学的形态。

——1974 年

像打字机一样，电话融合了多种功能，比如它使应召女郎能够自己既当皮条客又当鸨母。

——1964 年

正如一切其他的电力媒介一样，电话的性质就是把过去分割和专职的功能压缩和统一起来。只有知识的权威才能在电话上发挥作用，因为信息传播的速度造就了一个完整和宽泛的联系场。

——1964 年

诗人和小说家如今在打字机上创作。打字机使写作和出版熔为一炉，造成了对书写词语和印刷词语的一种崭新的态度。

——1964 年

① 格莱斯顿（William Edwart Gladstone，1809—1898）：英国 19 世纪著名政治家，曾任四届首相。

媒介再加工媒介

等到电视变为一种旧技术时，我们才会真正理解和欣赏它辉煌的性质。

——1967 年

历史和科学史可以这样写：它是新技术为旧技术创造新环境的过程。这个过程连续不断。

——1964 年

斯威弗特《木桶的故事》(*A Tale of a Tub*）用新兴的印刷世界去包容此前布道和注经的世界。他意识到了形态的冲突，有一点像今天《疯狂漫画》(*Mad Magazine*）表现的冲突一样。

——1964 年

这些新的（电力）形式把书籍打得落花流水，这一点毫不奇怪，就像书籍打败手抄稿和与手稿相联系的伟大文化一样。1831 年，法国诗人拉马丹就预见到，报纸将是未来的书籍和诗歌。

——1964 年

使用者是媒介的内容

一种媒介使用另一种媒介时，使用者就成为它的“内容”。汽车装在火车上运输时，汽车是在使用铁路，于是它就成为铁路的“内容”。同理，当装载它的是货柜车时，它使用的就是公路。依此类推，印刷术使用手稿、电视使用电影、电影使用剧场、文字作品使用声音等等，都是这样的情况。杂交也好，母体承载子体也好，都要产生新的化合物，如像有声电影或“无马拉的车”[①]一样。

——1971 年

无论什么媒介，语言、服装、广播、电视，只要你使用它，你就是它的内容。构成媒介那种服务经

① “无马拉的车”（horseless carriage）：汽车问世时，无以名之，故名。这是麦克卢汉所谓旧媒介成为新媒介内容的例子。

验的，正是使用者本人。无论电视上放送的是什么，如果看电视的人是中国人，它就是一个中国人的节目，就像电视上放的电影给人的感觉是电视节目一样。

——1974 年

你是自己任何一种延伸的内容，无论这延伸是什么；大头针、钢笔、铅笔、剑是这样，宫殿、纸张、歌曲、舞蹈、口语也是这样……这一切媒介的意义都是你的经验，你使用自己时获得延伸的经验。意义不是“内容”，而是一种积极的关系。

——1971 年

使用者总是内容，至少传统的亚里士多德的观点是这样的：“认知者自己成为被认识到的东西，它就是被认识到的东西。”

——1973 年

理查兹的……《实用批评》（*Practical Criticism*），揭示了一系列东西，说的是人们实际读（诗）时的所作所为。他们把读诗转换成适合自己的东西。

——1973 年

读者把诗歌当做“面具”戴在脸上。他自我调节去使用诗歌，把它作为一种感知世界的手段。于是，他成为诗歌的“内容”。

——1974 年

14.2. 媒介革命与媒介形式

媒介革命的模式

要言之，任何新媒介都是一个进化的过程，一个生物裂变的过程。它为人类打开了通向感知和新型活动领域的大门。

——1964 年

每一种技术形式都是我们最深层的心理经验的反射。

——1947 年

新技术模仿人类学习和认知经

验最初的程序。

——1968 年

在正常使用技术即人体各种延伸的情况下，人不断受到技术的修正。反过来，他又不断找到新的方法来改造技术。

——1964 年

十八世纪之前，有一半的印刷书是古代和中世纪的书。古代和中世纪都被呈献给印刷书籍的第一批读者。而且中世纪的读本是最受大众欢迎的。

——1964 年

艺术史刚问世时，那是在 1450 年，印刷的词语已经具备现代电影的一切基本特征。今天的电影既是 500 年前发明的印刷术的圆满结果，也是艺术史性质的逆转。

——1959 年

电影曾经名叫“闪光片”（flickers），实际上它嵌入在印刷形式中。印刷形式本身就是闪动的东西。读印刷书的时候，你的眼睛不断从一个镜头转入另一个镜头。你看下一个镜头即形象的时候，上一个镜头还在流连。这里存在着一个手指头触摸的、闪动的、令人生疑的无人地带。

——1959 年

薛定谔[①]解释，他和同仁达成一致意见，用老的牛顿物理学的语言来报告他们在量子物理学领域的发现和实验。这就是说，他们同意用牛顿视觉世界的语言来讨论和报告非视觉的电子世界。

——1974 年

电视是新的开端，像文字的发明一样。但是，电影就一定意义而言，是谷登堡革命的终极阶段，因为电影是机械形式，不是电子形式。印刷术是手工艺的第一次机械化，是准确重复的大批量生产的第

---

① 薛定谔（Erwin Schrodinger，1887—1961）：奥地利物理学家，量子力学创始人之一，1933 年诺贝尔奖得主。

一种形式。

——1959 年

正如言语是文字的先驱一样，电视也可以肯定地说是文字的后继者。

——1955 年

电视环境一步一步地使老的电影形态升格，使之成为人们情绪上珍视的艺术形式。中世纪世界因为谷登堡技术而得到同样的待遇。

——1966 年

今天，我们有了这种电子设备（电视）。它瞬息之间就把我们转换成为软件，使我们像软件一样转瞬之间倒过来放送。

——1978 年

正如它是信息和编码数据的轮廓线一样，人类的新环境很难得是“硬件”或物质的东西。

——1966 年

照片、广播和电影的时代是媒介和市场裂变的时代。相反，电视来临之后，我们进入了聚变的时代。从心理上来说，甚至是氢弹的时代。电视的讯息是相互融合、内爆和整合。

——1961 年

技术进步一次又一次地使每一种情景的特征都发生逆转。自动化时代将是一个自己动手的时代。

——1957 年

语言和言语

伟大的、持久不变的大众媒介不是文献，而是言语。语言既是一切媒介之中最通俗的媒介，又是人类迄今可以创造出来的最伟大的艺术杰作。

——1964 年

语言对智能的功能，就像轮子对脚和人体的功能。轮子使脚和人体在移动过程中越来越灵便、快捷，越来越少地直接参与走路。

——1964 年

我们的母语，是我们全身心投入的东西。母语使我们的感知发生变化。所以如果我们操汉语，我们的听觉、嗅觉和触觉就会迥然不同。

——1970 年

母语是宣传。

——1965 年

言语是我们决定人体距离的主要手段。人体距离不仅是物质的，而且是情绪的和文化的距离。我们对听不懂自己母语的人说话时，不由自主地提高了嗓门。

——1955 年

一种信息传输的机械编码，在什么情况下成为一种语言？一种语言又是在什么情况下恢复成一种信息传输编码？有了今天的编码装置（如电影）之后，我们正在着手确定，这些使人的感知深刻变化的，重塑了人的制度和态度的传输手段本身，是否已经获得了新的语言的地位。

——1960 年

对婴儿来说，英语不是一种语言，而是一种机械编码。对初学俄语的成年人来说，它首先是一种机械编码。只有等到它成为潜意识的东西时才是一种语言。

——1960 年

传统的通俗方言本身是大众媒介，也就是特别的经验框架和载体。

——1962 年

语言不仅是经验的储存器，而且是经验的转换器。它把一种编码转换成另一种编码。在这个意义上，语言是一种暗喻。

——1962 年

艾略特发现，英语正在从抑扬格上扬重音格律转变为扬抑格下挫重音格律。这是和英语语言文学的一整套惊人的革命同步发生的。同时发生的，还有人的观点和交往的变化。

——1965 年

语言是文化的集体面具。诗人首先关注的，是它疏导感知的资源和力量。有了语言，诗人就戴上了集体的面具。他像操纵木偶那样使用语言。

——1963 年

英语或其他任何语言都是传统经验的大众组织。传统经验给人提供一种看世界的观点。

——1954 年

实际上，语言是全人类集体经验的储存系统……你每一次回放一点语言的时候，都要释放出一整套古老感知和记忆的载荷。

——1966 年

我们认为言语（以母语表现）是最亲近的东西。然而，在我们的身上，再也没有什么东西比言语具有更加强烈的集体属性和公共属性。言语的潜意识共鸣属性把我们和最古老的时代连在一起，和当前的万千气象连在一起。

——1972 年

拼音字母表

拼音字母很独特，由音素也就是没有意义的声音片段组成。其他所有的字母表[①]，主要是由词素也就是有意义的语音片段组成。形态符号意义的极端抽象……把视觉官能在其他感官中的体现释放出来。声音、触觉和语义分离之后，欧几里得几何与逻辑就可能产生了。

——1973 年

听觉向视觉的转换，建立了人的心灵生活，心灵生活把人与外部世界分隔开来，而且在某种程度上把人和他自己的感官分隔开来。我们研究前文字的社会时发现了这样的情况。

——1953 年

字母表独特的力量，是使音形义分离。我们的字母在语义上是中性的……这种分离……渗透

① 似乎应该说文字。

并塑造了识文断字的西方人的一切感知。

——1964 年

日本人即将推出一个几十亿美元的规划，他们要在全国推行西方的拼音文字。这个计划将会使日本面目全非，将会侵蚀日本口头文化……日本人的整个身份将要被撕得粉碎。它释放出的暴力将会泛滥成灾，寻求新身份的集体渴求也会泛滥成灾，其竞争规模在人类历史上将难以想象。

——1974 年

拼音字母表中的字母在语义上是中性的，它们缺乏言语的结构和力量。只有拼音字母表才是这样的情况。既然这些字母展现出来的视觉形象在听觉上和语义上都是中性的，它们就……在支持视觉独立发展中产生非凡的影响。

——1973 年

使用拼音文字的人，从古希腊人到现代人，在与环境的关系中，始终都表现出进击的姿态。他们需要把环境转换为语音的、文字的东西。这就使他们成为征服者，成为推土机和平土机。

——1974 年

文字与书面词语

（文字）在很大程度上是思想的空间表达。

——1954 年

文字给予人空间控制的能力。它又产生了城市。用文章塑造空间的能力给予人用建筑来组织空间的能力。信函能被传递之后，接踵而至的是道路、军队和帝国。亚历山大和罗马皇帝的帝国实际上是用纸路修筑起来的。

——1954 年

柏拉图在《斐多篇》里说，文字的来临使文化变革走上坏的方向。他说，文字可能会用回忆来代替思想，用机械学习来代替活生生的追求真理的辩证法，这样的追求是通过讨论和对话得到真理的。

——1954 年

书面词语不再使人与社会的重要工作和功能产生联系。飞行员不依靠书面函件。同样的情况差不多适用于每个人。

——1967 年

印刷术

一切东西各有其位，一切东西井然有序。这不仅是排字工人铅字架的特征，而且是人类知识和行动整个组织安排的特征，自从 16 世纪以来都是如此。

——1964 年

……现代教室的空间安排建立在印刷书籍的基础之上。印刷机产生的那种同一的、可重复的数据封闭空间，有史以来第一次使老师和学生都可以在面前放一本相同的书……现代教室的座位安排一直按照铅字架那样的空间安排，铅字给我们送来了印刷书籍。

——1961 年

印刷术为从前的著作提供了宏阔的新鲜记忆，并且使个人的记忆不敷应用。

——1964 年

五百年来，印刷术对人的感知的影响，明快的评说和意识是难得一见的。

——1964 年

印刷术培养消费者的思维习惯，人们欣然接受经过加工和包装的商品。这是印刷术的一个方面，人们对这一点几乎完全忽视了。

——1958 年

印刷术养成人与另一个头脑交流的心灵习惯。你觉得贴近另一个人的头脑，与之感应。目光快速跟随书上的形象时，产生这样的幻觉是自然而然的。这是十足的幻觉。印刷术问世之前，谁也没有这样的幻觉。至少是没有与之类似的东西。

——1964 年

也许，我们与尾随印刷工业的文明的关系，实在是太紧密了，所以我们不能发现印刷商的特点。用拉斯基（Laski）的话来说，教育成为让人接受印刷词语欺骗的艺术。

——1964 年

印刷术发现了生动逼真的民族疆界，印刷书籍的市场也是由这样的疆界圈定的，至少对早期的印刷商和出版商是这样的情况。而且，能够看见母语穿上可以重复的、相同的技术衣衫，也许在读者的心中产生一种统一和强大的感情。个人和操母语的其他读者分享这样的感情。前文字和半文盲的人的国家是迥然不同的。

——1960 年

事实上，活字印刷是一切装配线的祖先。忽视印刷的技术形态对读者心理生活的冲击，那是愚蠢的。忽略这样的冲击，就像忽略音乐的节奏和拍子一样。

——1964 年

我们所知的学校和教室，是印刷书籍技术的直接延伸。印刷书籍是第一种教学机器，而手稿仅仅是一种教学工具。

——1960 年

谷登堡使一切历史同时展现：便于携带的书籍把死者的世界带进绅士的藏书室。

——1951 年

任何过程的机械化，都要靠分割才能实现。最早的机械化肇始于活字印刷使文字实现的机械化。

——1964 年

能够看见母语穿上……相同的衣衫，也许在读者的心中产生一种统一和强大的感情。个人和操母语的其他读者分享这样的感情。

——1960 年

使用拼音文字使自由派相信，

一切真正的价值是私密的、个人的、个体的。

——1962 年

也许，拼音字母文化最有力的表现，是我们的统一价格体系，它渗入到遥远的市场，加速了商品的周转。

——1964 年

照片

环境具有使人难以感知的奇怪力量。过去的环境受到新环境的包围时，几乎就获得了一种使人怀旧的魅力。这一点最清楚不过地表现在摄影术中。摄影术能够给一切人工制造物赋予艺术品质。这不是单纯的复制，而是一种创新。

——1967 年

照片使人的形象发生了一场革命，正如它改变了我们城市的模式和空间布局一样。实际上，照片推动我们走向程序控制的环境。

——1966 年

在照片时代，时装带上了学院派绘画的风格。

——1964 年

民族主义遭受的第一次打击是照片的打击，因为照片对一切边界都置之不理。它一举摧毁了新闻稿造就的空间孤岛。虽然它是印在报纸上，但是它与文字报道还是决然对立的，因为你在照片中看见的东西和你读到的东西还是迥然不同的，不同于韩国、开罗或任何其他地区的文字报道。你看见的是人。你读到的却是关于埃及人、韩国人等的报道。

——1959 年

照片的第一个市场效果是强化产品的存在和突出特性。这个新的效果是让消费者和产品直接挂钩……公众曾经眼睁睁地看着富豪摆阔气消费，现在他们看见了普通人的消费过程。

——1957 年

照片把旅行的目的颠倒过来。

过去的目的是去接触奇怪的陌生的东西。

——1964 年

任何人的照片，无论其色调如何，都是人的照片，而不是“有色人”的照片。

——1964 年

照片是视觉的延伸。它有一种奇怪的属性，它是没有句法的一种表述形式。照片之前的木刻和镌刻具有强烈的句法，照片的后继者电影也是这样的。镌刻的句法来自手。电影的句法来自脚。从生理上来说，电影是眼和脚的结合。

——1964 年

照片是迫使人以批判的态度审视环境的主要媒介之一。

——1967 年

没有人能够一个人承揽摄影术。一个人独自读和写的幻觉至少是可能的，但是摄影术不能培养这样的态度。

——1964 年

摄影术揭示了鸟儿飞翔的秘密，使人能够飞向蓝天。照片捕捉住了鸟飞的情况，显示飞翔的原理是翅膀定格的静态。鼓动翅膀是为了给推进提供动力，而不是为了飞翔。

——1964 年

画家莫尔斯[①]无意之间投身非视觉的电报世界。同样，照片捕捉住了身与心的内在姿态，实际上超越了图像的世界，产生了内分泌学和精神病理学的新世界。

——1964 年

电报

电报……不是文字的机械化，而是文字的电气化。

——1960 年

---

① 莫尔斯（Samuel Morse，1791—1872）：美国画家、电报发明家。留学英国，回国初期巡回作画，善于从静态中描绘人物性格；发明点线系统的莫尔斯电码，开设了从巴尔的摩到华盛顿的第一条电报线。1854 年获专利。

电报使人能够每时每日捕捉住全球的一幅快照、一个剖面图。它使19世纪撰写社论和新闻稿的作家寿终正寝，这样的作家曾经使政府震撼，使外交家俯首。

——1960年

从巴尔的摩到华盛顿的第一条电报线，促进了两个城市棋艺专家之间的对抗比赛。其他的电报线用来搞彩票和一般的游戏，正如无线电初期游离于商业用途之外一样。事实上，无线电在业余爱好者之中培育了好多年之后，大公司才把它抢过去开发。

——1964年

电报已经创造了印刷词语的新形式，在报纸和诗歌中都是如此。电讯报使人能够同时在世界各地采集信息，因此它获得了同步的马赛克性质，基本上是同步的声觉的性质。

——1974年

电话

正如其他的电力媒介一样，电话的性质本身是压缩和综合过去割裂的和专门化的东西。在电话这个媒介上，因为它运转的速度，只有“知识的权威”才吃得开。电话创造了一个全局的、无所不包的关系场。

——1964年

电话上缺乏形象。这是这个媒介了不起的积极的潜力所在。这个潜力还没有开发过呢。可以用电话来给残疾儿童之类的人教数学，也可以教没有数学等天赋的人学数学。

——1966年

电话的听觉形象是低清晰度。它要求最大限度的注意力，所以它不能够用做背景。所有的感官都调动起来去加强微弱的声音。我们甚至觉得有必要靠涂鸦和踱步来调动身体的动觉参与。我们通过视觉构想来补足广播强大的听觉形象，但是打电话的时候，我们的视觉构想却是很少的。

——1964 年

我们坦然接受电话，让它侵入我们的家庭。但是，我们肯定没有准备跳出家庭，去接受可视电话所要求的那种社交活动。

——1976 年

为什么舞台上的电话一响就引起紧张情绪？为什么电影中无人接听的电话引起的紧张要轻得多？上述问题的答案简单明确：电话是参与形式的媒介，它要求一个伙伴，它具有电能正负两极的一切强度。

——1964 年

英国人不喜欢电话，他们用许多投递的邮件来代替电话。俄国人把电话当做地位的象征，就像非洲部落酋长把闹钟戴在身上，作为一件装饰品一样。

——1964 年

我们……用电话和卫星劫持了因纽特人，我们让他们上了广播。你听说过给他们家里安装电话的故事。他们不要私人电话，只想要并联的电话线，以便人人都能够听到大家伙说些什么。他们拒绝在因纽特人的聚居地安装私人电话。他们坚持认为，每个人说话都应该让大家同时听到。

——1973 年

一旦拿起电话，决策人就只能行使知识的权威，而不是行使分配给他的权威。

——1960 年

“真实”是从视觉世界借用的观念。“虚假”（phony）在英语俚语里的意思是“不真实”。它最初的意思是“像在电话上说话那样不真实”。1920 年出版的词典里，“phony”就是这个意思。

——1978 年

电力媒介转瞬之间就把我们送到我们想去的地方。打电话的时候，我们不会掉进洞里消失得无影无踪。就像爱丽丝漫游奇境那样，我们去了人家的地方，人家到了我们这儿。

——1971 年

法语是“爱情的语言”，因为它把声音和耳朵特别亲密地联系起来，正如电话一样。所以，在电话上亲吻是很自然的，但是在电话上用眼睛构想对方形象却是不容易的。

——1964 年

儿童和少年懂得电话，他们拥抱电话线和听筒，把它们当做宠物。

——1964 年

打字机

打字机的节奏偏爱简短的句子，具有口头形式的句子。

——1974 年

打字机是我们口头革命的一部分。

——1974 年

打字机是记录思想的手段，而不是表达思想的手段。

——1964 年

打字的时候，诗人驾驭着印刷机的资源。打字机就像讲演者股掌之中的音响设备。

——1964 年

打字机融合写作和出版，使人对书面词语和印刷词语产生崭新的态度。在打字机上创作改变了语言和文学的形态。

——1974 年

电影

仅仅是用机械手段来加快速度，电影就把我们从顺序和连接的世界送入了具有创造性轮廓和结构的世界。

——1964 年

关于电影摄影机和放映机，有一个基本的事实要记住，那就是它们像人类的认知过程。

——1964 年

电影还处在它的手稿阶段。

——1964 年

廉价的录像带放送机问世之后，电影就会成为便于携带的东西，就像谷登堡革命之后的书籍一样。

——1966 年

每一种文学手法，从意识流到乔伊斯到伍尔芙①，到个人阅读中的快速连词扫描，所有这一切都是电影技巧的直接冲击。新艺术形式的主要影响之一，就是唤醒旧形式，使之恢复生命力和表现力。

——1964 年

我只能把电影当成是我们的认知奇迹的机械化和扭曲。提高认知奇迹，我们创造了外部世界。认知给我们提供的是心智的舞蹈，心智之舞是存在的模拟意义。与此相反，机械媒介给我们提供的，往往仅仅是一个梦的世界。这个梦境取代了现实，而不是证明了现实。

——1954 年

电影摄影机是把日光的世界盘卷在拷贝盘上的手段。它凭借快速的呆照而达到目的。电影放映机把胶片倒过来放送，用黑暗梦幻的形式再造了一个日光的世界。把感知过程逆转的时候，连机械的摄影机和放映机，都在日常经验中产生了神奇的变化。电影重构了外部的日光世界。在这个过程中，它给人提供了一个内部的梦幻世界。

——1954 年

照相机使人的眼睛和脚得到延伸，电影摄影机使你的眼睛和脚进入世界——它是活动的。但是电视可不是这样做。它不延伸眼睛和

① 伍尔芙（Virginia Woolf，1882—1941）：英国小说家、散文家，伦敦“布鲁姆斯伯里派”的重要人物，创办霍加斯出版社，出版了自己和现代派的其他重要作品。代表作有《达洛威夫人》《到灯塔去》《奥兰多传》等。

脚，而是延伸眼和手：电视仿佛用手触摸、抚弄；它用扫描和抚弄的办法来扫描环境。

——1966 年

电视对老电影进行加工，把它变成人们广泛预料到的先锋艺术形式。电视上的电影不再是一种环境形式，它成了电视的“内容”。因此它成了一种无害的消费品，不再被看成是腐败和使人堕落的东西。腐败和堕落的帽子总是搁在那儿，准备扣在活跃的环境性的东西之上。

——1965 年

（狄更斯的）《大卫·科波菲尔》（*David Copperfield*）试验用儿童的眼光来描写，仿佛眼睛是投向成人世界的收音机。把成人世界当成是儿童意识之中的一个神奇展开的活生生的过程，对电影形式和摄影机镜头来说，这是一个引人注目的预见。格里菲斯（D. W. Griffiths）有这个认识，他习惯随身携带一本狄更斯的小说，在外景地用。他常常在拍摄过程中停下来，坐在地上，打开书，以便寻找一些解决他的问题的新办法。

——1964 年

报纸

现代报纸像气象专家一样，是一种神奇的制度。编写报纸的目的，是释放感情，使我们始终维持激动的情绪。不是要提供消化新闻的图式或模型。报纸从来不提供洞悉事件的眼光，它仅仅提供事情的令人激动的情绪。

——1960 年

人们并非真正阅读报纸，而是像爬进浴缸那样步入报纸。

——1960 年

取消报头日期，报纸就成了一首奇异而迷人的超现实主义诗歌。

——1960 年

（论不准确选举预测）英国人也注意到这种情况。选举预测人的日子不好过。在前两次的选举中，他们的预测彻底破产。我认为他们问的是适合报纸的问题——高清晰度的问题：你对某某候选人怎么看等等。

——1960 年

人们为了在公共传输中得到隐私而使用报纸。

——1967 年

大多数鸡毛蒜皮的事情，一旦转化成散文之后，就得到了额外的强度。

——1970 年

来自世界各地的新闻，集合在一起之后，有一条没有说出的讯息：今天的世界俨然是一座城市。世界上的一切战争都成了内战。

——1954 年

说起来好像有一点矛盾，但的确是事实：在偏重文字的美国，报纸具有强烈的口头特征；相反，在偏重口头文化的俄国和欧洲，报纸具有强烈的文字特征和功能。

——1964 年

爱伦·坡发明了侦探故事和象征派诗歌，作为他对电力挑战的回应……他认为，（逆叙法写系列故事的）原则经过延伸，一路下来，进入日常的新闻报道。这是因为，如果新闻蜂拥而至，没有一个编辑来得及加工整个报纸的全部内容，那么将其打包，一揽子交给读者，让读者去当编辑，这就有必要了。

——1958 年

在图片众多的报纸和画报里，连文字都带有风景的特色。

——1952 年

20 世纪 20 年代旧式的“黑幕揭发”新闻以来出现的重要趋势就是间谍。政治新闻也好，商务新闻也好，报业都成了世界上最重要的产业。我们认为理所当然的是，现代报纸依赖对全社会的“窃听”。实际上，我们期待报界对全世界进行“窃听”。希望它挑战并渗透一切隐私和身份，无论是个人的还是集体的。

——1974 年

普通人习惯于来自世界各地的人们感兴趣的新闻，这和编辑方针的好坏没有丝毫关系。仅仅是在世界范围采集新闻的技法，就造成了一种新的心态，这种心态和当地的或国家的政策没有多少关系。因此，新闻中家常便饭的耸人听闻的荒谬和不可靠的东西，也不能完全抹杀新闻的总体效果。这个总体效果就是加强人类一体的强烈意识。

——1951 年

让公众日常接触许多并置的新闻，这就给报纸赋予复杂的一维，即人的兴趣何在的一维。

——1964 年

分类广告（和股票行情）是报纸的基石。倘若能找到另一个这样方便的、日常的、多种多样的信息来源，那么报纸就只好关门大吉了。

——1964 年

新闻是人工制造物，在这一点上，它比艺术品有过之而无不及。

——1969 年

那个骄傲的座右铭“一切适合印刷的新闻”所宣扬的是，新闻实际上是虚构（fiction）。从最初选取需要采写的经历，到任意地选定浏览的读者想要看到的东西，整个过程中，有一个很大的选择的因素，即如何看世界的因素，这个观点认为，世界是适合印刷的东西。

——1971 年

“他造就了新闻。”这句话有两个意思，模棱两可，难以说清。上报纸的意思既可以是进入新闻，也可以是写新闻。因此“造就新闻”就像“成功”（make good）一样，包含着不计其数的行动和虚构。

——1964 年

广播

电台的兴起和爵士乐文化的兴起不可分割，正如电视的兴起和摇滚乐文化的兴起不可分割一样。

——1972年

广播的潜意识深处，充满了部落号角和古老鼓乐的共鸣回荡……这个媒介有力量把心灵和社会转换成一个共鸣箱。

——1964年

广播使信息加速。同时它又引起其他媒介的加速。它确实把世界缩小到了村落的规模，造成了难以满足的村里人的胃口：街巷闲聊、谣传和个人的恶意攻击。

——1964年

广播可以用做背景声音或噪声水平控制器。机灵的少年把它用作维护隐私的手段。

——1964年

广播……改变了人与人的关系，无论其内容是什么。

——1974年

广播使人深度参与的力量表现在这些用途上：少男少女做家庭作业时开着收音机；许多人随身带半导体收音机，以保证自己在人群中能够享受清净。

——1964年

广播首先提供了电子内爆的大众经验。这使拼音文字的西方文明的整个方向和意义都发生逆转。

——1964年

希特勒和甘地，还有20世纪的许多其他人物，都是公共讲演的扩音器材和广播电台造就的。凡是要对广播进行价值批判的人，都不得不把甘地和希特勒两人一锅端。

——1970年

（罗斯福）苦心孤诣利用对他不利的报界，以提高自己在广播上的形象。今天政治的艺术，要求政治家像乐队指挥一样地善于使用公共传播的各种工具。

——1965年

难以对西方人说清楚，为什么口头文化对广播的反应竟然会如此猛烈。口头文化里的人不能容忍广播，就像他们不能容忍酒精一样……他们的口头文化已经是深度参与的文化，而广播和酒精则刺激口头文化的部落外膜，使之达到病态的程度。

——1972 年

听收音机的时候，我就生活在收音机里边。

——1964 年

和电话相反，广播容许收听者填补大量的视觉形象。播音员和音乐节目主持人形象突出，洪亮而清晰。电话上的声音却是与视觉脱离的。没有人扼腕悲叹，写过什么“守着收音机真孤独”。但是，“守着电话真孤独”确乎是 20 年代的经典诗歌。它预告了当代高层建筑生活的孤独，真是振聋发聩的预言。

——1971 年

复印术

任何一位名人只需把他的备忘文书函件和盘托出，送到出版社的办公室，几个小时之内，他的传记就可以编好了。

——1971 年

《五角大楼文件》或许是谁也不读的专题报告。复印技术使大量的委员会及其专题报告泛滥成灾。

——1973 年

复印技术往往使读者将写作和出版集于一身。凭借复印技术，任何人都可以把印刷品、手稿、照片和复印材料拼凑起来，还可以给这些东西配上录音。此时，高度集中化的出版活动自然就分解为极端非集中化的活动了。

——1965 年

复印技术是电力对排印技术领地的侵犯，意味着这个悠久领域或悠久技术的全局性革命。老师和学生已经在教室里感觉到了这一场革命。

——1965 年

电视

电视是一种整合性的媒介，它迫使长久分离和分散的经验成分之间产生相互作用。

——1961 年

电视屏幕把能量倾泻在你的身上，使你的眼睛瘫痪。不是你看着它，而是它看着你。

——1977 年

看到肯尼迪被刺的电视报道之后，大多数人都受到震撼。我们都清醒地意识到，自己深深地卷进去了，但是没有什么激动，没有什么轰动。当参与达到最大限度时，我们差不多都麻木了。

——1964 年

所以，电视并不是 19 世纪企图重新征服联觉的那一种艺术节目。而是在它的艺术家退场之后才出现的红极一时的技术上的成功。

——1961 年

面孔平庸的人在电视上不上镜。相反，样子像老农的人，或者品格很坏的人都很适合上电视。

——1972 年

倘若电视将要剥夺我们文明的个性，剥夺我们不同的自我，那么我们就应该关掉电视。因为就我所知，电视与西方文明的延续是不可兼容的。

——1972 年

几百年来，美国人向外追求独处，向内追求热情并善于社交。我们这个基本模式，与人类其他民族的风俗习惯是颠倒的。突然之间，电视使美国人与欧洲和亚洲一致起来。自从电视问世以来，至少年轻人是向外追求与人相处，向内追求安静独处的。

——1973 年

为什么电视马赛克的非连续的扫描线，反而突出了物体的雕塑似轮廓线条？

——1960 年

电视形象是投射和外化我们触觉的第一种技术。

——1961 年

看电影时，你坐在那儿看屏幕，你就是摄影机的镜头。看电视时，你则是电视屏幕。你是透视中的消失点，像东方画里的消失点一样。画面在你的内心放映。看电影的时候，你向外进入世界。看电视的时候，你向内进入自己。

——1967 年

电视……是非常内向的，从潜意识上说是这样。它创造一种向内的深度，静思默想的、东方式的。电视儿童进入了一种非常深刻的东方化的存在。他不会把目标当做世界上追求的客体。

——1967 年

人们看不见电视上的电影；他们看见的就是电视。

——1966 年

收费电视上的理想节目，是作曲家排练交响乐，而不是他正在演奏自己的交响乐。

——1967 年

只有在陷入危机的时候，电视才是一种服务媒介。

——1970 年

作为今日节目的电视，是连续的现在，其实是没有日期之分的。

——1971 年

人们不接受电视上的战争，他们会接受电影中的战争，报纸中的战争。没有人会接受电视上的战争，因为电视上的战争太近了。

——1973 年

披头士的发型是电视的另一种福利补贴。

——1966 年

采访队试图成为新闻来源，他们凭借直接的对话，而不是靠远程的报道。这样的做法和电视媒介贴近生活的属性相吻合。

——1971 年

电脑

电脑自动化的神秘性之一，是它需要模仿意识，这种需要是永恒的挑战。

——1966 年

将来电脑要干的事情，和信息检索没有关系。和它相关的，纯粹是发现，因为我们的记忆有许多功能，多半是无意识的功能……你能够高速度地回忆事情时，它们就具有了一种新型的神秘意义和结构意义。这种意义对普通的感知是非常陌生的。因此，电脑……不由自主地……揭示了神秘、模式、结构和外形的知识。所有这些知识都负载着大量的令人激动的发现。

——1966 年

在电脑快速运行的情况下，它的影响与输入密切相关。因此，无论电脑系统的使用者做的是什么，他都很难避免一种艺术性的参与过程。

——1971 年

使用电脑的人需要艺术家的创造性幻想。今天的世界就是这样的。

——1958 年

电路的意义是，每一种情况都要回归到自身，很像认知及其回放的模式，也就是人在感知和认知过程中的“再认”模式。新技术模仿人学习和认知的基本程序。

——1968 年

电脑编程要求人对媒介和自己的意识达到新水平，我们还不具有这样的水平。

——1961 年

电脑还在用作维持前电脑时代效果的代理人。

——1973 年

电脑可以接管整个机械时代。过去机械条件下所做的事情，都可以比较轻松地用电脑来做。这包括我们的教育体制。

——1966 年

用电脑技术的行话来说，我们正在走向一种农舍经济。最重要的产业活动可以在地球上任何一个地方的任何一间小棚屋里进行。

——1970 年

电脑是研究和通讯工具，他可以加快信息检索，可以使大型图书馆的组织安排过时，可以恢复个人百科全书式的功能，可以迅速进入一种私密的通道，接触可以出售的、快速量身定做的数据。

——1979 年

电脑对专门家说："请进我的起居室。"

——1968 年

有了电路之后，人类一切机械的产业，往往都带上了逆反的特征。正如教育界倾向于从传授转向发现，让受教育者直接参与学习过程一样，一切的机械产业都倾向于放弃一揽子的东西，转向为个人量身定做。这个模式在建筑业的电脑设计程序中浮出水面。

——1966 年

……和未来媒介

书籍即将不再是个人表达的工具，而是成为集体对社会的探索。

——1966 年

书籍的倾向是不再搞一揽子的东西，而是成为量身定做的信息服务，以满足读者个人的需要。公众是印刷书的产物。在电路条件下，公众在很大程度上将不复存在。

——1966 年

就是现在，录像带已经在等待节目和主题，即将走向大众。制作录像带的人在制作节目时感到困惑。自然的冲动就是在新形式中重复旧形式中已有的节目。此所谓"贯彻律"。我们用新形式来做旧的事情，即使根本不需要这样做。

——1975 年

无论下一种媒介是什么——可能是意识的延伸——它都会把电视当做是自己的内容，而不是当做环境。它会把电视转换成一种艺术形式。

——1967 年

人的生存似乎要依赖把意识延伸为一种环境。由于电脑的问世，意识的延伸已经开始。我们对超感官知觉和神秘意识的痴迷，就已经预示了意识的延伸。

——1972 年

模拟（类比）的结构特征也许值得一提，因为电脑问世之后，意识本身延伸的可能性大大增加了。如果要完成意识的延伸，依靠现存的理性观念是办不到的。

——1971 年

我们已经延伸了中枢神经系统，使之转换成了电磁技术。把意识迁移到电脑世界，就只有一步之遥了。

——1964 年

外部的共识或良心，和个人意识一样，现在是必要的了。

——1964 年

（像电脑化的超感官感知这样的未来的媒介，会加工）意识，把它当做环境的团队内容——而且最终可能会出现一种微型的手提式电脑，大约和助听器一样小。这种微型的电脑可以通过团队的经验来加工个人的经验，就像梦境能够加工个人的经验一样。

——1965 年

技术的趋势是用越来越少的资源做越来越多的工作。要超越这种趋势，唯一的办法就是直接把信息输入人的神经系统。假如“大脑移植”的时代就在前方，也许就可以给每一代新人提供“大脑的复制件”，直接对那个时代的思想精英的大脑进行活体复制。人们不再买莎士比亚或伊拉斯谟的著作，很可能用脑电图扫描的办法，把莎士比亚和伊拉斯谟的感知和博学植入自己的大脑。于是，就可以绕开书籍了。

——1970 年

15. 探索

15.1. 媒介适合杰里科[1]之战

西方世界在重温它的过去，重温许多已经遗忘的昔日的文化。

神奇的放映机用梦幻和历史的眼光给我们娱乐。享受它给我们的愉悦时，我们认为自己是在观看新片的试映。

印刷品只给我们往昔的固定立体镜像。它的意象流（imagery-flow）比口语和书写要快得多。尽管如此，它离同步性还是有千里之遥。同步性与电报一道诞生，它已经成为我们文化方方面面的特征。

电报给人提供全球的快照，冲破字母和文化的屏障，创造“公开的外交”，即所谓没有围墙的外交。

奥列威尔[2]领衔主演的《理查德三世》（*Richard III*）把许多英国艺术史家和社会史家的专业知识结合起来，赋予它一种独特的经验。把往昔经验的细节装配起来，使之童叟咸宜，对一个人而言，那是需要多年积累，穷多年精力的。许多专业知识交汇的结果，就是推倒隔绝专业知识的墙壁，历史学之墙也好，生物学之墙也好，都一概推倒。六龄孩童和考古学家一样都可以轻轻松松步入历史。历史放纵自己，让墨菲（Bridey Murphy）之

---

① 杰里科之战：典出《圣经》。杰里科（耶利哥），约旦城镇，位于死海之滨，是约书亚率领犹太人渡过约旦河后打下的第一个城镇。

② 奥列威尔（Laurence Olivier，1907—1989）：英国演员，擅长饰演莎剧人物。

流的催眠师自由出入。

现在，我们可以回到往昔的任何一刻，至少是像的士司机能够牢牢地把握此刻一样。惟妙惟肖地复制一段英国历史，就产生这样的结果：眼前这一幕，就像今天人人熟悉的都市景观。

由于同步传播，我们的都市里出现了相同的情况。都市始终是人们求得交往和知觉的同步性的一种手段。在这个方面，古时候的家庭只是在少数人中实现了同步，而都市却是在许多人中间实现了同步。现在，我们的技术推倒了一切城墙和借口。

部落文化的口耳空间从来没有调到对往事的视觉重构。对部落人而言，所有的经验和一切过去的生活都是现在。没有文字的人只知道同步性。人与人之间的墙壁，艺术与科学的墙壁，都建立在书面词语的基础之上。也可以说，这个基础就是用视觉形象捕捉住的词语。

回归同步性之后，我们进入了部落和听觉的世界。这是一个全球一体的世界。

古人挤压听觉之墙，走向经验的视觉方向，由此发现了雕塑和雕塑似的绘画。雕塑出现时，产生建筑和文字的道路已经走过一半了。

雕塑不是对空间的圈占，而是对空间的模仿。然而对于纯粹口耳相传的文化来说，这种用视觉形象捕捉听觉形象的手段，必然是非常令人吃惊的。

纯粹的听觉空间，在无文字的世界里靠口语唤起的空间，同样具有魔力。文字发明之前，口语词复杂而和谐的结构绝对不可能成为符号或参照物。它唤起的是实实在在的非常具体的事物。这个听觉的魔力，只有固定在书面形态里之后，才能成为一种符号。

把语音流动和闪现的动态，捕捉到固定的视觉网络之中，这是我们拼音文字的成就。经验证明，这个网络得天独厚。西方世界用它把其他的文化全部往里塞。西方文化迈出了分离语音和语义的第一步，继后又迈出了把声音转换成视像的第二步。没有任何别的文化是这样的。

词语整体的分割，使意识和文化分割成许多碎片。这种分割把古老口语丰富的有机体转换成单薄而抽象的切片，以便人们能够悠闲地观察和分析。

对口语的视觉抽象分析，很快就使艺术和科学诞生，并使之分割。今天，知觉的同步性和宽泛性正在很快地消除这些分割。

在物质世界中，艺术与自然的长期对立结束了，因为我们的技术张开双臂去拥抱光线。

在审美世界中，诗意的流程成为艺术品的主题、情节和行动。形式与内容、意义与经验不再分离。

新的媒介——即新的语言——日益补足文字和印刷，而且开始重新装配口语的多重感知。触觉、味觉、动觉、视觉和听觉，联手重构早已被拼音文字废除的听觉空间。

在这样的情况下，预测和评估仅仅是替代观察的东西。听觉空间的基本特征是无所不包。视觉空间却排斥异己。我们的世界只需要不断推出瞬息和同步的装置，就可以重新构造口耳相传的文化，因此我们不必害怕压制了视觉的和书面的文化。

但是，书将要并且已经获得了感知作为工具的新的角色。它早已失去了信息渠道的垄断地位。然而，作为捕捉思想和语言让人们学习的手段，它永远不会失去用途。

任何媒介的任何变化总是要使同一文化中的所有媒介发生变化。今天，在这个同步的世界里，我们觉得这些变化是突兀而急剧的。其实它们过去就是这样，只不过我们现在才注意到罢了。

我们现在走马观花看一看由于媒介的变化而坍塌的墙壁。

文字是从声觉到视觉的突破。随着声觉之墙的坍塌，产生了编年记事体、滴答计时器和建筑物。文字把口语和声觉空间包容于一体，并且使歌舞音乐和说话产生分离，使和声与模仿表演发生分离。

文字使我们能够对动态标识作视觉分析，结果就产生了哲学、逻辑、修辞和几何。

近代物理和数学就像此前的艺术一样，逐渐放弃视觉，向着声觉空间即非欧几里得空间靠拢。

随着纸上书写文字的诞生，道路出现了。道路和纸的出现意味着远距离的组织：军队和帝国，也意味着城墙的终结。

手写文字和印刷文字差别很大。手写文字和我们的摄影新闻更接近。阅读手稿时，你不得不放慢速度，朗读出声。你自然而然地发现，朗读时容易记住读过的东西，容易反复参阅手稿。印刷术出现之前，读者都是靠舌头来传递口头的文学。

活字印刷术发明之后（活字印刷是把装配线的方法首次用于一种手工艺），快速的默读随之来临。

印刷术推倒了修道院社会研究和团队研究的墙壁。《圣经》是没有围墙的宗教。

然而印刷术使文人孤栖书房。它培养了雄心勃勃的个体，就像马洛笔下的坦伯林（Tamburlaine）和浮士德（Dr. Faustus）一样。这些人物能够经受时间和历史的汰洗，超越文化和民族的界限。

印刷术召唤教室围墙的来临。

印刷术把浩如烟海的信息传输给个体的人。这样的信息过去只装在老师的脑子和记忆之中。印刷术搅乱了一切现存的教育程序。

印刷术使人们能够进行多语种的研究，由此而打破了拉丁文的垄断地位。

印刷术培养了各国的白话，使国家之间的围墙发生膨胀。

印刷术加快了语言的发展，因此它在说唱之间、歌唱和器乐之间，筑起了一些新的隔离墙。

印刷术促成了白话诗和低吟诗的诞生，从而完全改变了诗歌的性质。

印制的乐谱完全改变了音乐形式的结构。

在美国，印刷术和书籍文化从一开始就成为主导的形式，从而在文学与艺术、艺术与生活之间竖立起了一道又一道的围墙。这种情况在欧洲是不那么明显的。

在美国，印刷术是后继一切发明的技术母体，技术的装配线最终表现在底特律城和汽车之中：那就是没有围墙的家。

美国的报界塑造了舆论，给政治打造了一个新的基础。

报纸是调动舆论的手段，造就了国家的道路系统。

报纸在很大程度上是书籍的替代物。但是报纸版面并不是书籍的页面。报纸造就了新型的心灵习惯。

电报发明之后，只剩下大众白话的围墙。在它瞬息传递功能的冲击之下，其余一切文化之墙都土崩瓦解。随着有线传真照片的出现，大众白话之墙也随之坍塌了。

电报把文字转换成声音。文字的电气化是向声觉世界回归迈出的一大步，就像继后的电话、广播和电视迈出的步子一样。

电话：没有围墙的口语。

唱机：没有围墙的音乐厅。

照片：没有围墙的博物馆。

影视：没有围墙的教室。

印刷术发明之前，社区是教育的中心。如今，信息之流和课堂外教育的冲击，远远超过了课堂上发生的任何东西。因此，我们必须重新考虑教育过程本身。

现在，教室不再是聚精会神的地方，而是拘禁人的地方。注意力飞出了教室。

显而易见，所有的语言都是大众传媒，所以新的媒介也是语言。只有按照语言规律来传授语言及其语法，才能拆掉巴别塔[①]。和使用直观教具或闭路电视相比较，这样的传授是迥然不同的。

15.2. 没有书面文化的文化

人之常欲就是让所有的人都像自己一样地思考问题，这种欲望如今派生出许多爆炸性的东西。传播手段的完善，使这个权力情节的表现，得到非常了不起的延伸。

> 电话、电传打字打印机和无线电使许多事情能够办成。一是最高层可以直接给最低层下达命令。到达基层后，由于其背后的权威，这些命令总是能毫无批判地得到贯彻执行。二是许多办公室和指挥部与最高领导直接相联，于是它们直接收到有害的命令而缺少中间环节。三是对公民的广泛跟踪。四是围绕罪恶行径而实行的高度机密措施。对外界的旁观者来说，这样的政府机器有点像电话总机房乱糟糟的线路。然而，正如总机房一样，政府的机器可以由一个中枢来控制和操纵。过去的独裁者在基层都需要很有才能的人来充当走卒，这些人本来是可以独立思考和独立决策的人。但是，到了现代技术时代，一个权威的系统并不需要这样的走卒就能正常运转。传播手段本身就能够使基层领导的工作机械化。后果是产生一种新型的上下级关系：毫无批判地接受命令。[②]

① 巴别塔（Tower of Babel）：典出《圣经·创世纪》第 11 章，古代巴比伦人欲建的通天塔，未果。上帝怕其完成后会挑战自己的权威，故令其半途而废。

② 阿尔伯特·斯皮尔（纳粹德国 1942 年的军火部长）在纽伦堡国际审判庭的演说词，转引自赫亚尔马·沙赫特的《清算》（第 240 页，1949 年，伦敦）。——原注

传播手段的完善意味着信息的瞬时传播。这样的瞬息传播网络正是我们每个人的身心一体网络。与这个网络相似，一个城市或社会也能达到知觉的多样和平衡。达到了这个程度时，它就具备了我们认为的所谓高雅文化。

然而，信息的瞬息传递使人难以享受自由言论和自由思想——即使并非绝对不可能享受这样的自由。这有许多原因。电台广播使人随意说的话可以延伸到很大的范围，但是它却剥夺了许多人说话的机会。当话语达到这样的高度控制状态时，除了说最可以接受的话语和思想之外，其他的东西都成为禁忌。权力和控制总是要付出代价，这就是失去自由和机动，在一切情况下都是如此。

今天，就彼此的横向意识来说，全球已经结为一体。这种横向意识超过了昔日小城市信息流动的速度。19 世纪伊丽莎白女王时代的伦敦就是这样的一个例子，它只有八九万人口。现存的社会与报纸、图画书、新闻纪录片和喷气推动技术发生亲密关系时，会出现什么情况呢？处在新石器时代的因纽特人被迫与技术时代的人分享时空安排时，会出现什么情况呢？人类文化是在各种不同的历史地理环境中产生的，我们的脑子熟悉各种各样的文化时，又会出现什么情况呢？它与所谓的美国熔炉这样的社会革命，难道不是有相当的可比性吗？

报纸使我们能够每天截取全球的一块横切面，并使之转移到报纸的版面上。此时，我们已经在脑袋中形成了一个熔炉，这是宇宙人即世界公民的熔炉。报纸的版式本身对人的思想情感所产生的影响，比人们对地球上任何一个部分所发表的言论，都更加具有革命的意义。

我们把东京、伦敦、纽约、智利、非洲和新西兰的新闻并列在一起时，那就不仅仅是在操纵空间。这些并置的事件归属于时间上相隔很远的文化。现代世界是连接一切历史时代的桥梁，它连接不同时代的能力和它压缩空间的能力一样强大。一切地域和一切时代都成了此地此刻。我们的媒介消除了历史差别。假如说，史前时代的人生活在只有四季交替却没有时代差异的世界之中，难道不能说，后历史时代的人发现自己生活在一种类似的情景之中吗？难道不能说，技术成就能够使我们从历史所决定的噩梦中惊醒过来，进入一种没有时代差异的现在之中吗？历史人可能就是会使用文字的人。一幕戏一段情节而已。

雷德菲尔德[①]在其近著《史前世界及其转化》（*The Primitive World and Its Transformations*）中指出，前文字社会那种无时间差别的性质，以及它独一无二的口头传播，能够保证社会经验的亲密、同质和稳定。文字的出现启动了都市革命。文字打破了前文字社会的凝固和同质。文字创造了内心的对话和辩证法，即反思分析的心灵退守。这是听觉语言转化为空间语言的静态特征以后人所获得的能力。写字是听觉语言向空间语言的转化。同样，阅读是二者交互式关系的逆向过程。眼睛耳朵和口语的复杂的穿梭关系一旦参与这一场芭蕾，那就必然要重塑整个的社区生活，包括内心和外在的生活。就要创造那种当代艺术重新发现的“意识流”，但是同时它必然要产生感知和回忆活动的多重障碍。

然而，文字使口语转化为空间的形态，并将口语捕捉其中。它还隐含着另一个命题，书信及与其伴生的道路系统使人们能够进一步掌握空间。因此，文字诞生之后，逻辑分析和专业分工随之来临，军事主义和官僚主义也随之来临。而且，人与环境那种直接的、直觉的关系随之断裂，现代艺术已经开始揭开这种关系。

弗雷泽说：“与活生生的传统所提供的证据比较，早期宗教古籍所提供的证据是没有多大价值的。这是因为文献使思想前进的速度，使口头舆论前进的速度远远掉在后面。两三代人的文献所带来的变化，可能比两三千

① 雷德菲尔德（Robert Redfield，1897—1958）：美国人类学家，二战前后人类学界的四大台柱之一。

年传统社会的变化还要大。”但是我们今天知道，和报纸、广播、电影相比，文献是相当保守的有时间约束力的媒介。于是，这样的思想开始露头：我们每十年所能承受的变化有多大？在宏大的时间之流中散布的星星点点的温暖滞后区域，难道不可能是一种社会和心理的绿洲吗？

和拼音字母文化的失忆症和心理退缩纠缠在一起的，是感官知觉的退化和社会回应的充足。福尔摩斯或当代侦探的超自然感知能力就是前文字时代的人的感知能力。他们能够记住百里路程见闻的各种细节，就和电影摄影机的记录能力一样详细。今天，我们对口头传统的社会非常熟悉，因此我们能够准确估计文字的利弊。没有文字，几乎就不能驾驭空间，只能够完美地掌握积累的经验。爱尔兰和英格兰之间的误解，在一些基本的方面可以说是口头文化和书面文化的冲突。令人奇怪的是，书面文化几乎没有什么历史感。英格兰人永远记不住，爱尔兰人永远忘不了。今天，作为社区的大学在很大程度上是一个师生员工经常口头交流的地方。大学具有高度发达的时间观念。与此相反，商务社区的运作往往是短期行为，而且主要是靠空间把握来生存。当前这两个世界的离异，由于各自独特的媒介走向的完美而加重了。

面对文字所产生的后果，柏拉图在《斐多篇》里写道：

> 你发现的具体的东西将会在你学生的心灵中产生遗忘，因为学生不会使用自己的记忆，他们信赖外在的文字，却不会记住自己。你发现的具体的东西不是辅助记忆，而是辅助回忆，而且你传给学生的不是真理，只不过是真理的近似物。他们听到了很多东西，学到的却是零。他们看上去博学多识，但一般说一无所知。他们使周围的人感到讨厌，口惠而实不至。

柏拉图说这一番话以后，西方世界还要经历两千年手稿文化的历史。

然而迄今为止，再也没有人用口头文化向书面文化转变的办法，来研究希腊的兴衰。格迪斯[①]说，道路摧毁了希腊的城邦。但是，文字使道路成为可能，正如后来的印刷术一样，它为英国和美国的道路提供了经费。

今天，经过四百年之后，印刷书籍文化正在让位于视听媒介的冲击。如果要理解书籍文化，关注一下手稿文化的特征是有好处的。手稿文化从公元前 5 世纪到 15 世纪产生了持久的影响。我在此只是略提一提一些学者的论述，比如巴特勒（Pierce Butler）和切特尔（H. J. Chaytor）。首先，手稿文化从未与口语急剧决裂，因为人人都要大声朗读手稿。快速的默读是与印刷物光滑的面孔接踵而至的。手稿的读者记得住大多数读过的东西，这是题中应有之意，因为他们不得不把学问装在脑子里。手稿稀缺，难以到手，造成了对书写物非常独特的心灵习惯。一是百科全书式的主张。做学问的人至少是争取什么都学。所以，如果说学习是口耳相传的，那么教书更是口耳相传的。独自一人的学习和研究要等到印制书籍出现以后才会来临。今天，学习和研究越来越转向小型研究班、圆桌会议和小组讨论。我们只能说，这些动向是作为支配性工艺形式的印刷书籍走向衰落的结果。

手写的页面很灵活，不仅与口语非常亲和，而且与造型设计和彩色插图非常协调。所以，华美的手稿艺术，完全可以与石头和玻璃的“书籍”即教堂媲美，它们也很像教堂。在我们这个时代，乔伊斯寻求一种手段来安排和控制当代各种言语-声音-视觉媒介，采用了《凯尔经》（*Book of Kells*）版式那样的页面安排。连早期的浪漫派诗人、画家和小说家都用反叛书籍文化的话语来表达对哥特式风格的喜爱。

最近，图夫（Rosamund Tuv）在阐释赫伯特（George Herbert）诗艺时发现，17 世纪诗歌典型的形而上风趣效果，是中世纪手稿和木刻的视觉效

① 格迪斯（Sir Patrick Geddes，1854—1932）：英国生物学家、社会学家，城市和区域规划现代理论的先驱之一。深受达尔文学说的影响。代表作有《城市发展》《演变中的城市》。

果，是向印刷文字更为抽象的视觉效果转化而产生的结果。如果说 17 世纪从一种视觉和造型的文化退入一种抽象的书面文化的话，今天我们就可以说，我们似乎正在从一种抽象的书籍文化进入一种高度感性、造型和画像似的文化。艾略特《荒原》开头几行诗的冲击力，五湖四海的人都感觉到了：

我们走吧，你和我，
夜幕展开了，遮盖着天空
像病人麻醉了，躺在手术台上。

多种透视法的叠压，两种空间的同步使用，造成了诗人的错位震慑。如果说一切艺术都是精心设计的陷阱，用来捕捉注意力，那么我们就可以说，一切艺术和语言都是技法，用一种情况观察另一种情况的技法。

印刷书籍是 16 世纪的一种技艺形式，它在数十年间就一笔勾销了两千年的手稿文化。但是，我们今天对印刷书籍或当前的任何其他媒介却视若无睹，除非把它们与其他形式的媒介加以对照。比如，机械钟表创造了一种完全人为的时间形象，一种完全统一的线形结构。这种人为的形式逐渐改变了人们的工作习惯和思想感情。到了今天，人们才开始拒绝这种趋势。我们知道，今生今世要发生的事情都存在于它们特定的时间。时间对讲演者和听众是不一样的。对讲演者而言，时间是太短太短，对听众而言，那真是提前品尝了一下永恒时间的严酷现实。终于，中世纪的钟表使牛顿物理学成为可能。也许，它还创造了那种规整的线形习惯，线形习惯又产生活字印刷的直线页面形式，产生了商务方法。总而言之，文字机械化的后果和时间机械化的后果一样具有革命性。而且，文字机械化的后果与印刷书籍传递的思想观念是迥然不同的。活字印刷已经是现代装配线的胚胎。

伊尼斯探讨了印刷术的后果：国际交流分裂；方言用于商业推动民族

主义；作者与听众失去直接的接触；音乐、建筑和造型艺术受到压抑。

巴拉斯（Béla Balázs）在《电影理论》（*Theory of the Film*）里论述了印刷机如何引起视觉习惯的改变，照相机又如何改变人们的视觉习惯：

> 印刷术的发现逐渐使人们的面孔模糊不清。纸面上读到的东西很多，眉目传情的方法不再时兴。雨果曾经说过，印刷的书籍继承了中世纪教堂的角色，成为人们精神的载体。但是数以千计的书籍撕碎了统一的精神……使之分裂为数以千计的观点和意见……教堂被撕裂为数以千计的书籍。视觉精神转换成一种字迹清楚的精神，视觉文化转化成一种概念的文化……然而，我们忽视了一个事实：与此相符的是，个人的面孔、额头、眼睛和嘴巴就必然要承受一些变化，这一变化也是恰当的。

当前，一种新的发现即一种新的机器正在发挥作用，使人们回头注意一种视觉文化，它赋予人们新的面孔。这种机器就是电影摄影机。像印刷机一样，它是用来复制和发行人类精神产品的，它对人类文化的影响绝对不会亚于印刷机的影响……人的体姿和手势不是用来表现可以用语词表现的观念，而是用来表现……非理性情感之类的东西。一切能够用语词表达的东西说完之后，非理性情感之类的东西还是没有表达清楚……正如我们的音乐体验不能用理性观念来表达一样。形于外的面部表情是一种精神体验，不必要借助语词的中介，它就立即成为可以看见的东西。

印刷的页面使面部和肢体的语言变得模糊不清，使印刷这种比较抽象的媒介成为精神和心灵知觉的桥梁。在印刷和语言文化的时代，肢体不再具有多大的表情达意价值，人类精神成为听觉的而不是视觉的。摄影机的镜头使这一过程发生逆转，使人们重新结识身势语言的语法。今天，商业主要是把这种逆转过程引向了性的渠道。但是，即使在这个领域，镜头改变态度和化装的威力也是尽人皆知的。19 世纪 90 年代，罗塞蒂[①]和伯恩—琼斯[②]创作那些长脖子、红头发、苍白脸的消费人物时，短时间内曾经是奇异的视觉经验。可是不久，这样的人儿都突然在伦敦的每一间沙龙里冒出来，这可是以前不曾有过的。现代技术、全球的物质层面和人的思想感情都已经成为工艺的东西和人为智能的东西。也就是说，自然的东西已经不复存在。至少是不再有外在的自然。一切都受到有意识的人为控制。从政治、人工喂养孩子、全球风景线到新生儿的无意识，都受到操纵——BBC 把夜莺本色的啼叫播送到刚果，因纽特人陶醉于田纳西州西部的乡村音乐。在这样的情况下，麦卡锡参议员和狄更斯笔下的沙龙式冒险实在是属于相同的类别了。而且，我们关于铁幕的谈话就成了便利的烟幕，它可能会使我们的注意力偏离更加重大的问题。俄国人与我们不同。他们对新媒介非商业性的冲击力比我们了解得更加深透。报纸、电台、电影、电视的商业性和娱乐性使我们陷入了催眠状态，以至于我们对这些玩意的革命性视而不见。这些玩意儿玩弄几年之后，俄国人就想办法使之中性化，也就是在媒介内容和讯息上强加各种定型的框框。他们强迫报纸坚守 1850 年的版式。给音乐和文学也强加了类似的时钟。他们希望借以缓和这些工具的革命风暴。然而革命的风暴就是新媒介的形式本身，而不是其内容。我们这些接受抽象的文字的人似乎必然要忽略这个事实。印刷文化使人对空间形式的语言和意义极其迟钝。书籍占支配地位的文化对城市建筑和景观噩梦的宽容，就有这样一个原因。正是这样，英美文化尤其被印刷文化压制。自从 16 世纪以来，它们只有一些初级的防御机制去抗衡新型的印刷词语。

---

① 罗塞蒂（Dante G. Rossetti，1828—1882）：罗塞蒂家族明星之一。诗人、画家，具有人格魅力，善于奖掖后进。1848 年组织前拉菲尔兄弟会，形成前拉菲尔学派。提倡忠实于自然，主张工笔和户外写生，把诗画和社会理想结合起来，推崇理想化了的中世纪艺术。

② 伯恩 - 琼斯（Burne-Jones，1833—1898）：英国画家和工艺设计家，作品明显地体现了前拉菲尔学派的后期风格。师承罗塞蒂，但又表现了独特的梦境。

欧洲的其他国家具有更加丰富的造型艺术和口头文化的传统，他们遭受印刷机的摧残就要少一些。迄今为止，东方可以给我们提供许多这样的防御机制。然而奇怪的是，在北美新型的视觉文化中，毕加索和达利（Salvador Dali）这样的西班牙人居然比我们北美人更加游刃自如。

视像语言和文字语言的分裂是不争的事实。这在科学和人文学科之间挖掘了深渊。我们用书本的语言思考问题，就不能阅读技术形态的语言。因为我们远古的审美回应是技术形态的回应，这就在我们经验中的主流文化和通俗文化之间开辟了裂缝。我们不能辨认世界对我们述说的多种语言，因此我们大家都是感知分裂又分裂的人。最为重要的是，我们时刻受到环境中多重讯息的狂轰滥炸，正是这种狂轰滥炸使我们的环境失去效能。卡尔·道奇（Karl Deutsch）认为，口头传统塑造的民族对异类挑战作出的反应就像是自杀的鱼雷。狂野的克尔特人冲锋陷阵；而文字传统塑造的民族却不会横冲直撞，它们只会漂移，被四面八方的力量拉动着漂移。

印刷书籍一个明显的特征是共和主义。印刷的书页不仅仅把其他表现形式抹平，而且是把社会抹平的一种东西。凡是识文断字的人至少都有这样的幻想：他好像能够与任何一位写书的人平等交往。这就使印刷词语在美国社会享有特权的地位。吉本完成《罗马帝国兴亡史》的时候，格罗斯特公爵漫不经心地说："又一本该死的大部头的书。欤，吉本先生？乱画一气、乱写一通、胡乱拼凑，欤，吉本先生？"不过，美国就没有猎狐的贵族将文化新贵供奉在吉本那样的地位上。

就质量而言，印刷书籍是第一种大众文化工具。伊拉斯谟[①]第一个看到其意义，而且把他的天才用于印制课本。首先，他看到印刷机是将过去再现于现在的设施，就像好莱坞的电影设施一样。意大利的暴发户开始以

① 伊拉斯谟（Desiderius Erasmus，1466？—1536）：荷兰神学家、人文主义者，编定希腊文本的《新约全书》。

小规模的方式再现考古发现的过去，并且用书籍的形式印制出来。他们匆匆忙忙地盖起了仿古的别墅和殿堂。有了新近印制的范本，他们开始模仿西塞罗和塞内加[①]的语言。在英国，新的印刷文化和旧的口头传统混合，产生了新的布道和戏剧形式，这是书面文化和口头文化的杂交。但是，印刷机缺乏大规模文化的一种重大的特征，这就是瞬息传递的特征。从一个观点来看，语言本身就是最伟大的大众媒介。话一出口就立即唤起某种近来形成的概念，而且它还回头在人类历史的整个经验中产生回响。我们也许不注意燃煤的色谱。但是诗人靠调节韵律就可以用他的知识来涤荡我们的意识。艺术家比鱼的历史还要悠久。

以回顾的眼光来阅读报纸的历史，就可以看到，报纸不仅仅是书页工艺形式的延伸。正如兰波、马拉美和乔伊斯对书页的使用一样，报纸本身就是一场革命。它把许多书页并列在一张纸上。而且，新闻版更像是一种大众媒介。不仅是因为它达到许多读者的手中，而且是因为它在覆盖面和传播信息上就具有瞬时即达的性质。一旦与电报联系起来，报纸就达到了光速，就像电台和电视一样。空间上的完全覆盖，时间上的瞬时即达，这就是我在大众技术传媒身上能找到的两个基本特征。还有由此派生的其他特征，还有由讯息或形式产生的匿名性，以及在受众身上产生的匿名性。但是，就匿名性这一点来说，不但有必要把词语和隐喻当成是大众媒介，而且要把建筑和城市当成大众媒介。

现代报纸的版面不仅是书页的延伸，因为电报给它提供新闻的速度，预先就排除了其他可能性，它唯有靠最典型的印象派手法来组织一张报纸上的新闻。每一条新闻都独立生存在自己的空间之中，完全与其他条目的空间不发生连接。一条特别强劲的新闻会萌生一个大标题，并且给周围的条目提供氛围或主题。书页可以像文艺复兴时期的绘画那样模仿透视，把

---

① 塞内加（Lucius Annaeus Seneca，公元前 4—公元 65）：罗马哲学家、政治家和戏剧家。

事实和观念按比例配置起来，并从而再现三维客观世界的光学形象。如果此说不错，那么我们就可以说，不受抑制的报纸和广告就放弃了这种写实的特性。它们宠爱使用各种动态和结构的规格和色彩，以此掂量新闻和商品的分量，从而把语词和图像送回造型和艺术的关系之中。如果说书页倾向于透视法，那么报纸的版面就倾向于立体派和超现实主义。报纸杂志的每一个版面就像城市的每一个区域一样，是多重和同步视点的丛林。相比之下，热辣和疯狂的爵士乐也显得相对平静和古典。由于书籍的增生（光是英国去年就出版了 18000 种图书），我们的知识世界也达到了盘根错节的地步，只有通过视觉环境的复杂性去透视，才比较容易评估知识的交错。当然，这不仅是一个量的问题。正如捷尔吉·凯佩斯[①]在《视觉语言》（*Language of Vision*）中所说：

> 今天，人生活的环境非常复杂，再也不能和过去任何一个时代的任何环境相比较。万花筒色彩似的摩天大厦、多重镜像的橱窗陈列和电车、汽车交织在一起，构成一种视觉印象的动态同步性。这种印象是不能用继承下来的视觉习惯去感知的。在这个光学动乱的世界中，固定的客体似乎不足以构成度量事件的参照和标准。人工照明、电灯的闪烁、许多新型电光源的动态游戏，用动态的色彩感对人们狂轰滥炸。这些感觉的键盘是闻所未闻的。人这个观众没有像现在这样自己流动过。他乘电车、汽车和飞机。他的运动造成光学冲击，其速度远远超过了人能够清晰感知客体的阈限。人操纵的机器提出了观察世界的新的要求。机器内部零件复杂的互动不能用静态的方式来感知，而是要通过了解零件的运动来感知。电影、电视都要求一种新的思维方

① 捷尔吉·凯佩斯（Gyorgy Kepes，1906—2001）：匈牙利裔美国艺术家，在麻省理工学院创建高级视觉研究中心。

式，电台更是这样。这种新的观察方式要考虑变迁、互渗和同步的属性。

以上情景可以从许多角度拍下镜头。然而，它总是需要我们发现一些办法，以便把一种媒介的经验转换成另一种经验，把孔夫子转换成西方语言，把康德转换成东方语言。目的是用新的造型语言来看待我们古老的文字传统，使之成为新文化的构造成分，成为新媒介乐队的声音和姿势构成的文化。用这些办法来观照，目的是要使现代物理学、绘画和诗歌操同一种语言；使我们能够同时捕捉到这种同一的语言。目的是让这个世界有意识地获得它潜在的连贯性。由于缺乏足够的认识，这种潜在的连贯性给我们制造的不是乐队的和声，反而是纯粹的噪音。

也许新媒介对多数人来说最可怕的东西，是它们必然激起的非理性回应。非理性已经成为我们世界经验中主要的一维。不过，它仅仅是传播瞬时性的一个副产品而已。非理性是可以置于理性控制之下的。手段的完善击败了目的，消除了融合与反思所需要的时间。我们被迫去开发新型的感知判断方法，并寻找新的办法来阅读多重文化和多重学科的环境语言。这些方法不仅是救急的药方，而且是通向非想象的文化繁荣的道路。

一切研究环境的线性路子都没有用处，过去、现在和未来的路子都是如此。科学界已经认识到需要统一场理论。它可以使科学家使用一套连续性的术语，借以把各个学科领域联系起来。因此，任何传播系统的基本要求都是它的循环性，当然还要有它自我纠正的可能性。一切人类文明的基本形式总是人的对话，也必须是人的对话，其道理大概就在这里。因为，对话迫使人通过另一种敏锐去发现和重构自己新的视野。机械媒介很不完美的一点，是它们不具备循环性。迄今为止，它们全都是单行道，单向的受众研究取代了货真价实的人的视野，取代了你来我往的问答。问题不仅仅是报纸、电影和广播这类技术媒介的匿名性，而且还有它们规模更加庞大的因素。个人是无法和一个庞大的、没有思想的官僚机器讨论问题的，电影制片厂和广播公司就是这样的。另一方面，罗斯福总统这样的人物又能够调动广播网去对抗报纸。报纸和他作对，他就更加有效地使用电台的话筒，因为话筒的亲切性维护了他人情味的一面。相反，报纸对他的全国范围的攻击，给人的感觉是坦克军团围攻一个电话亭。

话筒欢迎的是闲聊，而不是演说。它是一种新的工艺形式，它使讲演人和听众的关系、讲演人和他所用的物质材料的关系发生了变化。“伟大的演说传统，从哈里发克斯到皮特到钱宁贯穿始终，直到麦考里[①]还余音回荡，闪闪发光。”[②]现代演说风格的宣示性有所减少，也更加讲究说理。格莱斯顿首相的风格像第十个缪斯，它建立在事实和数字的基础之上。统计数字表示的是一种图像表现。如果说文牍和财务的兴起改变了讲演和说话的风格，那么话筒和喇叭对我们日常思维和说话习惯的影响，不知是要深刻多少倍了。

也许我们可以归纳说，技术时代的人在构想一种新的语言时，必须要使用视觉的暗喻。一切语言或表达都是暗喻式的，因为暗喻是通过一种情况去透视另一种情况。正对路。这个问题我留待以后再讲。

我们日常所操的方言要透过另一种语言才能看得到，感觉得到。对我们来说，只有将自己的社会和另一个社会比较和对照，我们才能认识这个社会，至少是这样的情况。今天，我们的图形经验和其他经验里充满了来自全球一切文化的暗喻。书面的地方话总是把人们锁定在自己的文化界域之内。与此相反，技术人的语言利用了世界上的一切文化资源，所以他的语言必然会喜欢那些民族性最少的媒介。因此，视觉形式的语言很方便顺

---

① 哈里发克斯（George Halifax，1635—1695）、皮特（William Pitt the Elder，1708—1778）、钱宁（William Ellery Channing，1780—1842）、麦考里（Thomas Balington Macaulay，1800—1859）均为近代英美著名政治家、演说家。

② 引自杨格《维多利亚时代的英格兰》（*Victorian England*），第 31 页，1944 年版。——原注

手，是一种人人可以任意驾驭的世界语。视觉语言已经用于科学公式和逻辑之中。这些意符轻而易举地超越了民族的障碍，就像超越卓别林和迪士尼一样容易。他们作为宇宙人的文化基础，看来是无敌于天下的。

15.3. 西塞罗和文艺复兴对王公和诗人的训练

库尔迪乌斯①在《欧洲文学和拉丁中世纪》（*European Literature and the Latin Middle Ages*）里指出："古希腊几乎没有书籍神圣的观念。"（纽约伯林根万神书局，1953 版，第 304 页）荷马和希罗多德是前文字时代的作者。"平达尔（Pindar）和悲剧家是首批用文字记录来构想记忆的人。"（第 304 页）库尔迪乌斯进一步说明，为什么"渊博的诗人"要等到希腊化时期才能进入希腊文化。到了屋大维的时代，书籍文化才成为新型百科全书知识的基础，西塞罗普及了这一知识，维吉尔等罗马诗人是其代表。奥古斯丁神父②本人就是语法学家和逻辑学家。他理所当然地认为，研究《圣经》的人一定要充分利用皇家图书馆和学校普及的百科全书知识。只有把渊博的诗人和渊博的演说家的理想结合起来去注解《圣经》和布道，才能普及和传播世俗的传统知识。

霍兰德尔（Robert Hollander）在《但丁神曲的寓意》（*Allegory in Dante's Commedia*）（普林斯顿大学出版社，1969）中，引用吕巴克（Henri de Lubac）的话（见《中世纪的诠释：写作的四个意义》，*Exégèse Médiévale: Les Quatre Sens De L'Ecriture*，共四卷，蒙田出版社，1959—1964）说明，但丁继承了多层次的整个注经传统。霍兰德尔关心的不是渊博的演说家的

---

① 库尔迪乌斯（Ernst Robert Curtius，1814—1896）：德国考古学家、历史学家，曾经领导奥林匹亚遗址的发掘工作。

② 奥古斯丁（St. Augustine，353—430）：北非基督教神学家和哲学家。

作用，他的主要关切，在一个基督徒王公学习的课本中充分地表现出来。这些课本极其受欢迎，影响很大。

还有一本书值得一提。对研究但丁和雄辩历史的人，这本书都很有参考价值。我指的是柯利（Rosalie L. Colie）的《流行的悖论：文艺复兴的悖论传统》（*Paradoxia Epidemica: The Renaissance Tradition of Paradox*，普林斯顿大学出版社，1966）。贯穿古代、中世纪和文艺复兴的传统，都要求渊博的演说家具有极其渊博的知识和深奥的学问。但丁的《神曲》是基督教核心的悖论：幸福的堕落。但丁用他的前辈神父们一样广博的学问和注经本事，浓墨重彩地描绘了这个悖论。这个传统中伟大的悖论当然也反映在伊拉斯谟的《愚人颂》（*The Praise of Folly*）中，反映在拉伯雷的《巨人传》（*Gargantua and Pantagruel*）中。柯利以很大的篇幅分析了这两本书和其他许多书里的悖论。多恩的描写死亡的诗为自杀辩护，这只是他以渊博知识为之辩护的许多悖论之一。

荷马不是“渊博的诗人”，而是一位吟游诗人，所以他在但丁的《神曲》中不可能占有维吉尔那样的位置——如果真是这个原因的话。哈弗洛克（Eric Havelock）对荷马这个前文字时代的百科知识进行了终极性的研究，学生们对他心怀感激（哈佛大学出版社《柏拉图导论》，1963）。荷马时代的训练是对这个社会的智慧和经验进行编码，其指向是日常事务的实用感知，它和文字或书写的问题无关。所以在但丁的笔下，荷马的地位仅仅是与他的非相关性对等。当然，但丁选择维吉尔作他的向导还有其他一些原因。

也许，说明西塞罗雄辩智慧绵延不绝的最有效的办法，就是指出政治家宝鉴的伟大传统。许多这样的宝鉴，可见于伯恩（L. K. Born）翻译伊拉斯谟的《一位基督徒王公的教育》（*Education of a Christian Prince*）序言中。

他说："至少从伊索克拉底[①]的《致尼克莱斯》（*Ad Nicolem*）开始直到20世纪，有一条前后相承的绵延不绝的线索，这是毫无疑问的。"[②]可惜，伯恩没有看见，赋予这个传统一以贯之特性的，正是西塞罗–奥古斯丁那种"渊博的诗人"的观念。因此可以说，虽然他连篇累牍地介绍柏拉图和亚里士多德，但是柏拉图和亚里士多德并不能占据议题的中心。相反，马基雅维利却是有意识地反传统的。马基雅维利非常熟悉西塞罗传统，且故意嘲弄之。真底勒（Gentillet）在《驳马基雅维利》（*Contre-Machiavel*）中，把这两点披露得淋漓尽致。他阐述了传统的王子教育的理想，这种教育建立在道德和雄辩智慧的基础之上[③]。马基雅维利派蔑视公民和公众的口才，宠爱密谋和简洁的风格，克洛尔（M. W. Croll）对此作了研究。因此，拉玛斯（Ramus）和纳什（Nashe）关于风格的辩论，实在是建立在极端相反的观点之上。[④]

伍德沃（Woodword）的论文集《维多里诺与其他人文主义教育家》（*Vittorino da Feltre and other Humanist Educators*，剑桥大学出版社，1931），全部都是描绘西塞罗口才传统的。维多里诺（Vittorino）和彼特拉克（Petrarch）的其他后继者都是西塞罗传统的继承人。这些神父都阐明自己所理解的西塞罗，通常又对西塞罗的传统进行修正。伍德沃说："单纯模仿西塞罗并不是巴齐扎（Bazizza）的目标，也不是他论述的其他学者比如扎巴雷拉（Zabarela）、维吉利奥（Vergerio）和维多里诺的目标。广义地说，他们给自己定的目标是让古老的学问和基督徒的生活和思想调和起来，使

---

① 伊索克拉底（Isocrates，前436—前338）：希腊雄辩家和教育家。

② 纽约，哥伦比亚大学出版社，1936年版，第99页。——原注

③ 见帕特里克1608年译本第1页、12—13页、189—190页、240—242页、309页、366页。——原注

④ 伯恩在这类事情中没有自己的洞见。他没有考虑拉伯雷的《巨人传》，这部小说既是对诡辩家的打击，又是为西塞罗王公教育观念的辩护……然而，他在追溯王公读物的历史时，无意之间证明了百科全书传统的价值……——原注

之与当时的政体相一致。他们不梦想死板地复制过去的东西。”[1]维吉利奥对早期基督教神父的著作的同情，最清楚不过地表现在他对雄辩术的讨厌之中。他认为雄辩术只是偶然对修辞起到了铺路的作用。（第 60 页）同样，西尔维尔斯（Aeneas Sylvius）告诫我们说：“当心逻辑学家，他们把时间和机智浪费于细腻的口才。在他们的手中，逻辑并不是活生生有用的东西，而是思想上死亡的东西。你们记得，西塞罗批评庞培（Sextus Pompey）太死钻几何学，并断言他的当代人在民法和辩证法上花去的时间实在是太多了……消耗了我们的精力，使我们难以从事成效卓著的活动。这不值得真正的公民去做。”（第 153 页）

这种全面发展的公民的观念，即多才多艺和百科全书式的个人的观念，所有的历史学家都认为是文艺复兴的理想。但是和西塞罗理想的雄辩家相比，这样的公民还是小巫见大巫：“要言之，我阐述的思想是这样的。我一开始所指的高标准教育，只有见多识广、博览群书的人才能达到。诗人、雄辩家、历史学家等等，他们都必须要去学习，每一种学习都有助于他们达到这个高标准。如此，我们的学问就成为完全、齐备、丰富、优雅的，它使我们能在一切学科中参与行动和发表意见。然而，如果要使我们自己能够有效地运用知识，我们还要再加上表情达意的能力。”（第 132 页）正如西尔维尔斯一样，罗杰尔·培根[2]在培养理想的王公时，把道德学术置于数理科学之上。他说：“我们对自然界和外界的客体发生兴趣时，给那些原本重要的关乎人格和行动的东西，只赋予了一个比较低的位置，这个危险确实存在。”（第 156 页）

修辞如何成为 16 世纪的主导兴趣？要探讨这个问题，就有必要考虑这

---

① 见伍德沃（W. H. Woodward）著《维多里诺》（*Vittorino da Feltre*），剑桥大学出版社，1921 年版第 10 页、21 页、27 页、67 页、185 页。——原注

② 罗杰尔·培根（Roger Bacon，1219/1220—1292）：英国自然科学家、哲学家。

个事实：西塞罗的理想，自然要给培育口才的办法赋予首要的地位，因为口才对执政者和王公是必不可少的修养。我们已经明白，这种学问的观念在中世纪自始至终受到珍视，因为它接受奥古斯丁神父的洗礼，并且嫁接到了早期基督教神父注经传统的主干上。因此，16 世纪绝不是重新发现了西塞罗的观念，虽然新型的商业发展拓宽了它应用的范围。[①] 伯恩在 13 世纪和 14 世纪中关于完美王公的言论，实在是适用于整个中世纪和文艺复兴时期："13 世纪和 14 世纪的政治思想围绕一个中心人物展开，这个中心人物就是王公。它突出强调迈向统治者宝座的个人观点，这是那个时代的特征。再者，中世纪的作家以理想的标准考虑现实，他们对不符合完美王公的模式没有丝毫的兴趣。他们的态度与时代的态度是协调一致的。"[②]

马基雅维利和卡斯蒂格利奥[③]位于一长串作家的末尾。但是，马基雅维利还是要等学术发展到必要的历史时机，才能获得他应得的历史地位。多数论者认为，他的撒旦式统治术或造化与神恩的急剧分裂，完全是基督教的思想。这一点和路德、加尔文无异。换言之，与霍布斯、斯威弗特、曼德维尔[④]一样，马基雅维利也只能用基督教文化来解释。这种关于人性的怀疑论里，没有一点是异教徒的东西。[⑤]他把造化看成与神恩脱离或自我封闭的东西，造化被上帝遗弃，上帝让自然扭曲的力量去相互作用。然而在垂死的秩序中，他看到的是献身于政治行动的王公，他们打上了世事风云

---

① 见《塞缪尔·丹尼尔全集》第 4 卷第 77 页，伦敦艾里斯伯利出版社，1895 年。——原注

② 见伯恩《完美的王公》，载《反射镜》第三卷，1928 年版第 70 页。——原注

③ 巴尔达萨尔·卡斯蒂格利奥（Baldassare Castiglione，1478—1529）：意大利外交官，以《侍臣论》而知名。

④ 霍布斯（Thomas Hobbe，1588—1679）：英国哲学家；斯威弗特（Jonathan Swift，1667—1745）：英国小说家；曼德维尔（Betnard de Mandeville，1670—1733）：英国哲学家、作家。

⑤ 见马利丹（J. Maritain）《真正的人道主义者》，1938 年纽约版第 95—96 页。马西里奥（Marsilio de Padua）早在马基雅维利与霍布斯之前就阐述了国家的理论。见赫恩萧（F. J. C. Hearnshaw）《伟大的马基雅维利思想家》，伦敦 1921 年版第 176—177 页。——原注

的印记，他们只为社会而生。只有社会才是人的堕落天性规律的表现。[1]马基雅维利的身上有许多《旧约》里的态度，即信赖王公的态度。这种态度相信，王公能够与上帝合作去发掘隐匿于恶中的善，并且尊重人身上的激情和盲目的暴力。马基雅维利最后是否把政治行动和政治计谋混为一谈，是否把政治计谋当做了目的本身，这个问题难以确定。只是有必要强调指出，马基雅维利反对西塞罗传统，而且他是有意为之。在他的教育观里，没有口才的地位，因为他不相信以理服人，不相信人是服从理性的。国家必须强制人采纳的生活，是一种摆脱无政府主义激情和自由的生活。为此目的，口才是无用的。

显然，霍尔王子（Prince Hal）和哈姆雷特不是按照这种路子塑造出来的。但是，卡斯蒂利奥内不能认为是哈姆雷特的"原形"，因为他的思想在那个世纪是非常流行的。我们不妨说，他是西德尼（Philip Sydney）创作灵感的源泉。[2]另一方面，如果他不是一大群人的代言人，他也不可能在17世纪享有那样大的名气。霍比（Hoby）详细比较西塞罗和卡斯蒂利奥内，他有这样一种说法："西塞罗是优秀的雄辩家，写了三本论雄辩的书送给他的兄弟，成为空前绝后的人物。卡斯蒂利奥内是一位优秀的侍臣，写了三本论侍臣的书送给他的朋友，成为一位难得的人物……"（第3页）卡斯蒂利奥内本人说："与柏拉图、色诺芬[3]和图利乌斯（M. Tullius）一道出现过错，我为此而感到满意……在想象完美的公共福利、完美的王公、完美的

① 见巴特菲尔德（H. Butterfield）著《论马基雅维利的治国术》1940年版，伦敦。——原注

② 哈姆雷特与卡斯蒂利奥内明显的相似性见亨德森（W. B. D. Henderson）《卡斯蒂利奥内与英国文学论略》，伦敦登特书局1928年版第xi-xiv页。——原注

③ 色诺芬（Xenophon，前430左右—前354左右）：希腊历史学家，苏格拉底弟子，厌弃希腊极端的民主政治，长期自动或被迫流亡海外，擅长军事，多才多艺。代表作有光辉的《远征记》《苏格拉底的答辩》《回忆苏格拉底》等。他对苏格拉底的评价与柏拉图的评价迥然不同。

雄辩家时。”[①]

因此，埃利奥特[②]在《治人者》(*Governour*）中，用三分之二的篇幅论述享有社会权威的君子的美德，就是完全是自然而然的了。同样自然的是，17 世纪兴起的为统治阶级服务的教育制度所关注的东西，首先是“性格”或社会政治美德的养成。埃利奥特坚持，为实现传统理想必须要强调口才和百科全书式的教育计划。这一主张耳熟能详，已无必要在此赘言。但是，还有一点也许并不那么广为人知，他非常透彻地按照注经的传统来构想这个理想。他对伊拉斯谟的《基督徒王公的体魄》(*The Institution of a Christian Prince*)(“人人必读”本第 48 页）表现的激情，就是一个很好的例子。最后一点，紧随埃利奥特的《治人者》出现了一长串为渴望从政的人写的书。这些书主要是教书先生写的，他们是那个时代专业的修辞学家。只需略提一笔，就是为了把焦点对准修辞传统的伟大影响。

---

① 见荷比（Hoby）的“人人必读”《卡斯蒂格利奥与英国文学论略》(*A Note on Castiglione and English Literature*）译本第 13 页。——原注

② 埃利奥特（Thomas Elyot，1490—1546）：英国作家、政治哲学家，《治人者》是第一本用英语写成的教育论著，对英国绅士的形成影响很大。

第四部

文化与艺术：外观与背景

16. 从陈词到原型

16.1. 原型

1946 至 1955 年，原型的东西以“高雅”的面目名噪一时；它们今天也并非默默无闻。

（艾里克·帕特里奇[①]《惯用语与滥用语》，*Usage and Abusage*）

人类学家卡彭特[②]说，格雷夫斯[③]不能把握多层次的结构。常规的文字头脑自然要努力把口头的东西简化为视觉形态的东西，借以对神秘和象征的材料进行“连接”和分类。他把格拉夫斯当做典型，以书面文化的方法去研究非文字文化的典型。卡彭特所指的“补足遗漏”，就是偏向视觉的人寻找联系的习惯。非文字人试图建立停顿、空白和界面的地方，偏重文字的人总是要寻求联系：

格雷夫斯“纠正”了希腊神话，写成两卷书。他剔除矛盾，补足遗漏，进行线性组合，做了普遍的“矫正”。我要说的是，他们首先把

① 艾里克·帕特里奇（Eric Partridge，1894—1979）：新西兰裔英国词典学家。代表作有《俚语与非习用英语字典》《莎士比亚的猥亵语》《起源：现代英语词源字典》等。

② 卡彭特（E. S. Carpenter，1844—1929）：英国作家。代表作有《走向民主》《天使的翅膀》《创造的艺术》《爱的成年》等。

③ 格雷夫斯（Robert Graves，1895—1985）：英国诗人、小说家、评论家。代表作有《金羊毛》《论英国诗歌》《向一切告别》等。

这些神话变成了面目全非的东西。他们把象征加以排列组合，借以确立“内容”，然后就把这些“内容”放进鸽笼似的分类档里，如此演绎出原型。这些东西都激发不起我的兴趣。只有一点能够引起我的兴趣：他们和弗莱[①]一样，把注意力指向一个很重要的问题。就像刺猬一样，构筑许多毫无趣味的滴水不漏的系统（忠实的支持者读他这一本“圣经”）。结果，他们非但不能回答问题，甚至不能显示问题，反而堵塞了解决问题的办法。

格雷美·威尔逊（Graeme Wilson）在狄原朔太郎[②]诗歌的译序中，引用他1882年翻译19世纪初期英诗时的一句话：

序文尖锐地抨击传统诗歌紧箍咒式的简约形式（连续的思想怎么能够用这种紧箍咒的形式表达出来呢？）……

正当东方激动地捡起西方连续性的新奇之处时，西方发现了东方非连续性的表现力。莱恩（Lauriat Lane，Jr.）给原型问题提供了一种更加常规的说明：

原型或原象（primordial image）是一种修辞格，或为鬼怪，或为人，或为过程。凡是创造性幻想充分展示的地方，它就在历史中再现。因此，它基本上是一种神话修辞格。如果仔细考查这些形象，我们就

① 诺斯罗普·弗莱（Northrop Frye，1912—1991）：加拿大文学批评家，研究神话、象征和原型，首创文学的神话－原型批评，这是继剑桥“新批评”之后重要的西方文论，被认为是与马克思主义文论、精神分析文论鼎立三足之一，著有《批评的剖析》《可怕的对称》《身份的寓言》《伟大的代码：圣经与文学》《神力的语言》《双重视觉》《弗莱全集》等。

② 狄原朔太郎（Hagiwara Sakutaro，1886—1942）：日本诗人，代表作有《吠月》《新的情欲》。

会发现，它们是先人无数次典型经验形成的结果。它们仿佛是无数同类经验的心理积存（引自荣格《论分析心理学与诗艺的关系》，*On the Relation of Analytical Psychology to Poetic Art*，伦敦，1928）

荣格的陈述关键在于“心理积存”，其含义似乎是头脑中存在的继承性特征。要指望用科学的办法来完全验证这个假设，是断然不可能的。然而，重要的是认识到这一点：正如荣格心理学不断地处在哲学化的边缘一样，荣格觉得正确的、听起来科学的这一段话，基本上是形而上的，而且必须要判断为形而上的。和荣格的原型定义一样重要的、更加容易调查清楚的，是他对内向和外向作者的区别。这个区别是任何作家讨论文学原型时的核心问题。

可以问，为什么“原型”似乎总是仅仅与文学相联系。同样可以问，为什么“陈词”差不多仅仅是与口语相联系。理查兹在威斯康星大学讲学期间，在门多塔湖划独木舟时落入了冰冷的湖水中。被救起时，他已经神志昏迷，但是他仍然抓着独木舟的座板。该校的学生报纸《至要》刊发了一张漫画，文字说明为“本能救人命”。

在生活的非言语情景中，我们大多数人都是靠本能摆脱困境的。有必要考虑陈词–原型主题在非言语形态中发生的情况。作为手势、音律、节奏的语言，作为暗喻和形象的语言引发出无数的客体和情景。这些客体和情景本身就是非言语的东西。口语在多么大的程度上共享着非言语的世界，这一点是不太清楚的。但是，它不会超过人工制品和技术环境对语言影响的程度。感知和认知世界之间、言语和非言语世界之间任何时候都是相互作用的，我们认为这一点理所当然。凡是在言语陈词或原型中能够观察到的东西，在非言语的世界中都能够找到，而且很多。

大手笔的意境，因为完全生长在

纯净的头脑，但是它们究竟是如何滥觞？
家中废物，街上垃圾堆，
旧壶、旧瓶、破罐，
旧熨斗、烂骨、破布，还有那位咆哮的女人
她守着钱箱。
我的梯子不在了，只好躺下，
在所有阶梯起步的地方，
在肮脏的破布烂骨店中，在我的心房。

（叶芝《马戏团动物的逃亡》，*The Circus Animals*）

就这样，人居住的城市在它复杂的功能中，成了一个“瘫痪的中心”，一片废弃意象的废墟。叶芝给言语的陈词和原型与非言语的陈词和原型的关系提供的线索，要而言之，就是“全面”的。最完美的意象一旦完成就被扔到一旁，过程随之而重新启动。语言是一种使人的一切感官同步延伸的技术。与之相比，其他一切人造物都是身心官能的专门化的延伸。文字立即把言语用专门的方式固定起来，它把词语拘禁在一种感官之中。写下来的话就是这种专门化的例子。相反，口语共鸣回荡，调动了一切感官。古人说：“你说话，让我看见你。”这是常常用来说明口语词属性的一种方式，这种属性是不可分割的、无所不包的。

如果旧壶、旧瓶、破罐的世界钱箱里的商业货币世界，是人的官能的分割的专门化，那么要看清言语的陈词和原型与非言语的陈词和原型的关系，就容易一些了。专门化的人工制造物形态比强化和放大的语言优越，远远超越了语词的局限。原型是检索出来的知觉或意识。因此，它是一种再现的陈词——新陈词再现的旧陈词。既然陈词是人的延伸，原型就是一种被引用的延伸、媒介或环境。

以下列举的原型，是要强调说明，陈词用来在技术之间相互征引是正常的倾向：

挂旗子的旗杆
彩画玻璃装饰的教堂
输油的管道
带文字说明的卡通
有雕版画插图的故事
带香囊的香水广告
给电壁炉供电的电路
有船头雕饰的船
模具及其铸造品

挂旗子的旗杆可以成为一个复杂的检索系统。旗子可以是俄国国旗，上面是镰刀斧头的装饰。旗子的布料可以检索整个的纺织工业。由于这一面旗子是国旗，它又可以检索出其他的国旗。

换言之，一种陈词与其他陈词不能兼容。但是原型却是极端富有亲和力的，其他原型的遗存附着在它的身上。我们有意识地检索一种原型时，就在无意识地检索其他原型。这样的检索不断重显、回溯，以至无穷。实际上，每一次“引用”意识时，我们就在“引用”我们排除在外的原型。弗洛伊德和荣格等人把这种排除在外的原型叫做“原型式无意识”。

检索系统的例子出现在腓尼基人的字母表、词典、索引、电脑、工程标准图表等等之中。这些形态检索的是原型或古老的过程。

人们已经注意到，文明必须是每一位公民能够回忆的东西。无论教育的外在装扮是什么，它总是原型的检索。一场梦是一次“引用的经验”。就是说，梦是原型的东西——是梦中的清洗，而不是有意识的探索。

今日文论中“原型”的习惯用法，或多或少是把它放到心理分析的旗帜之下。对近来的文论而言，它是一种原初的象征。比如在叶芝的笔下，它是先人的象征。荣格及其追随者审慎地坚持说原型应该与其表现区别开来。严格地说，荣格原型是一种心理力量或机能。但是，即使在荣格本人的著作中，原型这个术语使用的也是两个互换的意义。在《心灵与符号》（*Psyche and Symbol*）中，荣格宣称："'原型'是我们心理结构的一个成分，因此它是我们心理机制重要和必需的成分。它代表或体现了难以明察的原始心灵的一些本能的数据，代表了真实的、肉眼看不见的意识之根。"荣格审慎地请文学批评家把原型当做原初的象征：

> 原型绝不是无用而陈旧的残存或老古董。它们是活生生的实体，产生神秘思想或优势具象形成之前的形态。但是由于认识的不足，我们把这些前形态的东西当做过时的形态，因为它们对欠发达的头脑有许多吸引力。于是，共产主义成了过时、原始而高度阴险的模式；这种模式是原始社会群落的特征。它暗示着无法无天的首领制是必需的补偿手段。由于理性偏颇这种野蛮人头脑的特点，才可能忽视这一事实。
>
> 重要的是记住，我的"原型"观念常常被误解为承袭的思维模式或哲理思辨。实际上，它们属于本能活动的范畴。在这个意义上，它们代表着承袭的心理习惯形态。作为这样的形态，它们被赋予了一些能动性。用心理学的行话来说，这样的能动性叫做"自主性"和"创造力"。

荣格用假设的种族集体记忆来说明他的原型说，虽然他很清楚科学不会接受这样的思想。然而，他的集体记忆观念是能够自圆其说的。除了它摇晃的科学基础之外，它依托的基础是原型在人工制品、文学艺术等许多领域的反复再现。

阿格拉斯（Jose Arguelles）在论说“计算与进化”时，指出新型计算机能够恢复古老《易经》在当代的适用性：

> 《易经》走红，不仅因为它是现代生活的庇护所，而且它的结构再一次成为可以读懂的东西。之所以可以读懂，那是因为人发明并懂得了计算机。《易经》的原理和计算机的原理很相似，它具备简单然而数学上无懈可击的系统。无论计算机依靠什么语言，它的运作总是建立在二进制之上。同样的系统以其简化的方式管束着用蓍草或硬币算卦的操作规则。从求卦者输入的性质和输出的性质来说，《易经》可以被当成是一种心理计算机。这样说并不太过分。由于计算机的发展，加上与它伴生的各种结果（比如我们早些时候提到的伦理问题），许多人今天发现《易经》莫名其妙地使人满意。这丝毫也不奇怪……
>
> 《易经》的功能像计算机。其运行仅仅是按照编程的情况展开的。编程的情况依赖人，看人如何对卦象作出回应。

16.2. 绪论

在古代世界和现代世界里，陈词和原型是互换角色的。新学说和新技术的发明者或发现者，对落后的遗民来说就不只是一般的人。苏格拉底在《斐多篇》里说：“肯定有超人的力量给事物赋予它们最初的名字。”一位现代的因纽特人对卡彭特教授说：“如果没有‘石头’这个字，我怎么能够知道石头？”对落后的遗民来说，语言是直接激发现实的工具，是一种魔幻的形态。同理，他们认为眼珠本身就构成视觉的世界，而不是接受视觉的世界。

语词的概念只是与现实对应和匹配，这是高度发达的书面文化的特征。

在这种文化中，视觉意义占支配地位。今天，在量子力学的时代，海森伯、鲍林等人认为，“化学键”是一种“共鸣”。因此恢复对语言的“魔幻”态度完全是自然而然的。语言陈述的诗情成为20世纪批评一种剧变的要害问题。这一变化与以下的发现相对应：意识也是多层次的，它扎根于“最深层的恐怖和渴望中”。

可以证明，对陈词所抱的陈旧态度，与现代原型观念的融合，有一个主要的原因，这就是大量的新型检索技术。今天，过去的文化和原初的个人经验，都可以轻而易举地检索出来。古代世界检索过去的手段和动机比现在少得多，而且只达到这样的程度：它认为一切过去的事情都还存在。中世纪需要用希腊语、拉丁语和希伯来语来作检索工具，去研究《圣经》。在手抄书文化不太方便的条件下，就产生了对历史学问的崇拜。今天，历史文化和历史事件的检索手段非常广泛，它使我们有时间去深入研究古代的崇拜和奥妙。

我们思考古老的陈词或神圣的突破时，舞文弄墨的人倾向于把它们当做“原型”。比如弗莱在《批评的剖析》(*Anatomy of Criticism*)中给原型所下的定义就是这样的：“文学中反复出现的一种象征，通常是一种意象，使人认为它是个人总体文学经验的一个成分。”当然这个定义是最不像荣格风格的，因为它暗示原型是通过不断重复产生的人工制品。换言之，它就是一种陈词。对主张文学原型的人来说，总是存在着这样一个问题：俄狄浦斯王或汤姆·琼斯①对南太平洋岛民的影响和在多伦多的影响是否会是一样的。有了充分的文化检索的新型手段之后，古老的陈词就定位于超越的或原型的形式了。

这就提出了一个关键问题，我们将作更充分的讨论。就是一个过程问

---

① 汤姆·琼斯（Tom Jones）：英国作家亨利·菲尔丁（Henry Fielding）同名小说的主人公，善良乐观，婚姻美满。

题：新的模式，或新的技术探索和环境，要清算以前的技术所造成的文化和环境的陈旧模式，而且要使之作废。今天的考古界和音乐界全心全意关注的课题，是对这些被拒斥的、过时的和破损的文化碎片进行分类。叶芝在《马戏团动物的逃亡》中检阅了整个过程。在他的整个创作生涯中，这都是他固有的特征。比如在《丽达与天鹅》（Leda and the Swan）中，就可以看到这样的特征。我们可以考虑原型向陈词的逆转的形态，比如说，乔伊斯在小说中如何使用原型人物尤里西斯，去探索当代都柏林人的意识。如果是这样，那么我们就可以问，在远古、中世纪和今天，这一模式的地位是什么？回答可能是这样的：在远古和今天，原型向陈词的转化过程是完全正常的，并且已经被接受；然而在中世纪，它却是例外的、异常的。巴厘人说："我们没有艺术，我们尽量把一切事情做好。"中世纪、文艺复兴或 19 世纪之前的艺术家被认为是独特的、破例的，因为他们使用一种破例的、异常的方法。远古时期如同今天一样，艺术家使用熟悉的、普通的技巧，所以他们被认为是普通而熟悉的人。在这个意义上，今天的每一个人都是艺术家——行政人员、科学家、医生、画家和雕塑家都是如此。正如古代人必须要追随自然节律，凭借不断重复来影响、清理和净化这些过程一样，现代电力技术也要求这样的时间安排和准确性，以至于只有追随自然节律的过程才能受到宽容。机械化之前的几个世纪之所以能够绕开这些过程，那是因为使用了分裂切割和露天开采那样的程序。已如前述，陈词（cliché，有铅版的意思）这个词本身就是由机械印刷术派生出来的。凭借分割和可重复单位拼版和印刷的谷登堡技术，是了解一切后续的社会、教育和政治机构机械化的提示。由于各种技术都继承了印刷术，所以印刷术越来越成为原型的故乡。

无论是诗人或工程人员的突破，比如代达罗斯、赫尔墨斯[①]或普罗

① 赫尔墨斯（Hermes）：希腊神话中掌管商业、道路和通讯的神。

米修斯[1]的突破，似乎都是像神雷一样地余音不绝。这些发现者不断使用和重复的东西成为神圣的东西。埃利亚代在《宇宙与历史》（*Cosmos and History*）中说：

> 在“原始人”或古代人意识之中的具体行为里，他们对别人或其他生灵没有安排和生活过的任何东西，是不会承认的。他们所做的一切都是曾经有人或生灵做过的事情。他们的生活是不断地重复别人启动过的姿态。

对古代人或部落人而言，过去是没有的，历史也是没有的，永远是现在。今天，我们正在经历着回归，正在回到古人的这种观念。今天的技术突破非常宏大，它们造就了一浪接一浪的技术环境，从电报到电台到电视到卫星。这些形态使我们能够刹那间检索一切过去的东西。正如对部落人一样，对我们而言历史也是没有的。一切都是现在，包括埃利亚代研究的部落人。

把陈词当做突破的假设，当做是对新的一维的探索，这受到了柏拉图的挑战。用叶芝的话来说，柏拉图的洞穴说是第一家“破布烂骨店”，第一个原型的仓库。把原型神圣化，这是文明人用文字的和历史的眼光所干的事情。彼特拉克[2]这个“第一位现代人”站在两个世界的边界上。有一位学者说得好：“他的一只脚稳稳地踏在中世纪，另一只脚伸入了文艺复兴，他向文艺复兴的新星致意。”他的《罗马废墟》（*Ruins of Rome*）是“破布烂骨店”的滥觞。12世纪[3]的历史学家能够使用的那么一点有限的古典资源，

---

① 普罗米修斯（Prometheus）：希腊神话中为人间盗取天火的巨神。

② 彼特拉克（Petrarch，1304—1374）：意大利学者、桂冠诗人、人文主义者、欧洲人文主义运动的创始人和伟大代表。

③ 疑有误，应为14世纪。

全都被他用来解释基督教经典。把原型或古代的形式神圣化，并不是异教徒世界的特征。原型在异教徒世界的角色，埃利亚代是这样描绘的：

> 对传统文化的人来说，生存是什么意思呢？首先，它意味着按照外在于人的模式生活，按照原型生活。因此它意味着在实在的核心中生活，因为……除了原型之外，没有什么真正实在的东西。按照原型生活就是要尊重“规律”，因为规律无非就是原初的圣灵启示，生存规律的终极启示，也就是神灵或神秘存在物透露的信息。通过不断重复典范姿势，借助周期性的仪式庆典，古人成功地消除了时间的差别，我们已经看见这一点。然而，他们并不会因此而削弱和宇宙节律保持的和谐。甚至可以说，他们进入了这样的节律（只要想一想昼夜、四季、月亮的盈亏和太阳的回归周期，对他们是多么的“实在”，就足以证明了）。

自然，《旧约》批判了异教徒所理解的原型世界。它把一切技术都当做异教徒的神来批判，从通天塔到金牛犊[①]。对基督教文化来说，破除异教徒认为神圣的公式、仪式和技术，认为其过时而废除，成为自然而然的行为模式。但是，在纯人类的这个范围内，技术革新的大门却因此而敞开了。基督教对世界及其产品的蔑视，在很大程度上决定了它对组织经验的陈词和公式的态度。同样，基督教对人类发明的“超自然”说和缪斯创造说持冷漠的态度。这一态度助长了世界是一片废墟的观念。吊诡的是，对传统的冷漠反而使宗教资料中的创新不受障碍地兴旺起来。有一本书就足以说明这个主题。怀特（Lynn White）的《中世纪技术与社会变革》（*Medieval Technology and Social Change*）记述了古人闻所未闻的范围很广的发明。像

① 金牛犊（Golden Calf）：古以色列人崇拜的偶像。

马颈圈之类的发明使现代世界很快兴起。埃利亚代等当代人类学家给我们描绘的落后民族，在稳定和不变的社会秩序中押上了大量的赌注，就像法兰西学院（French Academy）要反复审查新词一样地顽固。静止是部落和口头文化奇怪的一面，艾欧纳（Iona）和彼德·奥佩（Peter Opie）的《学童的口头故事和语言》（*The Lore and Language of School Children*）就揭示了这一点。

基督教对异教徒求稳和再生的仪式持冷漠的态度，它把世界当做废墟和狗屎堆的蔑视态度，往往使具有史前人特征的陈词和原型模式发生逆转。今天，我们正在回归史前人对陈词和原型的态度。这一逆转在此时就特别彰显突出。我们的技术进步获得了一个更加优越的尺度，创造出全新的环境，使皇帝衣橱里的衣服大大地丰富了。因此，我们能够给这颗行星上的一切经验重新编制全新的程序。这些发展使作为探索的陈词得以恢复，使发明获得压倒原型的支配地位。

上文已经提出了与陈词和原型相关的印刷术[①]的问题。这一创新的复杂性就可以在《芬尼根守灵夜》中看得出来。作者乔伊斯不仅是在探讨小说的主题，而且在展示他使用语言的手段，借以同时在几个层次上处理题材。（见下文分析）

① 陈词和原型：语义从印刷术的术语铅版（cliché）和范型（typc）派生而来。——原注

THIS IS
A PRINTING OFFICE

CROSSROADS OF CIVILIZATION
REFUGE OF ALL THE ARTS
AGAINST THE RAVAGES OF TIME
ARMOURY OF FEARLESS TRUTH
AGAINST WHISPERING RUMOUR
INCESSANT TRUMPET OF TRADE

FROM THIS PLACE WORDS MAY
FLY ABROAD
NOT TO PERISH ON WAVES OF SOUND
NOT TO VARY WITH THE
WRITER'S HAND
BUT FIXED IN TIME HAVING BEEN
VERIFIED IN PROOF

FRIEND YOU STAND ON
SACRED GROUND

THIS IS A PRINTING OFFICE

这是

一 家 印 刷 厂

文 明 的 交 叉 路 口

人文艺术的避风港

对 抗 时 间 的 蹂 躏

不畏真理的盾牌

对 抗 悄 悄 的 谣 传

让贸易的号角永远吹响

但 愿 从 这 个 地 方 词 语

飞向四面八方

不 会 在 声 波 上 消 亡

不 会 任 意 变 化

在作家的笔端

而 是 固 定 在 时 间 的 链 条 之 中

证明就在印着黑字的纸上

朋 友 你 站 在

神圣的土地上

这 是 一 家 印 刷 厂

试分析上文提及《芬尼根守灵夜》的一页文字。第一行说明，创造一个陈词以供使用或探索，要经历这样一个过程：第一步是用比较小的东西，延伸它的作用，以包含全像（holos）。这就是陈词神圣而陈旧的特性，同时也是它枯燥无味的惯用特性。局部（part）可以是一颗牙。在某种意义上说，牙齿不仅是动物躯体的特征，它们还有重复和线性同时出现的特征。但是，紧接着出现的字母表，就使人想起卡德摩斯王及其“长成武士的龙牙”。字母最初的形态是象形的符号，它们表现出大量全像的关系，比如有名的短语“像 α 与犁头一样相像”。字母使人的组织中的专业分工成为可能，使之从军事生活中分离出来。同时，专业分工还产生了社会秩序或社会等级（比如第二行里的短语“请曲身弯腰”）。字母表的使用意味着尊严的掉价，意味着失去古老仪式中口语无所不包的魔力。在许多意义上，可以说这是“屈尊以征服”。“屈尊”（stoop）就是“迈步”。在排版技术中，步骤既可上也可下。这是控制和权力的手段。乔伊斯要说的是，接受一种陈词或技术时，没有不付出代价的，没有不给整体的全像造成损失的。他着手用风趣的口吻去揭示“字母表”对社会和心理的影响，首先谈的是字母表对人的尊严的影响。

“几个”与个体自我的不同形态发生共鸣，个体的形态又与小模块［“小豌豆”（peteet peas）］相关。贯穿全书的主题是大众人，无论这大众人是前文字时代还是后文字时代的。书中多次用“豌豆布丁酱”婉转地寓指大众人。融入部落或社会的自我就像是压成酱的小豌豆。当然，正是压制成酱的过程才产生工资名册。作为可以重复使用的模块的货币，仅仅是字母表的副产品之一。在“腹行人”的回忆中，由他这样的人组成的大军匍匐前进，他在滚滚如雷的鼓声中惊醒。“希望，希望”介绍的是一切技术陈规发展过程中内心的情绪驱动力。该书用许多不同的形式寓指这样的情绪：“欲火旺盛的世界要跳得发狂”，当然还有“威灵顿博物馆”——收藏有极为丰富的技术成就和武器。借助这些东西，“欲火旺盛的世界”以不断更新的新环境和力量表现出来。

“希望，希望”也寓指另一个与“小豌豆”有关的主题，他与凯尔特语的“我是”（mishe，mishe）谐音，寓指狂热的爱尔兰人的部落身份，即所谓“豌豆泥和希望”。

第 6 行的问题“你为什么吃？”，是咬一口“字母表”以后产生的一系列后果。字母表中的第 1 个字母 a 指的是 apple。“耕耘的地里长满刺”的形象，是对他啃字母表的惩罚——他在庭院里的耕耘搞得一团糟。第 7 行的“一团糟”（mess）模拟的是嘴里含着苹果时含混不清的发音。“一堆垃圾（middenhide）一样的东西”唤起堕落的亚当用兽皮遮羞的冲动。他不再摘树上的苹果，而是专门生产成堆的东西和各种食物。人成了生产者和消费者，组织贸易和市场。尾随贸易和市场的是战争。这就是货币经济，即“字母表”（allforabit）——“筹码把字母颠来倒去”。

作者用整整一页的篇幅来追溯“蜿蜒曲折的古老故事”（meander-thalltale），追述字母表技术迷宫一样的演变路径，把它作为一切陈词和技术突破的原型来追溯。字母表专门化的主要结果之一是，它不仅产生了“一堆东西”（hoard of objects）而且不断把这些东西扔进垃圾堆。新技术是废弃和拒斥以前文化的媒介，它产生“大量的垃圾”（liberorumqueue），这是一个“生产和包装”的过程（to con an we can）。

作为检索“古代情况”（ancientry）的手段，“早在大量的纸张”（lumpend paper）问世之前，文字已经检索出庞大的弃而不用的数据堆。弃而不用的文化和技术堆积如山。废弃堆的一个主题是，新陈词新技术造成的环境是视而不见的。这些技术形态不仅给人类语言打上了烙印，而且给外部世界留下了印记：“伙计，你要注意，无论过去、现在还是将来，世界都要在一切事物上写下‘废弃物’”，给我们留下“废弃物”的字样。解读和检索这些“废物”使识文断字的人文主义者如痴如狂。

乔伊斯在创作《芬尼根守灵夜》时，发现维科的《新科学》（*Scienza*

Nuova）很有用。维科强调指出，一切古代寓言和故事实际上都是技术突破时刻的记录。古人给这些突破赋予神的地位。但是维科同时又坚称，这些突破的影响，记录在新的“废弃物”（wrunes）中，并且写进了人的言语和感知。和乔伊斯一样，维科坚称，新技术不是加之于文化，而是要“毁灭”社会，把社会扔进垃圾堆。世世代代的人都要从这个“废弃堆”中去检索信息，并且不断给它提供新的材料。

《守灵夜》这一页文字和许多其他的篇幅一样，是解读叶芝所谓“心中的破布烂骨店”的一条路径。这就是传统，个体的才能要从这个“心中的破布烂骨店”里偷去这样那样的东西，以支撑自己的“废弃堆”。对乔伊斯而言，就像对叶芝一样，这个破烂店搜集了一堆废弃的陈词。这些陈词是艺术家和全社会发明的探索，使艺术家在人类成就的阶梯上上下下，“请俯身”“俯身请”。诗人需要日新月异的手段去探索经验，这就使他反反复复回到陈词的破烂堆里去探宝。艺术家在这里给我们提供的证明，给人留下深刻的印象。文学原型一步一步地取代技术陈词，成为创新手段。这正是本书的主题之一。

兹举例说明。叶芝在《马戏团动物的逃亡》开头的几行诗里，是这样说的：

我寻找一个主题，求之而不得
日日夜夜，一月有半。
江郎才尽，破落空囊，
只能是暗自得意，无愧无悔，
虽然说冬去春来，两鬓染霜。
我的动物全都登场，
踩高跷的伙计、闪亮的马车、
狮子、女子，还有

上帝知道的所有家当。

这首诗重演了叶芝的生涯，是他毕生经历的再现。他自认为是老人，把自己抛进“废弃堆”。他把自己化为原型，不过他首先再现了他诗歌艺术中的一切陈词，复述了他引入当代戏剧和诗歌中的一切创新，然后说道：

除了列举陈旧的主题，我还能做什么？

扫描了自己诗歌艺术、创新和试验的各个阶段之后，他说：

大手笔的意象，因为完全生长在
纯净的头脑，但是它们究竟是如何滥觞？

他的答案表现了我的《从陈词到原型》（*From Cliché to Archetype*）的主题：新鲜诗歌技巧和形象是这样提取的：

家中废物，街上垃圾堆，
旧壶、旧瓶、破罐，
旧熨斗、烂骨、破布，还有那位咆哮的女人
她守着钱箱……

叶芝在此把商业的主题作为诗歌创作过程的一部分来处理。他登峰造极的诗歌表现癖，已经是明日黄花。他从“破布烂骨店”提取的形象——他走钢丝的高架梯就是架设在这些意境之上的——已经完成且弃之不用。他依赖的雅各布天梯（Jacob’s ladder）已不复存在。

“我的梯子不在了，只好躺下，在所有阶梯起步的地方。”《从陈词到原型》这一章的主题就是，诗歌创意和陈词达到某一阶段时，应该废弃就废弃。大手笔的形式和意境一旦完成就会被弃之不用，成为“心中的破布烂骨店”——即原型的世界。

雅各布的天梯呢？雅各布躺下只是为了登天梯，至少是为了梦见天使上下天庭的天梯。叶芝认为诗歌的解体是诗歌新的突破，是重新上下天庭浩瀚视野的滥觞。

当他的诗歌陈词崩溃并且被废弃之后，他转向旧的形态，以用旧瓶装新酒。老掉牙的陈词揭示语言创新和原型过程，这一点与其他的过程和人工制造物一样。

塞斯涅克（J. Seznec）的《异教神的遗存》（*The Survival of the Pagan Gods*）全面研究了神灵在人文主义者笔下的非神圣化过程。这个过程发生在公元前 3 世纪和文艺复兴之间。在这个过程中，人们把神当做技术英雄或天才来接受。这些英雄和天才为了人类的幸福而献身。开初，神身上的人性被用作反对神的东西。但是，自从伊塞多尔（Isidore of Seville）的《词源》（*Etymologiae*，这是一本 7 世纪的百科全书）以来，人们已经接受了将神非神圣化的观点。文人一直追随这个新方略，直至维科的《新科学》问世。和伊塞多尔一样，维科也是透过词源看文化演进史，把它作为对技术革新进行记录的回应。

经典修辞学的百科全书传统在多层次注经的基础上接受神。这种借助修辞、比喻（道德的）和神秘手法而形成的文字分析的“语法”方法，保留了部落和魔力传统的老的“神”的路子，老路子是凭借文字检索技巧的。16、17 世纪的清教徒在拒绝多层次的文字路子时，也一并拒绝了“神”。坚持从单一的层次上按字面的意思解释，弥尔顿就是这样走的，所以他把所有的神都一股脑儿打入地狱，就像柏拉图把世界上所有多层次的现象都扔进他的洞穴说一样。

柏拉图对旧石器时代的洞穴文化不屑一顾，把它打入所谓的斯宾塞似的错误洞穴（Spenserian Cave of Error）之中。但是，谷登堡印刷术用全方位的检索技巧，造就了清教徒恢复纯洁而原始的基督教的理想。同样，当代人类学家用全方位的检索方法，拒绝了传统的人文主义的或文字解读的神的观念，反而宠爱将异教徒艺术和仪式神圣化。人类学家把古代陈词重新神圣化，这就把文学的原型论者置入非常尴尬的境地。原型论者把神当做中性或“去势”的道德实体，他们与人类学家的意见相左。人类学家主张把神作为野性的环境力量来接受，而且这种力量是置身文字之外，也不受文字控制的。作为陈词技术的神并不受文学分类的影响。

温萨特（W. K. Wimsatt）的《愤怒的马儿》（*Horses of Wrath*）在评析弗莱的《批评的剖析》时，详细论述了文人常规的手法：

> 当代原神话–诗歌学家（arch–mythopoeist）的一些思想，在上一段中已经作了预示，实际上是已经有所利用。弗莱在《可怕的对称》（*Fearful Symmetry*，1949）的最后一章宣告，他从布莱克的启示录的结构中得到了灵感。这样的灵感在他的《批评的剖析》（1957）里开花结果了。他早期的手稿和后期的应用收入了《身份的寓言》（*Fables of Identity*，1963）。《剖析》，尤其是它那“论战式序言”对文论的历史和问题有极其痛切的了解。它宣告大胆的分离——把批评本身和价值判断分离开来，旨在避开文艺批评的一个主要问题——价值判断问题。
>
> 这就是艾略特和理查兹的思想在20年代偶尔触及的问题，不过整个问题现在以令人吃惊的刻板和倔强显露出来。我忍而不说“以蓄意的僵硬”显露出来，原因是这样的：虽然全书充满令人惊叹的创意，但是我觉得价值观念和批评的冲突，根本就没有说明白；而且收录其中的四篇文章事实上充满了价值判断和暗示，况且他那论战式序言显然就有一系列隐藏得很好的矛盾，虽然主要的价值论战是在这里展开的。

荷马笔下的尤利西斯下地狱去请教古人，用的是神谕的形式（比较艾略特的“传统与个体才能”）。柏拉图凭借书面语这种新技术陈词，把整个的未来世界打入他洞穴说的废弃堆。维吉尔的“第6卷”是靠请教部落智慧的荷马式传统写就的。

但丁的地狱以一些历史名人结尾，实际上是他那个社会的记录。这个地狱是按照心态精心划分的一个结构。批评家对弥尔顿地狱模模糊糊的宏大结构和但丁想象的具体地狱进行了比较。如果把弥尔顿的地狱看成是异教徒技术或陈词的废弃堆，他这个地狱的具体详细，真是令人吃惊。他对许多异教神进行分类，赋予他们带有启示性的特点。不难看出，弥尔顿把许多异教文化整个扫进垃圾堆，甚至包括对他来说富有吸引力的雄辩术和诗艺，还有思辨哲学。甚至他最宠爱的音乐也由于其技术诱惑力而被一笔勾销。

在《失乐园》（*Paradise Lost*）中，我们在“上帝诞辰”那一节里看见后来展露无遗的英姿勃发的弥尔顿。他把初生的上帝几乎当成是一种新技术，上帝使一切异教神老朽而遭到淘汰。异教徒的地狱遗漏了技术神和艺术神，弥尔顿的地狱却全盘接受技术神和艺术神，而且似乎就是专门为他们设计的。但丁的地狱是对身心折磨的场所，弥尔顿的地狱却是异教上古史、艺术和感官的阿波罗式的博物馆。

柏拉图的洞穴与17世纪的世界之间有相似的地方。他的洞穴接受弃而不用的废弃物，被欧几里得的理性空间和苏格拉底的探索取代（苏格拉底的探索是从书面词语的新陈词中派生出来的）。17世纪的谷登堡技术扮演了古希腊时代拼音字母的角色。17世纪的机械论者把人类的这个历史抛到一边，将其放逐到弥尔顿的地狱之中：

不能和她健壮的情夫太阳心花怒放。

……

她头戴橄榄绿翠冠，
轻盈滑来，穿过运行的群星，
快马加鞭去报信，
张开鸽子般双翅，将多情的云雾拨开，
全力挥舞金色短杖，
一下子使举世和平传遍陆地海洋。

（弥尔顿《圣诞晨歌》，On the Morning of Christ's Nativity）

16.3. 公共原型作为陈词

我发现大城市的公众是如何形成的，这给我留下深刻的印象。大城市生活在赚钱和分散活动的喧嚣之中。我们所谓的情绪既无法表达也无法传递。所有的声色之娱，甚至包括戏剧都只能消遣……我似乎注意到对诗歌产生的厌恶情绪，这种情绪至少和诗意的程度一样深。所以我看，这种情绪似乎是十分自然的。诗歌要求静思，使人与他自己的意愿产生隔离。它总是一而再要冒出来。在辽阔的世界（且不说浩瀚的世界）里，诗歌像不忠的情妇一样，使人感到不舒服。

（歌德致席勒，1797 年 8 月 9 日）

利维斯夫人（Q. D. Leavis）探讨读者如何利用小说去学习比自己更加精细的语码，她从一封信中引了一段话，把陈词和原型放进互补的关系之中。她解释道：

……廉价的文学形式对一些人具有吸引力，对他们来说，这样的文学形式能够做什么呢？（以这种人的身份来说，这五年来，普里斯特利[①]和沃波尔具有重大的意义，而艾略特和劳伦斯什么也不是。坦率地说，这些读者读沃德豪斯[②]颇有收获）我不敢肯定，你没有低估艺术家和公众之间的交流渠道所达到的程度。这有赖于艺术家把握曾经是公众属性的象征意义的能力：在这个意义上，“给公众需要的东西”的蠢事具有另一层意思，而且未必是罪恶的意思（虽然这不能洗刷通常这样做的罪名，这是诺斯克里夫[③]的思想）。我认为，艺术品固有的属性是无能的，除非它能够以方便的形式象征、反映和集中某种已然存在的东西。换句话说，就是在某种程度上已经存在于欣赏它的头脑中的东西。因此，我欣赏的艺术之所以有吸引力，那是因为它象征着（未必明快地表现）我的经验库存中的某一样东西。对我来说，沃波尔这样的作家了不起，原因就在这里。也许他们感到敏感的无非是普通人的普通言行。那些作品只具有象征意义的作家，他们的作品只能激起我和大众没有感受过的那种敏锐性。这些人很难得去研究瓦尔波尔等作家的伟大之处。普里斯特利最新的著作使我感同身受，因为它象征着我模模糊糊、稀里糊涂知道的一点东西，并且使之成为有条理的和浓缩的东西。像我这样墨水不多的人是稀奇古怪的混合物：滑稽、感伤和悲剧性兼而有之。这些人多半是被他们平常没有留意的小事情感动。他们常常关注的，受到鼓舞或恐吓的是那种未必然的、琐细的、偶然的东西。他们没有很清楚地感觉到任何东西的价值，而且很可能不喜欢考虑任何细腻的东西。

---

① 普里斯特利（J. B. Priestley，1894—1984）：通俗小说家、剧作家和散文家，惯于颠倒时间的手法。他的流浪汉小说《好伙伴》受到普遍欢迎。

② 沃德豪斯（P. G. Wodehouse，1881—1975）：英国小说家、抒情诗人和剧作家，以塑造“绅士中的绅士”吉夫斯这个人物形象而闻名，一生创作 90 多部作品。

③ 诺斯克里夫（Alfred Charles William Harmsworth，Viscount Northcliffe，1865—1922）：英国报纸发行人，创办了大众化报纸《答问》和杂志《勿忘我》。

在《小说与读者》（*Fiction and the Reading Public*）中，利维斯夫人始终预设一种“更加高雅的语码”，文学的功能就是使读者能够学会这样的语码。据信，凭借它取得入场券就足以使读者给任何文化的产品与活动“定位”。她这个预设是人们熟悉的文学预设：文学技能的培养是匹配，而不是创作。在创新和环境迅速发展的世界，“更加精细的语码”可以对新奇的东西进行分类，可以拒斥庸俗的东西。但是在用新的文化材料创造新的语码时，作为匹配和检验手段的精细语码是收效甚微的。事实上，她发现 18 世纪散文彰显出均质的色调，正是一个饶有兴趣的例子，说明 19 世纪的头脑把环境形态推向了怀旧的原型地位。在 18 世纪话语里发现仪式性姿态和公众性风尚的，正是 19 世纪。另一方面，20 世纪在 19 世纪的通俗艺术和文学中发现了许多新的价值。比如，霍普金斯抛弃语言作为社会面具或风尚的公众习惯用法，把语词作为探索的手段，去探索或恢复英语隐藏的有力资源。

利维斯夫人的研究路径似乎忽略了一点：日新月异的文学艺术在创造对新环境的新感知。这样的环境是看不见的、无坚不摧的，除非它们被新型的艺术风格和艺术探索提升到我们意识的高度。有了新的感知风格和工具之后，新环境的效果就是反映旧环境的形象。工业的 19 世纪，对人类学和无文字社会怀抱深厚的同情。工业技术和印刷技术对人的感知产生了深刻的分割肢解的影响。因此，把无文字社会当做“柏修斯[①]之镜”去观察戈尔工[②]那令人憎恨的脸，是不太现实的。

《小说与读者》最大的优点是它集中研究变化之中的小说读者。作为一篇读者研究之作，它使世人注意文学这个变化之中的社会面具。在这一点

① 柏修斯（Perseus）：古希腊神，宙斯之子，杀死女怪墨杜萨。

② 戈尔工（Gorgon）：古希腊神，女怪三姊妹，头发为毒蛇，猪牙，有翅膀。以小妹墨杜萨最危险，任何人一看见她的脸就要变成石头，被英雄柏修斯杀死。

上，它的贡献不菲。作为消费品的文学是大批量工业生产时代的必然产物。这样一个世界善于推出日新月异的新包装：

> 实际上，每一种杂志都是一种包装，贴上了标签，打上了编辑部认可的权威印记……年轻的作者，常常被这样的退稿通知搞得莫名其妙："这不是《哈泼》杂志所要的故事。"这并不是说故事不好，它只是说，在编辑受过训练的脑子中，它不符合杂志业已确立的《哈泼》风格。

对于只能理解"内容"的文人来说，探索读者形态的功能是不容易的。诗人或创作人员比批评家更加用心利用新技术，以便建立新的知觉平台。批评家更加倾向于审视已经被新技术侵蚀的上一个时代的价值。批评家就像是计算盈亏的会计师。他们总是禁不住要劝告年轻人染指19世纪的社会堤坝，而这个社会的批评标准却是由官僚强加的。19世纪的文化基本上是贵族文化，于是任何严重的挑战都几乎是难以想象的。反过来。18世纪从17世纪衍生出认真的习惯：

> 清教徒的良心怀抱着认真，意味着执着追求大问题的习惯。这是塑造中产阶级和穷人体面生活的因素，从班扬[①]的时代直到19世纪很长一段时间。然后，这种倾向才步入岔道，这条岔道又越来越偏离艺术的道路……

然而，自上而下强加的标准在确立人们在新环境中的关系方面，是没

① 班扬（John Bunyan，1628—1688）：英国著名宗教讽喻小说《天路历程》（*The Pilgrim's Progress*）的作者。

有什么价值的。这一点显而易见。商业陈规的创造性价值，出现在乔伊斯《尤利西斯》人物麦克道威尔的画像中。麦克道威尔是陈腐习俗的马赛克拼图。这个拼图揭示陈腐的东西在塑造和延伸我们生活当中的影响。乔伊斯让读者参与生活进程，使之戏剧化，使读者能够战胜这些鸡毛蒜皮的东西而洋洋得意。同样，在《报纸》（Aeolus）那一节，乔伊斯调动言语技巧的千军万马，还调动这些技巧依赖的机械运作。他用清楚明快的语言淹没制作新闻的全过程，使我们生活中积压的陈规影响得到宣泄。

《小说与读者》有几种视角。它们与理解陈词和原型的进程很有关系：

> 比如，给1760年的小说家和小说读者分类，是不符合实际情况的。那个时候，凡是识字的人都可能是见到小说就读，而且可能读所有的小说。那个时代小说家的唯一分类是两种，好的和无关紧要的（有影响和无影响的）。甚至在一个世纪之后，情况还是一如既往。虽然狄更斯、查尔斯·里德[①]、科林斯[②]是普通人的偶像，艾略特（George Eliot）和特罗洛普[③]是有教养的人的偶像，然而每一个阶级都读书，而且很可能要读完当时所有小说家的一切小说。所有的小说家都生活同一世界里，都了解彼此的语言，都使用共同的技巧，这些技巧对读者并没有特殊的困难。

正当电报使公众更加密切地整合一体的时候，利维斯夫人看到过去机械社会文化一致性的价值，这不是有点奇怪吗？由于重新部落化的人强有

---

① 查尔斯·里德（Charles Reade）：英国小说家，所著多为社会问题小说，但是人物粗糙，且多为粗俗闹剧。

② 科林斯（Wilkie Collins，1824—1889）：英国小说家，最伟大的神秘故事作家之一。

③ 特罗洛普（Anthony Trollope，1815—1882）：英国小说家，以假想的巴塞特郡为背景创作了一系列小说。除此之外，尚有八部长篇小说。

力的电力环境，过去产业均质化的属性取得了原型的地位。口头文化这种新型的服务环境，使我们能够感觉到古代社区的价值。古代社区的每个人都共有大量的口头传说和阅历。然而有一点是显而易见的，一个整合的社会，无论它是部落的还是文明的，口头的还是文字的，都只有在外在组织的大量连续性的条件下才能成立。

在部落社会中，艺术的功能并不是让人们定向于新奇的东西，而是让人们和宇宙合而为一。价值并不是艺术品的固有属性，价值存在于艺术培养知觉的力量之中。在同质的机械化社会中，个体培养感知的角色是很难成立的。艺术的原始角色发挥的强化作用，是和隐藏的宇宙力量建立联系，这个角色在流行艺术中又崭露头角。最通俗的艺术往往和前文字的整合社会具有最大的相同之处，这一点看上去不对其实是真的。因此，召唤均质化，把它看做是 18 世纪这样高度文明社会的独特优势，这实在是令人遗憾的。

这只能使人注意印刷术的分割进程，18 世纪就是靠分割达到均质化的。统一的价格和广阔的市场也是靠这个进程产生的。同样的市场运行过程被推广到文学之中。市场机制首先在印刷术中萌芽。没有印刷术就没有工业，市场也不会存在。同意这个进程的一部分，拒绝其余的部分，这种态度是不能令人满意的。

至于悲剧和喜剧，任何使个人与环境疏离的因素都被划入悲剧原型。约伯失去财产和家庭，与此相似，凡是在车祸中受到损失的人也会与环境疏离：比如加缪[①]的《陌生人》(*The Stranger*)、柯林·威尔逊[②]的《局外人》(*The Outsider*)、俄狄浦斯王等等。另一方面，喜剧似乎暗示个人向群体的

---

① 加缪（Albert Caraus，1913—1960）：法国小说家、剧作家、伦理家和政治理论家，荒诞派重要人物。作品设计人的异化和孤独，产生深刻的影响。

② 柯林·威尔逊（Colin Wilson，1931—2013）：英国小说家、作家，《局外人》为其第一部作品。

反向回归。个体成为环境的东西。正如奥登诗歌中的叶芝一样："他成为他自己的崇拜者。"

有人对伍尔芙发出这样的抱怨："哎呀，除非你的头脑是绝对的清醒，你是不能读她的！"这句话以其独特的方式吸引人注意印刷术这一种媒介。读书本身就是使人昏昏欲睡的、半催眠的经历。还有这样一个事实：印刷术长期以来是一个主要的环境因素，这就使它无形无象、视而不见，只有艺术家才能看见它。象征派作家把词语当做物体来看待时，他们就绕开了印刷术而直奔词语，把词语当做颜色、质地和带有许多气味的结构。为了直面印刷术环境，所有这些手法都是需要的。

利维斯大人抱怨把台尔[①]或《人猿泰山》作为印刷媒介的编程内容，这实在是很不切题，因为诸如此类的"内容"完全适合印刷术的性质本身，正如印刷术影响了我们时代的感知一样。为什么文化人从来没有想到，印刷术单调、催眠似的用途可能是吸引合适内容的主要原因？18世纪初期，蒲伯已经明白，随着印刷术成为环境的一部分，任何一点墨水痕迹都会浸染在人的意识之上。

形式成为环境的和无意识的东西时，它就要挑选最常见、最通俗的环境材料作自己的"内容"，难道这有什么不自然吗？任何形式成为环境的东西时，它就往往成为催眠的东西。因此，其内容就必然要变得无关紧要，以便和它的催眠效果相匹配。任何媒介成为无孔不入的东西时，它就成为同样常见、通俗的东西，因此它就要吸引和要求常见、通俗的材料。《哈姆雷特》的剧中之剧是一套16世纪陈规陈词的组织，它对当时的人多半也是这样的组织。一种环境陈词与另一种陈词遭遇时，就变成为一种艺术形式。哈林顿（Michael Harrington）看见了这样的结果：

---

① 台尔（Ethel M. Dell，1881—1939）：英国浪漫小说家。

这场偶然的变革是西方环境中风卷残云、史无前例的技术转换。它是在不经意之中进行的……保守派发动了一场革命，但是这不是革命派预料的那种革命，反对派也同样感到困惑……文化水平提高了，许多教育家反而感到忧心忡忡，因为人们使用文化的方式似乎是反文化的。大家的个性都很强，传统的民主派感到不安。四面八方都存在混乱和窘困。

17. 皇帝的新衣

史蒂文斯[①]在《恶之美》(*Esthétique du Mal*)中写道：

这是欢乐挥就的主题，
荡气回肠的赞美诗，恰当。
你也许想过美景，但是谁
想过
美景看见的什么，尽管它看见了许多罪恶？
言语发现了耳朵，为了满足所有邪恶的声音，
但是它说不出深色的斜体字。
从耳闻目睹的
感觉到的东西中
谁曾想会产生这么多的自我，这么多质感美丽的世界，
仿佛空气，正午的空气，蜂拥出
形而上的变化，
全然和我们的生活一样，就在我们生活的地方。

他说明，视觉强度略有变化，我们的自我感觉就发生变化，包括个人的和团体的。因为技术是我们生理的延伸，技术就产生新的环境编程。我

① 华莱士·史蒂文斯(Wallace Stevens，1879—1955)：美国诗人，探索现实与想象的主题，组诗《恶之美》将美与罪恶不可分割地联系在一起。

们与环境遭遇时派生出来的无孔不入的经验，几乎必然是感觉不到的。两种以上的环境直接遭遇时，它们往往表现出明显的特征。比较和对比始终是用来强化感知的手段，艺术和日常经验都是这样的。事实上，艺术的一切结构都是在这个模式的基础上培养起来的。一切艺术努力都包含使人注意的环境准备。一首诗、一幅画都是一台地地道道的培养感知和判断的教学机器。艺术家尤其意识到，新环境对人的敏锐构成挑战和危险。一般人使自己的感知麻木，以对抗新经验的冲击，由此而求得安稳。相反，艺术家却喜欢这种新奇的经验，而且本能地创造出揭示和补偿它的情景。艺术家研究新的环境编程使感性生活发生扭曲。他们创造情景，以便矫正新环境形态产生的感知偏向和混乱。用社会交往的话来说，艺术家可以得到导航员那样的褒奖。尽管许多相互作用的力量使罗盘的磁针发生了偏转，他们还是能够充分给人们指定航向。从这个角度来理解，艺术家并不是兜售理性和崇高经验的小商小贩。更确切地说，他们必然能够助人行动，也必然能够助人反思。

因此，是否要在学校里教艺术这个问题就很容易回答了：当然要教，但不是作为一门功课来教。把艺术作为一门功课来教必然要产生这样的后果：它存在于一种分类的状况，只会把艺术和人的其他活动分别开来。希尔德布兰德在《造型艺术中的形式问题》中指出："儿童就这样偏离了他自然的历程，开发出他人为的而不是自然的资源。只有等到他完全成熟之后，艺术家才重新学习用自然力量和理念来思考问题。这些力量和理念是他童年时代最幸福的财产。"在信息环境的太空时代，艺术必然会获得新的意义和新的功能。过去那些分类方法都失去了意义和相关性。

贡布里希在《艺术方法论》(*Approach to Art*)中注意到西方艺术从创造向匹配的显著变化，这场变化是公元5世纪[①]在雅典开始的。希腊人发

① 疑有误，似应为公元前5世纪。

现匹配或写实表现的快乐。他们在此的行为不像是自由人，而是像机器人。在表现现实的时候，重点往往是放在视觉上，而且牺牲了其他的感觉。这样的表现方法与拼音文字一道兴起。在其他地方和其他时候，如果没有宠爱和视觉并牺牲其他感觉的技术，不可能出现这样的表现方法。那些我们今天不得不生活其间的技术，不如拼音文字那样宠爱视觉。对许多的人来说，这是当代最令人恐怖的情况之一。正如我在《谷登堡星汉》中说明的那样，拼音字母是唯一把声音和形态从意义中抽取出来的文字。大卫·迪林杰（D. Diringer）在《字母表》中也着重说明了这一点。与此相反，象形文字倾向于把感知和语义结合成一种格式塔完形。视觉被强化到凌驾于其他感觉之上时，它就产生一种新的空间和秩序，我们常常把这个东西叫做“理性”的或图像的空间和形式。只有视觉才有欧几里得空间设定的连续、一致和连接的属性。只有视觉空间才能产生连续体的印象。莱顿（Alex Leighton）说：“对盲人而言，一切事物都是突兀的。”对触觉和听觉来说，每一时刻都是独一无二的。但是对视觉而言，世界是一致的、连续的、连接的。这些属性就是图像空间的属性，我们常常把它们与理性本身混为一谈。

也许，人最珍贵的财产就是他持久不变的恰当比例的模拟性意识，这是打开形而上洞见的钥匙，还可能是打开意识本身的钥匙。模拟性意识是不断在比率中追求比率形成的——A : B=C : D。换言之，A 与 B 的比率和 C 与 D 的比率成比例，两个比率之间也存在一个比率。这种最精细的、活生生的知觉只依赖一个条件：各个因子之间没有联系。如果 A 与 B 产生联系，或者 C 与 D 产生联系，那么纯逻辑关系就会取代模拟性知觉。因此，拼音文字和高度的视觉文化受到的惩罚之一，就是在接触一切事物时，仿佛要通过一个严密的故事线索去过滤。连续的空间和情景排除人的参与，非连续性却给人的参与留下了广阔的余地，这一点似非而实是。视觉空间是连成一片的，它产生疏离或非参与性，它也倾向于排除其他的感官。于是，纽约的世界博览会不战自败，因为它强加一种视觉次序和故事线索，没有给观众留下什么参与的机会。相反，加拿大博览会推出的不是一条故事线索，而是许多文化和环境的马赛克。马赛克形态几乎像是X光线，它的小拼块连成一片，它好比是一幅图画。加拿大这一场马赛克似的博览会激起了非同一般的热情，许多人对此感到迷惑不解。电影和电视之间存在同样的差别。电影是高度图画似的东西，但是从动感上来说，它也是非连续、非视觉的，因此它要求人的参与。这种非连续性在一些电影中表现得淋漓尽致。电影的这种专长，只举两个例子就足以说明问题了：《第七道封条》(*The Seventh Seal*)、《大爆炸》(*Blow-Up*)。电影是由时间间隔很短的一连串离散的形象组成的。由于快速相随，这些形象在脑子里留下的烙印似乎是连接在一起的。我们近来对艺术创造和欣赏的前意识力量的了解，说明下意识的东西实际上在心理重组中发挥着重要的作用。在这个意义上，电影的形式可以描绘成一种处理非连续空间的媒介。

相反，电视是一种X光线。任何新技术，即任何人的官能的延伸或放大，用物质形态表现出来时，往往要创造出一种新的环境。衣服、言语、文字或轮子都是如此。在我们这个时代，几种新环境同时创造出来时，这个过程更容易观察到。在最新的电视技术中，我们发现为数不多的大约占人口10%的工程师和技术人员，引起了一系列急剧变化，这些变化大约占了我们生活90%的领域。新的电视环境是一种电路，它把以前的环境，尤其是照片和电影，当做自己的内容。新旧环境的相互作用产生数不清的一连串问题和混乱，从如何安排儿童和成人的收看时间到电视剧的播放时间再到教室播放电视的时间，等等。作为一种环境的新兴电视媒介创造了许多新的职业。作为环境，除了其内容之外，人们是感觉不到电视的。但是，甚至电视对电影的影响也没有引起注意，电视环境在改变人的整个感知和感知比率方面的影响，完全被人们忽视了。看电视的人处在被电视形象的X光线透视的影响之中。因此，典型的情况是这样的，儿童获得了深度卷入的习惯。这使他们与现存的空间安排和知识组织格格不入，无论是在家里还是在学校里。但是，这种疏离已经从儿童身上蔓延到西方人的整个生活情景之中。

艺术家能够纠正文化中的无意识感知偏向，如果他们重现这种偏向而不是去对其进行调整，他们就是背叛了自己的职能。事实上可以说，凡是仰赖先例而生存的文化，都是垂死的文化。在这个意义上，艺术家的角色就是创造反环境，用反环境去创造感知手段，让反环境去给人打开感知的门户，否则人们就处在难以明察的麻木状态之中。在古洛（Françoise Gilot）的《与毕加索生活的岁月》（*Life with Picasso*）里，画家毕加索有这样一段话："我作画时，总是努力创造一种人们意料之外的情况，而且还要再进一步，我尽力创造一种人们拒绝的形象。这就是我的兴趣所在。在这个意义上。我总是试图带有颠覆性。换句话说，我给人们创造的人的形象是这样的：虽然其成分是从传统绘画中收集来的观察事物的一般的方法，但是经过一番重组之后，结果就出人意表，使人不安，使人不可能不注意作品提出的问题。"

德鲁克在《出效益的管理》（*Managing for Results*）中，在"存在的东西可能是配置不当的"标题之下研究社会情景的结构时认为："企业不是自然现象而是社会现象。但是，在社会情景中，事件的分布不符合自然宇宙的'正常分布'（就是说不符合钟形的高斯曲线）。在社会情景中，分布在一个极端的事件很少——最多占 10%—20%吧——但是它们产生了 90%的结果。"德鲁克在这里描绘的环境是通常引起人们注意和行动的环境。他面对的是无法感知的环境这种现象。霍尔（Edward T. Hall）在《无声的语言》（*The Silent Language*）中竭力解决的也是这个因素。基本的规则、普遍的结构和总体的模式都被人忽视。只有在反环境的构建中，它们才提供了一种使人注意的手段。德鲁克指明 10% 有效的或有机会的典型情景，这个小小的因素就是环境。这看似矛盾实则有理。其余的 90%是由那 10%的活跃力量产生的。环境是一个活跃的过程，它渗透到情景的一切领域，同时也依赖情景的一切成分。这一点很容易说明。

任何系统或组织的内容自然包括此前的系统或组织。在这个程度上，旧环境发挥的作用是控制新环境。艺术和科学作为反环境，使我们能够感觉到环境，注意这一点颇有好处。在一种商业义明中，我们长期把人文学科当做定向和感知的手段。等到文科和理科本身在电力条件下成为环境时，常规的自由主义学问——无论是文科还是理科，都不能再用作反环境了。我们生活在没有围墙的博物馆里，把音乐用作知觉环境里的结构成分。到了这个时候，新的注意和感知方略就一定要创造出来。等到最高深的科学知识被用来制造原子弹这种环境时，对科学环境的新型控制机制就一定要寻找出来，哪怕只是为了生存的利益。

环境和反环境关系的结构，还要举出很多例子，才能使人弄懂其中涉及的感知与活动。巴厘人[①]的语言里没有艺术这个字。他们说："我们把每一样事情都尽量做好。"这没有讽刺的意思，这是一句大实话。在前文字的社会里，艺术是使个体和环境融为一体的手段，而不是用来训练人们对环境感知的手段。在我们眼里，古老的或原始的艺术看上去是嵌入环境的具有魔力的控制手段。因此，把这种文化中的人工制品搁进博物馆或反环境里，是使之失效的行为，而不是给人启示的举动。今天，所谓通俗文化就是从日常的环境里撷取一点东西，仿佛把它当做是环境的东西。但是，通俗艺术提醒我们，我们已经为自己建立了一个人工制品和形象的世界。这些东西并不是用来训练我们的感知，而是用来迫使我们与之融合，就像原始人与环境融合一样。因此，如果按照我们给艺术下的定义，把它看成是反环境来衡量，我们的世界并没有什么艺术的特性，只有受到启示的人脑

① 巴厘人（Balinese）：印度尼西亚巴厘岛上的居民，曾经是人类学家研究的天堂，巴厘人的原始文化既独特又典型。

这个内环境，才能被认为获得了艺术的风姿。

现代广告世界是一种具有魔力的反环境，构建它的目的是维持经济，而不是增加人的知觉。我们把学校设计成反环境，以培养对印刷语词的感知和判断。但是，我们没有提供任何训练，去培养对电路产生的新环境的感知和判断。这不是偶然的。从拼音文字的开发到电报的发明，人的技术始终有一个非常强烈的倾向，那就是一步步加重疏离和客观性，加重非部落化和个性化。电路的效果刚好相反。它使人深度卷入。它使个体与大众环境融合。为了给这样的电力技术创造一个反环境，似乎要取得个体意识和团体意识的技术延伸才行。在这样的情况下，个体的觉悟和反对都是与题无关的，也是徒劳无益的。

环境和反环境的结构特征，出现在专业活动与业余活动历史悠久的冲突之中，在体育界和学术界都是这样。职业体育促进个体融入大众，融入总体环境的模式之中。业余体育却追求开发个体的批判意识，首先是对社会规则的批判意识。学术界也存在这样的对比。专业人士倾向于专门化，让自己不加批判地与同行融合。同行大量的回应提供的规则，构成了一种无所不在环境。他对这个环境不抱批判的态度，也意识不到这个环境。

政治的党派制度给我们提供环境和反环境关系的形象，人人耳熟能详。作为环境的政府需要反对党作为反环境，以便让政府了解自己。反对党在政治中的角色，似乎与艺术和科学里的情况一样，是创造感知。由于政府日益深度地卷入了瞬时信息的世界，反对党似乎也日益显得必不可少，同时又显得难以容忍。反对党开始获得怨恨和敌视的性质，就像早期远程预警系统那样。但是，在社会环境中，把艺术和科学当做这样的预警系统，也是很重要的。科学和艺术提供的模式可以给未来的问题定向，以防忠于未然。

汉普蒂-顿普蒂这个童话人物的含义，与10%对90%的因果关系比例也有相似之处。他摔倒之后引起了整个社会官僚机器的反应。但是，国王所有的御马和侍臣都无法把他修复。他们无法使旧的环境复原，而是只能创造一个新环境。对于令人不安的新技术，我们典型的反应是恢复旧环境，而不是注意新环境提供的机会。不注意新机会就是不注意新的力量。这就是说，我们未能给新环境开发出必要的控制机制或反环境。这样的失败使我们陷入了纯粹自动化的角色之中。

伊斯特布鲁克（W. T. Easterbrook）就官僚主义和进取精神的关系进行了广泛的探索。他发现，其中一个成为环境，另一个就成为反环境。二者就像自行车的两个轮子，在历史进程中交替扮演相似的角色，也像两个互相伯仲的提琴手使出浑身解数一争高下。18 世纪的写实主义成为文学创作的一个新方法的时候，外部环境处于反环境的地位。笛福①等作家让普普通通的世界扮演艺术品的角色。环境被用做探索知觉的工具。它成为一种自我意识，成为“令人焦虑的客体”，而不是感觉到的、普遍的模式。环境被用做探索工具或艺术品，环境获得了自我意识。它成为“焦虑的客体”，而不是人们没有感觉到的、无所不在的渗透模式。环境用做探索或艺术客体，这具有讽刺意味，因为它把人的注意力吸引到自己身上。浪漫主义诗人把这个技巧延伸到外部自然，并且把自然变成艺术品。从波德莱尔、兰波开始，接着是霍普金斯、艾略特和乔伊斯，诗人们的注意力转向语言，他们把语言当做探索的工具。长期被当做环境使用之后，语言就成了探索和研究的工具，成了一种反环境。里弗斯②、劳申伯格③等许多作家把语言当做图像似的工具来探索，语言随之而成为大众艺术。

艺术家创造反环境，这使我们意识到，许多东西是新兴的环境，因此，它们在改变情景中常常是最活跃的力量。在过去的 100 年里，许多领域的

---

① 笛福（Daniel Defoe，1660？—1731）：英国小说家，代表作是《鲁滨逊漂流记》。

② 里弗斯（Larry Rivers，1923—2002）：美国画家。早期学习音乐，后成为画家。后期作品常以拼贴、结构和雕刻组成画面。代表作有《伯迪双像》《俄国革命史》。

③ 劳申伯格（Robert Rauschenberg，1925—2008）：美国艺术家，创作抽象画、拼贴画和混合画。

艺术家被称为敌人或罪犯，这也许是原因所在吧。

帕布洛（即毕加索）摇摇头说：“卡恩韦勒[1]说得对。问题是，艺术带有颠覆性。艺术是不能自由的。艺术和自由就像普罗米修斯的天火一样，是必须盗取的东西，是用来反对既成秩序的。一旦成为官方的东西，一旦为人人敞开大门，艺术就成为新的学院派的东西了。”他把电报往桌子上一扔，接着往下说，“我怎么能支持这样的观点呢？如果艺术被授予了打开城门的钥匙，那就是因为艺术被掺了水分，那是因为它失去了活力。再也不值得我去为之奋斗。”

我提醒他，马莱伯[2]曾经说过，诗人对国家没有用处，就像玩九柱戏的人一样没用。他说：“当然是这样的。不然柏拉图怎么会说，诗人应该被驱逐出共和国呢？原因正是，每一位诗人和艺术家都是反社会的主儿。并不是因为他想这样我行我素；他不可能是其他的样子。当然国家有权驱逐他——从国家的角度看是这样。如果他是真正的艺术家的话，他并不想得到承认，这是本性使然；因为如果他受到接纳，那只能意味着，他做的事情已经受到理解和赞同，并因此而成为老掉牙的一钱不值的东西。任何东西，任何值得做的东西，都不会受到承认。人们总是没有多少远见。”（弗朗索娃·吉洛、卡尔顿·赖克著《与毕加索生活的岁月》）

这有助于解释为什么新闻自然偏向于罪案和坏消息。使我们能够从感

① 卡恩韦勒（Daniel-Henry Kahnweiler，1884—1979）：德裔法籍艺术商和出版商。最先支持立体派，与毕加索过从甚密，长期专销毕加索等人的作品。1920 年起在巴黎开设有名的西蒙画廊。1961 年出版回忆录《我的画廊和画家们》。

② 马莱伯（François de Malherbe，1555—1628）：法国诗人，古典主义理论家。格律严谨、用词审慎，自誉为“出色的音节排列者”，许多论文语多讥诮。

性上认识世界的，正是这种新闻。自爱伦·坡创造杜宾这个人物以来，侦探往往是大城市的探测器、艺术家，也仿佛是一位手腕高超的敌人。从传统的情况来看，城市总是要慢半拍，它绝对不是环境。老环境的地位总是不断上升，并引起我们注意，这一点似非而实是。新环境总是把旧环境当做自己的素材。

多伦多大学《研究生》1965 年春季号，有一篇古尔德（Glenn Gould）的文章，说的是录制的音乐对演奏和作曲的影响。在任何情况下，当技术变革把一种环境推向很高的强度或清晰度时，就会发生逆转或错位排列。这个时候就会发生特征的逆转，官僚主义和进取精神的角色交替转换，就是这样的。环境总是低强度的和低清晰度的。它之所以没有进入我们的观察视野，原因就在这里。凡是能够使环境的强度升级的，无论是自然界中的风暴还是新技术引起的剧烈变化，都会把环境变成人们注意的对象。环境成为令人注意的对象时，它就带上了反环境或艺术品的性质。技术变迁在社会环境中激荡起不同寻常的强度，而且成为人们关注的重点时，我们就用上“战争”和“革命”这样的字眼。任何环境中都有“战争”的一切成分。但是“战争”的成分要强化到高清晰度时，人们才能够认识到“战争”。

在瞬息信息流动的电力条件下，战争的观念和现实，在日常生活的许多情景中都彰明昭著。我们早已习惯的战争，是公众之间或民族国家之间的战争。公众和民族是印刷技术的产物。在电路条件下，公众和民族成为新技术的内容：“受众不是作为环境的公众，而是作为新型电力环境内容的公众。”印刷术创造的作为环境的“公众”是由各种各样观点的个体组成的。相反，受众的组成则是相互深度卷入的种类相同的个体，是深度卷入艺术创造过程的个体，或深度卷入他们所面对的教育情景的个体。艺术和教育是让公众接受教育或熏陶的消费包。受众的成员却是直接卷入艺术和教育，他们的身份是参与者和共同创造者，而不是消费者。艺术和教育成为新的经验形式，新的环境，而不是新的反环境。前电力时代的艺术和教育是各种环境的内容，在这个意义上，它们是反环境。然而在电力条件下，内容自身往往成为环境。这是马尔罗[①]在《没有围墙的博物馆》（*The Museum Without Walls*）中发现的悖论，也是哥尔德在录制音乐中发现的悖论。音乐厅里的音乐是一种环境。经过录制的音乐仿佛是没有围墙的音乐。

这一变革还有一个悖论：音乐凭借电力媒介成为环境之后，它越来越成为个人关注的东西。同理，与这个悖论构成互补关系的，是前电力时代的室内乐（为公众的音乐，而不是为受众的音乐），是群体的团队仪式，而不是个体的仪式。这一悖论涵盖了一切电力技术。同样的媒介，如果它允许普世的和集中的稳定，那么它也鼓励供个人操纵的个体的稳定。因此，受众时代比一切的公众时代更加具有个体性。正是这种充满悖论的动态性，使今天关于“顺应”“分离”“整合”的每一个问题都搞得混淆不清。这所有这些情景中，都存在着深刻矛盾的行动和方向。在轮子时代后继者的电路时代里，这样的情况并不奇怪。反馈圈玩弄各种花招，使单层面和单向道的思想和行动分不清东西南北，前电力的机械时代的思想和行动，其结构是单层面的和单向道的。

将上述情况应用到黑人问题上，可以说，农业的南方始终把黑人看成是环境。既然如此，黑人就成了挑战、威胁和包袱。“白人至上”正如“白人垃圾”一样，都是这种态度的记录。环境是必须制服的敌人。对农业人来说，制服自然是日益严重的挑战。南方人给边疆生活贡献了牛仔。弗吉尼亚人这个牛仔的原型，似乎作为敌对的自然力与环境对抗。对边疆生活的人来说，其他人似乎是环境的和敌对的力量。与此对照，对城里人而言，

---

① 马尔罗（Andre Malraux，1901—1976）：法国小说家，在考古、艺术、政治活动中均有建树，参加过中国革命、西班牙内战、法国抵抗运动，任内政部长达十年。代表作有《西方的诱惑》《征服者》《人类的命运》《希望》《沉默的声音》等。

人并不是环境，而是都市环境的内容。

与黑人问题类似的，是加拿大法语区问题。自从铁路出现和联邦建立之后，说英语的加拿大人一直是加拿大法语区的环境。然而自从电报、广播和电视问世之后，加拿大法语区和英语区都成了这种新环境的内容。所以就产生了很大的混乱，可以说就是环境转换成反环境造成的混乱。电力技术出现之前的一切，构成了不同环境的群落集团，如今它们都成了新技术的反环境或内容。人们对过去无意识环境的知觉因此而日益深刻。任何新环境的内容都是人们觉察不到的，正如老环境的内容一开始并不为人所知一样。作为一个纯粹自动发生的序列，环境一个个地前后相随，其交替过程中所产生的戏剧性，是相当沉闷的，因为受众参与戏剧性活动的热情和他们缺少意识的程度成比例。在电力时代，一切老环境都成为反环境。作为反环境，老环境又转换成自我意识和自我肯定的领域，各种力量就必然要非常活跃地相互作用。

在人的五官中，只有视觉才产生一致、连续和连接的空间形式和时间形式。欧几里得空间是视觉-文字人的特点。电路和瞬时信息流动问世之后，欧几里得空间退出舞台，非欧几里得几何产生。路易斯·卡罗尔这位牛津大学的数学家，带着爱丽丝穿过镜子，进入一个什么东西都产生自己的空间和情况的世界之中。此时，卡罗尔很清楚我们这个世界的变化。对视觉人或欧几里得人来说，物体是不产生时间和空间的。它们只不过是镶嵌进时间和空间而已。作为环境的世界或多或少是固定不变的，这种观念在很大程度上是拼音文字和视觉预设的产物。米利克·恰彼克[①]在《当代物理学的哲学影响》(*The Philosophical Impact of Contemporary Physics*)中说，科学思想中产生的一些混乱，是前文字时代人的非欧几里得空间和文字时

① 米利克·恰彼克(Milic Capek，1890—1938)：捷克小说家、剧作家，著有《罗索姆万年机器人》《鲵鱼之乱》《当代物理学的哲学影响》等，率先使用机器人(robot)一词。

代人的欧几里得空间和牛顿空间遭遇的结果。当代科学家在这个问题上的思想混乱，和哲学家、教师一样的思想混乱。怀特海指出的原因是，他们仍然抱着这样的幻想：新的发展会嵌入老的空间或环境之中。

当代艺术最明显的变化之一，不仅是放弃了具象的表现方法，而且是放弃了故事情节。在诗歌、小说和电影中，叙事的连续让位于主题的变化。主题的变化取代故事情节或韵律情节，本来是土著社会的标准。现在它成了我们社会的标准。由于同样的原因，我们的社会正在成为非视觉的社会。

在电路或反馈的时代，分割和专门化让位于整合的组织形式。汉普蒂-顿普蒂倾向于回复到一个完整的人。国王的马和侍臣的一切官僚主义努力，自然都要盘算阻止他，不让他回复到一个完整的人。新石器时代，是尾随狩猎时代而起的种植时代，它是一个专门化和分工的时代。随着电路的来临，这个新石器时代到了一个令人震惊的终端。电路是一种极其深刻的非集中化过程。产生集中化的，是轮子和机械创新，这似乎矛盾，但确乎如此。电路使轮子的特征发生逆转，正如复印技术使印刷术的特征发生逆转一样。印刷术出现之前，抄书人、作者和读者往往是融为一体的。有了印刷术之后，作者和出版人的行为高度专门化和集中化了。有了复印技术之后，作者、出版人和读者又倾向于三位一体。印刷书籍是第一宗大批量的产品，造成一致的价格和市场；反之，复印技术倾向于恢复量身定做的书籍。写作和出版倾向于成为一种公司的、涵盖面宽广的服务业。印刷词语创造公众，公众由分离的个体组成，每个人都有自己的观点。电路不创造公众，它只创造受众。受众不是由分离的个体组成的，而是由相互深度参与的个体组成的。这种参与不是数量的盛事，而是速度的盛事。

日报是一个有趣的例子，足以说明这个事实。报纸中的条目完全是非连续的，没有联系的。唯一的整合一体的特征是报头的日期。读者必须通过这个日期，就像爱丽丝穿过那面神奇的镜子一样。如果不是今天的报头日期，我们就走不进今天的事情。一旦通过这个日期，读者就会卷入许多条目之中，他就必然要撰写一个情节。读者自己创造了新闻，就像侦探故事的读者自己创造故事的情节一样。同样，在加拿大博览会的捷克馆放映的情节相当开放的电影，容许观众通过很容易形成的共识来深度参与。正如印刷机创造了作为新环境的公众一样，每一种新技术，每一种体力的延伸，往往都要创造新环境。在信息时代，信息本身成为环境。比如，我们这个行星投放出来的卫星和天线，把这个星球从单纯的环境变成了探测器。在过去的 100 年里，艺术家用无穷无尽的试验模式向我们说明的，就是这样一个转变。现代艺术，无论绘画、诗歌还是音乐，开始时是探索而不是包装。印象派砸碎了旧的包装，把它们作为探测器放进我们的手里。包装是消费时代的东西，探测器却是试验时代的东西。

艺术的特点之一是用作反环境，它是使环境清晰可见的探测器。它是象征或寓言的形式。就词源意义而言，“寓言”的意思是“扔向”，正如“象征”是从“扔在一起”派生出来的一样。我们给地球装备卫星和天线时，我们往往创造一些新环境，地球本身则成为这些环境的内容。环境是把内容转换成原型的复杂过程，这是环境的典型特征。地球成为一种新的信息环境的内容，与此同时它也成为一件艺术品。铁路和机械为农业人创造一种新环境的时候，农业世界就成了一种艺术形式。自然界成为一件艺术品，浪漫主义运动随之诞生。电路把机械环境包裹起来的时候，机器本身成为一件艺术品，抽象艺术随之诞生。

由于信息成为我们的环境，所以我们就不得不对环境进行编程，使之成为一件艺术品。与此相似的情况，见诸埃吕尔（Jacques Ellul）的《宣传》。作者认为宣传是一切媒介的同时运作，而不是意识形态或内容。母语是一种宣传，因为它对所有的感官同时施加影响。它塑造了我们的全部观点和一切的感觉方式。正如其他环境一样，母语的运作也是感觉不到的。当一种环境兴起的时候，我们第一次感觉到老的环境。我们在晚间电视节目中看到的不是电视，而是老的电影。皇帝穿上新衣的时候，他的侍臣

“看见”的不是裸体，而是他的旧衣服。只有天真的儿童和艺术家，才能够立即感觉到环境的东西。艺术家给我们提供反环境，使我们能够看到环境。这样的反环境感知手段必须时常更新，其有效性才能保持。人失去对环境的感觉能力，这种情况的基本方面，连心理学家都还没有提到。在加速变化的时代，对环境的感觉成为紧迫的需要。速度的增加使这样的感觉能力更加成为可能。罗素不是说过，洗澡水每一个小时增加半摄氏度，我们就不会知道该什么时间呼救了吗？新环境给我们重新设置感知阈限。这些感知阈限反过来改变我们的观点和期望。

我们的时代需要一种计量手段和发现手段，用来计量感知的阈限，并准确地发现某一技术问世之后这些阈限究竟发生了什么样的变化。了解这样的情况之后，就可以为任何一个人类社区规划一个合理而有序的未来。这样的知识相当于控制室内温度的恒温器。把这样的控制机制推广到我们的一切感觉阈限，似乎是顺理成章的。对于那些以创新的名义胡乱摆弄我们的感觉阈限的人，我们没有理由表示感谢。

重新设计所谓的“引起幻觉的光表演”，使之不仅是感觉轰炸，而且是成为一种环境的探测器，从教育的意义上来说，是大有好处的。

斯诺的《两种文化》（*The Two Cultures*）是说明当代两难困境的一个很方便的例子，这是用视觉方法和非视觉方法对现实进行编码和加工的两难困境（他似乎是在同时吹捧两种方法）。这个两难与爱丽丝在奇遇中的两难似乎相同。穿过镜子之前，她生活在一个绵延不断的、连成一片的空间之中。在这个空间里，事物与现实是对应匹配的。穿过镜子之后，她进入了一个非视觉世界，没有一样东西是匹配的，每一样东西都建立在一个独特的模式之上。（事实上，有了电力技术之后，我们确实有两种文化，我们孩子的文化和我们自己的文化：我们和孩子不对话）阿尔德利（Robert Ardrey）的《领地欲》（*The Territorial Imperative*）仿佛是爱丽丝奇遇的记录。领地欲是事物凭借我们的感知参与而强加于我们的时间空间预设。而且，这又是一个创造的世界而不是匹配的世界。大体上说，现代物理学把我们带进了一个无法视像化的领域。粒子的速度和亚微观特性是不能够用视觉来表现的。普拉特（John R. Platt）的《走向人的步骤》（*The Step to Man*）说明，如何把今日世界的2000万册图书纳入一个不大于针头的图书馆中。

当前人们对“上帝之死”的关注，与视觉文化的衰落大有关系。神学家奥蒂泽尔[①]告诉我们，上帝之死大约发生在200年前，“历史知识的增长取代了上帝的观念。教会保留下来的基督观念持续不断地被消解，教会宣教的上帝瓦解殆尽。因此，再也不可能把耶稣当做信仰的核心和人类的化身，再也不可能把上帝看成是人类、生活和进步的对立面——换言之就是把上帝看成是死亡”。[海斯格（James Heisig），《上帝的守灵夜》，*The Wake of God*，迪瓦因神学院，1967] 在视觉的意义上，上帝再也不是“高高在上”“人世之外”，就像针头里那2000万册书可以说是“在里面”一样。视觉取向不再适用。有人觉得，基督教的存在必然要存在于出世和入世的张力之中。克尔凯郭尔对这一点的认识非常清楚。圣保罗[②]很清楚，后来的路德[③]也很清楚。但是，内外的张力仅仅是一种视觉指针。而且在X光的时代，内外的张力是同步进行的。

电路使西方踏上了心灵之旅，心灵之旅使西方走向东方。此间，不仅传统的上帝形象被抛弃了，而且自我身份的性质也进入危机状态。上帝这

---

① 奥蒂泽尔（Thomas J. J. Altizer，1927—2018）：美国基督教激进派神学家，20世纪60年代上帝死亡神学的主要代表，断言：“我们必须承认上帝的死亡是历史事实：在我们这个时代，在我们的历史上，在我们的生活中，上帝已经死亡。”

② 圣保罗（St. Paul）：又名扫罗，耶稣使徒。原敌视基督教，后见异象而皈依基督教。先后三次外出传教，到过小亚细亚、希腊、罗马等地，后殉教，被罗马皇帝尼禄杀害。

③ 马丁·路德（Martin Luther，1483—1546）：德国宗教改革家，欧洲16世纪宗教改革的发起者，抗议宗（新教）的创始人。1517年10月31日发表《九十五条论纲》批评教皇政策，举起改革旗帜。这场改革对欧洲历史影响深远。

位宇宙的钟表师和工程师，再也不是西方必需的视觉形象。这个形象的必要性，和代表个人地位的身份证或视觉分类比较，并不会胜出多少。个人身份问题在西方首次发生在俄狄浦斯王的身上，他经历了非部落化的危机，失去了在部落里团队里参与的机会。对古代的希腊人来说，发现个人身份是震撼人心的、令人恐怖的事情。这个发现和视觉空间和切割分类的发现是同时发生的。20 世纪的人在倒着往回走，从极端个体分割的状态回到全人类共同参与的状态。奇怪的是，这种新的参与给人的感觉是疏离，是失去自我。这种感觉是从易卜生[①]以及陀思妥耶夫斯基等俄国作家开始的。他们对古老的部落和团队生活的意识，比 19 世纪欧洲的其他作家要强烈得多。小说家和戏剧家在寻求“我是谁”这个问题时走在前面，存在主义哲学家继承了这个接力棒。存在主义哲学家对当代世界个体生活的无意义进行反思：

> 一言以蔽之，可以说无意义在我们的眼前展开。因此就产生了一种奇怪的内心裂变，这一裂变带有实实在在的连根拔除的性质。全新的问题提出来了，这样的问题逼着我们去问。迄今为止，人们似乎生活在一种能够自证的秩序之中。这是在棚屋中栖身的人享受的那种秩序。当他还是活生生的存在物，当他生活在当下的日子里时，他享受的就是这样的秩序。
>
> 对这样的人，反思已经成为必需，首要的必需。他意识到生存状况危险、紧迫的性质，而这些条件正是存在的框架本身。他昔日使用“正常”这个字眼的方式，今日对他似乎太轻率了。“正常”的意义已经被掏空——至少它仿佛突然打上了一个印记，使它看上去带有一种

① 易卜生（Henrik Ibsen，1828—1906）：挪威戏剧家、诗人、现代欧洲戏剧的先驱之一。代表作有《玩偶之家》等。

令人不安的新情况。

（马塞《有问题的人》，*Problematic Man*，海德尔–海德尔出版社，1967 年）

马塞[①]很清楚，没有什么观念或范畴能够解决这个危机：

让我们回到那个问题。棚屋里的人自问：我是谁？我的生命有何意义？显然，如果对他说（或我自问自答）：你是理性的动物，这些问题并没有得到解答。这样的回答离题万里。前面已经说过，无意义在蔓延：就是说，我有职业，有祖国，有生计等等，我不得不把这些问题反过来问自己。为什么是这样的呢？让我们作一个相反的推理：假定我闭门谨慎地、小心翼翼地生活在一个有既得利益的、不可能发生这些问题的阶层里。然而，即使我通过想象把自己置身于棚屋人的处境，我也会通过他的眼睛被带到那一步去思考，我是如何一劳永逸地置身于特权范畴的。这个范畴的人知道自己是谁，知道为什么而生活。换言之，凭借想象和反思的结合，我能够产生一个变化。这个变化不仅对客体产生影响，而且对主体，对提问的主体也产生了影响。

然而，他似乎偏向这样的幻想：这些两难困境是意识形态的困境，而不是对人类环境的感知方式重新编程所产生的结果。后视镜是这位哲学史家喜爱的工具：

---

① 马塞（Gabriel Marcel，1889—1973）：法国哲学家、剧作家、评论家，法国第一个现象学家和存在主义哲学家。形成了独到的谋求深化人类经验的哲学。对现代思想做出重大贡献，力求挖掘并阐明全部人类经验。

> 尤其不能驳倒这一事实：现代和后现代形式的民族主义是18世纪意识形态的产物，是在难以明确界定的条件下与前浪漫主义结合的产物，前浪漫主义似乎是起源于卢梭。这种意识形态经过放任自流之后导致了理性的世界主义。法国革命产生的民族主义在很大程度上建立在基层社区的废墟之上。这样的社区一直存在到革命前的旧政权时期。启蒙时代学说的个人主义，对基层社区的瓦解，必然要起到推波助澜的作用。另一方面，又必须承认，这个事实与同一时期发生的宗教的衰落有紧密的联系。但是，工业革命至少在19世纪上半叶注定要扮演一个角色，去加重这个倾向。而且，在很大程度上，工业革命注定要受自由主义的影响。经济层面上的自由主义（我们再熟悉不过了）注定要产生最不人道的后果；在乐观主义的掩盖下，个人沦落到越来越割裂的境地；对我们今天的人来说，这种乐观主义似乎是登峰造极的虚伪。

偶尔之间，马塞也思考这样的可能性：把存在看成是一种总体的环境，而不是一种分类或范畴：

> 存在哲学最能够自圆其说的一个方面，也许是这样的事实：各家都指出，如果不考虑存在，不考虑存在的方式，要思考存在物就是不可能的。但是，如果考虑存在本身，理性动物这个词并没有给我们任何真正的启示。

但是，总体上说，人这个理性动物意识到历史的无益。然而，在电力条件下，历史再也不是表现为连续的视觉空间透视法，而是历史一切侧面同时的和同步的存在。这就是艾略特在著名的文章《传统与个体才能》中所说的“传统”。他这个观点在1917年似乎是很革命的，但是，事实上它只不过是眼前现实和当下现实的忠实报告。一切同时的历史意识或传统意识，还有一种与之相伴的相关意识：当前是整个历史的修正。这种眼光正是艺术感受的特点。艺术感受与创造和变化相关，而不是和任何观点或静止的立场相关。

资产阶级的 19 世纪只注意最引人注目的、视觉上整齐有序的面孔和特征。当今世界一定程度上坚持了这一传统，它存在于郊区，而且有教育机构给它撑腰打气。与这个郊区世界对立的，是垮掉的一代的世界，这个世界在 19 世纪是颓废派的波希米亚群落。一位嬉皮士说："雄心勃勃的克伦威尔[①]对我没有用，我是骑士！"克伦威尔是视觉价值的一种前卫节目。他的"铁甲军"（Ironsides）是工业生产和武器的前卫形象。他们的"圆头党人"[②]现在是上层行政世界的"方头"公民[③]。"方"当然就是视觉的、超脱的形象。

这两个世界的转折，也许发生在呼啦圈的时刻。奇怪的是，人们迷恋呼啦圈，把它当做参与和转圈的邀请书。但是，从来没有人把它当做过去惯用的铁环那样在地上滚动。家长要孩子们把它当铁环用时，孩子们干脆就置之不理。今天一个对应的情况是人们喜欢用"参与"，不再用"避世主义"这个词。在 20 世纪 20 年代，一切大众艺术，无论文字还是电影摄影术，都被扣上避世主义的帽子。谁也没有想到把看电视说成是避世主义，就像谁也没有想到把呼啦圈当做铁环在地上滚一样。今天，大众艺术具有强烈的参与性质，它没有 100 年前令人尊敬的艺术的一丝一毫的视觉价值。事实上，大众艺术已经淹没了波希米亚群落，已经把自己的地盘拓宽了许多倍。1967 年型号的审美家不会装出 19 世纪的优雅姿态，而是为了参与

---

① 克伦威尔（Oliver Cromwell，1599—1658）：英格兰军人、政治家，清教革命领袖，反对国王、捍卫公民自由和宗教自由，1649 年处死国王查理一世，1653 年任"护国公"，从此统治英伦三岛五年。

② "圆头党人"（Roundheads）：克伦威尔领导的清教徒议会党人。

③ "方头"（Squareheads）公民：在美国和加拿大定居的北欧人。

去表现不修边幅和多重感觉的形象。我们与他邂逅时，也许禁不住要说：“你骗我！”情况确乎如此。垮掉的一代和披头士共同渴望的形象，就是“煽动”受众的形象。他的动机不是个人表现的个人需求，而是全体受众参与的团体需求。这是逆转的人文主义，而不是一个不堪分割的社会的团体形象。

> 对专一的人文主义艺术观念的反叛经过了长期的酝酿。但是它明显的初露端倪是在塞尚的绘画之中。他在这场革命中的极端重要性正是由于：他首次大胆宣称，艺术的宗旨不是表现理想，不是宗教、道德或人文主义的理想；艺术仅仅是表现在自然面前的谦卑；是表现艺术的形式，这些形式是经过仔细观察后从模糊的视觉印象中清理出来的。这样坦率的后果是塞尚始料未及的。先是立体派的来临，然后是逐渐的形式净化，其逻辑结局是蒙德里安或尼克尔森[①]的抽象派或非形式画派。这种形式主义艺术风格，已经扩展到每一种媒介的艺术家之中，无论你喜欢与否，它就像技术一样已经扎根了。
>
> （赫伯特·里德[②]，《机器人的救赎》，*The Redemption of the Robot*，特莱登出版社，1966 年）

关于新环境对旧环境的转换功能，还可以用一种略微不同的研究方法，这就是研究陈词和原型的方法。陈词的世界本身就是环境，因为没有什么东西能够变为陈词，直到它渗透进某一种世界。陈词广泛渗透的时

① 本·尼克尔森（Ben Nicholson，1894—1982）：英国抽象艺术先驱。1933 年结识蒙德里安，受到蒙氏影响而转向集合形体。1937 年主编《圆周》，促进了英国构成主义的发展。

② 赫伯特·里德（Herbert Read，1893—1968）：英国诗人和评论家。20 世纪 30 年代现代艺术运动的主将。代表作有《当代艺术》《艺术与工业》《艺术与社会》《现代艺术哲学》《美育》《机器人的救赎》等。

刻，也就是它隐而不显的时刻。斯图尔特·霍尔[①]和帕迪·华纳尔（Paddy Whannel）在《大众艺术》（*The Popular Arts*）中，用大量的例子说明这样一条原理：一个陈词的世界，凭借包容另一个较早的陈词世界的艺术手法，似乎把原来那个陈词世界变成了一个原型或艺术形式。他们强调指出斯皮兰[②]的侦探世界。这位自由撰稿的复仇故事作家，用法律之外的手段来拯救法律。钱德勒要更加精明一些：

> 随着钱德勒写作生涯的展开，他的故事的主题越来越明晰。当他去世时，他还在伏案写《宠物犬斯普林的故事》。这是一部不经意间构思的惊险小说。主人公马洛娶了一位富有的妻子，他处境不妙，可能会成为她的“宠物”，陷进加利福尼亚州没完没了、空空洞洞的鸡尾酒会之中。书里有这样一段话：“她想让马洛做的东西与马洛坚持要做的东西之间的斗争，成了书中一条很好的次要情节。我不知道这个故事的结局如何，但是绝对不可能使马洛俯首帖耳。也许婚姻会无法维持，也许她能够学会尊重马洛的品德……一场个性和生活理念的斗争。”这一本惊险小说成为讲礼仪的小说。

新媒介创造新环境，新环境作用于人的感知生活。不但如此，同样的新环境对原有的文学艺术形式也产生影响，《大众艺术》接着写道：

> 充分利用这些讥诮的方式来分析之后，我们就能够理解钱德勒真

① 斯图尔特·霍尔（Stuart Hall，1932—2014）：英国文化研究学派主将，代表作有《文化研究：两种范式》《“意识形态”的再发现：媒介研究中被压抑者的回归》《意识形态与传播理论》《文化、传媒与“意识形态”效果》《文化、传媒、语言》等。

② 斯皮兰（Mickey Spillane，1918—2006）：美国侦探小说家。作品多描写暴力和性。主人公名字叫麦克·汉默（Mike Hammer），疯狂反共，在麦卡锡时代流行。

正的成就了。如像其他真正有资格的讥讽作家一样，他用天才戳穿了人人皆醉我独醒的人生观，同时这个天才又需要一种高度做作的风格。写嘲弄–模拟式英雄人物一样的作家和诗人，他充分玩弄“英雄主义”。同样，钱德勒充分利用“硬汉”的观念。他把惊险小说常规的手法颠倒过来，让人注意他雕琢的成分。一种冷峻、精细的散文使他的风趣能够运用自如。文字行当中那些等而下之之辈，绞尽脑汁去塑造天下无敌的英雄，塑造超人。钱德勒着手塑造的却是最老练的反英雄。马洛是小说中紧守良心的、负责任的人物。他精明的眼睛明察秋毫，一切细节都难以遁形。但是除了他之外，其他人物很少有什么“深度”。他们是故意写成平面人的，就像本·琼森①的剧中人或王政复辟时期②的喜剧人物一样。也许就像这些剧本一样，钱德勒的小说也是颓废的艺术品。他的语言中有颓废的迹象（比如他的暗喻往往太琐细、艳丽、古怪）。他的生花妙语、讥诮幽默，和王政复辟时期喜剧中的对仗和警句一样，具有明显的“外表”华丽的效果。许多等而下之的作家，用常见的文学样式写作，能够获得许多效果；钱德勒没有使用这些样式。但是，他们的作品失去了许多乐趣。钱德勒使用中和、普遍的流行文学形态，手法却极其熟练，技艺却极其高明。很少有作家能够达到这样的水平。

现代惊险小说的主人公，以典型的全情投入姿态使读者神往。过去的冒险故事主人公却是一个贵族式个性化人物；新的英雄则是一位团队式的英雄，而不是富有个性的人物。《大众艺术》又写道：

---

① 本·琼森（Ben Jonson，1572—1637）：英国诗人和戏剧家。

② 王政复辟时期：从 1660 年查理二世复辟到 1688 年詹姆斯二世在位期间的这段时期。

正如奥威尔（Orwell）在对莱弗士（Raffles）和布兰迪绪小姐（Miss Blandish）的比较中说明的那样，现代惊险小说主人公再也不可能用贵族式的距离置身故事情节之外。过去的惊险小说主人公却可以保持一点超脱的距离。现代惊险小说的主人公和福尔摩斯、彼德·温西[①]、波罗[②]等侦探不一样，他们必须最终进入情节，成为主要的人物。早期侦探英雄无所不知的本事，使他们与凡人拉开了距离，凡人在犯罪的重重戏剧和迷雾之中分不清东西南北。现在的侦探英雄必须是小说中最卷入激情和暴力的人物，必须是最历尽磨难的人物。如果要问，为什么会发生这样的变化，我们就不得不给出一大套复杂的原因。所有这样原因都说明，文学深深地扎根于社会幻想之中。也许，我们再也不能接受置身情节之外却又无所不知的人物：我们今天要求更加真实的东西。也许是因为过去的英雄太超越凡人：自从弗洛伊德的心理分析引起思想上的巨大变革以来，我们对惊险小说反映的犯罪、惩罚和暴力的观点已经发生了变化。我们不能相信完全摆脱内心暴力和犯罪冲动的英雄——我们要求他与坏人靠得近一些，要求他接触他献身扫除的罪恶："瞧，好了，但是要不是上帝的恩惠……"确实，哲学家会说，惊险小说还说明这样一个问题，对抽象的不会腐败的司法公正的信仰已经崩溃。

霍尔与华纳尔在这里说的是，新型英雄与过去的英雄的构造不同，因为他们是全体读者的代表。

---

① 彼德·温西（Lord Peter Wimsey）：一英国女作家多萝西·塞耶斯（Dorothy Sayers）侦探小说中的贵族出身的私家侦探。

② 波罗（Hercule Poirot）：英国女作家阿加莎侦探小说中的比利时私家侦探。

迈克·哈墨（Mike Hammer）连续剧和007这样的故事当然是幻想——但是它们传达了逼真的、高于生活的写实主义。人物也许夸大，情节也许老一套，结局可以预料，但是它们虚构的生活有一定的说服力。现代读者，尤其是年轻读者往往生活在压力之中：在轰动和激情的压力之中。在这个意义上，惊险小说是令人信服的。可以相当准确地说，惊险小说是轰动和激情的小说。这些小说具有实验性，没有令人轻松的东西，赤裸裸地展示惊险的情节，而且表现生动的人物形象。这就是它们的力量所在。

与惊险小说一样，现代绘画不允许单一的观点和冷静的扫描。现代绘画提供了一个对话的机会，这种艺术形式固有的参数使对话成为可能。现代艺术形式正在偏离理性-视觉世界，进入知觉参与的整体的世界。

18.《探索》前言

充其量有限的价值
存在于经验得来的知识。
这样的知识强加模式，产生错误，
因为每一刻的模式都是新的。
每一时刻都对现有知识评估，
这评估新颖又令人诧异。
我们不会受骗的，只有
那些骗人的、不再有害的东西……

老人应该勇于探索……

（艾略特《四重奏》，*Four Quartets*）

探索与回声探测

20 世纪的科学艺术揭示并利用事物之间的共鸣纽带。一切边界都是摩擦最厉害和变化最大的地区。间歇（interval）或空缺（gap）构成物质世界中共鸣或音乐的纽带。这正是行动诞生的地方。对幼稚的分类人而言，空缺纯粹是一片空白。他们会寻找连接而不是寻找纽带。他们会寻求作者的观点，而不是作者的探索过程。这样的读者会期待价值判断而不是理解。他们抱着中世纪的恐惧，因此害怕真空。但是，如果把感知集中在生态场中的过程的界面上，一切空缺都会成为发现的主要源泉。今天的生态意识，是对无限声学空间的生态认知（希腊语 echo 的含义回声，在神话中拟人化为回声女神）。

没有任何东西具有孤立的意义。每一种外观都有其背景或环境。脱离语言背景的孤立单词，是一无是处的。孤立的音符并不是音乐。意识是涉及一切感官的团队行动［拉丁语的“共识”（sensus communis）的意义是一切感官的相互转换］。

“意义的意义”是关系。年轻的活动分子高唱“相关性”的时候，他们寻求的是界面或摩擦面的对话：他们用回声探测的办法去发现意义在何方。

真理不是匹配。既不是标签，也不是“反思”。而是我们与世界遭遇时得到的东西，同时世界也在造就我们。我们“弄明白意思”，不是在认知过程中，而是在再认或回放的过程中：游泳作为溺水的原因令人怀疑，但是只有鳖脚鱼才需要船。

力之悖论

本书说的是困难和探索。退出游戏的人是决心与快速变化的社会风景保持接触的人。正如日本人深知的那样，所谓接触是由轮廓和情景之间的空间产生的。车轮的轮圈和轮毂中间的自然空档，正是行动和“作用”发生的地方。有自知之明的行政人员，是行动失灵时自动下台的人。他维持了自己的自主性与灵活性。这个方法很可能是打开当代“代沟”之谜的钥匙。

依赖角色而不是依靠人，我们就会明白，经理们的专门化工作是电信速度时代普遍的灾难。

“顽强之师”（英格利斯将军）

（顽强之师：英军第 57 步兵团的称号）

死拼到底是保持接触的下下策。

新的办法是自动出局：“打了就跑的，能够活下来再战。”

迄今为止，管理学研究不由自主地支持“死拼”。它关注的是改进工作，为本质上是 19 世纪产销者的那种物质需求服务。在电力速度的条件下，消费者成了生产者，因为公众扮演参与者的角色。同时，旧的“硬件”凭借“设计”和“软件”变成了无形的东西。

与此同时，在公众成为参与者的框架之内，老式的管理班子发现，自己坚守的堡垒再也不是处在前线。他们仿佛自然而然地成为旧“剧组”的“顽固”捍卫者，摆出一副英勇的姿态，做出一副鬼脸说：“不要问为什么。”然而，对新剧组的演员来说，“为什么”已经众目昭彰、人人明白。新剧组倾向于交换角色，像交换着穿服装一样，以便能够与新的行动保持接触。相反，老剧组的“顽固派”坚守的，是一个“子虚乌有的堡垒”，正如行政“机构”发现自己担任的角色，是已经不再经营的事业的“勤杂人员”和“看门人”。

你的包袱是什么？

附带说一说，女权主义者的精力，指向夺取无人防守的男性特权堡垒。因此她们成了当前的“顽固派”。尾随她们应声而起的，也许是担任命运之主和国家元首的儿童解放主义者。

在命运的大棒之下，

我血流满面，但头颅高昂。

我是我命运的主人。

我是我灵魂之舟的船长。

（W. E. 亨利《不屈的人》，*Invictus*）

作为麻木人的“顽固派”成了试金石，成了预料变化的手段。在每一种情况下，变形都依赖将某一行为定格。“顽固派”可以被解读为他们自己的墓志铭，这似乎荒谬，其实是有道理的。[①]

“顽固派”的问题是，他们不能担当复杂的传承传统的角色。他们僵化在控制机制之中。

顶点与旋涡
权力装备的悖论

如果说“顽固派”不了解权力的过程，那么革命者在夺取权力的阵地时，就是把“国家机器”误认为是实际的掌权。结果就是建立起一个警察国家，无论其意识形态或意图是什么。权力总是一种关系，就是通过变成一个可以接受的服务环境，来煽起大众的旋涡。因此，权力面具的成分会根据社区的性质而有所不同。可以佩戴或承受的“权力面具”一定是包括社区生活中固有的主要特征和姿态。另一方面，今天的革命者自然而然所犯的一个错误，是接管报纸、广播和电视等服务环境。这些东西不可能带有深层经验或情感潮流似曾相识的面容。

由于我们学会事半而功倍，许多通向权力的捷径隐隐出现。实际上，现在对每个人提出的要求，是越来越高的意识。等到人人都越来越深刻地

---

① 关于转化与创新，详见麦克卢汉《理解媒介》“自恋与麻木”一章。——原注

参与信息环境，越来越深刻地参与发现和创新的过程之后，原来工作、游乐和闲暇的分割将不复存在。富有创造性的人会调动自己的一切能力，既不会超过这个力量，也不会比这种情况逍遥，也不必再退出专门化的工作。我们正在进入一个对话的时代，正在进入一个环境意识高涨的时代，许多人担心“污染”的幽灵。“污染”(pollution) 这个词的词源是拉丁语“洗涤”(pro–luere)，它揭示出完全适合当前情况的一个隐形的过程：推向极端之后，稀释就变成了污染。就像德克萨斯州的富豪一样：每一次他兑现支票时，银行都要“弹跳”起来。每一个过程推向极端之后，都会走向反面或强烈反弹。这就是交错配列法模式，也许是中国古代圣人首先在《易经》中注意到这样的模式。①

可以避免的命运

自从 1957 年卫星发射以来所形成的环境开始，人们突然意识到，自然本身已经退出舞台。老经验不再适用。人类必须承担起责任，用新知识为地球的整个环境编程。伊拉斯谟说：“经验是愚人的老师。”这位不讲温情的教育家收的学费高得惊人，没有几个学生能够在他手下安然完成学业。就像走向刑场的死囚说的一句话：“这就是我的教训！”今天，因果关系融合，因为在新的信息环境之中，因果几乎重合。变化本身成了主题。

发明文字之后，希腊人从前文字时代的口头混沌中抽象出视觉秩序，并且把这个人工抽象物叫做“自然”。这个“自然的”秩序有意识地把远古之神和巫术划归给“无意识”和“混沌”。巫术全靠人的耳朵来弹奏存在的乐章。在今天的电力世界中，人们意识到，希腊人这种人造的“自然”正

① 伦德（Nils W. Lund）在《新约全书中的交错配列法》中，对《旧约全书》和希腊古典文献中的交错配列模式的规律和历史进行了追踪。——原注

是人的延伸，正如人是自然的延伸一样——自然就是存在的一切。

本书不打算臧否已然发生之事。我们关心的是探索和揭示当前发生之事的过程模式。既然傻等结果，让结果作出严酷的评判不再保险，我们就必须发现如何用原因去预料结果，以避免由“编程的命运”所决定的“难以避免的事情”。

*****

本书旨在探讨和说明从工业世界到电力世界的突然变化。工业世界是装配线“硬件”和视觉空间的世界，电力世界是协调编程的世界。2500 年之久的理性文化正处在消解的过程中。悠久的概念思维习惯，对于观察新型的人造能量形式的结果方面，并不能给我们提供多大的帮助。自从柏拉图以来，哲学家和科学家都把行动的形式和模式归诸“造化”（Nature）的世界。柏拉图、亚里士多德及其追随者，还有其他的哲学流派，都不承认技术产生的能量模式。他们发明了“造化”的概念，将其当做严谨秩序和重复的世界，于是他们研究和发现的，就仅仅是“造化的”形式，而这些形式又具有塑造和影响精神和社会的力量。电力世界之前，人工制造物都被当做中性的东西。由于电力环境日益吞没了古希腊的所谓“自然”，显然“自然”就是从存在的背景中抽象出来的外观，它绝对不是“自然”的。爱因斯坦之前，希腊的“造化”观念都是以解释世间万象，都排斥了存在本身雄伟的声–光剧（Sound–Light Show）中大多数混沌的共鸣。大多数前苏格拉底的巫术、超感觉知觉，一切东方的和“原始的”自然观念，都被挤入“潜意识”的领域。文明人的存在，靠的是把自己大多数的经验倒进上述那个方便的垃圾箱。电力时代的人却发现，这个垃圾箱可是他主要的资源中心。

用效果界定来感知过程模式

与古希腊人和牛顿的造化观念打交道时，人们发现，观念和观点有助于提出阐述原因的学说，这些学说可以用计量来验证。在电速条件下，观点自然而然消失，理性的观念不得不让位于感性的东西，因为理性的观念是感性的东西经过无穷无尽的重复之后，才产生出来的——观念仿佛是感知形成的化石，它们常常把发现搞得朦朦胧胧。感知并非是可以用量化检测的假说，但是感知和观察确实可以产生模式。而模式又可以当成是原因，虽然模式实际上仅仅是过程而已。电子时代的人别无选择，只有想办法去弄懂过程的东西，如果他想要得到自由的话。这一点看上去矛盾，其实是真的。把自己从人工制造物的奴役中解放出来，这已经成为人造卫星问世以来，新型生态时代的主要编程。2500 年以来，西方的科学和哲学一直忽视了我们今天认为是生态的和必须的东西。

新的信息环境倾向于取代造化的观念，而古老的神话智慧则试图解释自然。因此，现代人不得不用神话的方式生活。与此相反，古代的先人力图以神话的方式思维。神话是对因果互补过程的同步感性认识的记录。现在可以在 30 秒钟之内浏览一下世界艺术史。一份报纸在报头日期之下可以给你这样一个标题：“你的今日世界”。这是靠速度和压缩而产生的神话形式。我们听到卡德摩斯王种下龙牙、龙牙长成武士的神话时，我们得到的是拼音文字对人和社会的影响的瞬间发生的同步历史。神话不会跛脚前进，它只会跳跃前进。

本书转向研究从人的身心制造物和社会组织中兴起的新的能量模式。感知过程和模式的唯一办法，是比较变化中的情况而借以得到的一个效应清单。

超越探索的解说方法

经过理性教育的文明人，期望并喜欢以序列方式描绘和分析问题。他们试图随着逻辑说理的顺序去作出结论。他们指望结论成为读者的观点，并且成为大家的价值。和这种说理方法相对的，是探索的方法。它以承认无知和困难开始。探索的表述往往是尝试性的摸索。盲人的手杖凭借回声的音质来探索周围事物的关系。嘀嗒的敲击声告诉他靠近手杖的是什么东西。如果他的手杖已经和周围的任何一件东西连接在一起，就探路而言，他就孤立无助了。这就是逻辑方法永恒的困境。逻辑方法对探索是了无用处的，逻辑方法的长处使之不适合探索。只有对脱离了精神病的人，精神健全的“证据”才是有用的。

“让它们超越逻辑前提”

一旦前提确定之后，犯逻辑错误是不容易的。心理学家的临床报告显示，精神病人的逻辑是很严密的，但是他们的前提与题无关。探索的方法谋求发现充足的前提。本书不怀疑世界上存在的结构及支撑这些结构的隐蔽前提。背景改变之后，环境外观就可能消失。系统陈述的说明方法对一揽子的预设观念是很适合的。探索的方法常常会既遭遇惊奇又获得发现。只有死亡了的过程才能打包装罐。

桥梁（bridge）是共鸣的间歇，桥牌（bridge）是
连接的手段。就像一切共鸣的间歇一样，
桥梁与桥牌使其接触的两个地域发生变化。

流行的“桥牌”兴起于一次社会崩溃的时候。都市郊区兴起的时候，

原来的社区就被埋葬了。就像酒一样，“桥牌”成为社区鬼魂般的范式。桥梁标志着传播的故障。每一个新的俚语都标志着智穷力竭的困境。它是紧急铺设在感知秩序突然断面上的桥梁。用“硬件”的话说，路在哪里断头，桥梁就在哪里开始。本书正视当代组织结构中的各种断裂，力图在我们社会结构的每一条沟壑上架设桥梁。

请将人工制造物当做经验领域之间的桥梁。桥梁是一个隐喻（希腊语的意思是“带……过去”），桥梁是力量共鸣涡流的延伸。

> 人类所知的最了不起的桥梁是言语和语言。作为陈词的语词记录并储存许多个人或集体印象中的事情，借以把时间和空间连接起来。

一个民族的语言不仅是把他们在时间和空间上连接起来的共鸣之桥，而且是塑造和加工他们感知生活和心灵生活的媒介。诗人关注的是凭借崭新的共鸣和节奏，释放和控制本民族集体的语言和传统经验。他把最新的和最古老的意识连接起来，他借用的是艾略特在《诗歌的用处和批评的用处》中所说的界面。

听觉想象

> 我所谓的听觉想象是对音节和节奏的感觉。这种感觉深入到有意识的思想感情之下，使每一个词语充满活力：沉入最原始、最彻底遗忘的底层，回归到源头，取回一些东西，追求起点和终点。它当然要通过意义发挥作用；或者说它并非不依傍普通感觉上的意义；它融合古老的、湮灭的、陈腐的、当前的、新颖而令人惊奇的、最古老和最文明的心态。

听觉想象是心灵的耳朵——是视觉想象的补充。人们不太熟悉的“桥梁”，是亚里士多德在《诗学》（*Poetics*）中所谓的“悲剧性瑕疵”（tragic flaw）。如果悲剧英雄的性格中没有这种无知和知觉的交替间歇，他就不可能在一个阶段和另一个阶段之间架设桥梁。他这个缺点是界面和突变的领域。没有这样的突变，他就无法变好，而只能被挂起来。

爱丽丝穿过镜子，把幻想之中的内外两个世界联系起来。那正是法国生物学家贝尔纳[①]把医学的内外两个领域连接起来的时候。他探索“内环境”，建立了内科学。爱丽丝穿越了消失点，进入“整体场”。这个整体场把视觉和听觉、文明和原始这样的两个世界联系起来。

象征主义首先是间歇的世界，或者说是共鸣效果去掉原因的世界（希腊语的象征是“不连接的并置”）。爱伦・坡发现间歇的转换力。他这个手法是重新启用奥维德[②]双情节的变形手法。叶芝对此作过探讨，他把这种手法叫做创造“多重情绪”的手法。这种“神奇”的平行结构是但丁和莎士比亚钟爱的方法。也是乔伊斯在《尤利西斯》中使用的手法。利用神话与现实、秩序与混乱之间连续不断的平行界面，他把古代和现代两个世界联系起来。在他的侦探故事中，爱伦・坡找到了作为科学研究之桥的失缺的线索：省略个人观点、独具慧眼的、百科全书式的扫描。集体科学探索和个人观点之间的桥梁，靠的是无知的故意安排和资料的压缩。侦探着手重建读者感到有缺点或缺失的情节。正是这缺失的一环，鼓励读者去参与，正如疾病或失序所引起的混乱，激励科学家去追求一样。

自从海森伯和鲍林之后，唯一的物质纽带就是共鸣了。欧几里得式的

---

① 贝尔纳（Claude Bernard，1813—1878）：法国生理学家，实验医学的奠基人之一。代表作为《实验医学研究导言》。

② 奥维德（Ovid，前43—公元18）：古罗马最伟大的诗人之一，对欧洲文学产生了深远的影响，其杰作《变形记》达到了史诗的高度，是神话和传奇的集锦。其他作品有悲剧《美狄亚》（已轶），诗歌《爱情诗》《爱的艺术》，散文《岁时记》等。

视觉空间连续体，在物质世界中是看不到的。机械模式中那种“粒子”之间，是没有联系的。相反，范围宽广的共鸣强度却是存在的，这些东西构成范围同样宽广的“听觉”空间。古代哲人常常把上帝想象为中心无所不在、边界无从谈起的存在。这也是双关语和听觉空间本身的性质。

界定就是屠戮，
暗示就是创造。
（马拉美）

佩特[①]认识到,“艺术热望达到音乐的境界”，正如爱伦·坡发明了象征主义的间歇或缺口一样。他这个手法成为20世纪连接艺术和科学结构之间的桥梁。日本人认为，艺术家给新旧经验之间架设桥梁。因此，在一个变化的世界之中，我们总是需要新的艺术去调节我们的感知，给其定调，使之“各就各位”。前文字社会的艺术家是可见世界和隐形世界的桥梁。他是一个“权威”。他的艺术作品可以是舞蹈、音乐或各种物质材料。他的艺术是创造设计、面具、力量和能量的旋涡，这些东西给公众“加油煽情”。

侦探重新构拟事件。同样，艺术家追溯认知过程（模拟），把感性世界和知觉世界联系起来。乔伊斯在《芬尼根守灵夜》中用雄伟和戏剧性的形式表现这个认知桥梁：社会的整个部落周期又重新开始，但却是在清醒的状态中展开。环境意识在人类生存的老式偶发事件和新型编程的事件之间架设桥梁，以多样性求丰富性。

哲学家和科学家在后视镜中进入催眠状态，他们都力图在19世纪工业

---

① 佩特（Walter Pater，1839—1894）：英国批评家。受古典作品、德国哲学、法国文学和前拉斐尔派的影响，几乎终身都在牛津度过。代表作有《文艺复兴史研究》《假想集》《柏拉图和柏拉图研究》《希腊研究》《研究文集》《欣赏集》等。

机制和拥挤的背景上给人的形象聚焦。他们未能在老的形象和新的形象之间架设桥梁。人的意识通过电子技术延伸之后，人的形象和背景就合而为一了。作为整体的信息环境的神经系统得到延伸之后，人就把艺术和自然联系起来了。

今天，“自然”是乱糟糟的讯息时代（mess-age），
但人依旧是内容。

19. 媒介定律

〔摘自第二章〕

19.1. 文化与传播：大脑两半球

对因纽特人而言，真理是给定的，但并非“眼见即是相信”。真理是通过口头传统、神秘体验、直觉和一切认知获得的。换言之，真理并非仅仅是凭借对物质现象的观察和计量获得的。对他们来说，眼睛看见的幻象并不如单纯的听觉幻象那样常见。如果要描绘他们这些虔诚的人，“聆听的人”比“看见的人”更加恰当。

罗伯特·特罗特在《科学新闻》(*Science News*）撰文《另一半球》(The Other Hemisphere）[1]，报道“加拿大东北巴芬岛上因纽特人”的半球优势和行为模式。研究结果发现，因纽特人的语言反映“高度的空间定向和右脑定向能力。语言学研究给它的定级是最典型的综合性语言。美国英语却是处在另一极，它的定级是最典型的分析性语言（左脑)”。因纽特人的雕塑、石版画和挂毯“没有明显线性的或三维的分析定向”。换言之，他们从来没有养成对西方文化来说是正常的任何一点视觉偏向。

对因纽特人来说，自然的形态静静地隐藏不动，直到人去逐一揭示之。他们的语言几乎不区分“名词”和“动词”。相反，所有的词语都是动词 to be 的形态，而动词 to be 本身又是空缺的。“因纽特语不是名物性的语

---

① 罗伯特·特罗特（R. H. Trotter）《另一半球》(The Other Hemisphere）第 218 页。——原注

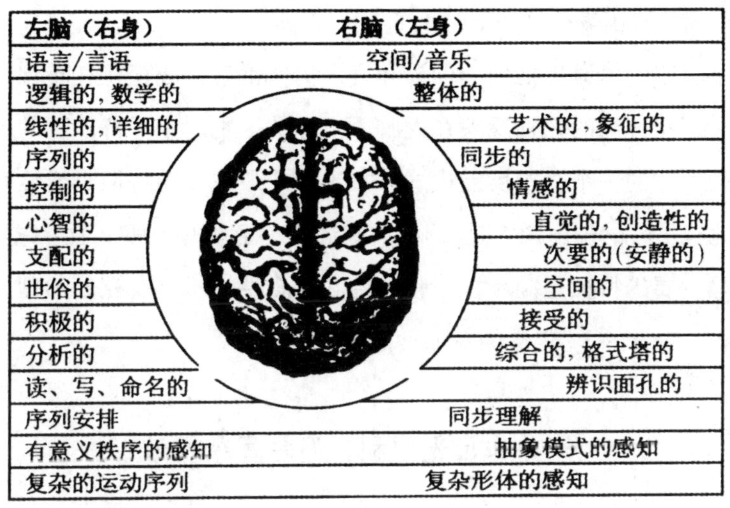

左脑（右身）	右脑（左身）
语言/言语	空间/音乐
逻辑的，数学的	整体的
线性的，详细的	艺术的，象征的
序列的	同步的
控制的	情感的
心智的	直觉的，创造性的
支配的	次要的（安静的）
世俗的	空间的
积极的	接受的
分析的	综合的，格式塔的
读、写、命名的	辨识面孔的
序列安排	同步理解
有意义秩序的感知	抽象模式的感知
复杂的运动序列	复杂形体的感知

根据特罗特图表复制

言，他并不给业已存在的事物命名，而是随着语言的展开而生成事物／动作（名词／动词）……产妇临产阵痛时，一位老媪站在她的身边，不停地说出各种她能够想到的名字。婴儿名字就是它娩出子宫时的那个名字。”（爱德蒙·卡彭特《因纽特人的各种现实》，*Eskimo Realities*，第 39 页）

开头（出现的）是语词。原始人是注重现象的人，他们把阅读自然之书和生产过程当成是相同的事情。人说话时，他的语言处在诞生的过程之中，他谈论的事物也是处在诞生的过程之中。如此的父母身份给原始人承担责任。在这个意义上说，每一个人都是艺术家。原始人不像我们，他们不需要独特的群体（艺术家），这个群体运用独特的过程和感知。镌刻的东西做好之后常被人抛弃，正如“语词淡出”一样。“奥平加里克（Orpingalic）说‘我们害怕使用词语’时，他的意思不是害怕词语本身。他的意思是害怕词语使宇宙生成的力量。词语一定是自己‘像禾苗一样冒出来的’。它们一定要从经验里自然地涌现出来。人要是强加自己的词语，那就是亵渎神灵。‘许多话是滚滚而来地从我身上冒出来的，像鸟儿的翅膀

从黑暗中突然冒出来一样。’”（同上，第 52 页）

文字和印刷术诞生之前，词语和言语仍然富有构成存在和转化存在的魔力。文字和言语的区别反映在大脑两半球的区别之中。特罗特的示意图推出了两半球的一个基本反差模式。左半球的最主要的特征是线性和序列性，因此有足够的理由说它是大脑“视觉的”（定量的）那一个半球。因为右半球最主要的特征是同步性、整体性和综合性，所以有充分的理由说明它是大脑“听觉的”（定性的）那一个半球。

我们并非目光锐利，而是耳朵机敏

视觉空间是左半球占优势的结果。视觉空间的运用仅限于浸染在拼音文字的文化之中。这些文化压制了大脑右半球的活动。

耶里米·坎贝尔在《语法人》[①]中指出，字母表中的辅音和句法中的许多现象是左半球的产物。因此视觉空间是左半球在环境中的高清晰度的外部投射——抽象的投射，其结构是去掉了背景的外部形态。听觉空间是一个动态的球形，其中心无处不在，其边缘无处可见。因为听觉空间是多重感官的，包括触觉的间歇和动觉的平衡压力，所以它是右半球外观／背景式的空间形态之一。一般情况下，两个半球通过胼胝体不断地进行对话，把对方当做自己的背景，除非有一个半球（左半球）习惯性地处于支配地位。每一个半球所进行的独特的信息加工，另一半球都不大可能办到。正

① 耶里米·坎贝尔（Jeremy Campbell）在《语法人》（*Grammatical Man*）第 224 页说：“众所周知，右脑不善于理解辅音和句法，这是左脑的专业领域。这在多大程度上是由于右脑的功能缺失，又在多大程度上是通过胼胝体而受制于左脑的结果，这个问题还不清楚。”——原注

如 J. E. 博根[①]所说："右半球固有的认知叫做同位式（appositional）认知。这与神经病学家常用的命题式（propositional）认知相类似。命题式认知的含义是左半球在说话、写字、计算及相关任务中的支配地位。"

个人相貌的特征，作为孤立的形象，左脑是很容易注意的，但是它不能处理相貌的模式。相反，右脑有能力识别相貌的总体模式。赋予它这个能力的，是同步理解的"听觉"功能。同理，触觉产生"共鸣间歇"的空间：间歇界定外观与背景的关系，给背景提供结构和轮廓曲线。感官的综合互动似乎主要是与右脑相联系。特罗特的《另一半球》（The Other Hemisphere）挑选一个第三世界或无文字世界作为观察和说明的对象。这突出说明，还没有使用拼音文字的社会倾向于采用第三世界的姿态。第三世界主要是口头 / 听觉的文化，即使它开发了某一种非拼音字母的文字比如梵文。第一世界（西方）国家倾向于视觉文化（左半球），即使其人口中的大多数已经在电子技术的信息环境中退化到半拼音文字的境地。

无论其内容如何，技术本身在使用者身上产生大脑半球的偏向

克鲁格曼（Herhert Krugman）做了脑电波研究，比较受试者对印刷文字和电视的反应。一位受试者正在读书的过程中，电视突然打开。她的头一抬起来，她的脑电波就显著慢下来。不到两分钟，她的脑电波就以 Alpha 波为主导了——松弛、被动、不集中。而且，其脑电波对三种不同内容的电视的反应，是基本相同的——虽然她告诉克鲁格曼说，她喜欢一种，不喜欢另一种，讨厌第三种。作为一系列实验的结果，克鲁格曼断言，这种

① 见博根（Joseph E. Bogen）《大脑半球分工在教育中的含义》（*The Human Brain*）第 138 页。他接着说："对大脑半球功能的猜想，并不是物质的区别（比如语词归左脑管，面孔归右脑管），而是物质材料的加工方式不同。换句话说，大脑半球的分工最好被认为是过程的专门化（process specificity）而不是物质材料的专门化。"——原注

支配地位的 Alpha 波状态，是人们对电视的典型反应——对任何电视节目的反应都是如此。他最近又说：“受试者甚至能够对熟悉的徽标显示高强度的右脑反应；在故事内容尚未明确之前，他们的右脑就能够对故事作出反应：他们对电视的反应以右脑为主，甚至对印刷广告的反应也是以右脑为主。所有这一切都暗示，与教育意义相对而言，电子媒介的独特功能，是塑造人脑中意象的内容，并且以其独特的方式决定着人的行为和观点。”①

克鲁格曼承认，他研究的初衷是要证明，我的“媒介即讯息”的观点是错误的。他的定量研究突出说明，通过各种电视形式对右脑的灌输，我们的文化受到大规模的潜意识侵蚀。这里所谓各种电视形式包括录像机、电子游戏、电脑显示器和文字处理机。广义地说，一切电子媒介，作为一种新的背景，都使右脑的功能突出。对右脑进行定量研究是不可能的，这就突出了经验的内在因素和定性因素。

广播和电话传播的硬件渠道，产生了异乎寻常的软件效果。这一点是非而实是。霍桑②对电力信息的意蕴特别敏感，经常就此发表意见。比如在《七角楼房》(*The House of the Seven Gables*) 里，他说：“凭借电力，物质世界变成了一根巨大的神经，在屏息之间就传导到数千里之外……这是事实吗？当然是，圆形的地球是一个硕大无朋的脑袋，一副其大无比的大脑，充满了智慧！换句话说，地球本身是一种思想，它再也不是我们认为的物质的实体！”人们打电话或在电台上讲话的时候，他们再也没有物质的实体，而是转化成了抽象的形象。他们原有的物质实体与新的情景丝毫没有关系。电力媒介的无形使用者绕开了过去的一切空间限制，以脱离形体的智慧形式在许多地方同时存在。这使人比天使还要技高一筹，因为天使只

① 见克鲁格曼 1978 年 10 月在广告研究基金会年会上宣读的论文。——原注

② 纳撒尼尔·霍桑（Nathaniel Hawthorne，1804—1864）：美国小说家，代表作有《红字》《七角楼房》等，《红字》乃世界名著。

能一时一地存在。然而，由于无形的人与自然规律（或西方的线形思维）没有关系，他的冲动就是奔向无政府状态和无法无天状态。失去了物质的身体，使用电话、电台和电视的人也就失去了个人的身份。这个结果日益明显。

在另一场实验中，受试者被分为人数相等的两个组。两个组都面对挂在房子中间的一张半透明的屏幕就座。放了一场电影之后，叫他们简单写下自己的反应。一个组看见灯光从屏幕上反射回来，这与平常无异。另一组却看见光线穿过了屏幕，就像电视的光线穿过屏幕一样。在写下的话中，"光反射"（light-on）那一组采用的是客观、超脱的语气和分析的方法，他们具体分析了叙事、连续性、摄影技巧、剪辑和工艺水平等等。他们报告的是"电影看上去如何"。相反，"光透射"（light-through）那一组关注的，主要是"电影给人的感觉如何"。他们的反应主观，富有情绪：他们说自己，说感受，说人物或情节神秘的或原型的意义。"光反射"和"光穿过"两种情景（直接背景）的差别，具有足够的力量使一个组获得右半脑的经验，使另一个组获得左半脑的经验。在低强度的电视马赛克图像的情况下，这种效应就更加放大了。

左半脑或右半脑的文化优势主要是取决于环境因素

左半脑的线形思维可以在下列情况中找到支持：建立在字母表上的道路和运输的服务环境，社会和法治中的逻辑活动或理性活动。但是，右半脑的优势依靠的，是同步共鸣性质的文化环境。右半脑的优势在口耳相传的社会中是正常的。今天，同步电力信息的普世环境已经完全颠覆了左半脑的优势。卡普拉（Fritjof Capra）仔细倾听电力环境促成的新型听觉、触觉意识，他发现现代物理学无意之间重显了一种与古代东方智慧和谐的世界观。他在使两者调和之中所遭遇的问题，完全是大脑两半球之间的问题：

> 我受过长期的理论物理学训练，又作了多年的研究。同时，我对东方神秘主义感兴趣，开始看到它与现代物理学的相似之处。我特别对令人困惑的禅宗着迷，它使我想起量子论令人困惑的东西。但是一开始的时候，把两者联系起来纯粹是一种智力训练。如何跨过在合理性和分析的思维与神秘真理的冥想体验两者之间的鸿沟，这个问题过去是，现在仍然是我的一个难题。
>
> （《物理学之道》，*The Tao of Physics*，第 9—10 页）

拼音字母表生成了视觉空间，同时也生成了一个线形和视觉的外部世界。这个外部世界由服务和经验（包括从建筑到公路到具象派艺术）的环境组成。它使线性的左半脑的地位上升并占有优势。这个观察结论与俄罗斯神经生理学家鲁利亚（A. K. Luria）的研究结果是一致的。他发现执掌线性排列的大脑中枢，即数学和科学思维的中枢，是位于左半脑的额前叶。他说："写字的心理过程牵涉到另一种专门化：使字母按照恰当的顺序组成一个词。拉什利[①]许多年之前就已经发现，序列分析涉及的大脑中枢与空间分析的中枢是不一样的。我们在广泛的研究中发现，序列分析的中枢是在左脑的额前叶。"（《大脑的功能组织》第 71—72 页）鲁利亚的研究结果证明，线性思维不仅是一种比方，而且是左半脑的一种活动方式。他的研究支持这样的观点：由于字母表倚重线性序列，所以它刺激了这个大脑中枢在文化模式中的优势。

鲁利亚的研究给我们提供了一种解读，使我们理解具有线性结构的字母表，如何能够产生有利于西方科学、技术和理性发展的情况。许多左脑中风的病人患上了失语症，失去了部分或全部的说话能力或写字能力，有

---

① 拉什利（Karl S. Lashley，1890—1958）：美国心理学家，从事脑量与学习能力的定量研究，曾经执教于芝加哥大学、哈佛大学等大学。代表作有《脑机制与智力》。

的还失去了持久（序列性）的思维能力。他们似乎“瞠目结舌”——这样的体验与受药物麻痹不无相同之处。部分原因可能是失去肌肉运动控制。但是，它在很大程度上与左右脑的内外分裂有关，与左脑的线性特征有关。说话和写字都是必须呈序列形式的外在表达。一切形式的序列活动（与轮廓或模式相对）都是左半球的功能。同样，一切形式的外在表达（和人工制造物）也是左半球的功能，无论是言语、技术还是文字的东西。反之，凡是在组织经验中着重外在、抽象或序列的东西，都有助于加强一种文化中的左脑优势。伊尼斯说东方人（右脑型）讨厌序列、抽象和我们这样的精密性：

> 比如，人们说社会时间根据信仰和风俗而有质的差别，说它是非连续的，又说它因为实际的日期而有中断。时间要受到语言的影响，语言又限制和固定了流行的观念和思维方式。葛兰言[①]认为，中国人不能用推理去形成观念、陈述信条。上帝的教诲不以确定的抽象或概括来固定观念，而是要召唤不确定数量的具体形象。它完全不适合形式上的精确。时间和空间都不是抽象构想的。时间以循环的方式展开，时间是圆的。
>
> （《传播的偏向》第 62 页）

博根大夫恰如其分地指出：“左右脑最重要的分别，很可能是，时间的线性观念在很大程度上参与了思维的排列顺序。”（《人脑》，*The Human Brain*，第 141 页）

---

① 葛兰言（Marcel Granet，1884—1940）：法国著名社会学家和汉学家，用社会学理论及分析方法研究中国古代的社会、文化、宗教和礼俗，著有《中国古代的祭礼与歌谣》《中国人的宗教信仰》《中国古代的节日与歌谣》《古代中国之舞蹈与传说》《中国人的思想》《中国的文明》《中国的封建制度》等。

拼音文字把其他文字翻译成拼音文字的视觉力量，是它入侵右脑（口头）文化力量的组成部分

部落的、右脑的、“封闭的”文化是整体的、完全的文化，它们能够抵抗其他前书面文化的渗透。但是，左脑的、专门化的拼音文字长期以来就提供了入侵其他口头文化的唯一手段。“凡是西方文化没有痕迹的地方，宣传是不可能成功的。”雅克·埃吕尔在《宣传》中的这一番话使人注意到西方历史上关键的特征之一。基督教教会献身于宣传和普及，所以它一开始就采纳了希腊-罗马的拼音书面文化，这并不是偶然的。字母表文化的冲击足以冲破部落纽带，但是它同时又创造了个体化（左脑）的意识。只有拼音书面文化——我们的字母表，才有这样的力量。

希腊-罗马的拼音书面文化和文明，与基督教的传教和教育活动不可分割。没有最低限度的拼音书面文化或西方文化，人们不可能接受基督教义的灌输，也不可能保持已经接受的教义。这似乎有矛盾，但的确是事实。以下是埃吕尔的评述：

> 除了一定的生活水平之外，还必须满足另一个条件：如果要一个人接受宣传，他至少需要最低限度的文化。凡是西方文化没有痕迹的地方，宣传是不可能成功的。我们在这里说的不是智能，有些原始部落肯定是聪明的，但是他们的聪明与我们的观念和习惯是格格不入的。需要一个基础——比如教育。不能读书的人听不进宣传，就像对读书无兴趣的人听不进宣传一样。人们曾经认为，学认字就证明了人的进步；人们今天仍然欢庆文盲的减少是伟大的胜利；他们谴责文盲比例很大的国家；他们相信读书是通向自由之路——所有这一切都是可以争辩的，因为重要的不是能够读书，而是读懂，是思考和判断你读的

东西。除此之外，读书没有意义（甚至会摧毁某些自然而然的记忆和观察的素质）。但是，如果探讨批评和洞悉的能力，那是在说远远高于小学教育的东西，那是在考虑很小很小的一部分人。大多数的人，也许占90%吧，知道如何读书，但是除此之外他们不再使用自己的智能。他们要不是把权威和杰出的价值归诸印刷的词语，就是反过来完全将其拒斥于千里之外。因为这些人没有足够的知识去思考和洞悉，所以他们要不是一点不相信，就是完完全全相信他们所读的东西。况且，由于这些人选择的是最容易的而不是最困难的阅读材料，所以他们刚好处在能够被印刷词语俘虏的水平，刚好处在不加抵抗就被说服的水平。他们是完全适合宣传的对象。[①]

左脑优势（分析和量化）使右脑处于屈从和受压抑的位置。比如说吧，我们的智商测验只计量左脑的成绩，并没有认识到（定性的）右脑的存在。

19.2. 媒介定律

〔摘自第二章〕

波普尔有一种（右脑型）的表述说，科学定律的表述必须是可以用来证伪的。这使我们既可以也需要对媒介定律进行描述。

一切人工制造物都是人身心的延伸，无论语言、法律、思想、假说、工具、衣服还是电脑。人这个制造工具的动物，长期以来使自己的感官延伸。一种感官的延伸，往往会干扰其他的感官和官能。然而，经过感官延伸的试验之后，人一直忘记了要以严密的观察追踪这些延伸。

---

① 见雅克·埃吕尔《宣传——人态度的形成》（*Propaganda: The Formation of Men's Attitudes*），第108—109页。——原注

J. Z. 杨（J. Z. Young）在《科学中的怀疑与确信》(*Doubt and Certainty in Science*）中说：

> 刺激的效果，无论是内刺激还是外刺激，都会改变大脑一部分或全部作用的协调性。这里提出的一个猜想是，这种干扰在一定程度上打破此前建立的模式的统一性。于是，大脑从输入的信息中挑选一些特殊的成分，这些东西可能会修补模式，使脑细胞回到正常的同步节律。我不敢假装能够详细描写大脑这种模式的思想，但是，这一思想很可能可以说明，我们如何适应世界，世界又如何让我们去适应。大脑以某种方式启动一系列的行动，这些活动使之回到原来的节律模式，这样的回归是圆满的回归或结束。如果第一次的行动没有达到这个目的，如果它未能阻止原来的扰乱，那么大脑还会尝试其他序列的行动。大脑一个接一个地启用自备的规则，把输入的信息和自己的各种模式匹配，直至达到某种协调。可能会经过吃力的、多样和长期的搜索之后，才能完成这样的协调。在这种随机的活动中，建立了进一步的联系和行动模式。反过来，这些东西又会决定未来的行动序列。

追求“关闭”“完成”或平衡的必然驱力，既表现在人的感知或功能的压抑之中，又表现在人的感知或功能的延伸之中。霍尔（Edward T. Hall）让我们注意一切人工制造物都是人的延伸。在这个问题上，他是当代第一人。他在《无声的语言》里写道：

> 今天，人实际上在他过去用身体所做的一切事情中，都完成了人的延伸。武器的演进开始于牙齿和拳头，终止于原子弹。衣服和住宅是人的生物学温度控制机制的延伸。家具取代了蹲在地上或席地而坐的姿势。电动工具、眼镜、电视和书籍使人的声音跨越时间和空间，

> 这是物质延伸的例子。货币是将劳动延伸和储存的方式。今天的运输系统完成我们昔日用脚和背所做的事情。事实上，一切人工制造物都可以被视为人的延伸，都是我们曾经用身体所做的东西的延伸，或者是我们肢体的某一种专门化的延伸。①

汉斯·哈斯（Hans Hass）的《人这个动物》（*The Human Animal*）认为，人创造额外器官的能力“从进化的角度看，是了不起的成就……是难以想象的进步”（第101页）。

我们在这里提出的“媒介定律”记录了这样的观察——人工制造物的运作及其对人和社会的影响：人工制造物“不仅是工具，而且是人的延伸，是人创造的额外器官产生的延伸；……在不同的程度上，我们的文明要归功于这样的延伸”。哈斯认为人体延伸有五大好处：

> 1. 它们不需要经常的营养，因此可以节省能源。
>
> 2. 它们可以抛弃，可以储存，但不需要运输（进一步的节省能源）。
>
> 3. 它们可以交换，使人可以专精一门并扮演许多角色：执矛可以狩猎，握桨可以航海。
>
> 4. 所有的工具都可以集体共享。
>
> 5. 它们可以由社区中的“专家”来制造（由此而产生工匠）。
>
> （《人这个动物》第103—104页）

---

① 见霍尔《无声的语言》第56—57页。但是，这样的观念已经有臆断令人尊敬的历史：两代人之前．爱默生已经作过这样的评述：“人体是发明的仓库，是专利局，一切模式都是从人体得到启示的。世上的一切工具和引擎，只不过都是人的肢体和感官的延伸而已。人的一个定义是‘受器官服务的一种智能’”（《作品与岁月》，*Works and Days*，第151页）。——原注

哈斯忽略了一件事情：他的书中没有讲对付技术创新影响的生物学或心理学手段。西美昂斯（A. T. W. Simeons）的《了不起的大脑》（*Man's Presumptuous Brain*）对这个问题作了清楚的论述：

> 大约50万年前，人开始踏上了缓慢的文化进步之旅，于是就出现了一个全新的局面。工具的使用与火的控制引入了人工制造物。大脑皮层可以利用这些东西来维护人的生存。这些东西与人体的组织毫无关系，因此它们可以不整合进脑干的功能之中。
>
> 脑干中伟大的人体调节中枢间脑，继续以原来的方式发挥自己的功能，仿佛人工制造物就不存在似的。然而，由于间脑同时又是生成本能的器官，所以太古时期的人发现自己面对着一个新袍之下的非常古老的问题。他们的本能行为，在新的情景之中不再合适了。这些情景是大脑皮层通过使用工具创造出来的。正如前哺乳类的爬行类身上所发生的一样，树林中的新环境使它们的许多古老的反射毫无意义。同样，在文化的黎明时期，人为自己创造的新环境使人的许多动物行为毫无用处。（第43页）

简言之，人在使用人工制造物时，他不能信任自己。比如，洛伦兹[①]在《论攻击性》（*On Aggression*）中说，倘若人拥有更多作为自己有机体一部分的武器和装甲，倘若他长着獠牙和犄角，他杀戮同伴的可能性就会少得多。武器发达的动物具有强烈的抑制，以避免同类相残。然而，人却几乎没有什么内在抑制机制，去防止用人造的武器（即延伸）互相残杀。火

① 康拉德·洛伦兹（Konrad Lorenz，1903—1989）：奥地利动物学家，现代行为学的创始人。1935年研究动物的学习行为，1942年主编《动物心理学杂志》，1953年获诺贝尔医学生物学奖。代表作有《论攻击性》《动物与人类行为研究》《人与狗》《所罗门国王的戒指》等。

器和炸弹使远距离的残杀成为可能。它们似乎减轻了使用者的责任。斯托尔（Anthony Storr）在《人的攻击性》（*Human Aggression*）中说道：

显然，大多数的轰炸机飞行员既不比其他人坏，也不比其他人好。如果给他们一桶汽油，叫他们把汽油泼在一个孩子的身上，然后把汽油点燃，他们多半是会违抗命令的。但是，如果把一个正派人放进机舱里，叫他到离一个村庄几百米的上空去投弹，他可能不会感觉到愧疚，他可能会投下高爆弹或凝固汽油弹，从而给男人、女人和儿童造成惨重的痛苦和伤亡。他与被炸的人之间的距离把受害者变成了非人的目标，他们再也不是像他一样的、他可以与之画等号的人。（第 112 页）

洛伦兹的说法与之相似：

发明和责任都是人类独有的提问能力所取得的成就。倘若不是这样一种奇妙的事实，人类可能已经被自己最初的发明摧毁了。

我们人格中深层的、情绪的层面不会牢记食指扣动扳机用子弹把另一个人的内脏撕烂的惨状。如果有必要用天然的武器杀死猎物，使人在情感下完全意识到自己的行为，那么没有一个神经健全的人甚至会为了取乐而猎杀野兔的。

同样的原理在更大的程度上适用于使用现代遥控武器的情况。

（《论攻击性》第 242 页）

用自身的装置去创造服务环境时，人的身上会产生变化。这和远距离使用武器是很不相同的。[①] 任何新的服务环境，比如字母表、铁路、汽车、电报或电台所创造的服务环境，都要深刻改变使用者的性质和形象。由于电力媒介的激增，许多社会整个同时成为无形的东西。与肉体的或物质的“现实”拉开了距离，摆脱了对社会“现实”的忠诚，并且从对“现实”的责任意识中解脱出来。

急剧的身份变化突然在很短的间歇之中发生，
这样的变化给人的价值观的打击，
比使用硬武器的战争更致命，具有更大的破坏力。

在电力时代，新的信息服务环境对人的身份的改变，使整个社会人口丧失了个人的或团体的价值观，其严重程度大大超过了食品、燃料和能源短缺造成的影响。

梅达沃[②]写了一篇很好的文章《论人之为人是他的技术》(What's Human about Man Is His Technology)。他用硬件研究法，把显微镜和射电望远镜当做感觉器官的配件。相反，刀具、铁锤和汽车“不是感觉器官的配件，而是运动器官的配件”。所有的感觉器官和运动器官“从我们自己接受

---

① 爱默生说过类似的话：“这些工具有一些值得怀疑的属性。它们是试剂。机器具有攻击性。纺织工成为织物网络，机械师成为机器。一切工具在某种意义上是都是利器，都是危险的。人建了房子，于是他就有了一个支配他的主人，他就要承担生活的任务：他这一辈子就得装修、照看房子，让人参观、维修房子。人有了名气之后，就不再自由，他得尊重这样的不自由。拍了一张照片，写了一本书，如果成功的话，情况对他就更加糟糕。前不久我看见一位勇敢的人，迄今他还是自由身，像雄鹰或狐狸一样自由。他动手打造一个有许多抽屉的柜子，用来放贝壳、鸟蛋、矿石和鸟类标本。显而易见，他在为自己建立许多联系，从中感到乐趣……机器使人变形。既然机器如此完美，工程师就成了无足轻重的人。”(《作品与岁月》，第157—158页)——原注

② 梅达沃（Peter B. Medawar，1915—1987）：英国动物学家，1960年诺贝尔生理学医学奖得主。代表作有《个体的独特性》《人类的未来》等。

指令”。而且，梅达沃认为，虽然“我们和为我们服务的工具在心理上是整合一体的”，但是他对我们反过来要为这些工具服务却没有丝毫怀疑：对他而言，这些工具是中性的。他并不认为，服务环境引起的社会环境的总体变化，是这些人体延伸产生的。在这些延伸的影响之下，人与社会基本上保持不变。这些延伸仅仅是增加方便或减少困难。至少，这就是梅达沃的言外之意。

人的主要特征“与其说是设计工具，不如说是从一个人向另一个人传播制造工具的知识”。我们不能够用任何生物遗传过程把新近获得的器官传播下去：“铁匠没有任何办法把他发达的臂膀传播给子女，但是没有任何东西能够阻挡他把自己的手艺传授给孩子，以便让孩子们长大之后像他一样强壮，一样手艺精湛。”这是梅达沃准备止步的地方。“这个学习过程的演化……代表着一种崭新的生物学策略——其重要性超过以前的一切策略。而且它与有机体和环境的其他交换都是截然不同的。”我们的人为器官具有转换效应。它们产生环境服务里的新情况和生活里的新情况。“媒介定律”关注的就是这样的效应和情况。

艺术家发明了一种手段，
在生物遗传和技术创新所创造的环境之间架起了一座桥梁

没有艺术家的发明，人就只能适应他创造的技术，而且成为技术的伺服机制。他崇拜部落、洞穴和市场的偶像。驾独木舟的人和开汽车的人通过反射能力的培养来达到平衡，成为这些情景的延伸。温德汉姆·刘易斯在《没有艺术的人》（*Men without Art*）里说，艺术的角色是把人从机器人状态中解放出来，这种状态是由于要“适应”技术而强加在他身上的。兰波直截了当地说：艺术家的工作，是打破感官的既定模式，是充分唤醒人的官能，打破平衡和恒温的奴役状态。在《哈里发的设计 II》中，刘易斯

描绘的艺术具有使进化完美的机制："艺术品的创作与进化过程相似，就像鸟长出翅膀，鱼长出鱼鳍的过程一样，就像蜜蜂之类的昆虫从身体里长出武器，以应付生活中要命时的必需一样。"(《艺术家刘易斯：从"放炮"到柏林顿市政厅》，*Wyndham Lewis the Artist: From "Blast" to Burlington House*，第 257 页）接下去他又说："艺术家比鱼的历史更加悠久，他能够利用最古老的洞见和设计资源。"

媒介，即效应的背景-外观，或曰技术的服务环境，是无法直接观察的，因为媒介的效应主要是潜意识的。索绪尔（Ferdinand de Saussure）的《普通语言学教程》(*Course in General Linguistics*）持系统的观点。他说："具体的语言实体是直接感觉不到的"，像媒介一样，"随时随地，互为条件的术语都保持复杂的平衡"。(第 110 页）

我们的媒介定律旨在提供方便的手段，使我们能够确认技术、媒介和人工制造物的属性及其影响。这些定律并不依赖任何观念或理论。它们是经验的东西，是实用的手段，用来感知普通工具和服务的作用和特性。它们适用于一切人工制造物，无论硬件还是软件，无论推土机还是纽扣，无论诗歌风格还是哲学体系。现将四条定律表述如下：

（1）这个人工制造物使什么得到提升或强化？或者使什么成为可能？或者使什么得以加速？这个问题可以用来研究一只废纸篓、一幅画、一台压路机或一条拉链，也可以用来研究一条欧几里得定理或物理定律，还可以用来研究任何语言的任何语词。

（2）如果情景中的某个方面增大或提升，原有的条件或未被提升的情景就会被取代。在此，新的"器官"使什么东西靠边或过时呢？

（3）新的形式使过去的什么行动或服务再现或再用？什么曾经过时的、老的基础得到恢复，而且成为新形式固有的东西？

（4）新形式被推向潜能（另一个互补的行动）的极限之后，它原有的特征会发生逆转。新形式的逆转潜能是什么？

这四条定律是关于技术和人工制造物效应的定律。它们表现的不是一个序列的过程，而是一组同步的定律。这四个侧面从一开始就是每一种人工制造物固有的定律。它们互相补充，它们都要求把人工制造物与其背景联系起来观察，而不是抽象地进行考虑。一般地说，“媒介研究”只涵盖了前两条，即提升和过时这两个方面，而且是轻轻地一带而过的。

人工制造物这种四位一体的形式，并不是中性或被动的东西，而是人的身心活跃的标识或言语。这种形式使使用者及其背景发生转化

提升和过时显然是两种互补的作用。任何新的技术、思想或工具使使用者能够进行一套新的活动。与此同时，它又把过去做事的办法搁置一边。货币加速交换，使统一的价格系统兴起，使讨价还价和以物易物过时，使人与商品的许多关系都发生了变化。汽车提升了个人的机动性，把城市的古老组织形式搁置一边，有利于郊区的兴起。“无过失婚姻”提升了共同承担的风险和责任，取代了个人承担的责任。“避孕丸”使不安全和不确信得以消除，使人对身体的“程序化机器”方法得到加强，让使用者对更人性（会犯错误）的一面受到麻木，因此它给人提供了一个乱交的非道德基础。照片提升了人像的真实感，使画像过时。吸尘器使扫帚和灰尘掸子过时。烘干机使晾衣服的绳子靠边。洗衣机使洗衣板和洗衣盆靠边。冰箱取代了古老的冰柜和地窖。有一些（媒介）形式朝生暮死，本身就固有退化机制。没有什么东西比昨天的报纸更加陈旧乏味——直到它用作宝贵的文档或怀旧的东西。电脑加快了计算和检索，使传统的簿记员过时。诗歌中的浪漫主义刺激了高度的敏锐，把18世纪理性的敏感（左半脑）挤到一边。“每一

种固化的界定中，都存在过时的东西和失效的见解。”（乔治·斯坦纳《巴别塔之后》，*After Babel*，第 234 页）以上是四条定律比较容易明白的一些方面。过时与恢复之间的关系要玄妙一些。《从陈词到原型》是论述二者关系的。

就像图书护封上印的提要一样，“新”原型的主题是“你这放大的老陈词”。过时并非一切结束，而是审美的开端，是情趣、艺术、雄辩和俚语的摇篮。换句话说，装着弃用的陈词和过时形式的垃圾堆，是一切革新的母体。彼特拉克（Petrarch）的《罗马废墟》（*Ruins of Rome*）是新人文主义文化的喷泉。谷登堡技术使中世纪的缮写室和烦琐哲学过时，但是他又使整个的古代世界得到恢复。诗人、音乐人和艺术家需要日新月异的手段来探索经验。这使他们不断回到装着弃用陈词的“破布烂骨店”里去寻找灵感。

> 艺术家在这个问题上给人的证明使人留下深刻的印象。文学原型一步一步地取代技术陈词，成为创新手段。这正是本书（《从陈词到原型》）的主题之一。
>
> 兹举例说明。叶芝在《马戏团动物的逃亡》开头的几行诗这样说：
>
> 我寻找一个主题，求之而不得
> 日日夜夜，一月有半。
> 江郎才尽，财尽囊空
> 只能是暗自满意，无愧无悔
> 虽然说冬去春来，两鬓染霜。
> 我的动物全都登场，
> 踩高跷的伙计、闪亮的马车
> 狮子、女子，还有
> 上帝知道的所有家当。

这首诗重演了叶芝的生涯，是他毕生经历的再现。他自认为是老人，把自己抛进“废弃堆”。他把自己化为原型，不过他首先再现了他诗歌艺术中的一切陈词，复述了他引入当代戏剧和诗歌中的一切创新。

“除了列举陈旧的主题，我还能做什么？”

扫描了自己的诗歌艺术、创新和试验的各个阶段之后，他说：

大手笔的意象，因为完全生长在
纯清的头脑，但是它们究竟是如何滥觞？

他的答案表现了我这一章《从陈词到原型》的主题：新鲜诗歌技巧和形象是这样提取的：

家中废物，街上垃圾堆，
旧壶、旧瓶、破罐，
旧熨斗、烂骨、破布，还有那位咆哮的女人
她守着钱箱……

叶芝在此把商业的主题作为诗歌创作过程的一部分来处理。他登峰造极的诗歌表现癖已经是明日黄花。他从“破布烂骨店”提取的形象——他走钢丝的高架梯就是架设在这些意境之上的——已经完成且弃之不用。他依赖的雅各布天梯已不复存在。

“我的梯子不在了，只好躺下，在所有阶梯起步的地方。”《从陈词到原型》这一章的主题，就是诗歌创意和陈词达到某一阶段时，应该废弃就废弃。大手笔的形式和意境一旦完成就会被弃之不用，成为

“心中的破布烂骨店”——即原型的世界。

雅各布的天梯呢？雅各布躺下只是为了登天梯，至少是为了梦见天使上下天庭的天梯。叶芝认为诗歌的解体是诗歌新的突破，是重新上下天庭浩瀚视野的起点。

当他的诗歌陈词崩溃并且被废弃之后，他转向旧的形态，用旧瓶装新醋。老掉牙的陈词揭示语言的创新过程和原型过程，这一点和其他的过程和人工制造物一样。

（《从陈词到原型》第 126—127 页）

布鲁内莱斯基[①]和阿尔贝蒂[②]首先把透视性幻觉的数学引进文艺复兴时期的欧洲，使中世纪多点透视的象征派风格过时，并且小心翼翼地恢复公元二世纪托勒米[③]的线性透视。小萨缪尔·埃杰顿（Samuel Edgerton）在《文艺复兴对线性透视的再发现》（*The Renaissance Rediscovery of Linear Perspective*）中，详细地描绘了线性透视的恢复和发展，把它作为中世纪和经院哲学敏锐性的提高。恢复并非将过去的东西重新搬上舞台，并非依样画葫芦。需要转换或转化，以便把恢复的老东西搁进新的环境，放进恰当的关系之中。凡是经历过我们的文化“复兴”的人，都可以证明这一点，无论是在时装、音乐还是其他领域。原有的东西仿佛得到更新。因为古人或部落人生活在声觉空间里，他们没有过去，没有历史，总是只有现在。今天，我们正在回归这样的观点；技术突破的规模非常浩大，结果是一个

① 布鲁内莱斯基（Filippo Brunelleschi，1377—1446）：意大利文艺复兴时期的建筑家。

② 阿尔贝蒂（Leon Battista Alberti，1405—1472）：出生于佛罗伦萨一个对欧洲政治颇有影响的富豪家庭。意大利文艺复兴时期人文主义者、诗人、学者、建筑师和理论家。同时从事数学、制图学和密码学研究。代表作有《绘画》《建筑十书》《家庭》等。

③ 托勒米（Ptolemy）：公元 2 世纪希腊著名天文学家、地理学家和数学家，生平不详。其地心学说统治天文学 300 年。代表作有《天文学大成》10 卷、《光学》5 卷和《地理学指南》。

环境与另一个环境撞击，从电话到电台到卫星到电脑都是这样。

共鸣的间歇是一切结构中“有行动的地方”，无论是化学、心理还是社会的结构，共鸣间歇的界面都产生接触

接触是共鸣的间歇，或变化和过程的边疆，它在研究结构中是必不可少的。它还涉及“游戏”的思想，比如轮毂和轮轴之间的空档的作用，比如人类传播的基础等等，都是这样的“游戏”思想。因为电子人生活在同步信息的世界之中，他发现自己被排除在传统的（视觉）世界之外。在视觉世界中，空间和理性似乎是一致、连续和稳定的。现在的情况相反，西方（视觉、左脑的）人发现自己习惯性地与信息结构联系在一起。而这些信息结构是同步的、非连续的和动态的。他听到的信息同时来自四面八方，来自 360 度的球形空间。从电力技术上讲，认知本身同时来自四面八方，即 360 度的球形空间，所以它本身仿佛已经受到了重组和恢复，表现出了听觉的形态。

1917 年，艾略特在《传统与个人才能》（Tradition and the Individual Talent）一文中强调了这样一个观点：从荷马到现在，一切艺术都构成一种同步的秩序，而且这个秩序永远受到新经验的激发、更新和恢复。他对语言、艺术和传播的象征主义方法，非常明确地表现在他给听觉想象力所做的有名的界定之中。

> 我所谓的听觉想象力是对音节和节奏的感觉。这种感觉深入到有意识的思想感情之下，使每一个词语充满活力：沉入最原始、最彻底遗忘的底层，回归到源头，取回一些东西，追求起点和终点。它当然要通过意义发挥作用；或者说它并非不依傍普通感觉上的意义；它融合古老湮灭的、陈腐的、当前的、新颖而令人惊奇的、最古老和最文

明的心态。

（《诗歌的用处和批评的用处》第 118—119 页）

上述定义突出说明变化、转化和检索的无穷无尽的过程。这些过程处在同步而平衡的结构之中，有助于永恒的稳定。我们这个时代的混乱，一方面是从西方文化人的经验中自然而然派生出来的，另一方面是从他新的同步和声觉知识环境派生出来的。西方人处在视觉文化和听觉文化的两难困境之间，或者说处在视觉结构或听觉结构的两难困境之间。

新型的声觉空间使我们能够同时接触到过去的一切东西。正如对部落人一样，对我们而言，没有什么东西是历史。一切都是现在。世俗的东西成为神奇的东西：

我们可以考虑原型向陈词逆转的形态，比如乔伊斯在小说中使用原型人物尤里西斯去探索当代都柏林人的意识。如果是这样，那么我们就可以问，在远古、中世纪和今天，这一模式的地位是什么？回答可能是这样的：在远古和今天，原型向陈词的转化过程是完全正常的，并且已经被接受；然而在中世纪，它却是例外的、异常的。巴厘人说："我们没有艺术，我们尽量把一切事情做好。"中世纪、文艺复兴或 19 世纪之前的艺术家被认为是独特的、破例的，因为他们使用一种破例的、异常的方法。远古时期如像今天一样，艺术家使用熟悉的、普通的技巧，所以他们被认为是普通而熟悉的人。在这个意义上，今天的每一个人都是艺术家——行政人员、科学家、医生、画家和雕塑家都是如此。正如古代人必须要追随自然节律，凭借不断重复来影响、清理和净化这些过程一样，现代电力技术也要求这样的时间安排和准确性，以至于只有追随自然节律过程才能受到宽容。机械化之前的几个世纪之所以能够绕开这些过程，那是因为使用了分裂切割和露天开采那样的程序。

（《从陈词到原型》第 118—119 页）

文化的衰落或废弃会将我们大家置入同样的原型垃圾堆，危害对过去的怀旧情绪

也许，过去的文化阶段更加安稳，因为它们是在人的记忆中固定和加工的。刚开始的时候，任何一个陈词都是经验的新突破。怀特海在《科学和现代世界》（*Science and the Modern World*）中提到，19 世纪的伟人发现是发现的技巧。发现的艺术，声觉、探索意识的艺术，如今已是陈词。创造性已经成为 20 世纪的定型。发现或揭示都是一种取用的艺术。

定型是取用的知觉或意识。因此它是再现的陈词——新陈词检索出来的老陈词。因为陈词是人的一个单位延伸，所以原型是一个被引用的延伸、媒介、技术或环境，是在新背景中当做外观的老背景。换句话说，一个陈词与其他陈词是不可调和的，而一个原型却具有极大的亲和力，其他原型的残余附着在它的身上。我们在无意识中取用其他的原型。这种取用的反复出现是可以无限回溯的。实际上，每当我们“引用”一种意识的时候，我们就“引用”了包括在里面的原型。排除在外没有被引用的原型就被弗洛伊德、荣格等人称为“原型无意识”（见《从陈词到原型》第 21—22 页）。

荣格及其弟子谨慎地坚持说，原形要和它的表现区别开来。严格地说，荣格的原型是一种心灵的力量或能力。然而，即使在荣格的著作中，原型及其表现的含义还是可以互换的。荣格在《心灵与符号》中说：“原型是心灵结构的一个成分，因此它是我们肌体的生机勃勃、至为重要的成分。它代表或体现了朦胧、原始心灵中本能的数据：真实的、无影无形的意识之根。”荣格细心地提醒文学批评家考虑作为原初象征的原型：

> 原型绝不是无用的古老遗物或遗存。它们是活生生的实体，构成神秘思想或主导表现的前形态。然而，由于认识不足，人们把这些前形态的东西当做古老的形态来接受，因为前形态的东西对低度发达的心灵具有一种神秘的吸引力。因此，共产主义是一种古老、原始因而是高度隐蔽的模式，这个模式是原始社会群体的特征。它隐含着的命题是没有法制的酋长制，作为一种极端必要的补偿手段的酋长制。只有“理性的片面性”(rationalistic one-sidedness ）才会忽视这个事实，“理性的片面性”是原始心灵的特征。
>
> 有一点很重要不要忘记：我的“原型”观念，常常被人误解为传承的思维模式或哲学思辨。实际上，我所谓的原型属于本能活动的范畴。在这个意义上，它们代表着传承的心理行为。这样看来，它们被赋予了一些动态的属性。用心理学的话来说，这些属性称为“自主性”和“神秘性”。(《心灵与符号》)

荣格用种族集体记忆的假说来解释他的原型理论，虽然他很清楚，没有科学基础来接受这个理论。然而，他使用这个观念有一定的道理，因为它的基础是，原型广泛再现在人工制造物、文学、艺术等领域之中。不过，这是一个比较虚弱的科学基础（见《从陈词到原型》第 22—23 页）。一种新的形式或技术作为一种新的陈词渗入一种文化之后，它就把原有的、如今业已过时的陈词或平衡送进了文化的“破布烂骨店”。

老陈词重新启用时，既是固有的原理，
又是原型意义上的怀旧形象。作为原理，
它给新的基础和新的意识提供信息。
作为原型意义上的怀旧形象，它与新基础的关系发生转换

汽车给马车的时代画上句号。但是，马车又以“西部片”的新意义和新经验杀了个回马枪。我们提出的四位一体的媒介定律，是要同时考虑的一组定律。这组定律是一种工具，用来揭示和预测情景和革新的动态。但是，通常的“原型”解释不够充分，因为这些解释把原型当做没有背景的轮廓。在这一点上，皮亚杰[①]指出：

> 接着往下说之前，我们应该强调指出这个平衡观念的重要性。它使我们可以不用原型理论去解释美好形式何以流行。平衡律带有强制性，足以说明形式选择过程的一般情况，不必用继承性来说明问题。况且，平衡观念使格式塔力量重新进入结构的领域……因为无论在身体或生理上，平衡观念都涉及到系统内部的转换观念和自我调节观念。因此格式塔心理学是一种结构主义理论，主要理由是它使用平衡原理，而不是因为它采用完形律。[②]

媒介四定律中关于重新启用和逆转的那两条原理都涉及到变形。那个疲惫的陈词电影，被作为娱乐环境的电视取代之后，它就成了一种艺术形式。同样，作为新兴的卫星背景的副产品，整个地球作为可以编程的资源和艺术（即生态学）而被重新启用。货币使以物易物过时，但是它以摆阔气消费的形式再现了铺张的节庆活动。数字手表取代了过去的圆盘磁面表，再现了日晷的形态。日晷和数字手表一样，用阳光报时，也没有走动的指针。在西方，电子技术取代了视觉空间，用新的形式再现了听觉空间，

---

① 皮亚杰（Jean Piaget，1896—1980）：瑞士儿童心理学家，创立发生认识论。著作50余种，要者有《儿童的语言与思维》《儿童的判断与推理》《儿童智能的起源》《儿童的早期逻辑发展》等。引文见皮亚杰《结构主义》，1957年版，但是作者并未注明页码。

② 见皮亚杰《结构主义》，1957年版。伊尼斯在《传播的偏向》和《帝国与传播》中对此也做了探索。——原注

视觉空间的背景是包含着拼音文字文明的碎片。然而，电子技术在东方的效果是完全不同的，东方文化不包括拼音文字和工业硬件的背景。伊尼斯（在《帝国与传播》中）说明，书写媒介从泥板、石头到莎纸草的变化，如何足以使扩张征服的军事官僚机器取代庙堂官僚机器。轻便媒介达到的新速度，足以释放出左脑的驱力和攻击性。目前，伊朗正在受到电子媒介的冲击，以极大的速度向内驱动，从一个军事控制的政府转变成为一个庙堂控制的政府，带头恢复古老的伊斯兰风俗，这些风俗在它的许多邻国也不是隐而不显的。

一切事物在发展的各个阶段的表现形式，和它们最终呈现的形式都是相反的。这是一条古训。对事物逆转力量的兴趣，表现在各种敏锐的观察之中，包括神圣的和戏谑的。有蒲伯“论人”诗（《书信Ⅱ》）为证：

> 邪恶是面目狰狞的怪物
> 眼目所及，遭到痛恨；
> 见得多了，习以为常之后，
> 先是忍受、继是怜悯，再后来竟是拥抱。

蒲伯把事物的演变过程用警句风格、铿锵韵律并置在一起，自然而然地引发出对全局的综合意识。精明的读者已经注意到，蒲伯涵盖了媒介四定律的四个过程。

《把握今天：退出游戏的行政人员》（*Take Today: The Executive as Dropout*）的主题，是电力技术引起的西方形式的三种主要的逆转：硬件逆转为软件，任务结构逆转为角色游戏，集中逆转为非集中。在电力信息和程序化生产的时代，商品本身越来越带有信息的特征，虽然这个趋势主要是表现在广告预算之中。汤因比在《历史研究》（*A Study of History*）中论述了许多形式和动态的逆转。比如，在公元 4 世纪，罗马帝国军队中的日耳曼人，突然对自己的部落姓氏发生了兴趣，而且保留了这样的姓氏。

> 这一时刻标志着他们接受罗马人的价值已经达到了饱和状态，因而产生了自信心。同时，它标志罗马人的价值已经摆向了尚古的价值。（美国人“吃饱”了欧洲来的价值观念之后，尤其是在电视问世之后，开始执着地追求美式马车灯、拴马栓和厨房用品等文化器物。）正当野蛮人爬上罗马社会阶梯的顶端时，罗马人自己也爱上了部落人的服装和习俗。他们的动机和路易十六的法国宫廷爱上牧羊人世界的动机一样，都是一种轻佻、势利的风气。好比是统治阶级在迪士尼乐园游乐的时刻，让知识分子来接过安邦治国的重任。这似乎是顺理成章的事情。
>
> ……任何媒介或结构都有博尔丁（Kenneth Boulding）所谓的“断裂界限（break boundaries），即一个系统在此突变为另一个系统的界限，或者说，系统在动态过程中经过这一点后就不再逆转”……
>
> 今天，道路越过了断裂界限，把城市变成道路，马路本身也带上了都市的性质。另一个典型的逆转是……乡村不再是工作的中心，城市不再是闲暇的中心。实际上，大大改善的道路和运输使古老的模式发生逆转，城市变成了工作的中心，乡村变成了闲暇和娱乐的场所。
>
> 早一些时候，随着金钱和道路的增加而变得繁忙的交通，结束了静态的部落状态（汤因比称之为漂移的、采集食物的文化）。在断裂界限上发生的逆转有一个典型的特征。这是一个自相矛盾的奇特现象：流动的人，在社会生活中是静滞不动的。相反，静坐少动的专业人士却是动态的、爆炸性的、进步的。富有吸引力的或世界性的大都会，将是静态的、老一套的、无所不包的。
>
> （《理解媒介》第 37—38 页）

媒介四定律里的逆转律简洁明快地证实了信息论的一条箴言：数据超

载等于模式识别。一个词、一个过程或一种形式推进到潜力的极限之后，它的特征就会逆转，它就会成为一个补充的形式，正如飞机突破“音障”之后，它的控制机制要发生逆转一样。货币（硬件）推向极端之后，逆转为货币短缺即赊账（软件或信息），逆转为信用卡。汽车性能高速、大量使用之后，它们又回复到航行的形态，于是交通（即成群的汽车）就“流动”起来。经过重复使用，一个原型可以变为陈词，个体的人可以变成群体的人（没有个性，只有团体的身份）。挫折成为突破。

柯万（Ruth C. Cowan）的《“省力”意味着更多的工作》（“Labour-Saving” Means More Work）一文里突出说明着眼点的逆转：每一种省力的设备都是一种乔装打扮的更新更重的工作形态。他说“现在的家庭主妇投入工作的时间，和他们的祖母在 1910 年、1920 年、1930 年一样多。一般的家庭主妇武装了数以十计的电机、数以千计的电子芯片，可是她们还是可能每周工作 50 个小时。”（第 77 页）媒介四定律的各个方面都见诸于她对真空吸尘器的研究中。她说吸尘器是肺部奇怪的延伸：

> 世纪之交之前的几十年，发明家都努力开发清洁地毯的东西，以便改进一年两次把地毯拖到外面去拍打的仪式。
>
> 真空吸尘器的问世几乎与家仆的消失偶合。对于经济生活最舒适的那一部分人来说，其意味就是一个后果：家庭主妇比过去做的家务劳动多；过去由仆人玛琪用扫帚干的活，现在由史密斯太太自己用吸尘器去做了。
>
> ……由于住房越来越宽敞，打理家务的标准随之提高：地毯要每天或每星期清洁一次，而不是半年才清洁一次。总体结果是，今天的主妇清扫的地方更多一些，搞得更加干净一些，超过了昔日的母亲和祖母的想象。（第 78 页）

还有另一种逆转，因为“家用技术”的成倍增加而发生：家庭主妇出门在外的时间增加了：

> 接着要说的是汽车。一般情况下，我们不把汽车看成是家庭用品。然而它们正是这样的东西，因为当前理解的家务劳动离开了汽车就无法完成。一般的家庭主妇经常是在开车，而不是在围着灶台转。也许她不得不把孩子送去上学，送去参加课外活动，送丈夫去上班或去车站机场。她要去买菜。同时，由于越来越多的家庭主妇买了车，越来越多的生意人发现可以不再送货上门，他们何乐而不为呢。
>
> 换言之，送冰人再也不上门推销了。面包店、肉铺、菜店、磨刀人、裁缝再也不上门了。医生也不用上门。因此，家庭妇女的工作细目中又增加了一栏：司机。（第 78—79 页）

下一阶段的逆转是“工作的家庭主妇（男）”。他们再现了作为审美基础的工作或家庭。

各章注要

第一部　作为产业的文化

1.《美国广告》选自《地平线》(*Horizon*，1947 年 10 月号)。在麦克卢汉的学术生涯中具有中枢的地位。他以严肃的态度研究通俗文化，尽管有一点反讽的语气。本文直接导致《机器新娘》的诞生(1951)。《机器新娘》是文化人类学专著，透过广告业来审视北美的价值体系。《美国广告》标志大众传媒严肃研究的滥觞。

2.《机器新娘》前言、机器新娘、从达·芬奇到福尔摩斯均选自《机器新娘——工业人的民俗》(1951)。该书甫一问世就引起广泛关注(如《时代》杂志)，称之为发人深省、幽默风趣，该书的研究领域原本被认为是了无意义、鸡毛蒜皮的。后来，麦克卢汉发现，广告过度聚焦内容。不过，这倒给他提供了一个社会批评的用武之地，使他能够在风趣而富有洞见的文字游戏中对广告进行解构。

3.《文化是我们的产业》选自同名著作(1970)。作者对通俗文化和艺术继续表现出浓厚的兴趣，透视了北美广告业赚钱的社会风气。关于大众消费社会的发展过程，他提醒我们说，就连艾略特这样的现代派诗人都曾经在一座体育场里对 14 000 人发表讲话。本书追溯北美文化发展的真实情况——它对商务的追求。(奇怪的是，本书匆匆出版，作者没有来得及校对

勘误。这篇选文照原样排印，错误未勘）

4.《乔伊斯、马拉美和报纸》选自《内部景观——麦克卢汉论文学批评》（*The Interior Landscape: The Literary Criticism of Marshall McLuhan*，尤金·麦克纳马拉编，1969）。这篇文章具有先见之明，原载《塞瓦尼评论》（*Sewanee Review*）1953 年号。他把最严肃的文学批评与大众传媒研究嫁接起来。麦克卢汉能够在当代文化中发现严肃的意义，这篇文章就是最好的说明。这部文学批评论集常常被人忽视。但是它给我们的提示常能使人震撼，使我们意识到，面对他的时候，我们是在与一位第一流学者打交道。这是他那个时代最杰出、最富有创新精神的头脑之一。

5.《致伊尼斯的信》选自《麦克卢汉书简》（梅蒂·莫利纳罗、科琳·麦克卢汉、威廉·托伊编辑，1989）。这篇重要的书简说明，两位传播学的学者从不同的角度汇聚到一个焦点：伊尼斯身为经济史家，对殖民时代早期的商务活动感兴趣，这使他发现，媒介形式对理解一个民族具有重要意义；麦克卢汉身为文学批评家，他探索社会心理与媒介的关系。触发他写信的动机，大概是他发现，伊尼斯在他著名的课程中，把《机器新娘》指定为学生的必读书。

6.《昔日管理者的姿态与伪装》选自《把握今天：退出游戏的行政主管》（麦克卢汉、巴林顿·内维特著，1972）。作者检视“历史终结”的问题和“进步”管理观念过时的问题。世人越来越强烈地呼吁越来越多的就业机会，而麦克卢汉却向世人说明，有必要换一种思路，去考虑人的角色。请注意，麦克卢汉为了适应合作者的需要，对他的风格作了一些细腻的调整。两人合作过一些研究项目。

第二部　印刷术与电力革命

7.《媒介与文化变迁》根据麦克卢汉给伊尼斯《传播的偏向》（1964）

所做的序文重印。麦克卢汉颇有见地的序文使该书引人注目。他说乐意把自己的《谷登堡星汉》当做“伊尼斯洞见的注脚”。这句话成了麦克卢汉式的经典名言，是他表示恭维的曲意法——凡是细心的人都可以看清这一点。而且本文也代表了他一些最发人深省的洞见。这些洞见在他的著作里俯拾即是。在一个层面上，这篇文字是内爆型和综合型的媒介史和文化变迁史。

8.《谷登堡星汉》选自 1962 年版的《谷登堡星汉——印刷人的诞生》。这也许是有史以来关于印刷技术的最重要的论著。这是关于印刷术的洞见和印刷术的影响，是极其厚重的杰作，也是了解创造西方文明的技术威力的必要条件。在结构上，这像是一本反常书，是由许多部件镶嵌而成的马赛克。但是其传统的内部结构比表面上看起来更加严密。确实，这本书里的论说少，模式识别多。

9.《理解媒介》选自 1964 年版的《理解媒介——论人的延伸》。本书让世界洗耳恭听。人人读，大家都引用，都拿它说俏皮话，都努力读懂它，尤其是以媒体谋生的人。自此，麦克卢汉国际知名。在法国，人们说他的“麦克卢汉风格”（McLuhanisme）。1968 年，尼克松采用他的方法去理解媒介之后，他终于竞选获胜了[①]。在北美，麦克卢汉在电视上无所不在，电视人争先恐后地提到他。他的名字家喻户晓，连不知道他是干什么的人都知道他的名字。

10.《一种媒介擅用另一种媒介是自然的吗？》选自文集《麦克卢汉：冷与热》（*McLuhan: Hot and Cool*，斯特恩编，1967 年）。麦克卢汉富有争议的世界观使出版这样的书必不可免。该书主题页上赫然对读者提出警告：

---

① 1968 年，尼克松战胜民主党的汉弗莱和独立竞选人华莱士，当选总统，终于如愿以偿。1960 年他在竞选总统时败在肯尼迪手下。按照麦克卢汉的媒介理论，1960 年尼克松失败的原因之一是他不会使用新兴的电视媒介；1968 年的胜出是由于他学会了使用电视媒介。

“这是了解麦克卢汉的入门书，是对他的批判书，也是他的反驳书。”把诘难者和拥戴者编排在一起，让其斗智，使两大营垒集于一本书中，不说仅此一例，至少也是难得一见的。

11.《探索》选自《探索》杂志1967年第8期第8—14栏［别有洞天出版社（Something Else Press，Inc.），纽约］。《探索》是最有影响的小型杂志之一。在其相当短暂的生涯中，它编发了许多名字生辉的大家的文章。比如格拉夫斯（Robert Graves）、理士曼（David Riesman）、波拉尼（Karl Polanyi）、德鲁克（Peter Drucker）、塞尔耶（Hans Selye）、弗莱（Northrop Frye）、吉迪恩（Siegfried Giedion）、马里丹（Jacques Maritain）、蒙塔古（Ashley Montagu）、伊尼斯（Harold Innis）、富勒（Buckminster Fuller）、古尔德（Glenn Gould）、内维特（Barrington Nevitt），等等。在电力技术的压迫之下，印刷技术如何重新塑造自己的形象，麦克卢汉是详尽研究这个问题的第一人。一切媒介都成了电磁波谱，结果是人的感知向“听觉”的迁移。这就突出了共鸣的电子联系，使之压倒物质的联系。电子传输是看不见的，虽然其结果是看得见的。每一种媒介都有其独特的频率，每一个波段都改变着大脑感知的节奏。印刷文化日益强烈地反映这些变化。在电力的压迫下，语言倾向于内爆（implosion），把语词置入看不见的尴尬处境。思想理念像标语口号，因为句子段落越来越短。书籍的外观越来越花哨，以吸引读者，以便有助于经受过大众媒介训练的卖者。印刷符号在页面上旋转、跳动，用大量混乱的广告把煽情的东西塞得满纸都是。总之，《探索》给人的印象是，艺术与科学混合为言语–声象–视象“一切同时”（all-at-onceness）的综合体，这是电子形态创造出来的。凡是有一架藏书、一台影碟机、一台电话、一个随身听、一台收音机、一台传真机、一台电脑和60个电视频道的人都知道这种综合是什么意思。

第三部　口传的麦克卢汉

12.《1965 年在视野论坛上的讲稿》选自《美国学者》(*The American Scholar*，1966)。这一重要刊物的重要一期收录了富勒、小怀特、罗森布里希等著名学者论“电子革命”的文章。这场笔谈也许有一点随意漫谈的味道，但其主题却说得相当透彻。麦克卢汉 1965 年在其他场合（比如在布法罗之春艺术节）讲了同样的主题。这个主题就是传播的“环境”，这是生态学家从未构想过的主题。

13.《1969 年〈花花公子〉访谈录：马歇尔·麦克卢汉——流行崇拜中的高级祭司和媒介形而上学家——袒露心扉》选自《花花公子》1969 年 3 月号。人们有时会感到奇怪，麦克卢汉怎么会上《花花公子》。1969 年《花花公子》的色情锋芒略有收敛。它刊发了许多世界著名人物的访谈录。这一篇访谈录捕捉住了麦克卢汉最精彩的连珠妙语。人们在此发现的，几乎是他整个思想全面而通俗的总览。这也是难得的妙文，因为它包含着麦克卢汉最自如时的那种“感觉”，侃侃而谈、挥洒自如、娓娓道来，他在这里的阐释威力处于巅峰状态。

14.《麦克卢汉资料汇编：语录》这是承蒙威廉·昆斯同意从他的未刊本中精选出来的。每一个片段都有它值得深思的价值，并且以另一种方式显示麦克卢汉喜欢的格言式风格。每一条语录都有它自己的意思而自成一体，但是它又与宏观的画面相关，很像是马赛克的小贴片。一个洪亮的声音渗透在每一句话的字里行间。

15.《媒介适合杰里科之战》选自《探索》第 6 期第 15—19 页（多伦多大学 1965 年 7 月）。这篇密集、丰富、内敛格言式的文字浓缩了大量振聋发聩的革命性洞见，篇幅还不到 5 页。其中一个重要的主题是，电力技术环境迫使我们过一种神话似的、有深度的生活。神话是在时空崩溃的情况下发生的经验体会——麦克卢汉如是说。每一段饱含精髓的话，都值得像密宗静虑真如那样去思索。

《没有书面文化的文化》选自《探索》第 1 期第 117—127 页（多伦多大学 1953 年 12 月）。这篇预言式的文字出自麦克卢汉的早期生涯，说明他的预见早在 1953 年就完整地展开了。在这篇不可或缺的文章中，麦克卢汉给读者做一些铺垫，让他们对主要的讯息做好准备：文字、印刷和书籍都在经历革命性的巨变，这些变化影响着整个的西方文化。传媒争夺传媒使用者注意力的竞争越炒越热，媒介形式之间的关系牵动着人类各种制度在比率上的迁移，社会的、政治的、经济的都是如此，印刷术并非命定要死亡，但是它必须要变。它已经变了，而且还要继续变化。文化曾经是高雅精深的等值词，现在它要用阵容庞大的媒介作参照才能衡量。许多媒介形式可资利用，至少对于那些追求一切可资利用的信息、形态的人来说，他们的领域和能力是大大地拓宽了。

《西塞罗和文艺复兴对王公和诗人的训练》选自《文艺复兴与信息》（*Renais-sance and Reformation*）第 6 卷第 3 期（维多利亚市，1970）。仅此摘录一小段，但是我们可以品尝一下麦克卢汉的精深学问，这是他剑桥大学博士论文的摘录，给人留下非常深刻的印象。传统的修辞强调形式，新派的辩证法关注内容，两派的笔仗常常使麦克卢汉忍俊不禁，引起他的兴趣。他认为这场争论是推动历史和文化的重要力量。是拉米斯①和纳什（Nashe）的风格之争吗？我们现代世界的故事就流连在这些问题之上：理性与专门化的逻辑、科学与技术、新教与资本主义，它们在西方帝国的日程上挥之不去。麦克卢汉思想的精深博大在此彰明昭著。这是仅用三页纸完成的百科全书式的壮举，他在一篇序言的篇幅之内勾勒了整个文艺复兴

① 拉米斯（Petrus Ramus，1515—1572）：法国哲学家、逻辑学家和修辞学家。在巴黎任教时曾经改编亚里士多德、西塞罗等大师的作品，以至教会和国王限制他的教学和著述。他认为逻辑就是辩证法，是论争的方法。

时期的教育。这篇史诗般的小文开卷有益，必须要细嚼慢咽、仔细品味，才能通过研究去展开这一诗卷。

第四部 文化与艺术：外观与背景

16.《从陈词到原型》：原型，绪论，悖论[①]，公共原型作为陈词，是根据《从陈词到原型》（麦克卢汉、韦尔弗雷德著，1970）重印。该书扑朔迷离、引人入胜，探索文化客体及更深层的原型背景或过程的相互关系。荣格把原型的人际传播功能解读为种族记忆的遗传连续性。麦克卢汉补充这样似非而是的洞见：一种风格的感知被推向极限之后就会被弃之不用，人们回过头来去寻找重新启用了什么东西。任何一个陈词都参与它隐蔽的原型背景发挥的作用。各种技术有助于继续不断地使这一过程发生逆转。

17.《皇帝的新衣》根据《通过消失点：诗画中的空间》（*Through the Vanishing Point: Space in Poetry and Painting*，麦克卢汉、哈利·帕克合著，1968）。本文用全新的方法检视了艺术在文化中的作用。艺术颠覆现存的秩序。社会要求事物与过去存在的范畴和模式“匹配”，面对这样的情况，艺术家坚持“创造”事物。正如麦克卢汉所云，“艺术家特别清楚新环境对人的敏锐性构成的挑战和危险”。环境变迁中的推动力总是新环境产生的新感知。

18.《〈探索〉前言》根据《把握今天：退出游戏的行政主管》（1972）重印。这是他与巴林顿·内维特合著文章，是比较晚的一篇学者探索媒介的言论。在探索司空见惯的预设时，可以产生突破，突破又可能是变化的机会。这是一篇至关重要的研究报告，它说明“专门化的工作纷纷落马，被软件和编程的电力世界取代了”。

---

① 原文如此，疑有误，“悖论”并未入选。

19.《媒介定律》根据《媒介定律：新科学》（*Laws of Media: The New Science*，马歇尔·麦克卢汉、埃里克·麦克卢汉，1988）重印。一切文化变迁都固有一套关系。这套规律的发现，使我们能够追溯任何一种技术或人工制造物变迁的路子，过去、当前和未来都是如此。这是马歇尔·麦克卢汉的未竟稿，起初的意图是为了更新《理解媒介》。既是总结，又是新的开端。麦克卢汉接受挑战，要使他的工作"科学化"。该书开篇是一篇长文，说的是感知，尤其是新媒介提供的感知新形式。他对麦克卢汉研究媒介的方法进行归纳，把它与神经学出现的新证据联系起来考虑，进入了一个全新的领地：定律。与此同时，他宣称，该书完成了一个历史悠久的工程：17 世纪由培根的《新科学》（*The New Science*）开始，然后在 18 世纪由维科的《新科学》（*The New Science*）接手的工程。麦克卢汉认为，他发现的四条定律有特别的联系。这种特别的关系不仅揭示了媒介的语法，而且揭示了人类一切创新的语法，从杠杆和棍棒到奏鸣曲、电脑、陈词到天文学的语法。这些定律扫荡了继续分割艺术和科学的一切基础，因为艺术和科学都证明是属于诗学的。由于对人类语言的揭示，这些定律及其内涵对一系列领域成果的有效性提出了挑战，包括符号学和语言学这两个领域。他发现，这些定律适用于人类一切的东西，尤其是人的创新和言语——这就产生了哲学和人文科学的一些命题。在此终于产生了一种充分展开的成熟的"传播理论"，似乎是矛盾的打折扣的理论——因为他植根于感觉和观察——是一个要打减号的"理论"。

麦克卢汉著作

在版书

[1]《谷登堡星汉：印刷人的诞生》(*The Gutenberg Galaxy*: *The Making of Typographic Man*)，多伦多大学出版社，1962年，经常重印。

[2]《媒介法则：新科学》(*Laws and Media*: *The New Science*)，与埃里克·麦克卢汉合作，多伦多大学出版社。1988年。

[3]《地球村的战争与和平》(*War and Peace in the global Village*)，与昆廷·菲奥里合作，纽约出版社：矮脚鸡丛书，1967年，纽约点金石丛书，1989年。

[4]《媒介即是讯息：效果一览》(*The Medium is the Message*: *An Inventory of Effects*)，与昆廷·菲奥里合作，杰罗姆·安琪儿出版社，1967年，纽约矮脚鸡丛书，1989年纽约点石书局重印。

[5]《理解媒介：论人的延伸》(*Understanding Media*: *The Extensions of Man*)，麻省理工学院出版社，麻省剑桥和英国伦敦，1994年。

[6]《麦克卢汉：其人及讯息》(*Marshall McLuhan*: *The Man and His Message*)，与他人合作，乔治·桑德逊和弗兰克·麦克唐纳德编辑，约翰·卡基作序，富尔克伦出版社，科罗拉多州，哥尔登市，1989年。

绝版书

[1]《机器新娘：工业人的民俗》(*The Mechanical Bride*: *The Folklore of Industrial Man*)，纽约先锋出版社，1951年。

[2]《传播学探索》(*Explorations in Communication*), 埃德蒙·卡彭特、麦克卢汉合编，波士顿灯塔出版社，1960 年。

[3]《文学之声·第一卷》(*Voices of Literature*, vol. 1.), 加拿大霍尔特·莱因哈特·温斯顿出版社，多伦多和蒙特利尔两地印行，1964 年。

[4]《文学之声·第二卷》(*Voices of Literature*, vol. 2.), 加拿大霍尔特·莱因哈特·温斯顿出版社，多伦多和蒙特利尔两地印行，1965 年。

[5]《言语·声象·视象探微》(*Verbi-Voco-Visual Explorations*), 纽约新视角出版社，1967 年。

[6]《麦克卢汉：冷与热》(*McLuhan: Hot and Cool*), 杰拉德·斯特恩编，纽约西格钠出版社，新美利坚从书，1967 年。

[7]《通过消失点：诗画中的空间》(*Through the Vanishing Point: Space in Poetry and Painting*), 与哈哩·帕克合著，纽约哈泼出版社，1967 年。

[8]《内部景观：麦克卢汉论文学批评》[*The Interior Landscape: The Literary Criticism of Marshall McLuhan* (1943—1962)], 尤金·麦克拉马拉编辑并作序，纽约麦格罗–希尔出版社，1969 年。

[9]《逆风》(*Counterblast*), 哈里·帕克策划，多伦多麦克勒兰·斯图尔特出版社，1969 年。

[10]《声音·面具·角色》(*Sounds, Masks, Roles*), 文学之声·第一卷纸皮书，霍尔特·莱因哈特·温斯顿出版社，多伦多和蒙特利尔两地印行，1969 年。

[11]《麦克卢汉：毁誉参半》(*McLuhan: Pro and Con*), 雷蒙德·罗森塔尔编，纽约裴里根出版社，1969 年。

[12]《从陈词到原型》(*From Cliché to Archetype*), 与威尔弗雷德·华生合著，纽约维京出版社，1970 年。

[13]《文化是我们的产业》(*Culture Is Our Business*), 麦格罗–希尔出版社，1970 年。

[14]《把握今天：退出游戏的行政主管》(*Take Today: The Executive as Dropout*), 与巴林顿·内维特合著，纽约：H. B. 约万诺维奇出版社，1972 年。

[15]《作为课堂的城市：理解语言和媒介》(*City as classroom: Understanding Language and Media*), 与哈钦、埃里克·麦克卢汉合著，多伦多：加拿大读书会，1977 年。

[16]《麦克卢汉书简》(*Letters of Marshall McLuhan*)，梅蒂·莫利纳罗、科琳·麦克卢汉、威廉·托伊编辑，多伦多：牛津大学出版社，1987年。

[17]《地球村》(*The Global Village*)，与布鲁斯·鲍尔斯合著，纽约与牛津：牛津大学出版社，1989年。

法语绝版书

[1]《变化，1990》(*Mutations 1990*)，弗朗索娃·谢诺译，马姆出版社，1967。

[2]《从眼到耳》(*D'oeil a oreille*)，德·克尔科夫详，蒙特利尔：赫尔图比斯出版社，1977。

[3]《电子技术时代的另一种基督徒》(*Autre home autre chretien a l'age elecronique*)，与皮耶尔·巴本合著，里昂：夏勒出版社，1977。

麦克卢汉阅读书目

[1] 约翰·阿勒格罗,《神圣的蘑菇与十字架》/ Allegro, John. *The Sacred Mushroom and Cross*. New York: Doubleday & co., 1970。

[2] R N. 安申,《语言:意义与功能初探》/ Anshen, R. N. *Language: An Inquiry into Its geaning and Function*. Science of Culture Series, Vol. 3, New York: Harper, 1957。

[3] 托马斯·阿奎纳,《神学概要》/ Aquinas, Thomas. *Summa Theolgica*. pt. 3, Turin, Italy: Marietti, 1932。

[4] 詹姆斯·S. 阿瑟顿,《接踵而至的书》/ Thereon, James S. *Books at the Wake*. London: Faber & Faber., 1959。

[5] 埃里克·奥尔巴赫,《模仿:西方文学对现实的表现》/ Auerbach, Erich. *Mimesis: The Representation of Reality in Western Literature*. Translated by Willard R. Trask. Princeton: Princeton University Press, 1953。

[6] 培根,《学问的进步》/ Bacon, Francis. *The Advancement of Learning*. 1605. New York: Dutton, Everyman ed., n.d。

[7] 培根,《论说文集:公民道德》/ *Essays or Counsels, Civil and Moral*. Edited by R. F, Jones. New York: Odyssey Press, 1939。

[8] 埃里克·巴诺,《大众传播》/ Bamouw, Erik. *Mass Communication*. New York: Rinehart, 1956。

[9] 雅克·巴尊,《智慧的殿堂》/ Barzun, Jacques. *The House of Intellect*. New York: Harper, 1959。

[10] G. von. 贝克西,《听觉实验》/ Bekesy, Georg von. *Experiments in Hearing*.

Edited and Translated by E. G. Weaver，New York: McGraw-Hill，1960。

[11] G. von. 贝克西，《听觉与皮肤感觉的相似性》 / Bekesy. "Similarities Between Hearing and Skin Sensation. " *Psvchological Review* 66，no 1 (January 1959)。

[12] 伯克莱，《视觉新论》 / Berkeley，Bishop. *A New Theory of vision.* 1790，New York: Dutton Everyman ed.，n. d。

[13] 安布罗司 · 毕尔斯，《魔鬼词典》 / Bierce，A mbrose. *The Devil's Dictionary.* New York: Hiu & Wang，1957。

[14] 威廉 · 布莱克，《威廉 · 布莱克诗文集》 / Blake，William. *The Poetry and Prose of William Blake.* Edited by Geoffrey Keynes，London: Nonsuch press，1932。

[15] 罗伯特 · 波古斯洛，《新乌托邦》 / Boguslaw，Robert. *The New Utopians.* Englewood Cliffs，N. J: Prentice-Hall，1968。

[16] 丹尼尔 · 布尔斯廷，《形象：美国梦怎么啦》 / Boorstin，Daniel J. *The Image*: *Or*，*What Happened to the American Dream*. New York: Atheneum Publishers，1962。

[17] 肯尼斯 · E. 博尔丁，《经济学的成败》 / Boulding，Kenneth E. " Failures and Successes in Economics. " *Think* (May-June 1965)。

[18] 肯尼斯 · E. 博尔丁，《形象：生活与社会中的知识》 / *The Image*: *Knowledge in Life and Society.* Ann Arbor. University of Michigan Press，1956。

[19] 路易 · 德布罗意，《物理学的革命》 / Broglie，Louisde. *The Revolution in Physics*. New York: Noonday press，1953。

[20] 诺曼 · O. 布朗《生命与死神抗争：作为身体神经升华和异化的技术》 / Brown，Norman. *Life against Death*: *Technology as Neurotic Sublimation and Alienaglen of the Body.* New York: Random House，1959。

[21] 艾德蒙 · 伯克，《法国革命沉思录》 / Burke，Edmund. *Reflections on the Revolution in France. 1790.* New York: Dutton. Everyman ed.，n. d。

[22] 乔治 · 赫伯特 · 布什内尔，《从莎纸草到印刷术》 / Bushnell，George Herbert. *From Papyrus to Print*. London: Grafton，1947。

[23] 萨缪尔 · 巴特勒，《乌尔虹——反弹乌托邦》 / Butler，Samuel. *Erewhon.*

New York: Random House. Modem Library，n. d。

[24] 埃利亚斯·卡内蒂，《群众与权力》/ Canetti，Elias，*Crowds and Power*，Translated from German by Carol Stewart New York: Penguin，1973。

[25] 罗伯特·A. 卡波尼格利，《时间与思想：维科的历史理论》/ Caponigri，A，Robert. *Time and idea*: *The Theory of History in Giambattista Vice*. London: Routledge & Kegan Paul，1953。

[26] 托马斯·卡莱尔，《今与昔》/ Carlyle，Thomas. *Past and Present.* Boston Houghton Mifflin Co，1965。

[27] J. C. 卡罗瑟斯，《文化、精神治疗和书面语词》/ Carothers，J. C. "Culture Psychiatry and the Written Word" *Psychiatry*（November 1959）。

[28] 艾德蒙·卡彭特，《因纽特人》/ Carpenter，Edmund. *Eskimo.* Identical with *Exploration.* No. 9. Toronto University of Toronto Press，1960。

[29] 艾德蒙·卡朋特，《新的语言》/ "The New Languages." In *Explorations in Communication*. Boston Press，1960。

[30] 路易斯·卡罗尔，《爱丽丝漫游奇境记》/ CarrellLewis. *Alice in Wonderland and Through the Looking Glass.* New York: Grosset & Dunlap，1946。

[31] T. F. 卡特，《中国的印刷术及其西传》/ Carter，T. F. *The Invention of printing in China and Its Spread Westward.* Edited by L. C. Goodrich. 2d ed. New York: Ronald，1955。

[32] 恩斯特·卡西尔，《语言与神话》/ Cassirer，Ernst. *Language and Myth.* Translated by S. K. Langer. New York: Harper，1946。

[33] 夏尔丹（Teilhard de Chardin），《人的现象》/ Chardin，Pierre Teilhard de. *Phenomenon of Man*. Translated by Bernard Wall. New York: Harper，1959。

[34] H. J. 切特尔，《从文字到印刷》/ Chaytor，H. j. *From Script to Print.* Cambridge: Heffer & Sons，1945。

[35] G. K. 切斯特顿，《切斯特顿诗歌集》/ Chesterton，G. K. *Collected Poems of. G. k. Chesterton.* London: Cecil palmer，1927。

[36] 西塞罗，《论雄辩家》/ Cicero. *De Oratore.* Loeb Classical Library. n. d。

[37] 阿瑟·C. 克拉克，《未来的轮廓》/ Clarke，Arthur C. *Profiles of the Future.* New York: Harper & Row Publishers，1963。

[38] 罗萨莉·柯利,《流行的悖论:悖论的文艺复兴传统》/ Colie. Rosalie. *Paradoxica Epidemica: The Renaissance Tradition of paradox.* Princeton: Princeton University Press, 1966。

[39] 大卫·迪林格,《字母表》/ Diringer, David. *The Alphabet.* New York: Philosophic Library, 1948。

[40] 彼德·德鲁克,《非连续的时代》/ Drucker, Peter. *The Age of Discontinuity.* New York: Harper & Row, 1963。

[41] 彼德·德鲁克,《公司的概念》/ *The Concept of the Corporation.* New York: John Day Co., 1946。

[42] 爱因斯坦,《科学向何处去?》/ Einstein, Albert. *Where Is Science Going?* London: George Allen & Unwin, 1933。

[43] 塞尔盖伊·爱森斯坦,《电影的形式》/ Eisenstein, Sergei. *Film Form.* New York: Harcourt Brace Co., 1949。

[44] T. S. 艾略特,《艾略特诗歌戏剧全集》/ Eliot, T. S. *The Complete Poems and Plays.* 1909–1950. New York: Harcourt Brace & Co., 1952。

[45] T. S. 艾略特,《圣树林:诗歌与批评论集》/ *The Sacred Wood: Essays Poetry and Criticism.* London: Methuen & Co., 1948。

[46] T. S. 艾略特,《文选》/ *Selected Essays.* New York: Harcourt Brace & Co., 1950。

[47] T. S. 艾略特,《诗歌的用处和批评的用处》/ *The Use of poetry and the Use of Criticism.* New York: Barnes & Noble, 1955。

[48] 米尔西·艾利亚德,《神圣与亵渎:宗教的性质》/ Eliade, Mircea. *The Sacred and the Profane: The Nature of Religion.* Translated by W. R. Trask. New York: Harcourt Brace & Co., 1959。

[49] 雅克·埃吕尔,《宣传:态度的基础》/ Ellul, Jacques. *Propaganda: The Foun-dation of Man's Attitudes.* New York: Alfred A. Knopf, 1965。

[50] 伊拉斯谟,《愚人颂》/ Erasmus, Desiderius. *The Praise of Folly.* Princeton: Princeton University Press, 1941。

[51] 恩斯特·费内罗萨,《作为诗歌媒介的汉字》/ Denellosa, Ernst. "The Chinese Written Character as a Medium for Poetry." Translated by Ezra Pound, Washington: S Series, n. d。

[52] 詹姆斯·弗雷泽,《金枝》 / Frazer, Sir James. *The Golden Bough.* 3d London: Macmillan, 1951。

[53] 艾德加·弗里登堡,《消失的青春少年》 / Friedenberg, Edgar Z. *The Vanishing Adolescent.* Boston: Beacon Press, 1959。

[54] C. C. 弗里兹,《美国英语语法》 / Fries, Charles Carpenter. *American English Grammar.* New York: Appleton, 1940。

[55] 诺斯罗普·弗莱,《批评的剖析》 / Frye, Northrop. *Anatomy of Criticism.* Princeton: Princeton University Press, 1957。

[56] 巴克敏斯特·R. 富勒《地球太空船使用指南》 / Fuller, R. Buckminster. *Operating Manual for Spaceship Earth.* Carbondale. Ⅲ: Southern Illinois University Press, 1969。

[57] 登尼斯·加伯,《创新》 / Gabor, Dennis. *Innovation.* NewYork: Oxford University Press, 1971。

[58] 肯尼斯·约翰·加尔布雷斯,《新兴工业国》 / Galbraith, John Kenneth. *The New Industrial State.* New York: New American Library, Signet Books, 1967。

[59] 西格弗里德·吉迪恩,《艺术的起源》 / Giedion, Siegfried. *The Beginnings of Art. Quoted in Explorations in Communication* (Boston: Beacon, 1960), 65–6。

[60] 西格弗里德·吉迪恩,《永恒的现在》 / *The Eternal Present.* 2 vols New York: Pantheon Bollingen Series vol, 35, no. 6, 1962–64。

[61] 西格弗里德·吉迪恩,《机械化挂帅》 / *Mechanization Takes Command.* New York: Oxford University Press, 1948。

[62] 西格弗里德·吉迪恩,《空间、时间与建筑》 / *Space, Time and Architecture.* 4th ed. Cambridge, Mass: Harvard University Press, 1967。

[63] 库尔特·哥德尔,《哥德尔不完全性定理》 / Goedel. Kurt. *Goedel's Theorem: On Formally Undecidable Propositions.* New York: Basic Books, 1963。

[64] 恩斯特·H. 贡布里希,《艺术与幻觉》 / Gombrich, Ernst H. *Art and Illusion.* New York: Pantheon Books, 1960。

[65] E. T. 霍尔,《隐蔽的一维》 / Hall, Edward T. *The Hidden Dimension.* New

York: Doubleday & Co. Anchor Books，1969。

[66] 埃里克·A. 哈弗洛克，《柏拉图导论》/ Havelock，Eric. *A Preface to Plato*. Cambridge. Mass: Harvard University Press，1963。

[67] W. 海森伯格，《物理学家的自然观》/ Heisenberg，Werner. *The Physicist's Conception of Nature*. Translated by Arnold. J. Pomerans. Westport，Conn: Greenwood Press，1958。

[68] 阿道夫·冯·希尔德布兰德，《造型艺术的形式问题》/ Hildebrand. Adolf von. *The Problem of Form in the Figurative Arts*. Translated by Max Meyer and R. M. Ogden. New York: G. E. Stechert，1907，Reprint，1945。

[69] 托马斯·霍布斯，《利维坦——集权之国》/ Hobbes，Thomas. *Leviathan*. Edited by Francis Randall. New York: Washington Square Press，1969。

[70] G. M. 霍普金斯，《霍普金斯诗歌选》/ Hopkins，Gerard Manlev. *Poems of Gerard Hopkins*. New York: Oxford University Press，1950。

[71] 约翰·赫伊津哈，《游戏的人：文化中游戏成分的研究》/ Huizinga，Johan. *Homo Ludens: A Study of the Play Element in Culture*. Boston: Beacon Press，1955。

[72]《易经》/ *1 Ching*. Translated by R，Wilhelm and C. F. Baynes. London: Routledge & Kegan Paul，1951。

[73] 哈罗德·伊尼斯，《传播的偏向》/ lnnis，Harold. *The Bias of Communication*. Toronto: University of Toronto Press，1951。

[74] 哈罗德·伊尼斯，《帝国与传播》/ *Empire and Communications*. Oxford: University ot Oxford Press，1950。

[75] 哈罗德·伊尼斯，《加拿大经济史论集》/ *Essays in Canadian Economic History*. Toronto: University of Toronto Press，1956。

[76] 哈罗德·伊尼斯，《加拿大的皮货贸易》/ *The Fur Trade in Canada*. New Haven: Yale University Press，1930。

[77] 小威廉·伊文思，《艺术与几何》/ lvins，William. Jr. *Art and Geometry: A Study in Space Intuitions*. Cambridge，Mass: Harvard University Press，1946。

[78] 小威廉·伊文思，《印刷与视觉传播》/ *Prints and Visual Communication*.

London: Routledge & Kegan Paul，1953。

[79] 简·雅格布,《城市经济》/ Jacobs，Jane. *The Economy of Cities.* New York: Random House，1969。

[80] 威廉·詹姆斯,《心理学原理》/ James，William. *The Principles of Psychology.* 2 vols. 1890. New York: Dover Publications，n.d。

[81] 乔伊斯,《芬尼根守灵夜》/ Joyce，James. *Finnegans Wake.* London: Faber & Faber，1939。

[82] 乔伊斯,《尤利西斯》/ *Ulysses.* New York Modem Library，1934；New York: Random House，1961。

[83] 捷尔吉·凯佩斯《视觉语言》/ Kepes，Gyorgy. *The Language of Vision.* Chicago: Paul Theobald，1939。

[84] 保罗·克里,《教育学随笔》/ Klee，Paul. *The Pedagogical Sketchbook.* Translated by Sibyl Moholy–Nagy. London: Faber & Faber，1953。

[85] 保罗·克里,《思考的目光》/ *The Thinking Eye.* N. p. : George Wittenborn，1961。

[86] 托马斯·S. 库恩,《科学革命的结构》/ Kuhn，Thomas. *The Structure of Scientific Revolutions.* Chicago: University of Chicago Press，1962。

[87] 多萝西·李,《现实的线性和非线性编码》/ Lee Dorothy. “Lineal and Non–lineal Codifications of Reality.” Reprinted in *Explorations in Communication.* Boston: Beacon Press，1960。

[88] 温德汉姆·刘易斯,《被宰制的艺术》/ Lewis，Percival Wyndham. *The Art of Being Ruled.* London: Chatto & Windus. 1926。

[89] 温德汉姆·刘易斯,《狮子与狐狸》/ *The Lion and the Fox.* London: Grant Richards，1927。

[90] 温德汉姆·刘易斯,《没有艺术的人》/ *Men Without Art.* London: Gassell & Co. 1934。

[91] 温德汉姆·刘易斯,《时间与西方人》/ *Time and Western Man.* London: Chatto & Windus，1927。

[92] 阿尔伯特·洛德,《故事歌手》/ Lord，Albert B. *The Singer of Tales.* Cambridge，Mass: Harvard University Press，1960。

[93] 约翰·麦克哈尔,《未来之未来》/ McHale, John. *The Future of the Future.* New York: George Braziller, 1969。

[94] 路易斯·芒福德,《技艺与文明:人工制造物与文化的互动》/ Mumford, Lewis. *Technics and Civilization: The Interplay of Artefact and Culture.* New York: Harcourt Brace & World. 1934。

[95] 路易斯·芒福德,《都市前景》/ *The Urban Prospect.* New York: Harcourt Brace & World. 1969。

[96] 查尔斯·奥尔松,《本体感受》/ Olson, Charles. *Proprioception.* Berkeley, Calif: Four Seasons, 1965。

[97] 沃尔特·翁,《拉米斯授课程序和现实的本质》/ Ong, Walter. "Ramist Classroom Procedure and the Nature of Reality." *Studies in English Literature 1500-1900 1.* No 1 (winter, 1961)。

[98] 沃尔特·翁,《拉米斯方法与商业头脑》/ "Ramist Method and the Commercial Mind." *Studies in the Renaissance* 8 (1961)。

[99] 沃尔特·翁,《拉米斯:方法与对话的衰落》/ *Ramus: Method and the Decay of Dialogue.* Cambridge Mass: Harvard University Press, 1958。

[100] 艾欧纳·欧皮,《学童的口头故事和语言》/ Opie, Iona, and Peter Opie. *Iore and the Language of Schoolchildren.* Oxford: Oxford University Press, 1959。

[101] 乔治·奥维尔,《一九八四》/ Orwell, George. *1984.* Edited by Irving Howe. New York: Harcourt Brace & World, 1962。

[102] 欧文·潘诺夫斯基,《哥特式建筑与经院哲学》/ Panofsky, Irwin. *Gothic Architecture and Scholasticism.* 2d ed. New York: Meridian Books, 1957。

[103] 柏拉图,《柏拉图对话录》/ Plato. *Dialogue.* Translated by B. Jowett. New York: n. p., 1895。

[104] 卡尔·波拉尼,《伟大的变革》/ Polanyi, Karl. *The Great Transformation.* New York: Farrar Strauss, 1944; Boston: Beacon Press Paperback, 1957。

[105] 卡尔·波拉尼等编,《早期帝国的贸易与市场》/ Polanyi, Karl. Conrad M. Arenberg, and Harry W. Pearson, eds. *Trade and Market in Early Empires.* Glencoe, Ⅲ: The Free Press. 1957。

[106] 蒲伯,《愚人颂》/ Pope, Alexamder. *The Dunciad.* Edited by James Sutherland. 2d ed. London: Methuen & CO, 1953。

[107] 卡尔·波普尔,《开放社会及其敌人》/ Popper, Karl R. *The Open Society and Its Enemies.* Princeton: Princeton University Press, 1950。

[108] 伊兹拉·庞德,《罗曼司精神》/ Pound, *Ezra The Spirit of Romance.* Norfolk. Conn: New Directions Press. 1929。

[109] 大卫·J. 理士曼,《寂寞的人群》/ Riesman, David J. with Reuel Denney and Nathan Glazer. *The Lonely Crowd.* New Haven: Yale University Press, 1950。

[110] 约翰·罗斯金,《现代画家》/ Ruskin, John. *Modern Painters.* New York: Dutton. Everyman ed., n. d。

[111] 罗素,《相对论入门》/ Russell, Bertrand. *ABC of Relativity.* 1925. Rev. ed. London: Allen & Unwin, 1958; New York: Mentor Paperback, 1959。

[112] 罗素,《西方哲学史》/ *History of Western Philosophy.* London: Allen & Unwin, 1946。

[113] 保罗·萨缪尔森,《经济学》/ Samuelson, Paul A. *Economics.* New York: McGraw-Hill. 1961。

[114] 汉斯·塞尔耶,《从梦想到发现》/ Selye, Hans. *From Dream to Discovery: On Being a Scientist.* New York: McGraw-Hill. 1964。

[115] 汉斯·塞尔耶,《生活之压力》/ *The Stress of Life.* New York: McGraw-Hill, 1956。

[116] 奥斯瓦尔德·斯宾格勒,《西方的衰落》/ Spengler, Oswald. *The Decline of the West.* London: Allen & Unwin, 1918。

[117] R. H. 托尼《宗教与资本主义的兴起》/ Tawney, R. H. *Religion and the Rise of Capitalism.* Holland Memorial Lectures. 1922. New York: Pelican Books, 1947。

[118] 托克维尔,《美国的民主》/ Tocgueville, Alexis de. *Democracy in America.* Translatcd by Phillips Bradley, New York: Knopf Paperback, 1944。

[119] 罗森蒙德·图夫,《伊丽莎白时代的形而上意象》/ Tuve, Rosamund. *Elizabethan and Metaphysical Imagery.* Chicago: University of Chicago Press, 1947。

[120] 阿伯特·佩森·厄舍尔《机械发明的历史》/ Usher, Abbott Payson. *History of Mechanical Inventions.* Boston: Beacon Press Paperback, 1959。

[121] 索斯坦·韦布伦,《有闲阶级论》/ Verblen Thorstein. *Theory of the Leisure Class.* New York: Random House, Modern Library, 1934。

[122] 冯·贝塔朗菲等编,《普通系统论》/ Von Bertalanffy, Ludwig, and Anatol Rapoport, eds. *General Systems.* Yearbook of the Society for General Systems Theory, vol. 1. 1956。

[123] 约翰·怀特,《图画空间的诞生与再生》/ White, John. *The Birth and Rebirth of Pictorial Space.* London: Faber & Faber, 1957。

[124] L. A. 怀特,《文化科学》/ White, Leslie A. *The Science of Culture.* New York: Grove Press, n. d。

[125] 林恩·怀特,《中世纪的技术与发明》/ White, Lynn. "Technology and Invention in the Middle Ages." *Speculum* 15 (Apri 1940)。

[126] A. N. 怀特海,《科学与当代世界》/ Whitehead, A. N. *Science and the Modern World.* New York: Macmillan, 1926。

[127] 艾德蒙·惠特克,《空间与精神》/ Whittaker, Sir Edmund. *Space and Spirit.* Hinsdale, Ill: Henry Regnery, 1948。

[128] 兰斯洛·罗·怀特,《弗洛伊德之前的无意识》/ Whyte, Lancelot Law. *The Unconscious Before Freud.* New York: Books, 1960。

[129] 巴西尔·韦利,《17 世纪的背景》/ Willey, Basil. *The Seventeenth Century Background.* London: Chatto & Windus, 1934。

[130] 威廉·奥布利,《蒲伯的(愚人颂)》/ Williams, Aubrey. *Pope's Dunciad.* Baton Rouge, L. a: Louisiana State University Press, 1955。

[131] 雷蒙德·威廉斯,《文化与社会》/ Williams, Raymond. *Culture and Society.* 1780–1950, New York: Columbia University Press, 1958: Anchor Books, 1959。

[132] 乔治·威廉姆森,《塞尼加人的漫步》/ Williamson, George. *Senecan Amble.* London: Faber & Faber. 1951。

[133] J. Z. 杨《科学中的怀疑与确信》/ Young, J. Z. *Doubt and Certainty in Science.* Oxford University Press, 1961。

人名和术语对照表

Riesman，David，大卫・理斯曼
Rodbertus，Karl，卡尔・洛贝尔图斯
Roosevelt，F. D.，富兰克林・罗斯福
Rostow，W. W.，W. W. 罗斯托
Ruskin，John，约翰・罗斯金
Russell，Bertrand，伯特兰・罗素
  on Einstein，论爱因斯坦
Russell，James E.，詹姆斯・拉塞尔

Sacks，Curt，库尔特・萨克斯
Sakutaro，Hagiwara，狄原朔太郎
Sansom，G. B.，桑塞姆
Sarnoff，David，大卫・萨诺夫
satellites，卫星
Sayre，Kenneth，classification and recognition，肯尼斯・塞耶，分类与识别
Schramm，Wilbur，威尔伯・施拉姆
Schrödinger，Erwin，埃尔温・薛定谔
Schulberg，Budd，巴德・舒尔伯格
Scotland Yard，苏格兰场
Selye，Hans，on stress theory，汉斯・塞尔耶，"压力"理论
Seznec，J.，塞斯涅克
Shakespeare，William，莎士比亚
  King Lear，《李尔王》
  Olivier film of *Richard Ⅲ*，奥利弗主演的《理查德三世》
Shaw，G. B.，萧伯纳
Simeons，A. T. W.，A. T. W. 西美昂斯
Sloan，Alfred P.，Jr.，A. P. 斯隆
Snow. C. P.，C. P. 斯诺
Speer，Albert，阿尔伯特・斯皮尔
Stein，Gertrude，格特鲁德・斯泰因
Steiner，George，乔治・斯泰纳
Sterne，Laurence，劳伦斯・斯特恩
Stevens，Wallace，华莱士・史蒂文斯
Stevenson，R. L.，R. L. 史蒂文森
Storr，Anthony，安东尼・斯托尔
Swift，Jonathan，乔纳森・斯威夫特
symbolists，印象主义者
Synge，J. M.，J. M. 辛格

telegraph，电报
telephone，电话
television，电视
Theater of the Absurd，荒诞剧
Theobald，Robert，罗伯特・希奥波尔德
Tillyard，E. M. W.，蒂尔亚德
Time，《时代》杂志
Toffler，Alvin，阿尔文・托夫勒
Toynbee，Arnold，阿诺德・汤因比
Trevor–Roper，Hugh，休・特雷夫－罗珀
tribal man，部落人
Trotter，R. H.，罗伯特・特罗特
Trudeau，Pierre，皮埃尔・特鲁多
Tuve，Rosamund，on George Herbert，罗森蒙德・图夫论乔治・赫伯特
Twain，Mark，马克・吐温

译后记

这次修订做了以下努力：

（1）中译本第一版序加了一个标题：大文科的巨人，旨在彰显麦克卢汉在我们新文科建设里的地位。

（2）人名和书名做了一些调整，比如：里查兹改为理查兹，里斯曼改为理斯曼，马拉梅改为马拉美；《唱故事的人》改为《故事歌手》，《谷登堡星汉璀璨》改为《谷登堡星汉》，《芬尼根的觉醒》改为《芬尼根守灵夜》等。

（3）补足了人名和术语对照表的全部汉译。

（4）删去了冗余的文字和重复的注释。

（5）补遗。第一版《麦克卢汉精粹》遗漏原书第134页和135页，铸成大错，十分痛心。幸有诤友指正，得以补救。这位诤友是长沙的资深出版人朱晓先生，他的严词批评，令我汗颜。

多年来，我反复宣示，我的译作要五个“对得起”：对得起作者、读者、出版人、自己和后世。因为二十年前译作的疏忽，我要在此向作者谢罪，向一切和《麦克卢汉精粹》中译本第一版相关的人士赔罪。

感谢深圳大学传播学院和中国大百科全书出版社的信赖和重托。在接下来的“深圳大学传播学院媒介环境学译丛”第三辑的工作中，我要更加抖擞精神、细心谨慎做好工作，真正做到五个“对得起”。

何道宽
于深圳大学文化产业研究院
深圳大学传媒与文化发展研究中心
2021 年 3 月 1 日